U0865323

2023年度山东省法学研究重点课题

新时代 监狱工作现代化 理论探索

XINSHIDAI JIANYU GONGZUO XIANDAIHUA LILUN TANSUO

杨增胜　刘淼 主编

法律出版社
LAW PRESS·CHINA
北京

图书在版编目(CIP)数据

新时代监狱工作现代化理论探索 / 杨增胜，刘淼主编. -- 北京 : 法律出版社, 2024
ISBN 978-7-5197-8809-4

Ⅰ. ①新… Ⅱ. ①杨… ②刘… Ⅲ. ①监狱－工作－研究－中国 Ⅳ. ①D926.7

中国国家版本馆CIP数据核字(2024)第019913号

新时代监狱工作现代化理论探索
XINSHIDAI JIANYU GONGZUO XIANDAIHUA LILUN TANSUO

杨增胜 刘 淼 主编

策划编辑 似 玉
责任编辑 似 玉
装帧设计 李 瞻

出版发行 法律出版社
编辑统筹 法律应用出版分社
责任校对 李 军
责任印制 刘晓伟
经 销 新华书店

开本 710毫米×1000毫米 1/16
印张 25 **字数** 370千
版本 2024年1月第1版
印次 2024年1月第1次印刷
印刷 三河市龙大印装有限公司

地址：北京市丰台区莲花池西里7号(100073)
网址：www.lawpress.com.cn
投稿邮箱：info@lawpress.com.cn
举报盗版邮箱：jbwq@lawpress.com.cn

销售电话：010-83938349
客服电话：010-83938350
咨询电话：010-63939796
版权所有·侵权必究

书号：ISBN 978-7-5197-8809-4
定价：99.00元

凡购买本社图书，如有印装错误，我社负责退换。电话：010-83938349

编辑委员会

主　任：杨增胜　刘　淼

副主任：王发军

委　员：葛井泉　薛彦强　李景平　黄向荣
赵后卫　张如山　肖广亭　鞠建中
朱广灿　马冬鸿　陈万文　谢克勇
陈惕路

主　编：杨增胜　刘　淼

副主编：薛彦强　周景友

专项课题组

组　长：薛彦强

副组长：周景友　慕庆平　吕晓燕

成　员：高嗣昌　李养科　巩怀国　刘文臣
王恭友　朱本瑜　魏　平　贺志强
郝文体　贾　青

前 言

党的二十大报告指出，新时代新征程中国共产党的中心任务就是团结带领全国各族人民全面建成社会主义现代化强国、实现第二个百年奋斗目标，以中国式现代化全面推进中华民族伟大复兴。在党的二十大精神指引下，中国式现代化理论研究和实践探索已经全领域、全方位、深层次展开。

中国监狱工作现代化是中国式现代化的重要组成部分，是新时代监狱工作创新发展的必由之路。习近平总书记关于奋力推进政法工作现代化的重要指示，为新时代新征程中国监狱工作现代化提供了根本遵循、指明了前进方向。实现新时代监狱工作现代化，既需要全面广泛的深入实践，又需要与时俱进的理论探索。“文章合为时而著”，奋力推进监狱工作现代化，既是新时代监狱工作发展的“指南针”，又是监狱理论研究新征程的“动员令”。广大监狱理论研究工作者应当以高度的理论自觉、积极的历史主动、鲜明的创新意识，准确把握、正确阐述、全面分析、科学论证中国监狱工作现代化新形态。

在山东省监狱管理局党委的坚强领导下，山东省监狱学会以高度的政治自觉和历史担当，拉高标杆、奋勇争先，确定了以研究课题《新时代监狱工作现代化理论探索》作为山东省监狱理论研究的重点战略方向和基础项目，遴选了全省监狱系统理论研究专家库部分成员组成专项课题组，组织开展了集体研究攻关，以期全面深化对中国监狱工作现代化的内涵、本质、架构、建设路径等规律性认识，作出符合中国实际和时代要求的正确回答，得出符合新时代监狱工作客观规律的科学认知，形成与时俱进的理论成果，力求在完善新时代监狱学科体系、学术体系、话语体系上有所建树，在构建新时代监狱工作现代化理论体系上有所突破，在丰富发展中国特色社会主义监狱文明新形态上奉献山东智慧、贡献山东力量。

《新时代监狱工作现代化理论探索》旨在以习近平新时代中国特色社会主义思想为指导，深入学习贯彻党的二十大精神，紧紧围绕新时代新征程党的中心任务，全面贯彻落实习近平总书记关于“奋力推进政法工作现代化”重要指示，着眼中国式现代化中心任务，服务政法工作现代化建设全局，立足山东监狱工作具体实践，对新时代监狱工作现代化进行了全方位阐释、系统性解读和前瞻性探索。全书共十三章，主要内容大致分三个板块，第一板块为第一章至第三章，为全书的基础理论部分，阐述了新时代监狱工作现代化的立论基础、认知坐标、价值取向、内涵特征、本质要求、根本遵循、历史方位、建设方略和前进方向等内容，对监狱工作现代化作了总体性的理论思考和研究解析。第二板块为第四章至第十二章，为全书的分论部分，分别阐述了新时代监狱政治建设现代化、监狱治理体系现代化、监狱法治体系现代化、监狱刑事执行现代化、监狱改造罪犯工作现代化、监狱建构形制现代化、监狱科技文明新形态、监狱警务建设现代化、监狱工作社会支持系统现代化等，从九个方面具体解析了新时代监狱工作不同领域现代化的重点构成和实现路径。第三板块为第十三章，概括介绍了新时代监狱工作现代化山东实践，阐明了山东省监狱工作现代化目标定位、重大原则、基本战略和推进路径，提供了较为系统完整的监狱工作现代化山东设想、山东方案。最后，本书把山东省部分有代表性的监狱（山东省监狱工作研究基地）在推进新时代监狱工作现代化进程中各具特色的实践探索列为附录，以飨读者。

《新时代监狱工作现代化理论探索》一书的特色，主要体现在以下三个方面：一是鲜明的时代性。全书紧扣党的二十大战略部署，紧密围绕新时代新征程中国共产党的中心任务，聚焦新时代监狱工作新命题、新使命、新实践，着力探讨中国式现代化、政法工作现代化背景下的监狱工作现代化，在坚持道路自信、理论自信、制度自信和文化自信的基础上，对中国监狱工作历史与现实进行辩证综合的探索思考，及时开展理论研究和阐释，充分彰显了监狱理论工作与时俱进的鲜活生命力。二是鲜明的创新性。本书的新颖性在于对新时代新征程中监狱工作历史使命和现代化价值进行厘清和定位，独创性在于对中国式现代化语境下监狱文明新形态构建进行系统性探讨和分析，在开展大量调查研究工作的基础上，立足当下监狱工作实际，着力推进监狱工作现代化理论创新，力图构建一个全景式的监狱工作现代化发展范式。本书关于新时代监狱工作现代化理论研究的框架设计、监狱工作现代化立论基础的逻辑架构、监狱治理层级职责体系的内容构成、把罪犯改造成为守法公民的具化标准等，都是原创性的理论研究成果。三是鲜明的实践性。一方面，本研究课题的规划者系省级监狱管理机关，设计层次比较高、工作视野比较宽、理论探索覆盖领域比较全面，使课题研究内涵外延的广泛度与精准度兼容兼具。同时，课题研究的参与者多数是来自基层一线的监狱人民警察，内容接地气、不空洞。另一方面，本书充分借鉴吸收了山东省监狱工作现代化建设多年来的具体探索实践，结合中国式现代化时代要求进行了系统的理论提炼、创新升华，较好地做到了理论探讨和实践总结的有机结合，确保理论成果来自实践并运用于实践，发挥理论引领和指导实践作用。

在山东省法学会“2023 年度全省法学研究重点课题”评审中，本专著被评为优秀课题。

专著创作是一项艰巨的系统工程，全体参与人员都付出了艰苦的努力。尽管在创作过程中力求尽善尽美，但囿于作者水平和视野的局限，本书肯定存在不少不足之处，例如，对中国式现代化理论的学习和运用不够深入，进行系统性的实证研究不够充分，部分理论成果不够成熟，加之作者大多是基层监狱工作者，理论积累不够深厚，功底较为薄弱，一些观点认识提炼升华不够到位，一些论证表述也不够准确，敬请专家学者、广大读者批评指正。

专项课题组

2023 年 9 月

目　录

第一章　新时代监狱工作现代化理论基石

2022 年 10 月 16 日，在中国共产党第二十次全国代表大会上，习近平总书记庄严宣告，从现在起，中国共产党的中心任务就是团结带领全国各族人民全面建成社会主义现代化强国、实现第二个百年奋斗目标，以中国式现代化全面推进中华民族伟大复兴，向全世界、全人类昭示了新时代新征程中国共产党的历史使命，彰显了中国共产党人强烈的历史担当。

监狱工作现代化是政法工作现代化、中国式现代化的有机组成部分，是全面建设社会主义现代化国家的重要保障。新时代新征程上，监狱机关要以党的二十大精神为指引，以守正创新的历史自觉、踔厉奋发的历史主动，奋力推进监狱工作现代化，为全面建设社会主义现代化国家、全面推进中华民族伟大复兴而不懈奋斗。

第一节　新时代监狱工作现代化的立论基础

思想是行动的先导，理论是实践的指南。新时代推进监狱工作现代化，必须坚定不移地以习近平新时代中国特色社会主义思想、习近平法治思想、中国式现代化理论、“两个结合”重要思想为指导，全面夯实监狱工作现代化的立论基础，不断深化对监狱工作现代化的科学认知，深刻把握监狱工作现代化的价值取向，切实守好监狱工作现代化的本和源、根和魂，始终保持监狱工作现代化的正确方向。

一、习近平新时代中国特色社会主义思想引领

党的十八大以来，中国特色社会主义进入新时代。在带领中国人民进行伟大斗争、建设伟大工程、推进伟大事业、实现伟大梦想的历史进程中，在全面建成小康社会、开启全面建设社会主义现代化国家新征程的历史进程中，中国共产党确立了习近平总书记党中央的核心、全党的核心地位，确立了习近平新时代中国特色社会主义思想的指导地位。

习近平新时代中国特色社会主义思想，是当代中国马克思主义、21 世纪马克思主义，是中华文化和中国精神的时代精华，实现了马克思主义中国化时代化新的飞跃。党的十九大、十九届六中全会提出的“十个明确”“十四个坚持”“十三个方面成就”概括了习近平新时代中国特色社会主义思想的主要内容，党的二十大提出的“六个必须坚持”阐述了习近平新时代中国特色社会主义思想的世界观、方法论和贯穿其中的立场观点方法，共同构成了习近平新时代中国特色社会主义思想的科学体系。习近平新时代中国特色社会主义思想，涵盖新时代坚持和发展中国特色社会主义的总目标、总任务、总体布局、战略布局和发展方向、发展方式、发展动力、战略步骤、外部条件、政治保证等基本问题，并根据新的实践对党的领导和党的建设、经济、政治、法治、文化、社会、国家安全等各方面作出新的理论概括和战略指引，是全面建设社会主义现代化强国、实现中华民族伟大复兴的思想武器和根本遵循，也为全面推进监狱工作现代化提供了坚强思想保证和强大精神力量。

以习近平新时代中国特色社会主义思想引领监狱工作现代化，最根本的是要深刻领悟“两个确立”的决定性意义，增强“四个意识”、坚定“四个自信”、做到“两个维护”。监狱机关要切实学懂弄通做实习近平新时代中国特色社会主义思想，把这一思想的世界观、方法论和贯穿其中的立场、观点、方法，作为认识解决监狱工作各领域矛盾问题的思想武器，真正做到学思用贯通、知信行统一。要始终坚持以习近平新时代中国特色社会主义思想指引推动新时代监狱工作现代化理论实践，科学认识新时代监狱的政治、法律和社会定位：始终从维护中国特色社会主义国家政治制度出发，深刻认识监狱的政治属

性；始终从捍卫我国人民民主专政国家政权出发，深刻认识监狱的基本职能；始终从贯彻总体国家安全观出发，深刻认识监狱的根本任务；始终从实施全面依法治国战略出发，深刻认识监狱的法治定位；始终从全面推进中国式现代化中心任务出发，深刻认识监狱工作现代化的历史使命，确保新时代新征程上始终沿着正确方向奋力推进监狱工作现代化。

二、习近平法治思想指引

2020 年 11 月，中央全面依法治国工作会议把习近平法治思想确立为全面依法治国的指导思想。习近平法治思想把马克思主义法治理论同中国法治实践相结合、同中华优秀传统法律文化相结合，科学总结了党领导法治建设的丰富实践和宝贵经验，深化了对共产党依法执政规律、社会主义法治建设规律、人类社会法治发展规律的认识，开辟了中国特色社会主义法治理论新境界，是当代中国马克思主义法治理论、21 世纪马克思主义法治理论。习近平法治思想就其内涵来讲集中体现为“十一个坚持”，即坚持党对全面依法治国的领导；坚持以人民为中心；坚持中国特色社会主义法治道路；坚持依宪治国、依宪执政；坚持在法治轨道上推进国家治理体系和治理能力现代化；坚持建设中国特色社会主义法治体系；坚持依法治国、依法执政、依法行政共同推进，法治国家、法治政府、法治社会一体建设；坚持全面推进科学立法、严格执法、公正司法、全民守法；坚持统筹推进国内法治和涉外法治；坚持建设德才兼备的高素质法治工作队伍；坚持抓住领导干部这个“关键少数”。在习近平法治思想指引下，我国社会主义法治建设在既有基础上，实现了从依法治国到全面依法治国、从建设中国特色社会主义法律体系到建设中国特色社会主义法治体系的历史转型，创造了举世瞩目的法治建设新成就。

习近平法治思想内涵丰富、论述深刻、逻辑严密、系统完备，从历史和现实相贯通、国际和国内相关联、理论和实际相结合上深刻回答了为什么实行全面依法治国、怎样实行全面依法治国等一系列重大问题，是顺应中华民族伟大复兴时代要求应运而生的重大理论创新成果，是马克思主义法治理论中国化的最新成果，是习近平新时代中国特色社会主义思想的重要组成部分，是全面依法治国的根本遵循，是新时代监狱工作现代化建设的行动指南。

以习近平法治思想指引监狱工作现代化，最根本的就是要深刻认识习近平法治思想的科学性和真理性、人民性和实践性、开放性和时代性，把习近平法治思想作为监狱工作法治化的根本指导思想，把全面依法治国战略贯彻落实到监狱工作现代化全领域、全过程，把全面依法治监作为监狱机关履行刑罚执行职能的基本方式、监狱治理体系和治理能力现代化的重要依托。在推进监狱工作现代化新征程上，监狱机关要充分认识全面依法治监的战略地位和基础作用，各级党委都要切实履行推进全面依法治监领导职责，监狱人民警察队伍要坚决扛牢全面依法治监政治责任，按照法治政府建设实施纲要基本要求，以加强党领导法治监狱建设为根本，以解决当前监狱法治领域重大需求和突出问题为重点，全面推进现代化法治监狱建设，不断健全监狱法律规范体系，系统完善依法治监工作体系，在监狱工作各环节厉行法治，始终在法治轨道上推进监狱工作现代化，全面建设新时代中国特色社会主义法治监狱。

三、中国式现代化理论指导

中国式现代化是中国共产党和中国人民长期实践探索的成果，是对世界现代化理论和实践的重大创新。党的十八大以来，以习近平同志为核心的党中央在已有基础上继续前进，不断实现理论和实践的创新突破，成功推进和拓展了中国式现代化。在党的二十大报告中，习近平总书记对中国式现代化进行了全面论述，阐明了中国式现代化是人口规模巨大的现代化、全体人民共同富裕的现代化、物质文明和精神文明相协调的现代化、人与自然和谐共生的现代化、走和平发展道路的现代化的中国特色，坚持中国共产党领导、坚持中国特色社会主义、实现高质量发展、发展全过程人民民主、丰富人民精神世界、实现全体人民共同富裕、促进人与自然和谐共生、推动构建人类命运共同体、创造人类文明新形态的本质要求，必须坚持和加强党的全面领导、坚持中国特色社会主义道路、坚持以人民为中心的发展思想、坚持深化改革开放、坚持发扬斗争精神的重大原则。2023 年 2 月 7 日，习近平总书记在新进中央委员会的委员、候补委员和省部级主要领导干部学习贯彻习近平新时代中国特色社会主义思想和党的二十大精神研讨班开班式上发表重要讲话强调："概括提出并深入阐述中国式现代化理论，是党的二十大的一个重大理论创新，是科学社会主义的最新重大成果。"[1]

中国式现代化理论，是习近平新时代中国特色社会主义思想的重要组成部分，是马克思主义中国化时代化的重要成果，为新时代新征程全面建成社会主义现代化强国、以中国式现代化全面推进中华民族伟大复兴提供了科学指南。

以中国式现代化理论指导监狱工作现代化，最根本的是要坚持中国式现代化强国建设、民族复兴的正确道路，全面贯彻党中央全面建设社会主义现代化强国战略部署，深刻领会中国式现代化的中国特色、本质要求和重大原则，运用中国式现代化理论的立场、观点、方法，统御监狱工作现代化理论实践，指引监狱工作现代化新的征程，立足监狱机关特定职能职责，正确理解新时代监狱工作现代化特质特性，科学认知监狱工作现代化历史方位，全面把握监狱工作现代化客观规律，深入研究监狱工作现代化现状，全力破解监狱工作现代化难题，全面实现监狱工作现代化使命任务，高质量助力推进政法工作现代化、服务保障中国式现代化。

四、"两个结合"基本遵循

2021 年 7 月 1 日，习近平总书记在庆祝中国共产党成立一百周年大会上的讲话中指出，新的征程上，我们必须坚持马克思列宁主义、毛泽东思想、邓小平理论、"三个代表"重要思想、科学发展观，全面贯彻新时代中国特色社会主义思想，坚持把马克思主义基本原理同中国具体实际相结合、同中华优秀传统文化相结合，用马克思主义观察时代、把握时代、引领时代，继续发展当代中国马克思主义、21 世纪马克思主义。2022 年 10 月 16 日，习近平总书记在中国共产党第二十次全国代表大会上的报告中指出："中国共产党人深刻认识到，只有把马克思主义基本原理同中国具体实际相结合、同中华优秀传统

---

[1] 习近平：在新进中央委员会的委员、候补委员和省部级主要领导干部学习贯彻习近平新时代中国特色社会主义思想和党的二十大精神研讨班开班式上的讲话，载《人民日报》2023 年 2 月 8 日。

文化相结合，坚持运用辩证唯物主义和历史唯物主义，才能正确回答时代和实践提出的重大问题，才能始终保持马克思主义的蓬勃生机和旺盛活力。”2023年6月，习近平总书记在文化传承发展座谈会上指出，“第二个结合”是又一次的思想解放，让我们能够在更广阔的文化空间中，充分运用中华优秀传统文化的宝贵资源，探索面向未来的理论和制度创新。习近平总书记关于“两个结合”的重要论述，深刻揭示了马克思主义在中国创新发展的现实路径和内在规律。“两个结合”高度概括了中国共产党成立百年以来运用马克思主义基本原理同中国具体实际相结合、同中华优秀传统文化相结合的良性互动关系，是中国共产党百年奋斗得出的历史经验总结，是取得百年辉煌成就的密钥，是新时代新征程中国监狱工作现代化理论与实践探索的指路明灯。中华民族有着5000多年的文明历史，形成了世界法制史上独树一帜的中华法系，积淀了深厚的法律文化传统。中国监狱制度和治狱理念的历史发展，铭刻着中华文明前进的印记，闪耀着民族文化独特的光彩，是新时代监狱工作现代化可资转化应用的宝贵文化资源。

在推进中国监狱工作现代化新征程上，监狱机关必须始终坚持把马克思主义基本原理同中国具体实际相结合、同中华优秀传统文化相结合：既要全面掌握马克思主义的基本原理特别是关于国家、法律、监狱的学说，运用马克思主义的世界观、方法论研究把握中国监狱工作现代化基本理论和实践方向；又要从中国国情、地理环境、历史条件、经济社会发展等实际情况出发，坚持理论联系实际，把准监狱发展脉搏，立足监狱工作前沿，着眼新实践、分析新情况、摸索新规律，拓展中国监狱工作现代化发展道路；还要深入研究绵延几千年而自成一体的中国监狱思想制度因革演变历史及独具特点、特殊规律，充分运用中华优秀传统法律文化、监狱文化的宝贵资源，推动面向未来的监狱思想创新、理论创新、制度创新、文化创新、实践创新，丰富新时代中国监狱学科体系、学术体系、话语体系，开拓监狱工作现代化新境界，创造新时代中国监狱文明新形态。

第二节　新时代监狱工作现代化的认知坐标

推进监狱工作现代化，是新时代监狱工作发展的重大使命任务。监狱机关要紧紧围绕中国式现代化，立足监狱机关特定职能职责，科学认知新时代监狱工作现代化，全面推进监狱工作现代化。

一、中国式现代化的有机组成部分

中国式现代化是国家全领域覆盖、全方位涉及、全过程贯穿的伟大工程，社会各个行业、各个部门、各个系统都涵盖其中，都要协同发力，千舟竞发，一个都不能少。马克思主义经典作家认为，监狱是人类社会发展到一定历史阶段的产物，是一定经济基础之上的上层建筑的重要组成部分，是构成国家这一特殊公权力的“物质的附属物”，既随着国家的产生而产生，又随着国家的发展、消亡而发展、消亡，从而深刻揭示了监狱与国家之间的本质关系。我国监狱是人民民主专政国家机器的重要组成部分，长期以来为巩固党的执政地位、维护国家长治久安作出了重要贡献。新中国及监狱发展历史告诉我们，监狱工作是我国社会主义建设事业全局中的重要环节，国家建设与发展决定着监狱建设与发展，监狱建设与发展同国家建设与发展息息相关。没有国家的现代化，就不可能有监狱的现代化；反之，没有同时代监狱的现代化，也必然会削弱国家的公权力架构基础，进而最终负向制约影响国家现代化进步发展。由此可见，新时代监狱工作现代化与中国式现代化存在自然而然的密切关联，是中国式现代化的有机组成部分。在中国式现代化的历史进程中，监狱工作现代化不可或缺。监狱机关必须正确理解和科学认知新时代监狱工作现代化与中国式现代化的内在联系，决不能割裂监狱工作现代化与中国式现代化的关系，决不能片面、孤立地看待监狱工作现代化，应始终坚定不移地置身于中国式现代化建设大局：既在中国式现代化建设时代洪流中抢抓历史机遇、奋发担当作为，全力推进监狱工作现代化；又以高质量的监狱工作现代化助力保障中国式现代化，为全面建设社会主义现代化强国作出应有贡献。

二、刑事执行工作现代化的时代要求

刑事执行亦即刑罚执行，简称行刑，是指国家刑罚执行机关根据人民法院发生效力的刑事判决或裁定，依照法律规定的程序，将已经确定的刑罚付诸实施的刑事执法司法活动。刑事执行是我国刑事司法链条的终端，是刑事法治的重要基础，也是维护和实现司法公正高效权威的基本环节。党的十八大以来，随着全面依法治国战略的深入实施，司法体制改革的稳步推进，依法独立公正行使审判权和检察权制度、优化司法职权配置、推进严格司法、保障人民群众参与司法、加强人权司法保障、加强对司法活动的监督等重大改革的不断深入，需要刑事执行领域完善法律制度、统一刑罚执行体制、严格公正文明执法等改革发展同步高效推进，以确保公正司法、提高司法公信力。同时，伴随国际国内形势新变化，为了有力打击社会犯罪、有效维护国家安全和社会稳定，国家刑事政策不断适时调整变化，也对监狱刑事执行工作提出了新的课题、新的要求。

我国《监狱法》明确规定，监狱是国家的刑罚执行机关。依照《刑法》和《刑事诉讼法》的规定，被判处死刑缓期二年执行、无期徒刑、有期徒刑的罪犯，在监狱内执行刑罚。随着社会发展变化，作为监狱刑事执行对象的罪犯构成发生了明显的代际变化。20 世纪 60 年代前，监狱关押的罪犯大多是民主革命时期的历史反革命分子、新中国成立后捕判的现行反革命分子和其他刑事犯罪分子，其中反革命犯占大多数。20 世纪 80 年代，监狱关押的罪犯构成出现历史性的变化，押犯主体概括呈现“三多”现象，即刑事犯罪多、青年罪犯多、劳动人民家庭出身的多，反革命犯则大幅减少。进入 21 世纪以来，监狱关押罪犯的主体结构出现新的趋势性变化，押犯中捕前系无业人员和农牧渔民的占绝大多数，女性押犯总量连年持续上升，涉黑涉毒类犯罪、职务类犯罪、科技型新形态犯罪的罪犯不断递增，被判处终身监禁和限制减刑的罪犯逐渐增多。监狱押犯构成的代际变化，给新时代监狱机关刑事执行工作提出了新挑战、新要求。由此可见，推进新时代监狱工作现代化，关系党和国家司法体制改革顶层设计落地，关系社会主义法治国家建设布局落实，关系中国式现代化全面推进，关系党和国家长治久安。监狱机关必须顺应时代潮流，适应司法体制改革要求，紧跟刑事政策时代发展，把握押犯构成代际变化，坚持问题导向，着力推进思想观念现代化、工作体系现代化、警察队伍素质能力现代化，以高水平的监狱工作现代化全面推进国家刑事执行工作现代化。

三、监狱工作高质量发展的首要任务

党的二十大报告指出，高质量发展是全面建设社会主义现代化国家的首要任务。新时代监狱工作必须是高质量发展，这是监狱工作现代化建设的目标任务，是实现新时代监狱工作现代化的基本要求。

发展是解决一切问题的基础和关键。当前，我国社会主要矛盾已经转化为人民日益增长的美好生活需要与不平衡不充分的发展之间的矛盾。监狱在一定程度上是社会矛盾集中体现的场所。近年来，监狱工作遇到一些新问题，面临不少新困难。例如，押犯构成日趋复杂，严重暴力犯罪罪犯、团伙犯罪罪犯、长刑期罪犯、老病残罪犯日益增多，监狱管理和改造罪犯难度加大；狱内改造与反改造斗争形势严峻复杂，顽危犯逐渐增多，监狱安全防范任务艰巨；国家刑事执行政策调整发展对监狱刑罚执行提出新的课题，对监狱人民警察执法司法能力水平提出新的要求；监狱基础设施、信息化建设等滞后，警力保障和财政保障不充分问题仍然突出；等等。所有这些矛盾和问题，都要依靠高质量发展去化解解决，在实践中落实好高质量发展这一首要任务。在推进新时代监狱工作现代化过程中，必须认真贯彻落实党的二十大决策部署，更好地承担起高质量发展的监狱工作现代化首要任务。要坚持以习近平新时代中国特色社会主义思想为指导，完整、准确、全面贯彻新发展理念，深刻理解和把握高质量发展的基础性、全局性、艰巨性，统筹处理好各方面的重大关系，积极探索符合监狱工作特点的高质量发展道路。要全面加强党对监狱工作的绝对领导，全力推动监狱工作体制机制改革创新，加快建设高水平的法治监狱、平安监狱、数字监狱、清廉监狱，实现监狱持续安全稳定、改造罪犯高质高效、监狱运行平稳有序、监狱人民警察队伍忠诚干净担当，以高质量发展推进新时代监狱工作现代化。

四、社会文明发展进步的特殊窗口

监狱是社会的重要标志物，是人们了解文明变迁和历史进程的特殊窗口。清末监狱改良的主导者沈家本有一句名言："觇其监狱之实况，可测其国度之文野。"[1] 人类历史上先后存在过奴隶制国家监狱、封建制国家监狱、资本主义国家监狱和社会主义国家监狱。不同历史阶段的监狱呈现不同的文明形态，总括而言，其基本趋势是从肉刑、生命刑、报应刑等野蛮残酷的惩治主义、报复主义，逐步走向自由刑、恢复性行刑、社会性行刑等日渐文明的刑制狱制。新中国在彻底粉碎旧的国家机器之后应当建设什么样的监狱，是历史向中国共产党人提出的重大课题。以毛泽东为代表的共和国缔造者，以无产阶级革命家的博大胸怀和宏伟气魄，将改造罪犯纳入无产阶级改造社会、改造人的伟大使命和历史实践，把马克思主义普遍原理同中国改造罪犯实践相结合，将改造罪犯作为新中国监狱工作的出发点和归宿，在继承中国传统文化和民族精神精华的基础上，创立了与历史上任何时代、任何国家的刑罚观有着本质区别的中国社会主义监狱理论、监狱制度，创造了崭新的监狱文明，"引领了世界行刑制度的一场深刻变革，代表了世界行刑制度的潮流和发展方向"[2]。长期以来，中国监狱在政治上坚守人民民主专政的国家机器地位，始终体现着广大人民群众的意志、实现社会公平正义的要求；在行刑理念上，始终坚持对罪犯不搞单纯的惩罚，全面践行"惩罚与改造相结合、以改造人为宗旨"的监狱工作方针；在刑事执行实践中，始终坚持人道主义、区别对待、给出路政策，依法行刑，文明管理，把罪犯改造成为守法公民，为实现社会长期稳定作出了历史性贡献。中国社会主义监狱工作的重大成就、中国社会主义监狱制度的巨大成功，是中国社会主义社会文明进步的显著标志，也是人类社会监狱文明发展的全新形态。在推进新时代监狱工作现代化新征程上，监狱机关要在习近平新时

---

〔1〕 沈家本：《奏实行改良监狱宜注意四事折》，载薛梅卿等编：《清末民初改良监狱专辑》，中国监狱学会 1997 年版，第 26 页。

〔2〕 中国监狱工作协会编：《新中国监狱工作五十年》（1949. 10—2000），法律出版社 2019 年版，第 424 页。

代中国特色社会主义思想和习近平法治思想指引下，与时俱进创新发展中国监狱事业，不断丰富发展中国特色社会主义监狱工作思想、理论、制度，全面提升新时代监狱工作的科学性、优越性、先进性，努力创造人类社会监狱文明新形态。

第三节　新时代监狱工作现代化的价值取向

中国共产党领导下的中国式现代化，创造了人类文明新形态，闪烁着推动人类社会发展进步的价值光辉。植根中国特色社会主义国家丰沃土壤，新时代的中国监狱工作现代化有着崇高远大的价值追求。概而言之，监狱作为政治机关，其价值在于捍卫中国共产党的执政地位，捍卫中国特色社会主义制度，维护国家政治安全；监狱作为法治部门，其价值在于筑牢人民民主专政基础，维护国家政权安全，确保社会大局稳定和人民安居乐业；监狱作为刑罚执行机关，其价值在于惩罚和改造罪犯，提升执法司法效率，维护社会公平正义；监狱作为国际人权斗争重要阵地，其价值在于保障社会公民和在押罪犯的合法权益，发挥中国社会主义监狱制度优势，开辟人类社会人权保障新天地。

一、突出中国共产党绝对领导的政治价值

习近平总书记指出："坚持党的领导是方向性问题，必须旗帜鲜明、立场坚定，决不能羞羞答答、语焉不详，决不能遮遮掩掩、搞自我麻痹。"〔1〕宪法赋予了我们党长期执政的根本法律依据。党的领导是全面的、系统的、整体的，体现在经济、政治、文化、社会等各个方面，哪个领域缺失或者弱化，都会削弱党的力量，损害党和国家事业。监狱机关从性质和职能来看，是中国共产党领导的人民民主专政国家机器的重要组成部分，政治属性是监狱的天然属性，因此监狱机关首先是政治机关。加强党对监狱工作的绝对领导，就要全面彻底地贯彻落实党中央和上级党委有关决策部署，忠诚履行法定职责，确保监

〔1〕习近平：《论坚持党对一切工作的领导》，中央文献出版社2019年版，第223页。

狱工作始终沿着正确道路前进。

中国式现代化是中国共产党领导的社会主义现代化。习近平总书记指出："党的领导直接关系中国式现代化的根本方向、前途命运、最终成败。党的领导决定中国式现代化的根本性质，只有毫不动摇坚持党的领导，中国式现代化才能前景光明、繁荣兴盛；否则，就会偏离航向、丧失灵魂，甚至犯颠覆性错误。"[1] 新时代监狱工作现代化，是中国式现代化的有机组成部分，是政法工作现代化的重要组成部分，必须旗帜鲜明坚持党对监狱工作的绝对领导，坚决维护习近平总书记党中央的核心、全党的核心地位，坚决维护党中央权威和集中统一领导。监狱机关要大力加强党的建设，始终用习近平新时代中国特色社会主义思想、习近平法治思想武装监狱人民警察队伍，并转变成行动自觉。要健全党总揽全局、协调各方的监狱工作制度体系，严明政治纪律和政治规矩，提高各级党组织和监狱人民警察队伍的政治判断力、政治领悟力、政治执行力，以政治能力建设促进监狱工作现代化高质量发展。

二、突出维护国家安全的政权价值

国家安全、社会稳定是全面建设中国特色社会主义现代化国家的首要前提，是全面推进中国式现代化的社会基础。一方面，监狱的国家政权属性，决定了维护国家安全是监狱机关的本质职能。马克思主义国家学说认为，军队、法庭、监狱，都是国家的暴力机器，是国家政权的重要组成部分。我国监狱是人民民主专政的工具，是国家机器的重要组成部分，监狱通过收押、监禁罪犯，履行惩罚罪犯、打击犯罪的国家政权职能，有效实施国家宪法和法律，维护国家安全，维护社会秩序，实现社会公平正义。同时，监狱通过改造罪犯，转变犯罪思想，矫正行为恶习，重塑道德体系，激发社会良知，使其成为守法公民，不再重新犯罪。这对于保证国家的长治久安具有基础性作用，对于保障中国式现代化建设具有根本性意义。另一方面，监狱安全是监狱工作的生命所

[1] 习近平：在新进中央委员会的委员、候补委员和省部级主要领导干部学习贯彻习近平新时代中国特色社会主义思想和党的二十大精神研讨班开班式上的讲话，载《人民日报》2023 年 2 月 8 日。

在，没有监狱安全，就没有监狱的一切。监狱安全不仅是国家政权安全的组成部分，也是监狱履行人民民主专政国家机器职能的前提和基础。无论监狱发生罪犯脱逃、暴乱等内部安全问题，还是遭遇暴恐袭击、劫狱等外部安全冲击，既极大危害国家安全，又直接威胁监狱常态运行。失去了监狱自身安全稳定，就丧失了监狱工作的基础，就无法保障监狱机关正常履行刑罚执行职能、顺利惩罚和改造罪犯，监狱工作现代化也会成为无的之矢、失去价值。监狱机关必须从维护政权安全的高度，牢固树立战略思维、系统思维、底线思维，切实增强监狱安全的使命感、责任感和紧迫感，不断创新安全发展理念，努力构建更高层次、更高维度的监狱大安全格局，全面实现监狱整体安全，着力推动监狱安全工作现代化，为确保监狱安全、国家安全奠定坚实基础。

三、突出服务人民群众的社会价值

一切为了人民，一切依靠人民，全心全意为人民谋利益，是马克思主义的根本立场，是建设中国特色社会主义的根本出发点和落脚点，也是新时代监狱工作现代化必须始终坚持的价值取向。首先，人民性是社会主义国家监狱必须具备的鲜明特性。2020 年 8 月 26 日，习近平总书记为中国人民警察队伍授旗并致训词，提出了“对党忠诚、服务人民、执法公正、纪律严明”的总要求，既指明了全国人民警察队伍建设的根本方向，也阐明了包括监狱工作在内的政法工作现代化的价值内涵。人民性是中国社会主义监狱与奴隶社会、封建社会、资本主义社会国家监狱的本质区别，服务人民是中国共产党“全心全意为人民服务”根本宗旨在监狱工作领域的深刻体现。任何时候监狱机关都必须始终把人民放在最高位置，都要坚信监狱事业的根基在人民、监狱事业发展的力量源泉在人民。其次，监狱工作现代化要深刻体现人民群众的法治需求。随着我国进入中国特色社会主义新时代，广大人民群众对物质生活和精神生活质量都有了新需求，对共享国家安全稳定发展成果提出了新要求。监狱是国家的刑罚执行机关，是国家司法行政工作的重要组成部分。新时代监狱工作的社会价值，就是以对监狱所关押的罪犯群体高效的刑罚执行、高质量的改造工作，实现社会公平正义，满足人民群众对民主、法治、公平、正义、安全等方面的需求。最后，以人民为中心的发展思想是新时代监狱工作的新发展理念。人民至上、服务人民是中国式现代化的根本追求。以人民为中心的发展思想需要体现在国家政治、经济、社会、文化等多个领域，也是新时代监狱工作现代化的价值所在。监狱机关要牢固树立人民至上理念，坚持把以人民为中心的发展思想贯穿监狱工作始终，以保障人民幸福生活为根本目标，坚持不懈地以高水平监狱安全和高质量刑罚执行履行好本职职能，切实提高全体人民群众生活的安全指数和幸福指数。

四、突出公正高效权威的法治价值

党的二十大报告强调："加快建设公正高效权威的社会主义司法制度，努力让人民群众在每一个司法案件中感受到公平正义。"公正司法是维护社会公平正义的最后一道防线，一旦这道防线被冲破，出现司法不公现象，就会对社会公平正义造成致命破坏。只有公正高效权威执法司法，才能真正发挥好法治在国家治理中的效能。监狱是国家的刑罚执行机关，是重要的国家法治部门，代表国家、依据法律对罪犯实施惩罚和改造、预防和减少犯罪，在国家法治格局中职能不可或缺、地位不可替代。"刑罚价值是指制刑、量刑、行刑对社会及其成员的意义与效用。"[1] 监狱通过对罪犯执行刑罚，体现国家刑事法律的强制性惩罚性，实现社会公平正义，同时对社会潜在的犯罪行为和犯罪人群予以警示威慑，促进社会公众对法律的敬畏和信仰，从而达到保障社会秩序、维护社会稳定的目的。从多年来监狱执法司法实践来看，全国监狱机关认真贯彻全面依法治国战略，深入推进全面依法治监，不断提高严格公正规范文明执法能力，有效提升了监狱法治化水平。但个别监狱也存在法治工作薄弱、惩罚职能弱化的现象：有的过多强调人性化管理，忽视了监狱首先是一个暴力机器，忽视了监狱的法定职能首先是惩罚罪犯，然后才是改造罪犯；有的不能正确处理监狱安全和改造罪犯、劳动生产、监管责任之间的关系，存有消极保安全、被动求稳定倾向；极个别警察立场不坚定，抵御不住诱惑腐蚀，利用职权徇私

〔1〕 谢望原：《刑罚价值论》，中国检察出版社 1999 年版，第 84 页。

枉法、违规为罪犯办理减刑、假释，造成不良社会影响，损害了监狱机关形象。在推进新时代监狱工作现代化进程中，监狱机关必须充分体现法治担当，以公正高效权威执法司法为导向，全面加强监狱工作法治化建设，着力深化刑罚执行体制机制改革，全面准确落实监狱法治职能和执法责任制，大力提高严格公正规范文明执法水平，有效提升监狱执法司法公信力，充分彰显新时代监狱工作现代化的法治价值追求。

五、突出充分保障人权的文明价值

1948 年 12 月，联合国大会通过《世界人权宣言》，人权事业得到国际社会越来越多的关注，各个国家、民族、个人都能平等地享有人权成为世界人民的理想和追求。监狱作为国家上层建筑的重要组成部分，历来是观察一个国家政治、民主的重要窗口，监狱工作经常成为不同政治制度、意识形态领域关注的话题。1992 年 8 月，国务院新闻办公室发布《中国改造罪犯的状况》白皮书，全面系统地阐述了中国监狱工作的方针政策、文明的监狱制度和改造罪犯的重大成果，向世界展示了中国社会主义监狱的先进形态、鲜明特色。中国监狱的人权保障，蕴含于中国人权保障伟大事业，植根于中国社会主义优越制度，彰显着中国共产党人的博大胸怀，揭示了人类社会人权保障的价值追求和本质表征。一方面，中国监狱的人权保障始终以社会全体普通公民的人权保障为前提基础。罪犯在社会上的犯罪活动，侵害的是社会普通公民的人身和财产权利，监狱监禁惩罚罪犯，重要的是维护、保障社会全体公民的人权特别是受害人的权利。邓小平曾经说过："不能让犯罪人无所畏惧……我们保护最大多数人的安全，这就是最大的人道主义。"〔1〕不片面强调罪犯的权利，而重点关注保障社会普通公民权利，为受害人伸张正义，实现社会公道公正，是中国监狱人权保障的制度初心和价值追求。另一方面，中国监狱人权保障始终以改造人为宗旨、以促进罪犯的再社会化为终极目的。中国监狱先后成功改造了包括末代皇帝在内的"伪满洲国"战犯、日本战犯、国民党战犯，以及大批普通

〔1〕《邓小平文选》（第 3 卷），人民出版社 2001 年版，第 34 页。

刑事犯罪的罪犯，保持着较低的重新犯罪率，创造了世界监狱史上的“东方奇迹”。这些人经过在监狱服刑改造，悔过自新，重塑自我，回归社会后重新做人，实现了自身作为人的全面发展，展现了中国监狱人权保障的最大价值。同时，在监管改造罪犯实际工作中，监狱机关坚持将罪犯人权保障贯彻到刑罚执行各环节、罪犯服刑全过程，认真落实革命人道主义原则，不断完善罪犯服刑改造的条件环境，保障落实罪犯的合法权益，实现了罪犯人权保障工作新进步。随着世界百年未有之大变局加速演进，国际人权斗争风云变幻，国内经济社会发展诸多矛盾问题错综复杂，监狱人权保障工作面临新形势、新特点。在推进新时代监狱工作现代化新征程上，监狱机关要坚定对中国特色社会主义的道路自信、理论自信、制度自信和文化自信，全面贯彻“国家尊重和保障人权”的宪法原则，不断增强监狱人民警察的政策意识、法治意识和人权意识，弘扬罪犯人权保障的优良传统，改进完善保障罪犯合法权利的制度措施，切实保障罪犯各项合法权益。要认真研究监狱工作领域国际人权事业的新趋势、新动向，创新中国监狱人权保障工作体制机制、策略方法，丰富新时代中国特色社会主义监狱思想制度、理论实践，提升新时代中国监狱文明的国际影响力、世界引领力，为创造人类社会监狱文明新形态作出新的贡献。

第二章　新时代监狱工作现代化内涵要求

党的中国式现代化理论，既是中国特色社会主义现代化推进发展的思想指导，也是中国特色社会主义现代化实践探索的方法指引。世界上既不存在定于一尊的现代化模式，也不存在放之四海而皆准的现代化标准。作为特殊现代化和一般现代化的有机统一，新时代监狱工作现代化既具有鲜明的中国式现代化共同特征，又具有切合中国监狱实际的基本特质。监狱机关要以中国式现代化理论为指导，准确把握监狱工作现代化的内涵特征和本质要求，沿着新时代监狱工作现代化康庄大道稳步前进。

第一节　新时代监狱工作现代化的内涵特征

在新中国成立特别是改革开放以来长期探索和实践的基础上，经过党的十八大以来在理论和实践上的创新突破，中国监狱工作现代化得到了成功推进和拓展。2023 年 1 月召开的中央政法工作会议指出，新时代新征程政法机关的历史使命，就是坚决落实习近平总书记对政法工作的重要指示，奋力推进思想观念现代化、工作体系现代化、工作能力现代化，要将党的中心任务作为谋划开展一切工作的立足点，紧紧围绕中国式现代化谋划推进政法工作现代化，以政法工作现代化服务保障中国式现代化，从而为新时代监狱工作现代化指明了方向。

新时代监狱工作现代化，是中国共产党领导的，以习近平法治思想为指导的，具有社会主义特质、政法工作特征和监狱机关特性，创新发展中国特色监狱工作的思想理论、法律制度、体制机制、策略方法、手段方式，是全面实现监狱治理、监禁管理、刑罚执行、改造罪犯、运行保障工作的现代化，创造人类社会监狱文明新形态的发展过程。新时代监狱工作现代化具有以下基本特征：

一、政治机关特色鲜明的现代化

这是新时代监狱工作现代化的根本特征。中国特色社会主义制度，决定了我国监狱机关首先是政治机关。越是时代发展，越是形势复杂，越要保持和突出监狱机关鲜明的政治属性。推进新时代监狱工作现代化，必须坚持以政治建设为统领，始终把讲政治放在首位。监狱机关旗帜鲜明讲政治，就要把准监狱工作现代化的政治方向，切实增强政治敏锐性，不断提高政治判断力、政治领悟力、政治执行力，时刻从政治上认识、把握、检视、考量监狱工作，把讲政治贯穿到监狱工作各领域、全过程。要持之以恒加强党的创新理论武装，坚持用习近平新时代中国特色社会主义思想武装监狱人民警察队伍，用中国式现代化理论指导监狱工作现代化实践。要坚持不懈全面从严管党治警，严守党的政治纪律和政治规矩，确保监狱人民警察队伍忠于党、忠于人民、忠于宪法和法律，把监狱机关这一人民民主专政的“刀把子”始终牢牢握在党和人民手中。

二、监狱效能全面彰显的现代化

这是新时代监狱工作现代化的本质特征。监狱是国家刑罚执行机关，正确执行刑罚、惩罚和改造罪犯、预防和减少犯罪是监狱的法定职能。从国家刑罚制度的目的看，无论是通过对犯罪人适用刑罚、剥夺限制其人身自由、防止其再次实施犯罪行为的特殊预防，还是通过对犯罪人适用刑罚和施以惩戒、对社会上的一般人产生警诫和震慑作用的一般预防功能的实现，都离不开监狱这个刑罚执行的主体机关。从国家刑事司法体系看，监狱处于国家刑事执法司法链条的终端，与公安机关、人民检察院、人民法院和司法行政部门社区矫正机构有机衔接，监狱执法司法的效果直接影响国家刑事执行法律体系的权威和公信力。推进新时代监狱工作现代化，必须坚守监狱的特定职能，牢牢锚定履行国家刑罚执行机关职责、发挥监狱执法司法功能威力，有效执行人民法院的生效判决裁定，严格履行对罪犯剥夺自由、实施惩罚和改造职能职责，切实增强监狱执法司法权威和公信力，全面发挥国家刑罚执行机关的政治效能、法律效能、社会效能。

三、监狱安全坚实稳固的现代化

这是新时代监狱工作现代化的基本特征。监狱是人民民主专政国家机器的重要组成部分，肩负维护国家安全、维护社会安定的基本职能。中国特色社会主义进入新时代以来，习近平总书记从党和国家事业发展全局的战略高度，提出国家总体安全观重大战略思想，把政治安全、国土安全、军事安全、经济安全、文化安全、社会安全、科技安全、信息安全、生态安全、资源安全和核安全等纳入国家总体安全格局，强调国家安全和社会安全是改革和发展的前提、保证国家安全是头等大事，要求政法机关切实履行好维护国家安全、社会安定、人民安宁的重大责任。监狱特定的政治法律地位，决定了其在保障国家安全、人民安全工作布局中的基础性作用。可以说，确保监狱安全稳定，是党和国家对监狱工作的基本要求、底线要求；深化安全治理、打造平安监狱，是新时代监狱工作现代化的基本任务、永恒课题。新征程上，监狱工作面临复杂多变的安全和发展环境，各种可以预见和难以预见的风险因素明显增多。譬如，世纪性疫情过后，监狱押犯人数激增，一些监狱超押现象突出，监禁管理难度加大；罪犯脱逃、凶杀、劫持人质等安全案件时有发生，对监狱安全造成直接威胁；国家刑事政策不断调整趋严，对服刑罪犯思想情绪影响明显，给监狱安全工作提出新的课题；国内外反动势力和不法分子的渗透破坏活动加剧，对监狱安全的负面影响不容轻视；等等。面对严峻复杂的安全形势，监狱机关要时刻牢记职能职责，坚决守牢安全阵地，坚定扛起维护国家安全、社会安定、人民安宁的责任使命，全力推进监狱工作现代化，确保监狱持续安全稳定，矢志不渝捍卫国家政治安全、政权安全和人民安全。

四、刑罚执行公平正义的现代化

这是新时代监狱工作现代化的主要特征。“理国要道，在于公平正直。”公平正义是执法司法工作的生命线。一次不公正的执法司法活动，损害的不仅是当事人的合法权益，更是法律的尊严和权威。监狱是国家的刑罚执行机关，公平公正执行刑罚是党和国家对监狱工作的必然要求，也是监狱刑罚执行的价值追求。从实践看，人们对监狱刑罚执行概念的理解认知也有广义和狭义之分。广义的刑罚执行，是指监狱从罪犯收监关押一直到罪犯刑满释放、贯穿罪犯整个服刑过程的全部执法司法活动。狭义的刑罚执行，是指监狱对罪犯收监、申诉控告检举的处理、减刑假释、暂予监外执行（保外就医）办理及罪犯释放与安置五个环节的执法司法活动，这也是监狱法规定的监狱刑罚执行内容。从社会层面看，人民群众关注的焦点，主要集中在罪犯减刑、假释和暂予监外执行（以下简称“减假暂”）等案件办理上，前些年被媒体热炒的云南孙小果案、山西任爱军案、北京郭文思案等都与此有关，这些虽然只是个案，但严重损害了政法机关尤其是监狱的执法形象，造成了恶劣的社会影响。推进新时代监狱工作现代化，必须把公平正义作为厉行法治的聚焦点和发力点，将这一法治价值追求贯穿监狱刑罚执行工作全过程和各方面，深入推进全面依法治监，规范执法司法权力运行，强化执法司法活动监督，严格规范公正文明执法，真正做到适用实体性刑事执行法律法规适格合法，适用程序性刑罚执行法律规定公平公正，适用监狱管理规章制度不偏不倚，让人民群众在监狱工作每一项法律制度、每一次执法司法活动、每一宗刑罚执行案件中都感受到公平正义。

五、改造罪犯高质高效的现代化

这是新时代监狱工作现代化的显著特征。在实施惩罚的基础上改造罪犯，是中国社会主义监狱制度的鲜明特色。惩罚与改造相结合、以改造人为宗旨是党的监狱工作方针。改造罪犯是监狱机关的法定职责，《监狱法》第 3 条规定：“监狱对罪犯实行惩罚和改造相结合、教育和劳动相结合的原则，将罪犯改造成为守法公民。”第 4 条规定：“监狱对罪犯应当依法监管，根据改造罪犯的需要，组织罪犯从事生产劳动，对罪犯进行思想教育、文化教育、技术教育。”注重对罪犯的教化，是中华传统法律文化重要思想，明德慎罚、明刑弼教、德刑并用、教化罪犯的德刑理念由来已久、源远流长。将改造罪犯作为监狱工作的出发点和归宿、对罪犯不搞单纯的惩罚，也是新中国监狱与西方国家监狱的本质区别，西方国家普遍忽视对罪犯的改造，有些人根本不相信罪犯的思想能够改造，甚至认为强调改造思想是强制罪犯“洗脑”，是“侵犯人权”的。〔1〕推进新时代监狱工作现代化，必须旗帜鲜明地坚持中国监狱制度特色，坚定不移地贯彻执行党的监狱工作方针，一以贯之全面履行监狱机关职能，始终如一把改造罪犯作为监狱工作的中心任务，创造性拓展监管改造、教育改造、劳动改造基本手段，构建科学改造新体系、新机制，探索矫正矫治新手段、新方法，全力提高罪犯改造质量，不断开创监狱改造罪犯工作新局面。

六、警察素质能力过硬的现代化

“在中国，监狱人民警察是武装性质的国家行政力量，是人民民主专政的工具之一”〔2〕，担负着维护国家安全、维护社会秩序、维护公民权利、预防和打击犯罪活动光荣使命，履行着依法管理监狱、执行刑罚、对罪犯进行教育改造等职责任务。作为监狱工作的主体，监狱人民警察既要政治过硬，又要本领高强。建设一支革命化、正规化、专业化、职业化的监狱人民警察队伍，是新时代监狱工作发展的必然要求，也是实现监狱工作现代化的重要标志。中国监狱 70 多年来取得了巨大成就，就是因为有一支政治坚定、作风过硬、艰苦奋斗、勇于奉献、不怕牺牲的监狱人民警察队伍。面对新时代监狱工作新形势、新要求，监狱系统各级领导干部和警察队伍的现代化意识、现代化知识、现代化工作能力还不完全适应。在推进监狱工作现代化新征程上，监狱机关要始终

〔1〕参见中国监狱工作协会编：《新中国监狱工作五十年》（1949. 10—2000），法律出版社 2019 年版，第 444 页。

〔2〕中国监狱工作协会编：《新中国监狱工作五十年》（1949. 10—2000），法律出版社 2019 年版，第 305 页。

坚持队伍为本，聚焦高素质、专业化建设目标，健全“教学练战”一体化培训机制，提升法律运用能力、监管改造能力、刑罚执行能力、风险防控能力、群众工作能力、科技应用能力，实现思想观念、工作体系、工作能力的现代化，建设一支政治过硬、业务过硬、责任过硬、纪律过硬、作风过硬的监狱人民警察队伍。

七、监狱警务保障完备的现代化

监狱警务保障是监狱人民警察履行职责的必要条件，是监狱监禁罪犯、执行刑罚、改造罪犯工作运行的基础。监狱警务保障包括法律保障、经费保障、警力保障、警察权益保障、基础设施保障、社会支持保障等诸多方面。多年来，随着我国经济社会发展，监狱警务保障水平逐步提高，特别是1994年12月出台的《监狱法》第8条明确规定：“国家保障监狱改造罪犯所需经费。监狱的人民警察经费、罪犯改造经费、罪犯生活费、狱政设施经费及其他专项经费，列入国家预算。国家提供罪犯劳动必需的生产设施和生产经费。”《监狱法》颁布实施、监狱财政保障体制建立、监狱布局调整等重大法律政策措施的推行落实，使监狱警务保障能力明显增强。总体来看，我国的监狱警务保障还处在基础水平，监狱法律法规体系不够完备、监狱警力配备不够充足、监狱经费保障不够充分、监狱警务技术装备不够先进、监狱布局不够合理、监狱基础设施和信息化建设滞后等保障不充分问题仍然突出。中国式现代化是物质文明和精神文明相协调的现代化，新时代监狱工作现代化也是人与物、软件与硬件相统一的现代化，没有完备的警务保障体系、坚实的物质技术基础，就不可能全面实现监狱工作现代化。监狱机关要坚持以系统思维谋划推进监狱工作现代化，全面加强监狱警务保障体系建设，切实健全监狱工作法律法规体系，优化全国监狱警察编制布局，完善警察分类管理制度和权益保障机制，提升监狱经费保障水平，持续优化监狱布局调整，加强监狱基础建设，推进数字监狱建设，提高监狱设施装备水平，建立监狱警务保障新格局，全面实现监狱工作现代化。

第二节　新时代监狱工作现代化的本质要求

事物的本质是其本身固有的内部联系，决定着事物的性质和发展趋势。认清本质、把握规律、推动发展，是辩证唯物主义的基本观点和实践要求。作为中国式现代化的有机组成部分、政法工作现代化的重要组成部分，新时代监狱工作现代化有其服从服务于政法工作现代化、中国式现代化建设大局的性质规定。监狱机关要正确认识监狱工作现代化的本质要求，准确掌握监狱工作现代化的客观规律，推动新时代监狱工作现代化行稳走远。

一、打造平安中国建设有力支点

平安监狱是平安中国不可或缺的重要支点。推进新时代监狱工作现代化，必须紧紧围绕平安中国建设布局发力。2013 年，“平安中国”第一次上升为国家层面的战略目标。习近平总书记多次强调，平安是人民幸福安康的基本要求，是改革发展的基本前提。党的十八大以来，以习近平同志为核心的党中央着眼于国家的长治久安和人民群众的安居乐业，不断推动平安中国建设迈向更高水平。“建设更高水平的平安中国”，是党的二十大确立的未来 5 年的主要目标任务之一。监狱作为政法机关、法治部门、国家刑罚执行机关，是人民民主专政的重要基石，对于平安中国建设具有基础性作用。在推进新时代监狱工作现代化历史进程中，监狱机关必须找准自身在国家安全格局中的定位，准确把握平安中国建设面临的新形势、新任务，以高水平的平安监狱建设，助推平安中国建设，为统筹建设层次更高、治理效能更强、安全稳定局面更巩固、人民更满意的平安中国而持续发力。要坚决贯彻总体国家安全观，把监狱安全、社会安全、国家安全贯通起来，一体谋划，总体推进，全面融入国家安全体系和能力现代化发展全局。要全力巩固人民民主专政阵地，着眼打击危害国家政治安全、政权安全和社会刑事犯罪大局，着力提升监狱收押、关押能力，全面强化监狱惩罚罪犯职能，时刻擦亮、握紧、用好党和人民的“刀把子”，切实筑牢平安中国建设的基础。要充分发挥社会主义监狱制度优势，创新发展新时代监狱行刑文化文明，建立健全以改造罪犯为中心的监狱工作新格局，全面提升监管改造能力、教育改造能力、劳动改造能力，真正把绝大多数罪犯改造成为自觉融入新时代社会主义和谐社会的守法公民，努力降低刑释人员的重新犯罪率，切实化消极因素为积极因素，保障促进国家安全和社会稳定，把中国监狱打造成为平安中国建设坚实有力的支点。

二、筑牢法治政府建设主体工程

法治政府建设是全面依法治国的重点任务和主体工程。监狱是国家司法行政部门的组成部分，法治监狱建设是法治政府建设不可缺少的环节。推进新时代监狱工作现代化，必须紧紧围绕法治政府建设布局发力。党的十八大以来，中国监狱法治建设不断突破，监狱工作法治化水平有效提升。同时也要看到，随着全面依法治国深入推进，监狱工作改革发展稳定任务繁重，人民群众对监狱机关严格公正规范文明执法的要求越来越高，法治监狱建设任务更为艰巨。中国监狱法治建设现状为：法律制度建设不断健全，但供给滞后不容忽视；法治思维能力不断提高，但依法治监仍需强化；罪犯法律知识不断提升，但过度维权态势明显趋升；执法监督手段不断加强，但监督制约机制尚需健全；法律工作队伍不断加强，但人才高地建设仍较薄弱，监狱法治建设依然任重道远。进入新时代，以习近平同志为核心的党中央从坚持和完善中国特色社会主义制度全局出发，系统谋划推进法治政府建设，坚持依法治国、依法执政、依法行政共同推进，坚持法治国家、法治政府、法治社会一体建设。2021 年 8 月，中共中央、国务院印发《法治政府建设实施纲要（2021—2025 年)》，明确提出“努力实现法治政府建设全面突破”的要求，体现了加快建设法治政府的决心和信心。在推进新时代监狱工作现代化历史进程中，监狱机关必须坚定不移走中国特色社会主义法治道路，全面落实法治政府建设实施纲要，围绕主战略、主定位统筹谋划法治监狱建设，立足监狱主责主业推进法治监狱建设，坚持顶层设计和法治实践相结合，从健全党的领导、监狱法律规范、监狱职能职责、监禁管理罪犯、执法司法活动、改造罪犯工作、监狱安全防范、监狱科技保障、监狱执法监督、法治宣传教育等各领域、各环节施力，全方位构建中国式现代化监狱法治体系，全力建设新时代高水平法治监狱，为法治政府建设主体工程筑牢基础、绘亮底色。

三、融入国家治理体系整体格局

监狱治理体系既是国家治理体系的组成部分，也与社会治理体系密不可分。推进新时代监狱工作现代化，必须紧紧围绕国家治理体系和治理能力现代化布局发力。2013 年 11 月，党的十八届三中全会通过的《中共中央关于全面深化改革若干重大问题的决定》首次明确提出“推进国家治理体系和治理能力现代化”的改革目标。2019 年 10 月，党的十九届四中全会通过了《中共中央关于坚持和完善中国特色社会主义制度、推进国家治理体系和治理能力现代化若干重大问题的决定》，对推进国家治理体系和治理能力现代化作出了全面部署。党的二十大报告把“国家治理体系和治理能力现代化深入推进”作为未来 5 年我国发展的主要目标任务之一。国家治理体系和治理能力是一个国家制度及其执行能力的集中体现。在国家治理的基础上，通过整合社会资源，共同维护社会秩序、保障公共利益、促进社会和谐发展的过程，就是社会治理。国家治理是社会治理的基础和前提，社会治理是国家治理的重要组成部分。新时代监狱治理体系，既是国家治理系统的子系统，需要在统筹推进国家治理体系现代化进程中不断优化升级，又是社会治理体系的一部分，需要把监狱工作植入社会治理体系，融入共建共治共享的社会治理结构，构建监狱治理现代化新格局。在推进新时代监狱工作现代化历史进程中，监狱机关要牢固树立大治理观，系统性、整体性、协同性推进监狱治理体系和治理能力建设。一方面，要全面推进监狱内部治理体系现代化建设，围绕监狱安全运行、教育矫正、综合保障等工作加快建章立制，形成完备严密的现代化监狱工作法律、法规、规章和制度体系，把监狱全部工作纳入法治轨道；全面推进监狱治理能力现代化，打造科学完备高效的监狱工作运行体系、制约监督体系，系统提升监狱系统各级领导干部和监狱人民警察决策能力、执行能力、工作能力，把我国监狱工作制度优势更好地转化为治理效能。另一方面，要开放性推进监狱治理体系和治理能力现代化，建立健全融入共建共治共享的社会治理结构的政策措施、方法路径，全力构建立体化、多层次、全方位的监狱工作社会支持体系：既充分整合各类社会资源和社会力量共管共治监狱，维护好监狱安全、社会安全和国家安全；又共享监狱监管改造罪犯成果，推动完善社会治安防控机制、公共安全维护机制、矛盾纠纷化解机制，发挥监狱机关的社会治理功能，共同营造和谐稳定的社会环境，努力实现监狱治理体系现代化与社会治理体系现代化的良性互动，为深入推进国家治理体系和治理能力现代化作出积极贡献。

四、创造中国监狱文明崭新形态

创造人类文明新形态是中国式现代化的本质要求。中国共产党领导人民成功走出中国式现代化建设道路，创造了人类文明新形态，这是社会主义的文明形态，是现代文明的中国形态，是中华文明的当代形态，具有重大而深远的世界历史意义。在监狱工作领域创造崭新文明形态，深度契合中国式现代化的本质要求，是监狱工作创新发展的历史使命。推进新时代监狱工作现代化，必须紧紧围绕创造监狱文明新形态布局发力。中华优秀传统监狱文化源远流长、内容丰富，比如西周周公旦提出的“明德慎罚”思想，提倡对罪犯“毋庸杀之，姑惟教之”，使其“幽闭思衍，改恶从善”，中华民族对罪犯既重刑罚，又重教化的文明理念由此发端。汉代董仲舒提出了“德主刑辅”学说，唐太宗提出了“宽仁治狱”思想，宋朝朱熹提出了“严本宽济”主张，明朝开国皇帝朱元璋提出了“宽猛相济”治狱思想。晚清沈家本提出监狱须以“感化”罪犯为归宿、设狱“非以苦人辱人，将以感化人也”“刑罚与教育互为消长”，张之洞倡导“全天下各州县有狱地方，均于内监外监中必备一宽大空院，修工艺房一区，令其学习”，以使“将来释放者可以谋生改行，禁系者亦可自给衣履”，等等。这些德刑并用、教化罪犯的治狱思想闪烁着中华文明熠熠光辉，值得在监狱工作现代化实践中创造性转化、创新性发展。在推进新时代监狱工作现代化征程上，有我国社会主义监狱制度优势作保障，有先进的行刑理念作指引，有深厚的中华传统优秀文化作基础，中国监狱创造人类社会监狱文明新形态更有底气和信心。监狱机关要努力创造监狱监禁管理工作新形态，奋力推进监狱行刑理念、治理制度、监禁功能、场所设施现代化，实现中国监狱管理文明新发展；要努力创造教育改造工作新形态，奋力推进罪犯思想改造、行为矫正、劳动技能育训工作体系、方式方法、技术手段的科学化、现代化，不断提升罪犯改造质量，实现中国监狱改造工作文明新发展；要努力创造监狱执法司法工作新形态，奋力推进严格公正文明执法体系现代化，实现中国监狱刑罚执行文明新发展；要努力创造监狱监管改造工作科技赋能新形态，奋力推进监狱工作智慧化、智能化，实现中国监狱科技文明新发展；要努力创造监狱人文生态环境新形态，奋力推进监狱全环境育人体系化、常态化，实现中国监狱环境文明新发展，推动和引领人类社会监狱文明不断发展前进。

第三节　新时代监狱工作现代化的根本遵循

全面推进新时代监狱工作现代化，是一项伟大而艰巨的事业，前途光明，任重道远。在建设监狱工作现代化的前进道路上，必须高举中国特色社会主义旗帜不动摇，坚持习近平新时代中国特色社会主义思想指导地位不动摇，坚守中国特色社会主义监狱工作发展方向不动摇。

一、坚持中国特色社会主义根本制度

中国特色社会主义是当代中国发展进步的根本方向，是中国式现代化的前进方向。习近平总书记在党的二十大报告中指出的中国式现代化九个方面的本质要求，位列第一位、第二位的就是坚持中国共产党领导和坚持中国特色社会主义，强调坚持党的全面领导是坚持和发展中国特色社会主义的必由之路，中国特色社会主义是实现中华民族伟大复兴的必由之路。坚持中国共产党领导和坚持中国特色社会主义，是新时代国家一切工作的根本遵循。2022 年 1 月 15 日，习近平总书记对政法工作作出重要指示，强调要坚持党对政法工作的绝对领导，完善执法司法政策措施，全面深化政法改革，巩固深化政法队伍教育整顿成果，切实履行好维护国家安全、社会安定、人民安宁的重大责任，让人民群众切实感受到公平正义就在身边。监狱作为国家的刑罚执行机关，首先是政治机关，旗帜鲜明讲政治，坚持中国特色社会主义的道路自信、理论自信、制

度自信和文化自信，始终保持正确的政治方向是监狱工作现代化的必然要求。监狱机关必须时刻牢记政治机关、法治部门、纪律部队的职责定位，坚决担起维护国家安全、社会安定、人民安宁的重大责任，坚决捍卫中国共产党的领导，坚定不移走中国特色社会主义道路。

二、坚持人民民主专政的本质职能

人民民主专政是我国的国家政权形式，是中国人民在中国共产党领导下，根据中国具体国情，对新中国国家本质及其形式的唯一正确的政治选择。我国现行《宪法》明确规定，中华人民共和国是工人阶级领导的、以工农联盟为基础的人民民主专政的社会主义国家。中国共产党在社会主义初级阶段的基本路线是"一个中心、两个基本点"，坚持人民民主专政是党的基本路线的一个重要原则。党的二十大修订的《中国共产党章程》明确指出："坚持社会主义道路、坚持人民民主专政、坚持中国共产党的领导、坚持马克思列宁主义毛泽东思想这四项基本原则，是我们的立国之本。在社会主义现代化建设的整个过程中，必须坚持四项基本原则，反对资产阶级自由化。"中国特色社会主义的成功实践经验告诉我们，始终不渝地坚持贯彻党的基本路线，就能保证中国特色社会主义事业不走偏、不走样、不变色，不断取得新的胜利。"人民民主专政是中国特色社会主义须臾不可离开的法宝……是万万不可取消的，必须坚持，必须巩固，必须强大。否则，不足以抵制国外反动势力对我西化、分化、私有化、资本主义化的图谋，不足以压制国内敌对力量里应外合的破坏作用。"[1] 我国监狱作为人民民主专政的国家机器，依法对罪犯实施惩罚、执行刑罚，既是坚持人民民主专政的主要形式，也是坚持四项基本原则的根本要求，是实施全面依法治国战略的必要手段，还是维护国家安全社会稳定的有效方法，关系到党的执政地位、人民的根本利益、国家的长治久安。推进新时代监狱工作现代化，监狱的人民民主专政职能只能加强，不能削弱。监狱机关必须旗帜鲜明地坚持人民民主专政，以人民民主专政的力量保卫国家、保卫人

---

〔1〕 王伟光：《坚持人民民主专政，并不输理》，载《红旗文稿》2014 年第 18 期。

民、保卫中国特色社会主义。要切实增强专政意识、斗争意识，理直气壮地落实法定监禁惩罚手段措施，毫不手软地打击罪犯反监管反改造行为，坚定不移地发挥人民民主专政职能。

三、坚持全面依法治监的法治道路

全面依法治国是党的“四个全面”战略布局之一，是国家治理的一场深刻革命。习近平总书记在党的二十大报告中指出：“我们要坚持走中国特色社会主义法治道路，建设中国特色社会主义法治体系、建设社会主义法治国家，围绕保障和促进社会公平正义，坚持依法治国、依法执政、依法行政共同推进，坚持法治国家、法治政府、法治社会一体建设，全面推进科学立法、严格执法、公正司法、全民守法，全面推进国家各方面工作法治化。”全面依法治国战略在监狱工作领域的实践要求就是全面依法治监，其目标是实现监狱工作法治化。70 多年来的监狱工作实践证明，监狱治理须臾离不开法治，监狱工作环境越是复杂、任务越是繁重，越要运用法治思维和法治手段解决问题、推动发展。在新时代新征程上，监狱机关必须坚持把全面依法治监作为监狱履行刑罚执行职能的基本方式、监狱治理体系和治理能力现代化的重要依托、监狱工作现代化的重要任务。要坚定不移走中国特色社会主义法治道路，始终坚持党对监狱法治建设工作的绝对领导，坚守法治监狱建设正确政治方向，确保党中央全面依法治国决策部署在监狱工作领域落实落地。要坚持高点站位、统筹布局、长远谋划、整体推进，全面融入全面依法治国总体布局，不断健全完善中国特色社会主义监狱法治体系，充分发挥法治固根本、稳预期、利长远的保障作用。要坚持问题导向，聚焦监狱法治领域“瓶颈”问题和薄弱环节，创新监狱法治工作体制机制，推动依法治监、依法行刑、依法行政同步深化，在法治轨道上推动监狱工作高质量发展。要牢固树立公平公正的刑罚执行理念，以全领域、全过程的公平公正执法司法，维护宪法和法律的权威尊严，守住社会公平正义的最后一道防线，始终做人民群众根本利益的忠实捍卫者、人民民主专政国体的忠实捍卫者、中国特色社会主义制度的忠实捍卫者。

四、坚持以改造人为宗旨的中国特色

坚持惩罚与改造相结合、以改造人为宗旨，将罪犯改造成为守法公民，是中国社会主义监狱制度的鲜明特色。在惩罚的前提下改造罪犯，促使其悔过自新、重新做人，是中国共产党从建立新中国监狱制度之初就确立的宗旨使命。党领导下的中国监狱，始终把崇高的无产阶级理想和监狱工作实际情况相结合，把“改造人”作为监狱工作的最高目标。1952 年，第一次全国劳改工作会议提出了“政治改造与劳动改造相结合、惩罚与改造相结合”的监狱工作方针。1960 年，毛泽东同志明确指出：“我们的监狱不是过去的监狱，我们的监狱其实是学校，也是工厂，或者是农场。”〔1〕 1964 年，毛泽东同志再次指出：“对于反动阶级实行专政，这并不是说把一切反动阶级的分子统统消灭掉，而是要改造他们，用适当的方法改造他们，使他们成为新人。”〔2〕 1964 年，毛泽东同志强调：“在一定的条件下，在敌人放下武器，缴械投降以后，敌人中的绝大多数是可以改造的。但要有好的政策，好的方法。”〔3〕 改革开放以来，虽然监狱面临的形势和押犯结构发生历史性变化，但党和国家把改造罪犯作为中心任务的监狱工作方针政策始终没有变。1981 年召开的第八次全国劳改工作会议提出“要加强对罪犯的教育改造工作，把劳改场所办成改造罪犯的学校”。1994 年出台的《监狱法》第 3 条明确规定，“监狱对罪犯实行惩罚和改造相结合、教育和劳动相结合的原则，将罪犯改造成为守法公民”。1995 年国务院《关于进一步加强监狱管理和劳动教养工作的通知》正式将监狱工作方针概括为“惩罚与改造相结合，以改造人为宗旨”。党的十八大以来，习近平总书记多次就监狱工作作出重要指示批示，为做好新时代监狱工作提供了根本遵循。2019 年 4 月，中共中央办公厅、国务院办公厅印发的《关

---

〔1〕 中国监狱工作协会编：《新中国监狱工作五十年》（1949. 10—2000），法律出版社 2019 年版，第 222 页。

〔2〕 中国监狱工作协会编：《新中国监狱工作五十年》（1949. 10—2000），法律出版社 2019 年版，第 443 页。

〔3〕 中国监狱工作协会编：《新中国监狱工作五十年》（1949. 10—2000），法律出版社 2019 年版，第 444 页。

于加强和改进监狱工作的意见》强调，要坚持“惩罚与改造相结合，以改造人为宗旨”的监狱工作方针。由此可见，新中国成立70余年来，坚持惩罚与改造相结合、以改造人为宗旨，是中国共产党领导的监狱工作始终不变的基本方针。正是在这一基本方针指引下，中国监狱成功改造了包括清朝末代皇帝溥仪在内的大批“伪满洲国”战犯、日本战犯、国民党战犯以及各种反革命分子，成功改造了大批暴力犯罪、经济犯罪等各类刑事犯罪罪犯，保持了同世界上其他主要国家相比较低的重新犯罪率。新中国监狱工作发展历史证明，坚持以改造人为宗旨、将罪犯改造成为社会守法公民，是党和人民一以贯之的根本要求，是中国监狱工作独树一帜的鲜明特色。推进新时代监狱工作现代化，必须坚持守正创新：“守正”就是要坚守党的监狱工作方针不动摇，坚守改造罪犯的监狱工作中心任务不动摇，坚守中国社会主义监狱制度特色不动摇；“创新”就是要主动因应发展变化着的客观实际，与时俱进地解决主责意识淡化、惩罚功能弱化、教育手段虚化等“瓶颈”短板问题，不断创新发展改造罪犯工作理念、机制、能力，全力实现监狱工作从关得住、不跑人向改造好、不再犯的全面提升，充分彰显中国特色社会主义监狱制度的鲜明特色和强大生命力。

五、坚持共建共治共享的发展方向

坚持和完善共建共治共享的社会治理制度，保持社会稳定、维护国家安全，是新时代坚持和完善中国特色社会主义制度、推进国家治理体系和治理能力现代化基本要求，是监狱治理体系和治理能力现代化的现实需要，也是监狱工作现代化的发展方向。监狱治理是国家治理的重要方面，与社会治理有着密切联系。一方面，监狱不可能独立于社会而存在，需要有机融合于社会运行系统之中。监狱工作离不开党和政府的组织领导和部门联动、社会协同、公众参与等的社会治理体系的支持，监狱监管安全、教育矫治、生产劳动、罪犯再社会化等特殊业务运行，都需要各方社会力量、社会资源的配合支持。另一方面，监狱安全稳定和改造罪犯成果直接关系人民安居乐业、社会安定有序、国家安全稳定。尤其是进入新时代后，人民群众对民主、法治、公平、正义、安全、环境等方面的要求日益增长，需要监狱机关积极回应人民群众的新要求、新期待，用公正高效权威执法司法活动，保障人民安心生活、安享生活。因此，只有坚持和完善共建共治共享的监狱工作体系，才能形成人人尽责、人人享有的社会良好局面。推进新时代监狱共建共治共享治理体系建设，监狱机关首先要立足法定职能职责，全面提升行刑效能，确保对罪犯实施有效惩罚和改造，以监狱的安全捍卫国家安全和社会安全，以高效的刑罚执行工作彰显公平正义，以高效的教育改造工作服务社会的长治久安，最大限度、最大范围地满足人民在法治、公平、正义、安全等方面的要求，切实增强人民群众的获得感、幸福感、安全感。同时，监狱机关要根据监狱各项业务工作与社会方方面面的联系，统筹谋划，主动作为，建立健全与社会各层级、各方面的协调、沟通、合作机制，全方位构建监狱安全防卫、执法司法、罪犯改造、警务保障等工作的社会支持体系，努力建设系统完善、稳定高效的监狱工作社会支持网络系统，全面形成在中国共产党领导下、紧紧依靠国家社会支持、主动吸纳地方各界参与、自觉接受人民群众监督、共同享有社会主义监狱制度辉煌成就的监狱工作共建共治共享新格局。

第三章　新时代监狱工作现代化使命任务

习近平总书记指出："经过长期努力，中国特色社会主义进入了新时代，这是我国发展新的历史方位。"[1] 这一科学论断，为准确把握我国监狱工作现代化新起点、新使命、新征程提供了根本遵循。监狱机关要认清历史使命，增强历史主动，以更强的历史担当推进新时代监狱工作现代化。

第一节　中国监狱工作现代化历史方位

自公元前21世纪皋陶造狱至今，中华大地上作为监禁罪犯场所的监狱，已走过4000多年的悠久历程，中国监狱制度和治狱思想历史发展，铭刻着中华文明前进的印记。然而，具有划时代意义的监狱工作现代化，是从新中国成立以后开始的。历经70多年、几代监狱人的不懈努力，中国特色社会主义监狱思想、制度与时俱进，监狱工作现代化理论实践不断拓展。而今，中国监狱现代化已阔步迈进新时代新征程。

一、新中国监狱工作现代化历史演进

新中国监狱工作现代化的建设发展，深植于中国特色社会主义现代化建设的历史进程之中。透视中国监狱工作现代化育苗成树、积木

〔1〕《党的十九大报告辅导读本》，人民出版社2017年版，第10页。

成林的历史脉络，在70多年的发展过程中大致经历了六个阶段。

（一）初创时期监狱工作现代化的思想萌芽（1949～1953年）

新中国的监狱工作是伴随着中华人民共和国的诞生创立发展起来的。1951年5月，根据党中央和毛泽东同志的指示，公安部召开了第三次全国公安会议，专门研究组织罪犯劳动改造问题。由毛泽东同志亲自修改和审定并经中共中央批准转发的《关于组织全国犯人劳动改造问题的决议》指出："大批应判徒刑的犯人，是一个很大的劳动力，为了改造他们，为了解决监狱的困难，为了不让判处徒刑的反革命分子坐吃闲饭，必须立即着手组织劳动改造工作。"[1] 随后，全国各地迅速建立了罪犯劳动改造机构，大规模地组织罪犯参加国家基本建设，进行兴修水利，修筑铁路、公路，垦荒，开矿及从事手工业、农业、副业项目生产等劳动改造，从根本上解决了监狱关押的罪犯坐吃闲饭、监管场所拥挤、监狱经费不足等一系列问题，确立了劳动改造罪犯的基本政策方针，以改造人为标志的新中国监狱工作的政策策略成为我国监狱工作现代化的思想基础。

（二）巩固和初步发展时期监狱工作现代化的起步探索（1954～1965年）

1954年9月7日，《劳动改造条例》颁布实施。该条例明确规定了我国监狱的性质、任务及监狱工作方针、政策，把我国监狱工作初创阶段的成功经验用法规的形式加以总结，对劳改工作一系列问题作出比较全面的规定，规范了监管改造工作中的各项法律关系，充分体现了中国共产党和人民民主政权的刑事司法理念，为推动中国改造罪犯工作的法制化进程起到了极为重要的作用。随着我国社会主义革命和建设的发展，我国监狱工作无论是在罪犯的改造上还是在监狱生产上都取得了巨大的成就。在罪犯改造上，成功地把旧中国遗留下的大批罪犯、日本战犯、国民党战犯、反革命犯等改造成为新人。在监狱生产

---

[1] 中国监狱工作协会编：《新中国监狱工作五十年》（1949.10—2000），法律出版社2019年版，第47页。

上，逐步建立了一批大型工业企业、大型农场，形成了一个门类比较齐全的监狱企业体系。1959 年新中国成立 10 周年前夕，在北京举办了“全国劳动改造罪犯工作展览会”，向全国及世界展示了新中国监狱工作的成就，获得国际社会的广泛认可。在这一时期，随着我国第一个、第二个五年计划的实施，国家经济社会工业化建设取得显著进展，我国监狱的硬件建设、生活条件、改造环境等基础设施也相应地得到初步改善，监狱工作现代化呈现出新的发展局面。

（三）“文化大革命”时期监狱工作现代化的相对停滞（1966～1976 年）

从 1966 年到 1976 年，我国经济社会发展进入一段特殊历史时期。在这一时期，我国监狱工作受到重大挫折，前期积累的监狱现代化工作成果遭到一定破坏，监狱工作方针、政策、法规遭到否定，监狱正常的监管秩序被扰乱，监狱教育改造、劳动改造等各项工作停滞不前。值得称道的是，经过党长期教育和斗争实践检验的广大劳改干部，本着对党的监狱事业无限忠诚和强烈的责任感，顶住各种压力，忠于职守，坚守岗位，在极其困难的情况下对罪犯执行惩罚改造任务，维护监管场所秩序基本稳定，防止了重大事故的发生，减少了国家经济社会特殊时期监狱整体工作损失。1972 年 11 月，公安部在北京召开第七次全国劳改工作会议，会议提出加强对犯人的思想改造，劳改工作必须坚持“改造与生产结合，改造第一、生产第二”的方针，为恢复和建立监狱工作政策和规章制度做好了思想准备。在这一特殊历史时期，我国监狱工作现代化陷入相对停滞状态。

（四）改革开放时期监狱工作现代化的恢复发展（1977～1994 年）

1978 年 12 月，党的十一届三中全会胜利召开，全党工作中心向经济建设转移，我国社会主义现代化建设进入改革开放新时期，监狱工作现代化建设也进入了新的历史阶段。在监狱工作恢复、整顿的基础上，中央于 1981 年在北京召开了第八次全国劳改工作会议。这次会议总结了新中国成立以来监狱工作的成绩和经验，研究了监狱工作中出现的新情况、新问题，提出了新时期监狱工作的任务和发展方向。以第八次全国劳改工作会议的召开为标志，我国监狱工作完成了拨乱反正的历史重任，监狱工作进入了改革发展的新时期，从此，我国监狱工作现代化开始进入新的发展机遇期，监狱各项工作得到全面恢复与完善，取得了一系列具有重要历史意义的成绩，包括监狱资源得到有效整合、监狱工作秩序逐渐恢复、监狱人民警察队伍不断发展壮大等，监狱工作现代化也得以恢复和发展。1994 年 12 月 29 日，第八届全国人大常委会第十一次会议通过了新中国历史上首部《监狱法》，进一步明确了中国监狱工作的指导思想和基本原则，确立了监狱作为国家刑罚执行机关及监狱人民警察作为执法人员的法律地位，规定了罪犯的权利和义务，规定了改造罪犯的手段，确立了国家对监狱的财政、投资保障体制。《监狱法》的颁布实施，进一步完善了中国的刑事法律体系，是中国监狱史上具有划时代意义的里程碑，极大提升了监狱工作法治化，有力推进了监狱工作现代化。

（五）深化改革时期监狱工作现代化的深入推进（1995 ~ 2011 年）

1995 年 9 月，司法部对创建现代化文明监狱作出全面部署，确立了现代化文明监狱的战略目标、建设标准和创建原则，全国监狱系统掀起了创建现代化文明监狱的热潮。1996 年 10 月至 1999 年 10 月，司法部先后授予浙江省第一监狱、北京市监狱、山东省第一监狱、云南省小龙潭监狱、河南省豫东监狱等 33 所监狱“部级现代化文明监狱”称号，其间各地还建成一大批省级现代化文明监狱、监区，为推进监狱工作现代化树立了榜样。2001 年 12 月，国务院下发了《关于研究解决监狱困难有关问题的会议纪要》，对全国监狱布局调整作出部署。2007 年年初，司法部、国家发展改革委、财政部、国土资源部、建设部联合印发了《关于进一步推进监狱布局调整工作的意见》，按照“布局合理、规模适度、分类科学、功能完善、投资结构合理、管理信息化”的要求，加快了全国监狱布局调整和监狱建设步伐，监狱建筑焕然一新，功能更为合理，设施更为完善，基本满足了罪犯管理、改造和警察执法工作需要。这一时期，全国监狱先后推行了办特殊学校、分押分管分教、改造工作向前向后向外延伸、改造生产双承包责任制、“5 + 1 + 1 教育模式”等整体性重大改革，逐步引入现代管理理念、信息化技术、网络课堂、远程教育、视频帮教等方法手段，教育改造工作逐渐走上科学化道路，推动了监狱工作现代化发展。同一时期，全国监狱系统还广泛开展了对外交流工作，既向世界展示了我国监狱工作的成就和经验，也吸取了其他国家的一些有益经验。总体来看，这一历史阶段全国监狱工作取得了巨大成就，中国监狱工作现代化建设实现了长足发展。

（六）新时代监狱工作现代化的快速发展（2012 年至今）

2012 年 11 月，中国共产党第十八次全国代表大会胜利召开，中国特色社会主义进入新时代，以习近平同志为核心的党中央团结带领全党和全国人民高举中国特色社会主义伟大旗帜，坚定不移沿着中国特色社会主义道路前进，在新中国成立特别是改革开放以来长期探索和实践基础上，经过在理论和实践上的创新突破，成功推进和拓展了中国式现代化。在这一宏大的历史背景下，党领导的中国监狱事业也取得了令人瞩目的成就，中国监狱工作现代化实现了飞跃式发展。党的十八大以来，习近平总书记多次对监狱工作作出重要指示，为新时代监狱工作现代化指明了方向。2014 年 10 月，党的十八届四中全会通过《中共中央关于全面推进依法治国若干重大问题的决定》，中国监狱工作法治化建设被纳入全面依法治国战略布局一体推进。全国监狱系统全面贯彻落实新时代党的监狱工作方针政策，监狱工作不断深化改革，实现了创新发展。中央政法委于 2014 年 1 月下发《关于严格规范减刑、假释、暂予监外执行，切实防止司法腐败的意见》，全国各级监狱机关采取积极有效措施坚决贯彻落实，大力推进减刑假释案件实质化审理，有力促进监狱机关公正公平执法司法，使文明执法水平全面提升，推动了监狱刑罚执行工作新发展。2015 年 7 月，全国监狱工作会议对加强监狱教育管理工作作出部署安排，推动了监管改造工作深入发展，罪犯改造质量不断提高，保持了同世界其他主要国家相比较低的重新犯罪率。全国监狱建设进一步加强，监狱分级分类建设有序展开，监狱信息化建设取得了重大进展。监狱人民警察队伍建设全面加强，政治能力、履职能力、执法能力显著提高，为巩固党的执政地位、维护国家安全、实现社会长期稳定作出了历史性贡献，开创了中国监狱工作现代化建设新局面。

二、当前监狱工作现代化的制约因素

纵观新中国监狱工作 70 多年的历史进程，监狱工作现代化随着国家经济社会现代化发展不断前进，取得了引人瞩目的成果，但也存在一些领域、一些地区现代化发展不平衡、不同步情况，新时代监狱工作现代化任重而道远。

（一）监狱保障体制与现代化发展不适应

《监狱法》实施以后，监狱财政保障逐步得到落实，1995 年国务院颁布《关于进一步加强监狱管理和劳动教养工作的通知》，确立实施了监狱财政保障体制，有效缓解了监狱长期存在的经济困扰，对加快监狱工作现代化进程具有重要的促进作用。2003 年 2 月，司法部召开监狱体制改革试点工作会议，按照“全额保障、监企分开、收支分开、规范运行”要求，在 14 个省（区、市）进行试点，之后在全国全面推开，取得了良好效果。2020 年，司法部会同财政部出台《关于完善监狱经费保障标准体系的通知》，各地相继出台、落实了本地区具体保障标准体系，较好地保证了监狱基本运行。但与新时代国家经济社会发展水平和监狱运行实际需求相比，监狱经费保障仍处在基础水平，这也成为制约新时代监狱工作现代化发展的重要因素。

（二）监狱治理体系与现代化发展不适应

随着国家刑事政策的调整、打击社会犯罪活动的深入，监狱押犯构成日益复杂，对监狱工作提出了新的要求，与之对应的是监狱治理体系和治理能力与监狱现代化建设还不相适应。从监狱自身角度来说，由于监狱关押罪犯数量多，罪犯个体差异和改造需求往往被忽视，不加区分的普适性教育成效不一，分级分类分教差别化改造尚未完全实现，部分工作还未能摆脱传统思维模式、治理手段限制，新一代信息技术还没有充分融合。从社会方面来讲，犯罪实质上是一种社会现象，有着复杂的内因性、社会性因素，仅依靠监狱有限的人力、物力和技术等资源维护监管场所内部外部安全，把庞大的在押罪犯群体改造成为守法公民有时力有不逮，尽管近年来各地方监狱机关广泛开展联防联控工作，并邀请社会人士开展社会帮教等活动，但社会参与监狱工作仍然有一定的局限性。监狱治理体系这些薄弱环节，在一定程度上制约了监狱工作现代化发展。

（三）监狱基础设施建设与现代化发展不适应

多年来，监狱在基础设施、信息化及其他技术装备建设方面有了很大的改善和提高，但仍然滞后于国家整体的现代化进程，部分监狱基础设施陈旧落后，执法、通信、交通、信息等设备设施和工作条件与社会现代化发展水平相比还有一定差距。虽然几乎全部的老旧监狱按照当下现代化的标准进行了改造和完善，但监狱总体建筑布局、地上建筑物、地下管网设施、狱墙周界等基础设施更新困难，只能在原有的基础上进行功能化改造。监狱整体信息化程度还不高，建设应用跟不上技术升级迭代，难以适应监狱工作现代化发展需要。

（四）监狱工作法治化建设与现代化发展不适应

监狱是国家的刑罚执行机关，与监狱工作相关的法律法规是监狱刑罚执行工作良性运转和惩罚改造职能有效发挥的基本保障。我国《监狱法》已颁行近30年，仅在2012年进行了一次修订，一些条款规定需要调整细化，一些配套规章亟须出台。同时，我国的监狱制度仍然需要不断创新。比如，最高人民法院、最高人民检察院、公安部、司法部联合发布了《关于加强减刑、假释案件实质化审理的意见》，进一步强化了对减刑假释案件审理的实质化审查，要求监狱机关在提报减刑假释案件时，依法进行全面深入的审查。在办理减刑、假释案件时，还应当遵循程序法定原则、证据裁判原则等刑事诉讼基本原则。这是完善减刑假释制度的现实需要，是继续深化刑罚执行制度改革的重要举措，同时也说明新时代监狱刑罚执行制度的现代化改革需要不断深化。

（五）监狱警察素质能力与现代化发展不适应

经过多年的教育培训和学历教育，监狱人民警察队伍革命化、正规化、专业化、职业化建设得到显著加强，警察队伍的素质能力得到明显提升。同时也应清醒地看到，随着党领导的强国建设、民族复兴伟业的全面推进，监狱人民警察素质能力与新时代监狱工作法治化、科学化、规范化要求存在较大差距。囿于底线安全思维定式，部分监狱警察仍然存有收得下、关得住、不出事的思想观念局限，重管轻教、重防轻教现象尚未根除，用法治思维和法治方式开展工作的意识不强。囿于传统管理思维定式，部分监狱警察改造罪犯的本领不高不强，狱政管理、狱内侦查、教育改造、刑罚执行、信息科技等业务能力水平与监狱工作现代化要求不匹配。囿于传统思维定式，一些监狱工作仍局限于大墙之内，难以被纳入更加广阔的社会治理体系现代化格局。

三、新时代监狱工作现代化发展定位

监狱工作发展与国家经济社会发展密不可分，国家经济社会发展决定着监狱工作发展。中国监狱工作现代化不可能脱离中国式现代化建设全局。推进新时代监狱工作现代化，必须找准发展定位、把准发展方向。

（一）与中国式现代化建设相契合

监狱工作现代化必须与中国式现代化建设高度契合，高度统一。一方面，监狱工作现代化是中国式现代化的一部分，党和国家推进的中国式现代化建设的决策部署、战略规划、发展进程等直接决定了监狱工作现代化的质效，中国式现代化的建设成果为监狱工作现代化奠定了坚实的政治、文化、法律、科技及物质基础。另一方面，监狱机关需要紧跟国家现代化建设的步伐，抢抓机遇，奋发作为，全面加快监狱工作现代化建设步伐，全力推进监狱基础建设、科技融合、人才支撑、执法司法、改造罪犯等各领域现代化，用监狱工作本身的现代化助力中国式现代化，这既是新时代党和国家赋予监狱工作的光荣任务，也是中国监狱工作现代化的初心使命。总之，监狱机关既要创新和拓展监狱工作现代化新实践、新成果，又要依托和融合中国式现代化发展新优势、建设新成就；既不能因循守旧、墨守成规、不思进取，又不能罔顾国情、超越阶段、急躁冒进，确保新时代监狱工作现代化稳中有进、有序推进、与时俱进。

（二）与党的监狱工作方针政策相一致

党的监狱工作方针政策是监狱工作现代化发展前进的政治基础和根本遵循。党在不同历史时期的监狱工作方针政策，为各时期全国监狱工作的顺利开展指明了政治方向、提供了实践路径。党先后制定的“三个为了”“改造第一、生产第二”“惩罚与改造相结合、以改造人为宗旨”等监狱工作方针，全面正确有效指导、推动了新中国建设时期、改革开放时期和中国特色社会主义新时代监狱工作现代化建设发展。新时代新征程上推进监狱工作现代化，必须始终以习近平新时代中国特色社会主义思想为指导，深入贯彻落实习近平法治思想，坚决贯彻执行习近平总书记关于监狱工作的重要指示批示精神，坚定不移地沿着新时代党的监狱工作方针政策指引的正确方向阔步前进。

（三）与社会犯罪态势和罪犯构成变化相适应

监狱的基本职能是惩罚犯罪、执行刑罚和改造罪犯，维护国家安全和社会稳定。在70多年的发展进程中，中国监狱适应不同历史时期社会犯罪态势特点、根据监狱关押罪犯构成的迭代变化，适时推进监狱工作现代化建设，为新中国成立初期成功地惩罚改造反革命犯、战犯和刑事犯，改革开放时期成功地惩罚改造各类严重刑事犯罪罪犯、完成“收得下、管得住、跑不了、改造好”的艰巨任务、夺取全国“严打”斗争胜利、实现社会治安根本好转提供了坚强保障、作出了历史贡献。着眼未来，由于我国处于社会主义初级阶段，经济发展不平衡的问题在今后一个时期内仍然存在，加之科学技术日新月异，国际环境日趋复杂，不稳定性、不确定性明显增强。由此带来社会犯罪加速迭代变化，危害国家安全类犯罪、高科技高智商犯罪、涉黑涉毒犯罪、职务贪腐犯罪、金融领域犯罪、邪教类犯罪等持续增多，国家安全、社会稳定面临复杂严峻形势。监狱工作现代化的出发点和落脚点，就是要在全面加强党的领导的基础上，在国家法律规定的范围内，紧紧围绕监狱法定职能，不断提高刑罚执行和改造罪犯工作的科学化、智慧化、规范化水平，为国家经济社会发展大局提供安全稳定环境。监狱机关必须不断适应社会犯罪新态势和罪犯构成新变化，有的放矢地推进新时代监狱工作现代化建设，切实依法规范高效履行惩罚犯罪、执行刑罚和改造罪犯职能，以高质量的监狱工作现代化新成就，为国家长治久安、人民安居乐业作出新贡献。

第二节　新时代监狱工作现代化建设方略

党的二十大报告指出："我们要善于通过历史看现实、透过现象看本质，把握好全局和局部、当前和长远、宏观和微观、主要矛盾和次要矛盾、特殊和一般的关系，不断提高战略思维、历史思维、辩证思维、系统思维、创新思维、法治思维、底线思维能力，为前瞻性思考、全局性谋划、整体性推进党和国家各项事业提供科学思想方法。"在新时代监狱工作现代化建设进程中，我们必须坚持好、运用好习近平新时代中国特色社会主义思想的世界观和方法论，科学把握推进监狱工作现代化的方法策略。

一、以系统思维统筹监狱工作现代化

监狱工作现代化是一个复杂的系统工程。只有用普遍联系、全面系统、发展变化的观点观察分析，才能更好地把握监狱工作现代化规律，更好地推进监狱工作现代化实践。一方面，要坚持以系统思维把握监狱工作现代化。监狱作为刑罚执行机关，具有正确执行刑罚、惩罚和改造罪犯、预防和减少犯罪的基本职能。同时，监狱作为政治机关和法治部门，承担着维护国家安全、社会安定、人民安宁的重大职责。必须始终运用系统思维来把握监狱的政治属性、社会属性、专业属性，用系统论的方法正确认识和整体推进监狱工作现代化，确保监狱工作始终不错位移位、监狱各项职能全面发挥到位。另一方面，要坚持着眼全局统筹监狱工作现代化。立足监狱工作特质特性，统一谋划，分层设计，总体推进，实现监狱政治建设体系、监管安全体系、教育改造体系、劳动改造体系、后勤保障体系、队伍建设体系、社会支持体系等各个子系统现代化全覆盖，在一体建设上用力，在系统推进上发力。

二、以战略思维推进监狱工作现代化

习近平总书记多次强调，战略思维永远是中国共产党人应该树立的思维方式。有了战略思维，才能形成战略远见、采取战略部署，最终实现战略目标。树立新时代监狱工作现代化的战略思维，要善于把握监狱事业发展总体趋势和方向，坚持立足于中国共产党的中心任务、以中国式现代化全面推进中华民族伟大复兴，立足于全面依法治国战略、推进国家治理体系和治理能力现代化，立足于党的“惩罚与改造相结合、以改造人为宗旨”的监狱工作方针，立足于《监狱法》确立的刑罚执行机关的职能定位，对新时代监狱工作现代化建设作出战略规划和策略路径安排。要全面深入地调查研究监狱工作实际情况，准确掌握监狱工作现代化的发展现状、历史定位、内外环境、困扰“瓶颈”、未来方向等，在此基础上作出科学正确的战略判断和决策。要遵循科学完整的决策程序，遵循开放、动态、综合、多维、灵活的决策原则，为监狱工作现代化长远发展谋篇布局，研究制定科学的发展战略。要勇于实践，坚持实践是检验真理的唯一标准，在实践中总结、修正、提升监狱工作现代化发展战略，全面提高监狱工作现代化的效率和质量。

三、以历史思维谋划监狱工作现代化

党的十八大以来，习近平总书记多次指出学习历史的重要性，强调要提高知古鉴今、运用历史眼光认识发展规律的历史思维能力。对于监狱工作来说，确立历史思维，就是要从中外监狱发展历史中汲取经验和智慧。要善于从中国监狱工作的历史演进思考监狱工作现代化，例如新中国成立 70 多年来监狱工作方针的每一次演变，都与当时具体的历史条件环境相适应，都是运用历史思维作出的正确抉择，为新时代创新性拓展监狱工作现代化内涵提供了成功的历史参照。要善于承继应用中华优秀传统监狱文化，中华民族具有 5000 多年的文明发展史，创造了丰富的刑罚思想，古代的明德慎罚、德主刑辅、明刑弼教、德体刑用、大德小刑、先教后刑等刑罚思想理念，即便放在今天依然展现着中华优秀传统法律文化的智慧，值得传承弘扬，择善而用，引入改造罪犯工作，绘亮中国监狱工作现代化的独特文明底色。要学习借鉴国外先进的矫正矫治理念技术，中国监狱工作现代化不能脱离世界，国外监狱一些先进的管理矫正方法技术，也应该有选择地转化运用于我国监狱监管改造罪犯实践，博采众长地推进中国监狱工作现代化，创造影响世界的监狱文明新形态。

四、以辩证思维检视监狱工作现代化

在世界百年未有之大变局加速演进、我国改革发展稳定等一些躲不开、绕不过的深层次矛盾制约影响下，新时代监狱工作现代化建设必然会遇到各种相互交织的问题、各类错综复杂的矛盾。面对监狱工作新形势、新问题、新矛盾，必须用辩证思维检视监狱工作现代化，找准重点、抓住关键，厘清症结、把握规律，统筹考量、靶向施力。首先要抓住主要矛盾。作为国家的刑罚执行机关，正确执行刑罚、惩罚和改造罪犯是监狱的头等大事，一切工作都要围绕这个核心开展，既要有力、有效惩治罪犯，让犯罪行为得到应有的惩罚，维护和保障社会公平正义，又要牢牢把握改造罪犯这一中心任务，坚决扛起监狱机关政治责任和社会责任，实现监狱工作从关得住、不跑人到改造好、不再犯的全面提升。其次要坚持普遍联系。全面贯彻落实习近平法治思想，真正树牢监狱工作大治理观、大安全观、大改造观，加大与国家大政方针的衔接力度，深入研究各领域改革的关联性，推动综合配套改革举措落地落实，确保监狱工作现代化建设与中国式现代化建设相契合、相融合、相协调、相一致。最后要坚持问题导向。始终盯住各领域、各环节制约影响监狱工作现代化建设的重点突出问题，正确处理理论与实践、稳定与发展、当前与长远、继承与创新等关系，着力提高各级领导干部和监狱人民警察驾驭复杂局面、处理复杂问题的本领，适时破解难题，及时防微杜渐，避免问题矛盾发生质变。

五、以创新思维推动监狱工作现代化

提高创新思维能力，是以创新驱动发展、全面塑造发展新优势的科学思想方法和工作方法。历史实践证明，唯创新者进，唯创新者强，唯创新者胜。推进新时代监狱工作现代化，必须坚持创新思维，全力开拓创新。要着力创新监狱工作理念，深入研究探索新时代监狱工作特点规律，适时总结升华新发展阶段打击犯罪、惩罚罪犯、严格规范公正文明执法、实现改造罪犯中心任务的策略方法，不断丰富完善中国监狱工作思想理论。要创新监狱工作制度，针对当代社会犯罪新态势和罪犯构成新变化，立足监狱主责主业，创新刑罚执行一体化和监禁管理罪犯、教育改造罪犯、劳动改造罪犯的方式方法和制度规范，不断推进监狱工作立法立制，丰富完善中国监狱工作制度体系。要创新监狱治理体系，全面深化监狱管理体制、工作体系、运行机制改革，切实提升监狱治理体系和治理能力现代化水平；着力根除大墙思维，积极引入社会力量，构建社会支持系统，完善监狱工作共管共治共享体制机制，促进治理制度民主化、治理方式法治化、治理主体多元化、治理手段科学化、治理过程透明化、治理效能高效化，拓展完善中国监狱工作治理格局。

六、以法治思维保障监狱工作现代化

法治是人类文明的重要成果之一。习近平总书记高度重视法治思维，在推进中国特色社会主义伟大实践、创立习近平新时代中国特色社会主义思想的过程中，提出了一系列关于法治的基本思想和观点，运用这些基本观点认识分析处理遇到的一切问题，就是新时代中国共产党人的法治思维。以法治思维推进新时代监狱工作现代化，既是全面依法治国战略的基本要求，也是监狱治理体系和治理能力现代化的重要依托。监狱机关各级领导干部和全体监狱人民警察要牢固树立法治思维，不断提高法治思维能力，自觉运用法律原则、法律精神、法律规范和法律逻辑，分析、判断、处理监狱工作中遇到的一切问题。要坚持运用法治方式治理监狱，把全面依法治监作为监狱履行刑罚执行机关职能的基本方式，聚焦监狱法治领域瓶颈问题和薄弱环节，固根基、补短板、强弱项，推动依法治监、依法行刑、依法行政同步深化，有效发挥监狱惩罚和改造罪犯、预防和减少犯罪职能。要全力加强法治监狱建设，全面落实法治政府建设实施纲要基本要求，坚持全局与局部相配套、治本与治标相结合、渐进与突破相衔接，健全刑事执行法律规范体系，完善监狱法治工作体制机制，打造职能科学、权责法定、执法规范、公平正义、行刑高效、守法文明的法治监狱，在法治轨道上推进新时代监狱工作现代化。

七、以底线思维夯实监狱工作现代化

党的二十大报告指出，必须增强忧患意识，坚持底线思维，做到居安思危、未雨绸缪，准备经受风高浪急甚至惊涛骇浪的重大考验。坚持底线思维、增强忧患意识，主动识变应变求变、主动防范化解风险，这是推进监狱工作现代化的必然要求。监狱是高风险特殊场所，不安全因素随时存在，风险压力极为突出。在信息高度发达的当今时代，监狱一旦出现罪犯脱逃等重大事故，瞬间就会成为国内国际的焦点、热点，给党和国家造成难以挽回的不利影响和重大损失。监狱机关必须树立底线思维，始终把维护监狱安全稳定紧紧抓在手上。坚持以底线思维保障监狱安全稳定，以安全稳定保障和夯实监狱工作现代化。要牢固树立总体国家安全观，坚持把政治安全放在首要位置，坚决维护国家政权安全、制度安全、意识形态安全。要坚决维护监狱重点领域安全，切实保障监狱监管安全、生产安全、疫情防控安全、警察队伍安全、信息安全、舆情安全，坚决守牢安全底线。要坚持统筹发展和安全，坚持监狱发展与监狱安全并重，推动实现监狱工作高质量发展与监狱高水平安全良性互动，以监狱新安全格局保障监狱新发展格局，确保新时代监狱工作现代化行稳致远。

第三节　新时代监狱工作现代化的前进方向

党的二十大擘画了全面建设社会主义现代化国家的宏伟蓝图。习近平总书记关于“奋力推进政法工作现代化”的重要指示，指明了新时代新征程监狱工作现代化的发展方向和使命任务。新时代监狱工作现代化要置身政法工作现代化、中国式现代化大局，高点定位、高位推进、高质量发展，为全面建设社会主义现代化强国作出贡献。

一、新时代监狱工作现代化建设战略设想

党的二十大报告指出，从现在起，中国共产党的中心任务就是团结带领全

国各族人民全面建成社会主义现代化强国、实现第二个百年奋斗目标，以中国式现代化全面推进中华民族伟大复兴。全面建成社会主义现代化强国总的战略安排是分两步走，即从2020年到2035年基本实现社会主义现代化，从2035年到21世纪中叶把我国建成富强民主文明和谐美丽的社会主义现代化强国。2023年1月，习近平总书记对政法工作作出重要指示，强调政法工作是党和国家工作的重要组成部分，要全面贯彻落实党的二十大精神，奋力推进政法工作现代化，全力履行维护国家政治安全、确保社会大局稳定、促进社会公平正义、保障人民安居乐业的职责使命。

在新时代新征程上，监狱机关必须紧紧围绕中国式现代化、政法工作现代化谋划推进监狱工作现代化，全面贯彻党的二十大全面建成社会主义现代化强国的战略部署，服从服务于新时代新征程中国共产党的中心任务，深入贯彻落实习近平总书记关于推进政法工作现代化的重要指示，坚持监狱工作现代化与党和国家关于中国式现代化建设的战略安排相契合，与政法工作现代化相一致，做到协调推进、融合发展、同步实施，到2035年基本实现监狱工作现代化，到21世纪中叶全面建成社会主义现代化监狱。

二、开局起步关键时期监狱工作现代化建设任务

从当前到2025年是全面建设社会主义现代化国家开局起步的关键时期。在这一时期，监狱机关要锚定监狱工作现代化建设目标，勠力同心，奋发作为，埋头苦干，为全面实现监狱工作现代化起好步、开好局。

（一）全面推进监狱机关党的建设

坚持党对监狱工作的绝对领导，坚决维护党中央权威和集中统一领导，坚定捍卫核心，紧紧跟随核心，始终对党忠诚，坚决听党指挥，守住监狱工作的“根”和“魂”，使监狱领域成为坚持党的领导的坚强阵地。坚持用习近平新时代中国特色社会主义思想和习近平法治思想武装监狱人民警察队伍，持续用党的创新理论凝心铸魂，坚定理想信念、提高理论素养、升华思想境界、增强能力本领，指导监狱工作理论和实践，凝聚起推进监狱工作现代化的强大精神

力量。全面强化监狱机关党的建设，严明政治纪律和政治规矩，提高各级领导干部和广大监狱警察的政治判断力、政治领悟力、政治执行力，确保新时代监狱工作现代化沿着正确方向发展前进。

（二）全面推进监狱治理体系建设

构建组织严密、功能完善的监狱工作治理体系，全面提升监狱机关治理能力和水平。构建适应新时代发展要求的监狱工作综合治理体系，完善监狱工作领导管理体系、执法规范体系、科学评价体系、综合保障体系、执法监督体系，清除监狱工作各层面的堵点、痛点，破除制约监狱机关履行法定职能的体制机制障碍，形成监狱内外部之间、内部各治理体系之间良性互动。进一步深化监狱内部治理体制机制改革，推动监狱机关自我革新、自我完善、自我提升，不断提高监狱工作管理水平。进一步推进监狱信息化体系建设，树立数据治理的思维方式，以信息化建设推动监狱治理模式变革，以数字监狱建设支撑推进新时代监狱工作现代化。

（三）全面推进监狱安全体系建设

深入贯彻落实总体国家安全观，准确把握新时代监狱安全工作职责任务，进一步完善安全工作目标体系，更好融入国家安全整体工作格局。进一步完善监狱安全治理体系，更加注重监狱安全系统治理、依法治理、综合治理、源头治理，始终保持各种安全因素处于可控状态，构建监狱安全治理长效机制。进一步完善监狱安全防范体系，构建以监狱人、物、信息、舆情安全为中心的监管安全、执法安全、生产安全、舆情安全等现代化安全防范体系。进一步完善监狱安全保障体系，提炼固化监狱安全工作实践经验，完善监狱安全工作制度体系；加强安防指挥体系建设，建立高效的突发事件快速反应处置机制，严密防范极端事件发生，守牢监狱安全底线。

（四）全面推进监狱法治体系建设

依法履行宪法和法律赋予监狱的职能职责，将法治监狱建设全面纳入新时代法治国家、法治社会、法治政府建设进程，加大一体化推进力度，全面提高监狱监禁管理、刑罚执行、改造罪犯工作法治化水平。系统推进监狱工作立法立制，修订完善《监狱法》及相关法律法规，加强地方性监狱法规配套建设，健全完善监狱内部管理规章制度。进一步完善监狱规范执法体系，健全监狱机关执法司法工作标准体系，推进监狱依法严格公正规范文明执法。进一步健全执法监督机制，不断完善监狱工作纵向横向监督制约体制机制，深化监狱工作日常监督、狱务公开、监狱开放日、网络实时监督、案件听证会等监督制度，以高质量监狱工作法治化推进监狱工作现代化。

（五）全面推进改造罪犯工作体系建设

深入贯彻执行“惩罚与改造相结合，以改造人为宗旨”的监狱工作方针，全面强化以改造罪犯为中心的监狱工作理念，构建以改造罪犯为中心的监狱行刑工作体系。进一步完善罪犯精准评估体系机制，为监狱改造罪犯工作提供科学依据。进一步健全罪犯入监教育、日常教育、出监教育工作体系，充分发挥监管改造的惩戒功能、教育改造的治本功能、劳动改造的回归功能，构建适应刑事执行发展趋势、适合押犯构成新的变化、覆盖罪犯服刑全过程的改造罪犯工作机制。进一步拓展教育改造方式方法，深入整合传统改造手段，深化罪犯思想行为矫正矫治新技术应用，有效提高改造罪犯工作质量。进一步健全改造罪犯工作社会支持系统，完善国家机关、企事业单位、社会组织和社会各界参与罪犯改造工作体系，努力构建政府主导、部门联动、监狱实施、社会共教的改造罪犯工作格局。

（六）全面推进监狱人民警察队伍素质能力建设

全面推进监狱人民警察队伍思想观念现代化，加强中国式现代化理论宣传教育，牢固树立监狱工作现代化理念，不断提高运用现代化思维、现代化方式推动监狱工作能力水平。进一步塑造新时代监狱人民警察职业文化，锻造对党忠诚、服务人民、执法公正、纪律严明的政治品格，培树崇德尚法、清正廉明、文明执法的优良职业道德风范。进一步加强监狱人民警察专业能力建设，完善教学练战一体化培训机制，有效提升法律运用能力、监管改造能力、风险防控能力、科技应用能力，努力建设一支高素质、现代化的监狱人民警察队伍。

三、2035 年监狱工作现代化发展目标

跟随中国式现代化不断前进的步伐，监狱机关要勇毅前行，持续奋斗，努力完成到 2035 年基本实现监狱工作现代化的发展目标。

全面加强党对监狱工作的绝对领导，监狱机关党的建设、政治建设更加系统完善，党对监狱工作的领导更加坚强有力，党的监狱工作方针政策更加全面深入贯彻落实。监狱机关新时代党的建设新的伟大工程有效推进，各级党组织全面从严管党治警体制机制健全完善，政治生态建设形成长效机制，监狱人民警察队伍建设成为忠于党、忠于人民的新时代铁军。

（一）监狱治理体系能力基本实现现代化

全国监狱布局适应新时代国家治理现代化新格局，监狱外部内部生态环境得到实质性优化。监狱职能职责进一步强化、优化，监狱工作体制机制更加科学完善。监狱运行体系更加通畅有序，监狱工作数字化、智能化程度不断深化升级，监狱执法司法工作规范化、精细化、智慧化水平显著提高，基本实现监狱治理体系和治理能力现代化。

（二）监狱安全体系能力基本实现现代化

监狱安全工作全面融入总体国家安全格局，监狱安全工作体系更加健全，监狱安全能力全面提升，基本形成全方位、多层面、宽领域、立体化的监狱安防体系，监狱安全防线更加牢固，可有效防范监狱各类安全事故，实现监狱持续长期安全稳定，监狱监禁罪犯、惩罚犯罪、警示社会功能作用全面巩固彰显，有力维护了国家安全、社会安定、人民安宁。

（三）监狱改造罪犯工作基本实现现代化

监狱以改造罪犯为中心的工作体制机制日臻完善，覆盖罪犯服刑全周期的改造工作体系更加健全，监狱人民警察改造罪犯能力显著提高。监狱监管改造模式全面拓展，高中低戒备监狱监区的改造功效充分发挥。监狱教育改造工作体系全面深化，教育改造罪犯的内容资源体系化、方法手段的科学化、矫正矫治的精准化、体制机制的社会化水平系统提升。监狱劳动改造效能全面加强，监狱企业管理运行体制机制不断完善，罪犯劳动观念、劳动习惯、劳动技能有效养成，有助于罪犯刑满释放回归社会成为守法公民。

（四）监狱法治体系建设基本实现现代化

新时代监狱工作法治体系健全完善，监狱治理工作被全面纳入法治轨道，全面依法治监成为监狱履行职能、执法司法的基本方式。监狱领导干部运用法治思维和法治方式行政履职能力水平显著提升，监狱人民警察队伍法律素养和厉行法治能力明显提高。监狱工作法律法规制度健全完备，监狱刑事执行全方位依法规范运行，监狱各领域工作法治化水平全面提高，基本建成中国式现代化法治监狱。

（五）监狱警务体系能力基本实现现代化

全国监狱人民警察编制布局更加优化，监狱机关警囚比例和一线警力配置符合新时代监狱工作需求。监狱人民警察分类管理制度健全完善、政策配套，警务勤务体系科学合理、统一规范。监狱人民警察教学练战一体化培训机制深入实施，警务能力、专业水平显著提高。监狱人民警察考核评价机制科学完善、良性运行，新时代好干部标准落到实处。监狱人民警察职业保障制度健全完备，执法司法警务保障水平全面提升。监狱机关思想政治工作体系格局得到创新拓展，基层思想政治工作质量水平有效提高，基本实现了监狱人民警察队伍革命化、正规化、专业化、职业化。

四、21 世纪中叶监狱工作现代化远景展望

在 2035 年基本实现监狱工作现代化的基础上，监狱机关要勇往直前，继续奋斗，到 21 世纪中叶，把中国监狱建设成为影响国际、领先世界的社会主义现代化监狱。

（一）建设世界一流的安全监狱。监狱建筑形制契合中国式现代化刑事执行理念规制，监狱监禁惩罚功能符合社会主义现代化强国法治需求，监狱安全体系能力完备先进，监狱安全水平领先世界，人民民主专政国家机器的职能效应全面彰显，成为保障国家安全、社会安定、人民安宁的坚固磐石。

（二）建设世界一流的法治监狱。坚持和创新发展科学先进的社会主义监狱制度，使国家宪法和刑事法律法规有效实施，监禁刑与非监禁刑体系有机衔接，实现监狱严格公正文明执法，执法司法权威公正高效，治理体系和治理能力领先世界，全面建成中国式现代化法治监狱。

（三）建设世界一流的育人监狱。坚守以监禁惩罚为前提基础、以改造人为根本宗旨的国际先进行刑理念，实现监狱监管改造、教育改造、劳动改造工作体系有机融合，全面促进罪犯犯罪思想转化、价值追求转变、行为恶习矫正、劳动技能养成、生活方式转型，把绝大多数罪犯改造成为认同党的领导、认同伟大祖国、认同中华民族、认同中华文化、认同中国特色社会主义道路的守法公民。

（四）建设世界一流的文明监狱。丰富和拓展新时代中国特色社会主义监狱工作思想理论，创造性转化中国传统优秀监狱文化，创新性发展中国当代刑事执行理念制度，选择性吸收国际先进管理矫正技术手段，全面发展新时代中国监狱现代化的法治文明、行刑文明、科技文明、警务文明，创造人类社会监狱文明新形态。

第四章　新时代监狱政治建设现代化

监狱是国家机器的重要组成部分，是人民民主专政机关，是国家权力意志的重要体现。在推进监狱工作现代化进程中，要以习近平新时代中国特色社会主义思想为指导，坚持不懈加强政治建设，始终坚持党对监狱工作的绝对领导，坚守新中国监狱改造罪犯的初心，坚定新中国监狱制度自信，用党的创新理论武装思想，加强和改进思想政治工作，涵养风清气正的政治生态，确保监狱工作的正确政治方向。

第一节　永葆中国监狱工作政治本色

政治属性是我国监狱机关的根本属性。要坚持把讲政治作为最根本和第一位的要求，切实提高政治站位，坚定政治信仰、筑牢政治忠诚、永葆政治本色。

一、坚守新中国监狱改造罪犯初心

坚持中国共产党的领导、贯彻党的监狱工作方针政策、坚守安全底线、严格公正执法、践行改造宗旨，始终是新中国监狱和监狱工作者的初心和使命。

（一）坚决贯彻党的监狱工作方针政策。新中国监狱组建伊始，就坚持党的绝对领导，形成了鲜明的中国特色和政治优势。在发展进步的各个不同历史时期，无论环境、形势如何变化，都毫不动摇地贯彻执行党的监狱工作路线、方针、政策，服从服务于国家和社会发展大局，成为保障社会主义事业发展的中坚力量。新时代中国共产党领导的监狱工作现代化，是中国式现代化、政法工作现代化的重要组成部分，推进监狱工作现代化，须臾离不开党的监狱工作方针政策指引。要继续坚定不移地贯彻执行党的监狱工作方针政策，保持初心，接力奋斗，为中国式现代化贡献应有的力量。

（二）始终以改造人为根本目的。新中国监狱工作的指导思想，突出体现在毛泽东于《论人民民主专政》中提出的把反动阶级和反动派的人们“改造”成为新人这一伟大目标中。“改造人”是中国共产党从建立监狱制度之初就确立的宗旨使命，是中国共产党领导的监狱制度在从初创到发展再到日臻完善的历史进程中不断探索形成的。监狱机关始终把“改造人”作为自身工作的出发点和归宿。坚持以改造罪犯为中心任务，成为中国特色社会主义监狱制度的鲜明特征，反映了中国监狱制度的根本性质，也是中国监狱工作取得成功的关键所在。在推进监狱工作现代化新征程上，监狱工作依然要坚定不移地践行惩罚与改造相结合的监狱宗旨。

（三）全面履行监狱职能职责。在新时代新征程上，监狱机关要适应中国式现代化的发展趋势，牢固树立大局意识，把监狱工作放在党和国家发展大局来思考、来谋划，把准方向、明确目标，把监狱工作融入社会主义法治建设的实践之中，完成好刑罚执行、惩罚改造罪犯的法定职责和历史使命，最大限度地发挥监狱工作维护国家政治安全和社会稳定、融入社会治理格局、维护社会公平正义、依法保障人民权益等方面的职能作用，保障中国式现代化的实现。

二、坚定中国监狱工作制度自信

中国特色社会主义监狱制度，是伴随着我国社会主义建设和改革建立起来的。在党和国家坚强领导下，新中国监狱工作长期坚持毛泽东改造罪犯理论、坚持中国特色社会主义监狱制度，取得了非凡的成就。进入新时代，监狱机关对监狱制度发展进行了有益探索，特别是在监狱体制改革、执法规范、科学矫治、刑罚执行一体化等方面取得了显著的进步。2019 年 4 月，中央出台了《关于加强和改进监狱工作的意见》，提出要健全与实现国家治理体系和治理能力现代化、建设与社会主义法治国家相适应的中国特色社会主义监狱制度，更加坚定了发展中国监狱工作制度的自信，为深化推进中国特色社会主义监狱制度现代化建设指明了方向。

（一）从中华优秀法律文化中汲取智慧。我国古代法制形成了世界法制史上独树一帜的中华法系，积淀了深厚的法律文化。中华法系凝聚了中华民族的精神和智慧，有很多优秀的思想和理念值得传承。出礼入刑、隆礼重法的治国策略，民惟邦本、本固邦宁的民本理念，天下无讼、以和为贵的价值追求，德主刑辅、明德慎罚的慎刑思想，缘法断罪、罚当其罪的平等观念，保护鳏寡孤独、老幼妇残的恤刑原则，都彰显了中华优秀传统法律文化的智慧。推进监狱工作现代化，要对中华传统法律文化进行批判性继承，以旧社会监狱的野蛮、黑暗方面为警醒，更为重要的是要大力阐发中华优秀传统法律文化，实现在监狱工作中的创新性转化、创造性发展，使中华优秀传统法律文化的精髓得到传承和弘扬。

（二）从新中国监狱工作成就中坚定信心。新中国成立后，在没有成熟和完备经验可资借鉴的情况下，新中国监狱通过艰苦奋斗、积极探索，取得了显著的成就：监狱法治逐步走向规范；成功关押和改造了上千万名罪犯，重新犯罪率长期保持较低水平；建成维持健全的改造场所，推进监狱体制改革，为改造罪犯提供了载体和平台，奠定了比较雄厚的物质基础；逐步形成了在人类行刑史上独树一帜的毛泽东改造罪犯理论，丰富和发展了我国的改造罪犯思想，体现社会主义监狱的性质，开展罪犯改造工作成为新中国监狱同旧中国监狱、现代西方国家监狱的本质区别。进入新时期，监狱机关坚持惩罚与改造相结合、以改造人为宗旨的方针，坚持劳动改造与教育改造相结合，强调对罪犯的思想教育，坚持严格管理、文明管理与人道主义相结合，坚持专门机关与群众路线相结合，动员社会力量参与帮教活动，明确了刑罚执行机关与侦查机关、法律监督机关、审判机关之间的相互关系，实现了中国特色社会主义监狱制度的新跨越。新中国监狱管理模式具有优越性，经受住了历史和实践的检验，取得了优异的成绩，体现出独有的特色，增强并坚定了监狱工作者的责任感和信心。中国监狱管理模式的成功，离不开中国特色社会主义监狱制度的安排，这种制度安排确保了政治、社会和资源三种力量的有机平衡。在现实中，监狱机关也存在一些对坚持发展监狱制度信心不足的现象，比如，在融入社会治理格局中体现监狱社会价值力度不够、减刑假释实质化审理等提高监狱话语权方面怯于发声等；同时，也存在社会舆论炒作监狱、放大刑罚执行中出现的问题，甚至质疑新中国监狱的文明发展等现象。这些都是对新中国监狱制度不自信的表现，成为监狱现代化发展道路上的阻碍，需要监狱机关坚定新中国监狱制度自信，提振信心，为推进监狱工作现代化提供精神动力。

（三）从引领现代刑罚潮流中发展监狱制度。一段时间以来，在学习借鉴西方刑罚经验的过程中，也出现了改造罪犯理论式微倾向和监狱制度“自我矮化”现象等突出问题。推进监狱工作现代化，学习借鉴域外的先进经验，不是一切照搬照抄西方理论，而是要破除“现代化 = 西方化”的迷思，在“中国化”上下功夫，更加自觉地继承和丰富新中国改造罪犯理论，坚持思想改造、劳动改造等特色内容，厚植发展优势，切实增强“勇挑大梁”的使命感，紧扣“现代化”总目标，积蓄发展动能，最大限度地激发监狱各层级主观能动性，积极适应监狱工作新形势、新任务、新要求，在发展中国特色监狱制度和监狱理论上取得新的进步。在宏观上，形成《监狱法》、行政法规、部颁规章、规范性文件相互衔接贯通支撑的法律制度体系；在微观上，各项制度要素齐备，统筹设计好制度的建设规范、行为模式及法律后果，协调安排好实体性、程序性、保障性规范，构建形成系统完备、结构合理、科学规范、精简高效的制度体系，通过完善制度、优化机制、改进模式，高效统筹、整合内部力量，开辟一切有助于推动监狱工作现代化开展的源头活水。

三、增强履行监狱职能职责政治担当

推进监狱工作现代化进程中，要坚持党的全面领导和绝对领导，从政治和全局的高度把握形势、分析问题、谋划工作，确保监狱工作始终保持正确的政治方向，确保“刀把子”始终牢牢掌握在党和人民手中。

（一）牢固站稳政治立场。监狱作为政治机关，必须深刻认识“两个确立”的理论逻辑、历史逻辑、实践逻辑，深刻领悟党确立习近平同志党中央的核心、全党的核心地位，确立习近平新时代中国特色社会主义思想的指导地位的决定性意义，做到“两个维护”的思想自觉和行动自觉，坚持“四个服从”，不断提高政治判断力、政治领悟力、政治执行力，及时校准思想之标、调正行为之舵、绷紧作风之弦，自觉把监狱工作放到党和国家工作大局和党的建设全局中来精准定位、科学谋划，紧紧围绕实现党在新时代新征程的中心任务尽好职责、发挥优势。

（二）着力增强政治意识。监狱是政治机关、法治部门，监狱人民警察是纪律部队，具有鲜明的政治属性、人民属性、法治属性、社会属性。监狱机关和监狱人民警察要始终不渝地牢记自己的初心和使命，坚持以习近平新时代中国特色社会主义思想特别是习近平法治思想为指导，坚持党的全面领导，坚持以人民为中心发展思想，坚定不移走中国特色社会主义法治道路，始终同党中央保持高度一致，始终坚持党性立场、运用政治思维和法治思维开展工作、推进监狱工作事业、建设政法队伍。

（三）坚决扛牢政治责任。监狱是维护国家安全和社会稳定的重要阵地，是实现人民民主专政的国家机器，在减少社会风险、化解社会矛盾上发挥着重要作用。要以高度的大局意识强化政治担当，保持坚强政治定力，增强政治主动，履行政治职责，牢牢把握以中国式现代化推进中华民族伟大复兴的使命任务，充分认识监狱工作使命光荣、责任重大，深刻把握监狱工作所处的发展方位、面临的时代要求、承担的使命任务，围绕制约监狱发展堵点难点问题，集中精力大胆探索，形成引领性、创新性制度成果和实践成绩，以永远在路上的恒心和韧劲把监狱工作引向深入。

第二节 强化监狱人民警察队伍理论武装

坚持以科学理论引领、用科学理论武装，是马克思主义政党永葆先进性、纯洁性的根本保证，也是我们党的政治优势。在推进监狱工作现代化进程中，更要注重用党的创新理论武装全党，强化理论引导，坚持用新时代中国特色社会主义思想统一思想、统一意志、统一行动。

一、深入学习实践习近平新时代中国特色社会主义思想

习近平新时代中国特色社会主义思想系统完备、博大精深，既是科学的世界观、价值观，又是正确的认识论、方法论。坚持用习近平新时代中国特色社会主义思想武装全党、教育人民，对于统一思想认识、明确前进方向、凝聚奋进力量，意义重大而深远。监狱机关要深刻领会、准确把握习近平新时代中国特色社会主义思想的科学体系、丰富内涵，持久开展学习，努力在以学铸魂、以学增智、以学正风、以学促干方面取得实实在在的成效，自觉贯彻落实到监狱工作各方面、全过程，更好地发挥理论武装思想、凝心聚力的磅礴伟力。

（一）树立思想尊崇。坚定的政治信仰是基于对科学理论的系统认知与深入理解。对真理的认识越清晰、越深刻，政治认同感就越强，政治信仰就越坚定，行动上才能自觉。要把始终坚持党对监狱工作的绝对领导，始终保持监狱机关、监狱警察对党绝对忠诚，作为学习贯彻习近平新时代中国特色社会主义思想的政治统领和灵魂主线，认真开展学习，以扎实的理论武装坚定政治信仰，切实从内心深处形成对习近平新时代中国特色社会主义思想的思想尊崇、切实增强对这一思想的认同和维护，使之真正成为认识问题、思考问题、解决问题的意识先导与理论主导。

（二）加强学思践悟。深入学习贯彻习近平新时代中国特色社会主义思想，必须在真学真信真用、学懂弄通做实上下功夫。“懂”是前提。要坚持读原著、学原文、悟原理，全面系统学、及时跟进学、深入思考学、联系实际学。深刻认识这一思想的重大意义，深刻理解核心要义、精神实质、丰富内涵、实践要求，深刻把握贯穿其中的马克思主义立场观点方法。“通”就是贯通。把学习领会习近平新时代中国特色社会主义思想同学习马克思主义基本原理贯通起来，同新时代进行伟大斗争、建设伟大工程、推进伟大事业、实现伟大梦想的丰富实践贯通起来。“实”是落脚点。监狱作为政治机关，要推动学习贯彻往深里走、往实里走，坚持理论联系实际的学风，坚持问题导向、实践导向、需求导向，紧密结合新时代新实践新要求，紧密结合思想和工作实际，建好、用好学习成果转化平台和机制，引导广大党员聚焦中心工作、专业能力

开展学习，更加自觉用这一思想指导解决监狱工作实际问题，特别是监狱改革发展稳定的问题、人民群众反映强烈的突出问题和党的建设面临的紧迫问题，切实把学习成效转化为做好本职工作、推动监狱事业发展的生动实践。

（三）实现常态教育。在党的领导下，监狱事业踏上了建设现代化的新征程。面对新征程上催人奋进的目标、严峻复杂的形势、艰巨繁重的任务，必须坚持思想建党、理论强党，常态化开展学习贯彻习近平新时代中国特色社会主义思想主题教育，紧紧锚定目标任务，把理论学习、调查研究、推动发展、检视整改等贯通起来，有机融合、一体推进。全体警察职工要不断从中汲取智慧和力量，将其转化为坚定理想、锤炼党性、指导实践和推动工作的强大力量，切实提高运用习近平新时代中国特色社会主义思想指导监狱工作现代化实践的能力水平。

二、深入学习践行习近平法治思想

在 2020 年 11 月召开的中央全面依法治国工作会议上，我们党正式提出习近平法治思想。监狱机关要深入开展习近平法治思想学习，自觉用习近平法治思想的立场观点方法推进监狱工作，更新发展观念，忠实履职尽责，积极担当作为，坚定不移地走中国特色社会主义法治道路，全力推进工作现代化，以务实担当、真抓实干的工作成效为中国式现代化提供有力法治保障。

（一）坚持系统观念。系统观念是习近平法治思想的基本观点方法，习近平法治思想的系统观念在发展完善刑事执行制度中的运用主要为：坚持系统观念的整体观，从全局和战略高度把握刑事执行的基本定位和正确方向；坚持系统观念的体系观，科学构建内容完备、逻辑严密、运转有效的中国特色社会主义刑事执行体系；坚持系统观念的协同观，统筹推进刑事执行制度实施的各项任务；坚持系统观念的发展观，不断适应治国理政和全面依法治国的形势变化，推进刑事执行制度的改革创新。

（二）坚持执法为民理念。惩罚和改造罪犯的根本目的是依法保障人民权益，促进社会和谐稳定。在新的起点推进监狱工作现代化，必须坚决贯彻以人民为中心的本质要求，充分体现人民利益、反映人民愿望、维护人民权利、增进人民福祉，努力满足人民群众新要求、新期待，谋划解决在刑罚变更执行、惩罚和改造罪犯的实践中人民群众关心关注的突出问题，切实让人民群众共享法治建设成果。具体到实际工作中，就是要准确认识和把握监狱工作主要矛盾和确定中心任务，聚焦管理和改造罪犯，巩固主渠道、坚守主阵地，全面提升依法履职能力和罪犯教育改造水平，提高罪犯教育改造质量，努力向社会回送守法公民，同时带动其他工作，在重点突破中实现整体推进。

（三）坚持全面依法治监理念。推进全面依法治国，通过建设社会主义法治体系，建设社会主义法治国家，使党的政策主张系统地法律化为国家意志，能充分发挥社会主义法治的功能。在现代化的征程上，监狱机关刑罚职能的执行，就是要全面推行依法治监，关键就体现为形成一套普遍化的法律规则体系，通过完善的法治体系来提供基本的制度框架，将党的路线、方针、政策通过制度的形式，转化为监狱执法管理的规范性文件和工作制度，确保监狱工作党的领导和党的监狱工作政策制度化、法律化，把全面依法治国战略部署转化为推进监狱事业发展的生动实践，也加强了监狱治理体系的系统性、规范性、协调性和稳定性，体现出监狱治理法治的完善程度和监狱工作现代化的推进程度。在推进中国式现代化的进程中，监狱工作由传统经验管理向规范管理、罪犯改造、刑罚执行的现代化转变，已经成为监狱工作在新时代应当完成的重大使命。推进监狱工作现代化，思想、观念和理念现代化甚为关键。长期以来，由于工作性质的原因，监狱系统思想封闭、“大墙”思维严重，成为阻碍推进工作现代化的重要思想障碍。推进监狱工作思想观念现代化，强调的是监狱机关要坚持守正创新，始终把改造罪犯作为监狱工作的中心任务，破除大墙思维，与时俱进深化监狱工作的理念创新，适应新时代全面依法治国，建设平安中国、法治中国的总体要求，强化依法治监观念，坚持党性立场，以政治思维和法治思维的有机结合解决监狱工作中的现实问题和复杂情况，推进监狱事业、建设监狱警察队伍，推进平安监狱、法治监狱建设。

三、深入学习贯彻中国式现代化理论

党的创新理论在不断发展，党的二十大提出了一系列重大思想、重大观点，之后在阐述党的二十大精神过程中又提出了许多新观点，特别是提出并系统阐述了中国式现代化这个重大理论和实践问题，进一步丰富了习近平新时代中国特色社会主义思想。

（一）深刻领会中国式现代化理论精神实质。中国式现代化是我们党领导人民长期探索和实践的重大成果，既基于自身国情又借鉴各国经验，既传承历史文化又融合现代文明，既造福中国人民又促进世界共同发展，展现了不同于西方现代化模式的新图景，为全面建成社会主义现代化强国、实现中华民族伟大复兴指明了一条康庄大道，创造了人类文明新形态。监狱机关作为国家刑罚执行机关，要置身于中国式现代化进程的宏大时代背景，深刻把握中国式现代化的科学内涵，以更高站位、更大格局、更宽视野谋划推动监狱工作，深刻认识监狱工作的特点、发展的历史方位、担当的责任使命，进一步坚定主动融入中国式现代化大局推进监狱事业高质量发展的决心。

（二）紧密结合监狱工作实际贯彻践行。中国式现代化理论为深入推进监狱工作现代化提供了强大思想武器。学习中要坚持问题导向，聚焦监狱工作实践中遇到的新问题、改革发展稳定中存在的深层次问题，坚持边学习、边对照、边检视、边整改，把问题整改贯穿党的新时代现代化理论学习始终，解决好监狱工作中难点、痛点问题，专项整治突出问题，推动监狱工作现代化行稳致远。

（三）积极推动新时代监狱工作现代化研究成果转化应用。坚持笃信笃行，以习近平新时代中国特色社会主义思想引领监狱工作政策调整、理念创新、制度设计、队伍建设等，在把握总目标、总方向、总要求的前提下，有计划、有部署地对各项目标和任务进行细化，有针对性地拿出落实的具体方案，制定明确的时间表、施工图，扎扎实实向前推进，实现从思想上、政治上的认知统一到工作上、行动上的步调统一，不断坚定立场、增强定力，指导和推动监狱工作现代化的深入进行。

第三节　坚持党对监狱工作的绝对领导

党的二十大报告指出："中国特色社会主义最本质的特征是中国共产党领导，中国特色社会主义制度的最大优势是中国共产党领导。"推进监狱工作现代化，必须坚持和加强党对监狱工作的绝对领导，创新党的建设，确保监狱工作的政治方向。

一、全面加强党对监狱工作的绝对领导

党的领导直接关系中国式现代化的根本方向、前途命运、最终成败。全面推进监狱工作现代化离不开党的坚强领导。

（一）坚持党中央集中统一领导。党中央集中统一领导是党的领导的最高原则，加强和维护党中央集中统一领导是全党共同的政治责任。坚持党的领导，首先就是坚持党中央的集中统一领导。监狱工作发展历史和实践表明，没有党中央权威和集中统一领导，什么事也办不成，新中国监狱事业不会取得如此辉煌的成就，也发展不到现今如此文明的程度。在推进监狱工作现代化新征程上，越是接近目标、越是形势复杂、越是任务艰巨，越要发挥党的政治领导优势，越要发挥党中央集中统一领导的"定海神针"作用，坚持和加强党中央集中统一领导，健全总揽全局、协调各方的党的领导制度体系，完善党中央重大决策部署落实机制，统一思想、统一意志、统一行动。

（二）充分发挥党对监狱工作的引领作用。从新中国监狱历史发展看，在党的正确领导下，新中国监狱贯彻各个时期党的指导思想和监狱方针政策、成功应对遇到的困难，取得了中国特色社会主义监狱建设巨大成就。新时代新征程上，面对错综复杂的国际国内形势、艰巨繁重的改革发展稳定任务、各种不确定难预料的风险挑战，实现推进监狱工作现代化的目标，迫切需要全系统上下进一步深入学习贯彻习近平新时代中国特色社会主义思想，坚持发挥党对监狱工作的引领作用，保持政治定力，在党和国家事业大局中找准定位，体现新时代监狱工作的新要求，始终保持艰苦奋斗、奋发有为、敢于斗争的精气神，

始终保持干事创业精神状态，充分发挥职能作用，继续创造监狱工作新辉煌。

二、统筹推进监狱机关党的建设新的伟大工程

推进中国监狱工作现代化，党是最高政治领导力量，从根本上确保监狱工作的社会主义现代化方向。要坚持以政治建设为统领，全面加强党的建设，以党建带队建，深度融合业务工作，创新党的建设工作。

（一）落实政治建设责任体系。党的二十大报告指出："加强党的政治建设，严明政治纪律和政治规矩，落实各级党委（党组）主体责任，提高各级党组织和党员干部政治判断力、政治领悟力、政治执行力。"监狱机关党的建设必须坚持以政治建设为统领，把加强政治建设作为解决根本性、深层次问题的关键，不断开创新时代监狱机关党的建设新局面。要牢固树立"抓党建是本职、不抓党建是失职、抓不好党建是渎职"的理念，切实将党建工作责任落到实处。一是压实责任机制。认真履行抓党建主体责任，构建起齐抓共管的党建工作责任体系。二是压实履责机制。制定年度党建工作任务清单，以此推动月度计划、主体责任按时间进度落实到位。三是压实督导机制。建立基层党建督查机制，通过随机抽查、专项督查、集中检查等方式，对党建长效机制建设、组织生活制度落实、政治理论学习、抓党建实际效果等进行督促检查。

（二）强化基层组织体系建设。在推进监狱工作现代化过程中，要建立组织上下贯通、执行有力的严密体系，实现监狱工作党的组织和工作全面有效覆盖，把党的领导贯穿到监狱管理各方面、全过程，构建"大党建"格局，让基层监狱党组织担负起加强监狱管理的政治责任，推动党的监狱工作方针政策落实，提升治理能力水平。监狱基层党支部是党最基层的单元，加强监狱基层党支部建设是加强监狱机关党的建设新的伟大工程的基础性工程。要坚持以党建带队建，持之以恒加强监狱基层党支部建设，发挥好监狱基层党支部战斗堡垒作用，发挥党支部"管到人头"的优势，履行好教育、管理和监督基层党员的主体责任，把支部党员管住管好，使每个党员都成为一面鲜红的旗帜。

（三）创新监狱机关党建方式方法。加强监狱机关党建创新工作，要解放思想、更新观念，推进理念创新。明确"为什么创新"，增强创新动力，解决

监狱基层党建工作的新问题、新挑战；明确“怎样抓创新”，寻求工作的新方法、新思路；明确“如何巩固创新成果”，形成党建工作的长效机制；要统筹谋划，更加突出党的各方面建设有机衔接、联动集成、协同协调，更加突出体制机制的健全完善和法规制度的科学有效，更加突出运用法治的理念、系统的观念、辩证的思维，管党治党建设党，体系化推动党的建设新的伟大工程。抓实载体创新，打造特色监狱基层党建品牌，丰富手段、提升水平；挖掘特点抓创新，推动党建与业务深度融合；围绕中心抓创新，推进监狱基层党支部标准化、规范化建设，提升基层党组织的组织力；突出重点抓创新，推进党建成果转化；建强党性教育阵地，展示创新成果，为监狱机关全面、系统、有效地开展党性教育提供载体，提高教育效果。

三、着力深化监狱党的建设与业务工作融合

监狱机关党建与业务工作如同“鸟之双翼、车之两轮”，是相互促进、相辅相成、有机统一的关系，党建工作带动业务工作，业务工作是党建工作的依托。离开党建抓业务，就会忘记初心、偏离轨道；离开业务抓党建，也会陷入形式主义、本本主义。党建工作必须紧紧围绕监狱中心工作、服务大局，也必须依托干事创业这个平台，丰富监狱机关党建工作的实践和内涵。如果把二者割裂开来，就会形成党建工作虚化、党的领导弱化、党建责任软化的现象。监狱机关要树立将党建与业务深度融合发展的意识和理念，把党建贯穿到监狱业务的全过程和各方面，坚持从思想上重视党建，从行动上狠抓党建，从业务上检验党建，真正实现监狱基层党建和业务工作深度融合发展，推进党建与业务同向发力、融合并进，推进监狱工作现代化不断深入，为监狱发展提供坚强有力的政治保障和业务支撑。针对在监狱工作实践中不同程度存在党建与业务分割的“两张皮”现象，需要下大力气加以解决。一是要摆正党建工作与业务工作的关系，把党建工作的立足点放在统领业务工作上，根据党建工作对应指导的内容，明确业务工作的目标任务；二是要突出党建引领保障作用，聚焦主责主业，凝聚党建工作合力，围绕业务工作，突出党建引领的保障，把业务工作的难点作为党建工作的重点；三是采取“党务＋业务”模式，找到合适的

切入点，将党建与业务通盘考虑，贯穿队伍建设、监管改造、刑罚执行、安全生产等业务工作的全过程，做到党建与业务同步规划、同步部署、同步落实、同步考核，真正实现党建和业务在目标上的一致性、在任务上的统一性、在效果上的互促性。

第四节　加强新时代监狱思想政治工作

思想政治工作是党的优良传统、鲜明特色和突出政治优势，是一切工作的生命线。推进监狱工作现代化，要坚持和加强党的全面领导，严格落实意识形态责任制，把思想政治工作贯穿监狱工作各方面、各环节，提高思想政治工作质量和水平，加强和改进思想政治建设，凝聚民心，汇聚力量，为新时代监狱工作现代化守正创新发展强基赋能。

一、构建监狱思想政治工作大格局

面对新时代新使命，监狱机关要把加强和改进思想政治工作作为一项重大政治任务和经常性、基础性工作切实抓紧抓好，积极构建思想政治工作大格局，推动新时代思想政治工作进一步强起来、实起来，为全面推进监狱工作现代化注入强大动力。

（一）准确把握新时代监狱工作面临的新形势、新任务，切实把监狱工作融入党和国家事业发展大局。深入领会伟大建党精神的深刻内涵，真正把伟大建党精神传承好、发扬好，将其转化为推动监狱发展的强大力量，树立监狱人民警察的良好形象，以全新的姿态、全新的干劲、全新的作为，奋力推进监狱工作现代化。

（二）完善领导体制和工作机制。完善监狱机关各级党委统一领导，各部门分工负责、齐抓共管、共同参与的思想政治工作大格局，配齐配强思想政治工作骨干队伍，具体工作中注重做好思想政治工作日常部署，定期召开专题工作会议，一级抓一级、层层抓落实。坚持遵循思想政治工作规律，因地、因人、因事、因时制宜开展工作；着力固根基、扬优势、补短板、强弱项，提高科学化规范化制度化水平；坚持守正创新，使新时代思想政治工作始终保持生机活力。

（三）建设监狱机关政治文化。文化具有引领和指导作用，加强和改进思想政治工作，要更加注重以文化人、以文育人，发挥文化的浸润作用。监狱机关政治文化建设是一个复杂的系统工程，要拓展思想政治现代化途径，通过培育和践行社会主义核心价值观，深入实施中华优秀传统文化传承发展工程，借鉴人类政治文化优秀成果，开展警营文化建设工程，着力打造“党旗飘扬、警旗高举、警徽闪亮”的独具特色的监狱机关政治文化品牌，推动监狱机关思想政治工作在更高水平上开展。

二、健全监狱思想教育体系

监狱机关扎实有效开展思想政治工作，要聚焦用党的创新理论武装全党、教育人民这个首要任务，抓住理想信念教育这个根本遵循，突出培育和践行社会主义核心价值观这个重点环节，把广大监狱警察团结凝聚在中国特色社会主义伟大旗帜下。

（一）强化思想政治教育。坚持用习近平新时代中国特色社会主义思想武装头脑，把学习宣传贯彻习近平总书记重要讲话和指示批示精神列为党委会“第一议题”，增进监狱警察对习近平新时代中国特色社会主义思想的政治认同、思想认同、理论认同、情感认同；围绕巩固马克思主义在意识形态领域的指导地位、巩固监狱机关团结奋斗的共同思想基础这一根本任务，深入开展思想政治教育，为提升监狱基层思想政治工作质量和水平，推动新时代思想政治工作守正创新发展打好基础；弘扬民族精神和时代精神，加强爱国主义、集体主义、社会主义教育，加强马克思主义唯物论和无神论教育；培育和践行社会主义核心价值观，加强教育引导、实践养成、制度保障，推动社会主义核心价值观落实到监狱工作实处，筑牢理论武装根基。

（二）注重思想道德教育。思想道德教育是思想政治工作的基础，加强对监狱警察的思想政治工作，要注重从思想道德的角度来深化思想政治教育。自古以来，为政以德就是中华民族对为政者的品德要求。习近平总书记强调，

“政德是整个社会道德建设的风向标。立政德就要明大德、守公德、严私德”。[1] 对监狱警察开展的思想道德教育：在明大德上，要筑牢理想信念、锤炼坚强党性，坚决维护习近平总书记党中央的核心、全党的核心地位，坚决维护党中央权威和集中统一领导；在守公德上，要坚持立党为公、执政为民，全面贯彻落实以人民为中心的发展思想，强化改造人的监狱工作宗旨意识；在严私德上，要突出严格约束自己的行为和操守，不断提高全体监狱警察的政治修养、道德修养、法纪修养，培养职业道德。新时代全面推进依法治国，要坚持道德和法律并重，突出用法律和道德共同约束警察的行为，增强警察的法制观念和职业道德意识，体现出警察对道德责任和严格执法的敬业精神的认识和尊重程度。

三、推进监狱模范政治机关建设

监狱机关作为政治机关，要坚持把带头做到“两个维护”作为思想政治工作的首要任务，深化政治机关意识教育，开展模范政治机关创建活动，努力建设讲政治、守纪律、负责任、有效率的模范机关。

（一）坚持政治诚信为本。始终把“两个维护”作为最高政治准则，坚持以习近平新时代中国特色社会主义思想为指导，坚持和加强党的全面领导，切实巩固和加强党的领导核心作用，对党忠诚，统筹推进监狱机关党的政治建设。加强对党忠诚教育，牢记监狱机关姓党，把对党忠诚镌刻进全体警察职工的灵魂深处，将对党忠诚贯穿监狱事业发展全过程；把贯彻落实党中央决策部署作为检验标尺，进一步筑牢政治忠诚、夯实政治根基、涵养政治生态、提高政治能力，让忠诚核心始终成为监狱机关最鲜明的政治品格和政治底色，确保监狱机关党的政治建设取得实效，为新时代监狱工作现代化提供坚实保障。

（二）坚持理想信念为魂。共产主义远大理想和中国特色社会主义共同理想，是中国共产党人的精神支柱和政治灵魂，也是保持党的团结统一的思想基础。监狱机关在推进工作现代化进程中，要推动理想信念教育常态化制度化：

[1]《习近平关于社会主义精神文明建设论述摘编》，中央文献出版社 2022 年版。

认真学习马克思主义经典著作，领会贯穿其中的立场、观点、方法，把握共产党执政规律、社会主义建设规律、人类社会发展规律，自觉做到对马克思主义的思想自觉和感情认同；用马克思主义中国化的最新成果武装头脑，系统学习习近平总书记系列重要讲话，深入学习习近平新时代中国特色社会主义思想，坚定"四个自信"，坚定中国特色社会主义必胜信念，不为任何风险所惧，不为任何干扰所惑，在纷繁复杂的形势变化中保持正确政治方向。要严格落实意识形态责任制，加强思想政治建设，强化理想信念教育，牢固树立社会主义核心价值观，不断增强社会主义法治理念。

（三）坚持实干担当为要。要把加强和改进监狱机关思想政治工作落实到实际工作中，不折不扣贯彻落实党中央决策部署，着力把准新时代监狱工作的正确方向，奋力担当作为，立足当前监狱工作的形势任务，坚持科学实干，用心思考发展定位，动脑研究解题思路，察实情、出实招、解难题、谋发展；要破除惯性思维、感性思维、封闭思维，更新观念，转变思路，坚持创新实干。切实扛牢推进监狱工作现代化的职责使命，积极服务平安中国、法治中国建设，努力探索围绕中心、建设队伍、服务群众的实现途径和有效方法，创建"让党中央放心、让人民群众满意"的模范机关。

四、巩固监狱思想政治工作阵地

加强和改进监狱机关思想政治工作，要占领思想制高点，强化政治宣传工作，建立思想政治工作示范点，建立党性教育基地，巩固思想政治工作阵地。

（一）创新政治宣传工作。舆论生态是重要的发展环境。监狱机关要巩固壮大主流思想舆论，坚持正确政治方向、舆论导向、价值取向，把思想政治工作融入主题宣传、形势宣传、政策宣传、成就宣传、典型宣传中，落实到报刊和新媒体等各级各类媒体，不断提高监狱工作新闻舆论传播力、引导力、影响力、公信力。持续加大对中央决策部署的宣传，正确解读党和国家监狱工作方针政策、理念主张，普及法律法规，廓清公众对监狱工作的模糊认识和片面理解，毫不含糊地亮明态度、正本清源；加强工作统筹谋划，积极推广有内涵的党建文化成果；加强正面宣传，适应新时代发展形式，通过"两微一端"等新媒介载体平台，丰富内容、创新形式，赋能政治宣传工作，强化宣传效果，广泛宣传展示监狱工作成就及文明发展成果，为推进监狱工作现代化营造清朗的舆论环境。深化时代楷模、道德模范、最美人物、身边好人等学习宣传，评树、推出一批公正执法、敬业奉献的工作典型，持续讲好不同时期英雄模范的感人故事，探索完善先进模范发挥作用的长效机制，充分发挥先进典型示范引领作用，把榜样力量转化为推动监狱警察干事创业的生动实践。

（二）打造党性教育新阵地。监狱机关加强思想政治工作，创新打造独具特色的党建文化阵地，通过建设综合型、沉浸式学习体验平台，创新教育形式，破解思想政治教育工作形式单一、内容枯燥的难题，丰富党建内容，将多种党建、队建活动融合一体，形成多项党性教育创新融合，增强思想政治的鲜活性、生动性和主动性，为监狱机关全面、系统、有效地开展思想政治教育提供载体，提高教育效果。

五、加强青年警察思想政治工作

青年是民族的未来，青年监狱警察是监狱工作的生力军。习近平总书记在党的二十大报告中强调："全党要把青年工作作为战略性工作来抓，用党的科学理论武装青年。"推进监狱工作现代化新时代新征程中，要立足于青年成长成才规律、着眼于监狱工作发展全局，加强青年警察理论武装，打造"藏蓝青春"工程，实施"传帮带"计划，主动给他们压担子、加任务，加速青年警察的培养，厚植监狱事业发展优势。通过全面学习贯彻习近平新时代中国特色社会主义思想，使青年警察深入理解中国式现代化系列重大理论和实践问题，深刻把握中国式现代化的中国特色、本质要求和重大原则。不断提高青年警察理论武装的针对性、实效性，努力实现学思用贯通、知信行统一，厚植家国情怀、涵养进取品格、提升建功立业本领，确保党的科学理论在青年身上内化于心、外化于行，拒绝"躺平"和"佛系"片面思想，引导广大青年在推进监狱工作现代化实践中找准职责定位，增强使命担当，充分发挥他们思维活跃、激情澎湃的优势，擦亮青春奋斗底色，在广阔时代舞台上拼搏有为、绽放光彩。

第五节　深化新时代监狱机关政治生态建设

全面从严治党是党永葆生机活力的必由之路。监狱作为政治机关，为深入推进监狱工作现代化，需要对标对表党中央的部署要求，聚焦监狱工作存在的突出问题，全面推进从严治党、加强廉政建设和反腐败工作，加强党的自身建设，形成和发展风清气正的党内政治生态，使党对监狱工作的领导更加坚强有力、更加充满活力。

一、推进全面从严治党向纵深发展

监狱机关要落实新时代党的建设总要求，健全全面从严治党体系，全面推进党的自我净化、自我完善、自我革新、自我提高，努力将管党治警成效转化为推进监狱工作现代化的强大力量。

（一）健全全面从严治党体系。健全全面从严治党体系，是党的二十大首次提出的新课题。监狱机关要深刻认识健全全面从严治党的重要意义，高度自觉地体系化推进自我革命，持续发扬刀刃向内、自我革命精神，全面分析管党治党形势任务，严格从严治党建设主体责任，研究制定具体措施，坚决把全面从严治党要求贯穿监狱工作和自身建设的全过程各方面。全面从严治党的目的不是把人管死，让人瞻前顾后、畏首畏尾，丧失激情和活力，而是要把坚持严格管理和厚爱激励、鼓励担当作为高度统一起来。要巩固政法队伍教育整顿成果，认真吸取近年来出现的“孙小果”“任爱军”“郭文思”等案件的惨痛教训，加强内部管理，有力地回应社会对监狱工作的关切。同时要落实好“三个区分开来”，健全尽职免责、失职追责、精准问责长效机制，继续加大容错纠错、澄清正名、严查诬告陷害等工作力度，更好激发干事创业的积极性、主动性。

（二）强化纪律作风建设。习近平总书记在二十届中央纪委二次全会上的讲话中指出，纪律是管党治党的“戒尺”，也是党员干部约束自身行为的标准和遵循。要牢牢把握监狱机关首先是政治机关的职责定位，把纪律建设摆在更加突出的位置，强化纪律作风建设。一方面，要强化党规党纪刚性约束，真正把纪律严起来、把规矩立起来；另一方面，要深化运用“四种形态”，提高第一种形态占比，严肃开展谈话函询、提醒批评，让更多的党员干部真正重视、警醒、知止。各级领导干部要发挥“头雁”效应，带头牢固树立“四个意识”，严守政治纪律和政治规矩，切实担起抓班子、带队伍的政治责任。队伍建设既要抓住“关键少数”，也要管好用好“绝大多数”，加强教育引导，注重破立并举，使广大警察时刻做到心中高悬法纪明镜、手中紧握法纪戒尺，凝心聚力，上下联动，勠力同心，砥砺奋进。

（三）锻造堪当重任的监狱人民警察铁军。监狱工作现代化的实现，需要建设一支忠诚干净担当、思想过硬、业务精良的高素质监狱警察队伍。锻造监狱人民警察铁军，根本是要用习近平新时代中国特色社会主义思想凝心铸魂，打牢绝对忠诚、绝对纯洁、绝对可靠的思想根基。要坚持新时代好干部标准，以更大力度培树理想信念和现代视野，提高认识和把握现代刑罚理念和趋势的能力，提高运用法治思维和法治能力解决监狱工作发展问题的水平。锻造监狱人民警察铁军落脚点是要敢于担当、履职尽责，奋力推进监狱工作现代化，确保监狱安全、社会稳定，让人民群众在每一个执法行为、每一个司法案件中感受到公平正义。“蓬生麻中，不扶而直；白沙在涅，与之俱黑。”队伍建设要形成长效机制，需要持续搞好理想信念教育，同时要发挥法制对权力监督、程序制约的作用，把“权力关进制度的笼子”里，依法控权，让权力在规范的轨道上运行，使遵规守纪成为监狱工作者的共同追求和自觉行动，营造风清气正的政治生态。

二、持之以恒加强廉政建设

监狱机关要深入开展党风廉政建设，以刀刃向内的政治勇气，深入开展反腐败斗争，勇于自我革命，保持党的先进性、纯洁性，使党愈加生机焕发、充满活力。

（一）聚焦廉政领域突出问题。监狱工作点多面广体量大，改革发展稳定面临不少深层次矛盾躲不开、绕不过，党的建设特别是党风廉政建设和反腐败斗争面临不少顽固性、多发性问题，刑罚执行、企业经营、工程建设等领域廉政风险点较多，工作中仍然存在主体责任扛得不牢，压力传导不到位，抓早抓小用心用力不足，个别党员警察纪律意识淡化等问题，管党治警任务依然艰巨复杂。要坚持问题导向，善于发现问题、敢于正视问题、切实解决问题，尤其是及时研究解决党风廉政建设中出现的一些苗头性、倾向性问题，推进廉政建设深入开展。

（二）“三结合”推进反腐败工作。治理反腐败工作，要综合施策、整体推进。一要坚持正向引导和反面警示相结合。一方面，把党章党规党纪教育作为必修课，切实增强监狱警察的纪律意识、规矩意识；另一方面，深入开展常态化警示教育，针对监狱工作的特点，分析容易滋生腐败的环节、原因、条件和危害，发挥“身边人”典型违纪违法案件警醒作用，以案明纪、以案示警，夯实拒腐防变的思想基础。二要坚持高压震慑和文化润心相结合。要坚持同时发力、同向发力、综合发力。一方面，锚定反腐败斗争依然严峻复杂的态势，始终保持高压惩治力度不减，严肃查处各类违纪违法案件；另一方面，加强廉洁文化阵地建设，充分发挥廉洁文化的自律、教化、育人功能。三要坚持集中整治与标本兼治相结合。一方面，始终保持对腐败的高压态势，深入持久地开展反腐败斗争；另一方面，要针对反腐败工作存在的深层次问题和突出矛盾，多措并举、标本兼治，一体推进不敢腐、不能腐、不想腐机制建设。

（三）建立廉政建设长效机制。加强廉政建设，需要整体规划、协同推进。一是狠抓党风廉政建设责任制工作，成立各级别的党风廉政建设责任制领导小组，切实做到齐抓共管，层层抓落实。二是落实“一岗双责”，充分调动各业务部门的力量，配合共同抓好党风廉政建设工作，做到既抓监管改造业务，又抓党风廉政建设。三是层层签订党风廉政建设责任书，确保压力传导落到实处，确保廉政建设有计划、有部署、有措施、有效果，形成长效机制。

三、营造风清气正政治生态

习近平总书记指出：“形成风清气正的政治生态，是旗帜鲜明讲政治、坚决维护党中央权威和集中统一领导的政治要求，是持之以恒正风肃纪、推动全面从严治党向纵深发展的迫切需要，是锻造优良党风政风、确保改革发展目标顺利实现的重要保障。”[1] 加强政治生态建设，不仅抓住了当下党的建设必须完成的一项紧迫任务，更表明了新一代中国共产党人在政党建设方面的基本立场和态度。

（一）严肃党内政治生活。党的二十大报告要求：“增强党内政治生活政治性、时代性、原则性、战斗性，用好批评和自我批评武器，持续净化党内政治生态。”监狱机关要规范党内政治生活，推动党的组织生活制度化、经常化、规范化，坚持“三会一课”、民主评议党员等基本制度，认真开好民主生活会、组织生活会，用足用好批评和自我批评这一锐利武器。要严明政治纪律和政治规矩，推进政治监督具体化、精准化、常态化，及时检视整改违背初心使命的各种问题，坚决防止和纠正一切偏离“两个确立”的错误言行，正本清源、激浊扬清，使每一名党员干部加强党性修养，以良好党内政治文化涵养风清气正的政治生态。

（二）持续发扬斗争精神。当前，我国社会处于深入推进中国式现代化的奋斗时期，也处于深化改革攻坚期、社会矛盾叠加期，发展进入战略机遇和风险挑战并存时期，不确定难预料因素增多。监狱工作在推进现代化过程中也面临新的形势、新的挑战和新的任务，比如，现代化的理念还未全面确立、固守利益樊篱、怠政懒政甚至违纪违法等。对此更需要发扬顽强斗争精神，坚定斗争意志，敢于直面风险挑战，增强斗争本领，战胜前进道路上一切可以预料和难以预料的风险挑战，推进监狱工作现代化深入开展。

（三）同心共筑政治生态。政治生态是一个地方政治生活现状以及政治发展环境的集中反映，是党风、政风、社会风气的综合体现。监狱人民警察是党的路线方针政策的执行者，是党的光荣传统和优良作风的弘扬者，是政治生态的风向标，必须在以习近平新时代中国特色社会主义思想为指导、贯彻落实党的路线方针政策等方面当先锋、做表率。监狱机关的每一个个体都不是孤立存

---

〔1〕 摘自习近平总书记参加十三届全国人大一次会议重庆代表团审议时重要讲话新闻稿，载中国共产党新闻网2018年3月10日，http://cpc.people.com.cn/。

在的，其与党的纪律、规定联系起来，形成一个整体，形成顺畅的政治生态链条。要通过体制机制改革和制度创新，加强机关党建工作，调动起每一名监狱警察的积极性、主动性和创造性，汇集各方智慧和力量，营造积极向上、干事创业、风清气正的良好政治生态。

第五章　新时代监狱治理体系现代化

监狱治理是国家治理的一部分。全面加强监狱治理是监狱工作领域一场深刻变革，是奋力推进监狱工作现代化的战略要求，是推进国家治理体系和治理能力现代化的重要方面。推进新时代监狱治理体系现代化，要全面贯彻党的二十大精神，深入贯彻习近平法治思想，全面贯彻党的监狱工作方针政策，坚持党对监狱工作的绝对领导，坚持和完善中国特色社会主义监狱制度，构建职能科学、权责明确、运行规范、监督有力的现代化监狱治理体系，以高水平治理推动监狱工作高质量发展。

第一节　新时代监狱职能职责体系现代化

新时代监狱工作现代化是中国式现代化的有机组成部分，是全面建设社会主义现代化国家的重要保障。在推进监狱工作现代化进程中，监狱机关必须明确职能定位，优化体制机制，畅通责任链路，形成各司其职、紧密协作、规范有序的监狱治理新格局。

一、准确把握新时代监狱工作职能

新时代推进监狱工作现代化，要立足监狱机关的职能定位，树立系统思维，加强统筹协调，构建有机统一的监狱职能体系，全力履行好维护国家政治安全、确保社会大局稳定、促进社会公平正义、保障人民安居乐业的职责使命。

（一）坚持和加强监狱维护国家政治安全职能。监狱作为人民民主专政的国家机器，是维护国家政治安全、政权安全的重要基石。维护国家政治安全、政权安全是监狱的本质职能。推进新时代监狱工作现代化，必须坚守监狱首先是政治机关的属性定位，始终把维护中国共产党的领导、维护国家政治安全和政权安全作为首要任务，把监狱安全融入国家安全体系，纳入各级各地安全工作体系，全面落实司法行政部门领导责任、监狱管理部门管理责任、监狱主体责任、地方属地责任，创新维护国家政治安全、打击违法犯罪工作机制，以新安全格局保障新发展格局。必须把监狱安全体系落实到平安监狱建设具体实践中，科学预见形势发展走势和隐藏在其中的风险挑战，增强风险防控意识，积极主动做好应对各类风险挑战的准备，全力维护改革发展稳定大局，确保不发生系统性风险、颠覆性错误。

（二）坚持和加强监狱维护人民安全职能。依法关押监禁罪犯、打击惩治犯罪，维护人民群众安全是监狱的根本职能。推进监狱工作现代化，必须始终贯彻以人民为中心的发展思想，牢固树立人民至上理念，通过有效刑事执行的执法司法活动，发挥刑罚执行机关职能作用，彰显专政机关打击社会犯罪活动威力，保障人民群众安居乐业，保障人民生命财产安全，必须有效对罪犯执行监禁刑，履行好剥夺罪犯自由法定职责，全面实现关得住、跑不了的监禁罪犯职能。必须坚持以改造罪犯为中心，聚力将罪犯改造成适应现代化社会发展需要的守法公民，真正实现“把大墙内的人改造好、让大墙外的人生活好”的价值追求，从根本上维护人民安全和社会稳定。

（三）坚持和加强监狱惩罚职能。监狱与制刑、求刑、量刑部门共同构成打击犯罪、惩罚罪犯的政权体系。监狱作为国家的刑罚执行机关，是以剥夺或限制罪犯的人身自由来发挥法律赋予的职能作用的，对罪犯执行刑罚、实施惩罚是监狱的法定职能。推进新时代监狱工作现代化，监狱机关必须强化惩罚职能，通过强化对罪犯的监禁管理、剥夺限制罪犯人身自由、强制执行罪犯行为规范、强制有劳动能力的罪犯参加生产劳动、严厉惩处罪犯狱内违法违规违纪行为等强力法治手段措施，有效对罪犯实施惩罚，全面实现刑罚功能，维护法律权威，发挥专政机关职能。

（四）坚持和加强监狱改造罪犯职能。依法对罪犯实施改造是法律赋予监狱的根本职能，坚持惩罚与改造相结合、以改造人为宗旨是党的监狱工作方针。在推进新时代监狱工作现代化进程中，监狱机关必须始终把改造罪犯作为监狱工作中心任务，全面提升监狱人民警察改造罪犯能力，全力强化监管改造、教育改造、劳动改造功能，创新改造工作方法，拓展改造工作路径，筑牢改造工作平台，构建科学高效的改造工作体系，不断提升罪犯改造质量，切实将罪犯改造成为守法公民，出狱后不再危害社会。

（五）坚持和加强监狱警示威慑功能。监禁罪犯、实施刑罚惩罚，是对犯罪行为的否定，更是对守法行为的肯定。监狱要充分发挥刑罚的特殊预防与一般预防功能，既以剥夺自由为惩戒，以监禁预防罪犯再次犯罪，又通过对犯罪分子适用刑罚、警示，威慑社会上潜在犯罪人，防止他们走上违法犯罪道路。监狱机关必须积极融入现代化社会治理体系，强化监狱惩治犯罪的社会效应，彰显监狱功能、法律权威和尊严，通过监禁罪犯所体现的剥夺个人自由的强制力，促使每个公民崇法尊法守法，不侵害他人，不危害社会，不违法犯罪。要发挥好监狱警示教育基地的作用，通过部分功能区展示、罪犯忏悔演讲等形式，探索适应新时代社会治理需要的现代化社会警示教育模式，为实现社会长治久安贡献力量。

二、健全完善现代化监狱治理体系

在推进监狱工作现代化进程中，监狱机关要立足新时代监狱工作的职能定位，健全现代化监狱治理体系，推动监狱工作指挥更加有力，机构设置更加科学、权责边界更加明晰、能力水平更加专业、工作体系更加健全、职能运行更加顺畅。

（一）健全指挥有力的监狱工作组织领导体系

监狱工作是政治性很强的业务工作，也是业务性很强的政治工作。必须确保党对监狱工作的全面领导，将党建工作融入监狱管理的各个环节。发挥监狱机关各级党委“指挥中枢”作用，在上级主管部门领导下，履行主体责任，直接负责对监狱工作作决策、抓落实；各级党委要积极发挥“头雁”作用，在党委层面率先实现理念创新，敢于探索、善于探索，主动打造富有创新活力的党委集体。基层党支部是党建系统的重要组成部分和工作基础，监狱通过基层党支部的建设，充分发挥党的思想政治优势、组织优势和群众工作优势，为监狱发展提供强大的组织保证。完善党支部工作机制，总结形成具有监狱工作特色、与业务工作深度融合的支部工作法，真正把基层工作抓起来、用起来，实现党建带队建、队建促全面的良好局面。充分发挥党员警察的先锋模范作用，紧紧围绕主责主业，牢固树立领先发展、走在前列意识，先行先试，争先进位，努力提升安全发展、协调发展、开放发展、创新发展、领先发展的能力。要完善工作指挥体系，进一步健全适应新时代监狱工作高质量发展要求、科学规范、运转高效的监狱组织结构、警务运行机制和勤务管理制度，实现指挥调度上下贯通、衔接顺畅，应急处置响应迅速、处置有力，逐步构建起统一指挥、领导有力、分级处置、平急结合、快速响应的监狱工作领导指挥体系。

（二）构建系统完备的监狱组织机构体系

系统完备、科学规范、运行高效是健全党和国家机构职能体系的总体要求，也是实现高水平法治监狱建设、推进监狱现代化建设的基础和前提。推进监狱治理体系现代化，要坚持优化监狱职能机构与理顺部门职责关系统筹结合，使机构设置更加科学、职能分工更加优化、权责更为协同、运行更加高效、监督更加有力。

要突出抓好党的组织建设。建立健全党对监狱工作全面领导、绝对领导的体制机制，以提升领导力、组织力、执行力为重点，加强顶层设计，突出政治功能，创新组织设置和活动形式，形成一级抓一级、一级带一级，上下齐抓共管的发展格局，切实将中央精神转化为监狱管理工作中可精准对焦、协同发力的体制机制，确保中央和上级重大决策部署不折不扣落到实处。

要系统加强业务部门建设。聚焦监管安全、生产安全、教育矫正等核心职能，坚持“科学设置、精简高效、职能清晰、管理规范、运转协调、倾斜一线”的原则，科学设定监区规模和功能，优化职能部门设置，进一步明确各部门系统工作职责，细化日常考核周期和考核单元，精准实现考核到单位、到部门、到岗、到人，实现职责边界清晰化、管理程序科学化、监督考核精细化。加强监狱业务立法和制度规范建设，确保监狱各项工作有法可依、有章可循、有规可守，形成全覆盖、全贯通的制度规范体系。建立常态化制度评估反馈机制和定期清理机制，及时做好制度的“立改废”工作，增强制度的适应性和准确性。

要全面强化保障部门建设。监狱保障系统包括行政保障、财政保障、队伍保障、技术保障、安全保障、特殊保障等，为监狱高效运行提供系统完备的综合支持。要结合监狱治理现代化实际需求，健全各类保障机构和制度规范，制定各系统保障规划，做到长有计划、短有安排，形成有效满足现代监狱高效运行的警务保障体系，以确保在警务实战时，警务保障部门能以最快捷、最安全的途径确保各种实战装备和物资及时配置到位，以高水平保障促进监狱事业高质量发展。

要深入加强党组织纪律监督部门建设。根据新的形势任务要求，全面压实管党治党主体责任，发挥纪检监察部门监督专责作用，推进监狱系统内部治理体系和廉政风险防控体系建设。着眼健全系统集成、协同高效的派驻监督体制机制，探索建立省级以下监狱管理机关和监狱机关的纪检监察机关派驻制度，推行监狱向监区派驻纪检监察员的措施，实行严格的责任追究制度，细化责任内容，量化责任标准，打造“监督—考核—问责—整治—巩固”的监督闭环和完整链条，以强力监督推动工作有力落实。

（三）打造以监区为中心的基层治理体系

监区是监狱的基本组成单元，是监狱系统最基层的执法组织，是监狱工作的基础。作为执法一线单位，监区具体实施监狱的监管罪犯、执行刑罚职能。监狱要以监区为中心，构建科学高效的监狱工作运行体系。要遵循“分押分管分教”的原则，科学设置监区。按照罪犯服刑进程，规范设置入监监区、出监监区，并独立运行。按照特殊典型罪犯监管改造需要，合理设置相应监区，实行适宜的监管改造、教育改造、劳动改造等行刑模式。按照罪犯危险等级，适当设置高度戒备监区和低度戒备监区，加大监禁管理宽严差别，建构独立改造体系，有效执行刑罚，提高改造罪犯的质量，提升监区工作专业化水平。进一步明确监区警察权、责、利，打造基层治理创新激励机制。规范监区议事规则，扩大民主管理，尊重一线监狱人民警察的主体地位和首创精神，推动基层建设全面进步、全面过硬，激发监区治理活力，提升监区治理效能。

三、构建现代化监狱工作层级职责体系

推进新时代监狱工作现代化，要全面贯彻落实党和国家机构改革总体部署要求，根据《宪法》《刑事诉讼法》《监狱法》《中国共产党政法工作条例》等有关法律法规，结合新时代新征程监狱工作发展需要，不断健全完善现代化监狱工作层级职责体系。

（一）加强党委政法委员会领导职责

党委政法委员会是党委领导政法工作的职能部门，是实现党对政法工作领导的重要组织形式；要全面贯彻落实《中国共产党政法工作条例》规定要求，加强落实对监狱机关的领导管理责任。

1. 加强把握监狱工作政治方向职能职责。领导、指导监狱系统全面贯彻落实习近平新时代中国特色社会主义思想，推动党和国家刑事政策和监狱工作方针政策在监狱刑事执行全过程深入贯彻实践，推动党的政法工作十大原则在监狱工作领域全面贯彻落地，保证宪法和刑事执行法律法规制度正确统一实施。

2. 加强统筹刑事执行工作改革发展职能职责。加强对刑事执行领域重大实践和理论问题调查研究，协助党委决策和统筹推进刑事执行政策完善、法律法规修订和工作体制机制改革完善。领导推进刑罚执行一体化，完善刑罚执行制度，统一刑罚执行体制。指导和协调监狱机关执法司法体制机制健全完善相关工作。

3. 加强协调健全监狱工作联动机制职能职责。领导推进监狱工作纳入平安中国、法治中国建设规划和机制。研究协调监狱机关与审判机关、检察机关、国家安全机关等政法单位之间、监狱机关和有关部门、地方之间有关重大

事项，创新完善多部门参与的监狱工作机制，统筹协调各方职能，统一刑事执行执法司法思想和行动。

4. 加强支持保障监狱机关依法履行职能职责。领导推动监狱机关坚决捍卫中国特色社会主义监狱制度，维护宪法和法律权威。支持监狱机关依法履行职责，保证依法独立公正行使执法司法职权。督导检查监狱机关执行党中央关于监狱工作重大决策部署和国家相关法律法规执行实施情况，推进监狱严格规范公正文明执法司法。指导和推动监狱机关党的建设和警察队伍建设，推动完善和落实保障监狱人民警察依法履职、开展工作的制度和政策。推动完善监狱工作保障体制机制，改善提高监狱执法司法条件，满足新时代监狱工作形势和任务的发展需要。

（二）加强司法行政部门领导职责

根据国家机构职能分工，国务院司法行政部门主管全国的监狱工作，地方政府司法行政部门管理省、市区域监狱工作。在推进新时代监狱工作现代化新征程上，司法行政部门要全面贯彻落实党中央、国务院关于监狱工作方针政策和决策部署，针对新时代监狱工作改革发展和现代化建设需要，有效加强对监狱工作的管理责任。

1. 强化领导和组织开展监狱工作责任。领导监狱机关坚决贯彻党中央关于监狱工作大政方针，执行落实党委政府关于监狱工作的决定、决策部署、指示等事项，把方向、管大局、保落实，发挥好领导作用，维护党对监狱工作的绝对领导。

2. 强化组织实施落实刑事执行法律法规责任。领导推动监狱机关遵守和实施宪法和刑事执行法律法规，带头依法履职，推进严格执法司法，维护国家法制的统一、尊严和权威。

3. 强化组织落实刑事执行政策责任。把握党和国家刑事政策发展变化，分析国家政治安全和社会稳定对监狱机关的重大影响和发展需求，研究监狱工作重大事项，制定依法处理的原则、政策和措施。

4. 强化统筹深化监狱工作改革责任。研究推动监狱工作全面深化改革，健全完善监狱工作管理体制机制，研究制定监狱机关执法司法政策，提高刑罚执行质量、效率和公信力。

5. 强化领导加强监狱机关党的建设责任。领导推进监狱机关履行全面从严治党主体责任，统筹推动监狱系统党的建设和监狱人民警察队伍建设，一体化、全领域推进思想观念、工作体系、素质能力现代化。

（三）加强监狱管理机关领导职责

监狱管理机关在各级党委政府坚强领导下开展工作，统筹推动专政职能、管理职能、服务职能的履行落实，全力维护国家政治安全、确保社会大局稳定、促进社会公平正义、保障人民安居乐业，创造安全的政治环境、稳定的社会环境、公正的法治环境、优质的服务环境，增强人民群众获得感、幸福感、安全感。

1. 强化统筹监狱政治组织建设职责。健全完善新时代监狱机关党的建设、思想政治工作和队伍建设新机制，构建监狱警力配置、能力育训、权益维护新格局，为监狱工作现代化提供政治指引、组织保障。

2. 强化统筹实施执行监狱工作法律法规、方针政策职责。建立健全监狱党委在执法办案中发挥领导作用制度、党委成员依照工作程序参与重要业务和重要决策制度，确保党的监狱工作方针政策全面落地，确保宪法和刑事执行法律规章制度正确、统一、有效实施。

3. 强化统筹监狱治理职责。加快推进监狱安全体系和能力现代化，推进维护和塑造监狱安全手段方式变革，确保监管场所的长治久安。及时了解掌握现代社会犯罪趋势动态、调查研究分析监狱管理工作情况，适时组织起草、实施监狱工作全国性、地方性法规规章草案，监狱工作相关政策、规划，制定并组织实施监狱的刑罚执行、狱政管理、狱内侦查、教育改造、劳动改造、生活卫生等方面的规章制度，不断完善现代化监狱法律政策体系。

4. 强化统筹监狱刑事执行职责。依法组织监狱机关刑罚执行和改造罪犯工作、监督检查监狱系统的执法活动，有效对罪犯实施惩罚与改造。

5. 强化统筹监狱企业发展职责。健全监狱企业现代管理运营体制机制，建构、发展现代化的罪犯劳动改造载体。

6. 强化统筹监狱建设职责。推进与中国式现代化强国建设发展相适应、相契合的监管场所布局，推动监狱警戒设施、监管技术装备、武器装备、交通通信设施、科技融合、经费保障等现代化建设，巩固完善监狱刑事执行全领域、全方位、全链条现代化保障体系。

7. 强化统筹监狱工作政策理论研究职责。持续推进新时代监狱工作理论创新、制度创新、文化创新，不断丰富发展中国特色社会主义监狱思想，努力创造人类社会监狱文明新形态。

（四）加强监狱治理运行职责

监狱作为推进监狱工作现代化的“主战场”，要按照上级主管业务部门的指导，加大监狱治理模式创新力度，健全完善党委领导下的监狱长负责制，强化监狱各层级、各领域、各链条、各节点部位治理，形成层级运行机制，推动监狱各项工作标准化、专业化、多元化、现代化，实现监狱治理系统、运行规范、链路顺畅、刑罚执行适格高效。

1. 强化监狱政治建设职责，确保监狱机关对党绝对忠诚、绝对可靠。加强监狱机关党建工作，加强监狱政治生态建设、抓好警察职工队伍意识形态建设，强化思想政治工作，不断提升队伍运用政治思维观察和分析问题能力，把拥护“两个确立”，做到“两个维护”，体现到落实习近平总书记重要指示、创造性推进监狱工作现代化上，不断提升政治判断力、政治领悟力、政治执行力。

2. 强化监狱安全治理职责，防范化解监狱各类风险隐患。牢固树立以改造为本的新型监狱安全观，通过科学有效的监管和改造手段，努力把更多罪犯改造成为适应中国式现代化需要的守法公民，着力从维护监狱自身安全向促进社会大局稳定拓展。积极融入社会安全稳定工作大局，着力构筑监狱安全治理长效机制，加强监狱安全的系统治理、依法治理、综合治理、源头治理，确保监狱各项安全因素处于可控状态。

3. 强化监狱法治建设职责，有效监管改造罪犯。深入学习贯彻习近平法治思想，强化证据、程序、权限和监督意识，依法推进从收监到释放全过程闭环管理。建立体现时代精神、符合上级要求、切合现代监狱实际的监狱执法标准制度体系、执法权力运行体系、执法效能监督体系、法治建设考评体系、法治建设保障体系，不断提高法治监狱建设制度化、标准化、规范化水平，打造职能科学、权责法定、执法规范、公平正义、行刑高效、守法文明的新时代现代化监狱。

4. 强化推动高质量发展职责，提升监狱现代化发展层次。推动监狱工作改革创新，深化全方位科技应用，强化发展的协调性、开放性、创新性，加快形成监狱内部各领域工作相适应、各发展环节相协调，外部与社会各行业各系统全方位、各层面、宽领域对接联动的生动局面。瞄准全国各行业各领域现代化先进水平，打造体现时代要求、监狱特色、全国知名的亮点品牌，实现监狱整体工作增速增效、提标提质。

5. 强化队伍建设职责，铸造现代化监狱人民警察铁军。学习贯彻习近平总书记训词精神，全面贯彻落实监狱人民警察革命化、正规化、专业化、职业化要求，拓宽监狱人才引进渠道，优化队伍专业配置，加强教学练战一体化培训，提升队伍业务能力、改革创新能力、拒腐防变能力，提升适应监狱工作现代化需要的综合素养。落实好干部标准，不断改进选人用人工作体制机制，畅通德才兼备的监狱人民警察提拔晋升渠道，增强警察队伍干事创业活力。

第二节 新时代监狱工作决策体系现代化

监狱作为国家机关的重要组成部分，实现新时代监狱工作决策体系现代化，是推进监狱工作现代化的必然选择，是法治国家、法治政府建设的客观要求，必须进一步完善科学民主决策机制，规范决策行为，提高决策水平，防范决策风险，提升监狱运行规范化和党风廉政建设水平。

一、监狱工作决策的基本原则

监狱是国家的刑罚执行机关，是特殊的行政机关。监狱工作决策是监狱管理的重要组成部分，也是新时代监狱工作现代化建设的重要内容。为了保证监狱工作决策的合法性、公正性和有效性，监狱工作决策必须遵循一系列基本原则。

（一）坚持党的全面领导原则

监狱是党和国家的专政机关，监狱工作是党的事业。新时代监狱工作现代化，最本质的特征是中国共产党的领导。新时代监狱工作决策，是为依法履行刑罚执行职能所做的行为设计和抉择过程，必须在中国共产党领导下，以习近平新时代中国特色社会主义思想为指导，发挥党的领导核心作用，把党的领导贯彻到重大决策全过程。监狱工作决策脱离党的领导，不仅会影响决策效果、监狱管理效果，造成人力、物力、财力的损失，更严重的还会影响决策的性质、监狱工作的方向，危害监狱安全和社会稳定，甚至影响国家政治安全、政权安全。

（二）科学决策原则

科学决策是指在科学的理论指导下，以科学的思维方式，应用各种科学的分析手段与方法，按照科学的决策程序进行的符合客观实际的决策活动。要健全监狱科学决策体制和运行机制，确保决策系统中各子系统既具有相对独立性，又能够密切联系、有机配合。要遵循发现问题、确定目标、调查研究、拟订方案、分析评估、选优决断、试验反馈、修正追踪等科学的决策程序，特别重视专业机构和专家团队在决策中的参谋咨询作用，最大限度提高决策效能。运用现代科学技术和科学方法，做到流程规范化、过程可溯源、职责更清晰、监督更透明，提高决策的准确性、公平性。

（三）民主决策原则

民主化是科学化的前提，没有民主的决策就不能说是科学的决策。要坚持“集体领导、民主集中、个别酝酿、会议决定”的要求，对职责范围内的重大决策事项，必须经过领导班子集体研究决定。民主化即公共治理和制度安排都必须保障主权在民或人民当家作主，所有公共政策都要从根本上体现人民意志和人民当家作主。[1] 监狱工作的智慧和经验的源头都在基层一线，决策也必须以基层需要为出发点，以促进基层工作的提升为落脚点，广泛征求一线警察职工的意见建议，及时向广大警察职工通报决策执行情况。要健全与群众利益密切相关的重大事项公示制度和社会听证制度，在广泛集中民意的基础上作出相应的决策。

（四）依法决策原则

监狱工作决策过程，是依法行政的过程。法律法规是监狱工作决策的根本规范。监狱人民警察作出的工作决策，必须依法、合法，以法律法规为依据，基于法律法规制定和改变，要合法、合理、可操作。监狱人民警察依法管理监狱、执行刑罚、对罪犯进行教育改造等活动作出的工作决策，受《监狱法》等法律保护。监狱机关各级领导班子带头以法治思维和法治方式进行决策，完善依法决策制度，确保决策目标合法、决策内容合法、决策程序合法，推进监狱各项工作在法治轨道上运行，提升监狱治理体系和治理能力现代化水平。

二、监狱工作决策的规范机制

监狱是国家的刑罚执行机关，监狱工作决策必须符合法治化、规范化要求，强化规范决策意识、严格决策范围、健全决策机制，确保决策在法治框架内规范实施。

（一）强化规范决策意识

凡属于重大决策事项，要根据工作分工列入党委会、行政办公会或者专项评审会议，事先调研论证、充分酝酿、提出多项决策备选方案，必要时在一定范围内进行公示，征求相关人员意见建议，确保决策方案务实可行。所有参与决策人员，要认真履行法定职责，充分发表意见，坚持少数服从多数原则，对

---

[1] 参见俞可平：《衡量国家治理体系现代化的基本标准——关于推进“国家治理体系和治理能力的现代化”的思考》，载中国共产党新闻网 2013 年 12 月 9 日，http://theory.people.com.cn/n/2013/1209/c49150-23782669.html。

于意见分歧较大的决策事项，原则上暂缓作出决定，保证决策质量。领导班子成员要带头执行决策，不得擅自改变集体已经作出的决策。各类重大决策必须明确专门督办部门、落实部门，分解任务，明确责任以及完成时限。

（二）规范重大决策事项

监狱重大决策事项是指关系监狱系统和本监狱刑事执行法律法规实施、监狱治理、罪犯管理、警察职工切身利益等对监狱工作有重大影响的决策事项，包括贯彻执行党的路线方针政策，国家法律法规和上级重大决策、重要工作部署的意见和措施，以及重要政策出台，重要人事任免，重大项目安排，大额度资金运作等其他需要决策的重大事项。对此，要厘清事项范围，明确权责边界，梳理各级决策事项清单，建立权责对等的决策管理方式。一是职权与功能定位相匹配。准确把握党委、行政领导班子、企业董事会、经理会以及其他专项评审委员会功能定位，合理界定各方职权，做到一项重大决策事项由一个治理主体最终决策，体现决策的唯一性。二是权力与责任相对等。坚持有权必有责、有责必落实、失责必追究，确保各级决策事项都能规范执行。三是决策质量与效率相统一。既要实行科学决策、民主决策、依法决策，提高决策质量，又要抓大放小、合理授权、优化程序，提高决策效率，杜绝超职权范围的无效决策。

（三）完善工作决策机制

制定监狱重大决策程序规定，建立领导班子在作出重大决策前，广泛调研论证，听取法治部门、法律顾问、公职律师或者有关专家意见制度，把公众参与、专家论证、风险评估、合法性审查和集体讨论决定作为重大决策的必经程序，确保决策内容符合法律法规政策的规定。

1. 健全调研工作机制。认真落实关于在全党大兴调查研究的工作要求，建立健全先调研后决策、调研决策联动工作机制，科学选定调研课题，强化成果转化运用，推动提升决策的科学性、针对性。完善联合调研工作机制，规范与高等院校、科研机构的联系合作，充分发挥智囊支撑作用，为工作决策提供科学参考。

2. 健全研讨会商机制。完善监狱内部研讨制度，提请党委研究的重大决策事项，要在本部门内提前开展充分研讨，认真听取意见建议。完善工作会商制度，部门联合办理的决策事项要提前进行沟通会商，按程序提请上级领导或主管部门审签。完善意见征求制度，对涉及全系统或对服务管理对象有重大影响的决策事项，应当充分听取下级机关或服务管理对象的意见建议。

3. 健全请示报告机制。严格落实请示报告制度，制定请示报告工作细则，动态调整请示报告工作清单，完善需向主要领导请示报告以及需由主要领导审定签发的事项清单，明确不同决策事项的请示层级和请示流程，重大事项第一时间向党委报告。

4. 健全民主决策机制。严格落实民主集中制，完善工作规则、党委（党组）会议、行政办公会议议事规则和决策程序，细化"三重一大"事项范围，推动依法、科学、民主决策。

5. 健全法制审核机制。明确监狱机关内部合法性审核职责，建立法制审核事项清单，健全完善法律顾问、公职律师履职机制，充分发挥法律顾问、公职律师在重大行政决策中的作用，确保出台的文件、作出的决策、开展的工作合法合规。

三、监狱工作决策的执行评价体系

监狱工作决策实施后，适时对其执行情况、实施效果、存在问题及原因等，通过抽样调查、跟踪调查、评估和效益指标考核等方式进行分析和研判，作出评价报告，并根据评价结果，按照法定程序提出继续执行、暂缓执行或修改决策内容等决策执行建议，提高决策执行效能。

（一）监狱工作决策评价的实施原则

1. 依法依规原则。作为国家政法机关的重要组成部分，监狱工作决策评价必须坚持依法依规，突出法治性，依据相关法律、法规、规章及相关政策，在制度规范框架内开展工作决策评价。

2. 科学规范原则。评价标准应当真实科学地反映决策事项的客观规律，采用行业领域科学的方法，规范的程序，合理进行评估评价，必要时引入第三方机构参与决策评价：既重视法治效益、经济效益，又重视社会效益；既维护眼前利益，又符合长远利益，确保决策收益最大化。

3. 客观公正原则。监狱工作决策评价应以事实为依据，遵循“独立、客观、公平、公正”的原则；既要遵循评价项目的客观标准，又要考虑监狱工作的特殊性，尽量采用量化标准。对那些不能量化的标准，应力求公开地让更多警察职工参与民主评价，必要时组织公众进行社会评价，获得一个概率信息，确保评价结果的真实可靠。

4. 权责一致原则。按照“谁主管、谁负责”的原则，各级决策评价或督察部门将决策执行部门的工作推进情况纳入目标管理和绩效考核范围，根据部门职责严格按程序进行评价，并对结果的真实性、客观性、公正性负责。

（二）监狱工作决策评价的实施

监狱机关各级党委要将贯彻集体决策制度情况，作为党员干部民主生活会、领导干部述职述德述廉和政务公开的内容，接受监督和民主评议。纪检监察、审计、组织人事等部门，应当通过党内监督、干部考察、效能监察、专项检查、内部审计等方式对重大决策进行评价监督，及时发现并报告决策制定执行中存在的问题。

纪检监察部门应该列席同级党委或行政办公会议等“三重一大”事项集体决策会议，负责对决策实施情况进行监督和评价，并按规定向上级党委和纪检监察部门报告。上级党委和纪检监察部门指导做好决策执行的监督评价。

审计部门要发挥好“经济体检”功能，对监狱工作决策设计的项目、资金进行审计监督。把督促审计整改作为日常监督的重要抓手，建立完善审计整改台账，动态更新整改结果，定期通报整改情况，进一步压实审计整改主体责任和“一把手”第一责任人责任，积极推动被审计单位及时堵塞管理漏洞、修补工作缺陷。推动纪检监察、组织人事等部门落实审计结果运用各项要求，把审计结果及整改情况作为对相关部门、单位效能目标管理考核的重要依据，并作为考核、任免、奖惩相关领导干部的重要参考。

（三）监狱工作决策责任追究制度

对于给国家和监狱造成重大经济损失或其他严重不良影响和后果的，要落实责任追究机制。对于违背决策原则、擅自决定重大事项，违反决策程序、不执行或者擅自改变集体决策的情况，以及未如实报告真实情况造成工作决策失误或者造成决策泄密等行为的，根据事实、性质、情节等，明确个人责任、集体责任以及领导责任，依据《中国共产党纪律处分条例》《行政机关公务员处分条例》进行责任追究，涉嫌犯罪的，移送司法机关处理。

第三节　新时代监狱工作运行体系现代化

监狱工作运行体系现代化，必须进一步明确各工作体系的功能定位，加强顶层设计，严格制度落实，构建以监禁管理工作体系为根基、以刑罚执行工作体系为主体、以改造罪犯工作体系为中心、以监狱企业工作体系为支持、以警务保障工作体系为支撑的现代化监狱工作运行体系。

一、坚持以推进监禁管理工作体系现代化为根基

监狱是国家的刑罚执行机关，只有实现对罪犯的有效监禁管理，才能保障刑罚的有效执行。推进监狱工作现代化，必须进一步提升监狱监禁工作现代化水平。大力创新监管模式，深化分类分级管理，建设不同戒备等级、不同功能类型监狱监区，严格实行分别关押、分级管理，提升管控水平。科学制定狱政管理工作标准，深化罪犯计分考核、分级处遇制度改革，制定监狱人民警察执勤工作清单，提升罪犯现场管理水平。完善动态管控体系，立足防范罪犯自杀、脱逃、行凶和狱内重大刑事案件，完善监狱日常管理，加强协调、分工合作，快速处置、有效应对各类突发事件，切实织密安全防护网络。要进一步发挥狱内侦查的预警作用，不断拓宽安全隐患信息收集渠道，逐渐提高收集信息的准确性和实效性，进一步建立完善安全隐患信息共享平台，构建现代化狱情

摸排体系，完善各层级风险评估模式，加强隐患治理检查督导，切实将安全隐患消除在萌芽状态。要充分发挥监狱指挥中心“大脑中枢”的作用，建成以监狱指挥调度平台为中枢，各分控室、值班室为基点，各执勤岗台、监狱人民警察为末端的网络指挥体系，真正实现指挥中心指挥调度全覆盖、无死角，不断完善监狱应急处突工作机制。健全完善与审判机关、检察机关、公安机关、国家安全机关、武警部队和民政等部门的信息共享、协调配合机制，提升监狱联防联控水平。

二、坚持以推进刑罚执行工作体系现代化为主体

刑罚执行工作是监狱最典型的执法司法活动，是监狱法治建设的排头兵和主阵地。推进刑罚执行工作体系现代化，是全面依法治国的必然要求，是在法治轨道上推进监狱治理能力现代化的必由之路。政法队伍教育整顿检视出过去30年刑罚执行工作的漏洞，要充分认识新时代刑罚执行工作的特殊性和重要性，从讲政治的高度认真审视每一起“减假暂”案件，不断强化刑罚执行工作政治属性与业务属性的有机结合，有力提升全体监狱人民警察依法、严格、公正、规范办案的思想自觉和行动自觉。扎实推进刑罚执行制度优化完善，健全公安机关、检察机关、审判机关、司法行政机关各司其职，侦查权、检察权、审判权相互配合、相互制约的体制机制。要在严格落实关于办理减刑、假释案件程序规定的基础上，围绕“实质化审理”，进一步织密执法法网，提升办案质量。要全面落实执法办案工作责任制，加大“减假暂”案件办理过程中的证据保全，提升执法公信力。构建监禁刑和非监禁刑相互衔接、统一协调的刑罚执行体系，加强与社区矫正机构的衔接协调，落实监督管理手段和教育矫治手段。

三、坚持以推进改造罪犯工作体系现代化为中心

以改造罪犯为中心任务，是中国监狱与世界其他监狱的根本区别，是我们党领导的监狱制度始终不变的宗旨理念，是党和人民对监狱工作一以贯之的根本要求。推进监狱工作现代化必须坚持以推进改造罪犯工作体系现代化为中

心，积极探索新形势下罪犯教育改造工作新模式，充分发挥集中教育、个别谈话教育、技能教育等优势，充分利用社会优势资源，借助新媒体平台、多媒体终端深入推进罪犯教育改造工作。首先，改变单向式教育模式，形成修复性教育模式。运用恢复性司法理念，培养罪犯现代公民意识，增强罪犯刑罚体验，拓宽劳动报酬使用范围，引导罪犯用劳动所得弥补犯罪伤害，修复被损害的社会关系，重建社会支撑体系。其次，改变普适式教育模式，形成差别化精准化教育模式。针对人格障碍、心理问题突出的罪犯，强化刑期管理、认知行为疗法等方法运用；对再犯风险高、人身危险性大的罪犯，强化综合评估和风险控制；针对社会适应能力差的罪犯，按社会需求开展职业技能培训、创业培训和回归适应训练。改变内循式培训模式，形成社会统筹“双纳入”培训模式。将罪犯职业技能培训纳入国家再就业工程，实行财政统筹、免费培训，拓展劳动项目，扩宽就业渠道；将罪犯文化教育纳入地方总体规划，加强师资培训，拓宽义务教育范畴，提升罪犯素质。[1] 最后，立足罪犯教育改造工作实际，整合优势教育改造资源。着重打造监狱级、监区级管教警察名师工作室，重点抓好高度危险罪犯教育转化，持续推动罪犯教育改造特色品牌创建，全面提升罪犯教育改造成效。

四、坚持以推进监狱企业工作体系现代化为支持

监狱企业作为监狱工作体系的重要组成部分，是为适应罪犯劳动改造需要而产生的，承担着为罪犯提供劳动改造岗位的重要职能，为监狱工作运行提供了重要的物质保障。推进监狱工作现代化，必须坚持以推进监狱企业工作体系现代化为支持，围绕安全生产、现场管理、生产经营等重点内容，加强生产资质和标准化建设，全面推进企业质量、资金、成本、预算管理，加强经济运行调度和经营绩效考核，强化监狱企业基础管理工作。要积极在挖潜、节能、提高劳动效率上动脑筋、想办法，扎实有效开展罪犯劳动力评估，严格实行劳动

〔1〕 参见曾永忠、颜泳涛、孙建书：《监狱治理体系和治理能力现代化建设探析》，载《犯罪与改造研究》2021年第3期。

定额管理，充分运用劳动报酬、奖励激励等手段调动罪犯参与劳动改造的积极性，全面提升罪犯劳动效率和劳动质量。大力推进现代化企业管理制度与罪犯劳动改造制度深度融合，打造省级监狱企业产业联盟，推动与大型企业战略合作，争取政府企业扶持政策，提升监狱企业市场竞争力，更好服务保障罪犯劳动改造。

五、坚持以推进警务保障工作体系现代化为支撑

加快构建与完善现代监狱警务运行机制和执法权力运行机制相适应的现代警务保障工作体系，全面提高警务保障能力和服务水平，为监狱工作现代化提供有力支撑。推进监狱工作现代化，要坚持服务大局、突出工作重点，围绕防控风险、执法规范化建设、打造法治监狱，切实加大基础设施建设投入和警用装备技术保障，加强单警装备、执法记录仪等执法装备配备，加强大数据和人脸识别等现代技术的研发应用，不断提升防范和应对各类重大安全风险的能力，为监狱人民警察依法履职和规范执法提供有力支持。要坚持改革创新、强化制度建设，建立健全以规划为引领的建设机制、以标准为支撑的保障机制、以效能为核心的管理机制，不断优化警务保障制度体系，加快推动警务保障工作转型升级。要优化保障政策，创新管理手段，统筹整合资源，探索建立市场导向、多元并存的保障体系。警务保障项目建设要立足于实战、适用、有效，坚持统筹规划、统一标准、协调配套，严格落实资金和项目管理责任，努力使警务保障发挥最大效能。

总之，监狱各工作体系既承担各自职能，相对独立运行，又相互支持，相互融合，共同构成了完整的监狱工作运行体系。推进监狱工作现代化，既要各工作体系规范职能边界，提升发展质效，又要畅通相互之间业务流转机制，加强与机关政务运转的衔接配合，全面提升监狱工作运行效能。

第四节　新时代监狱权力制约体系现代化

新时代监狱权力制约体系现代化，要健全公安机关、检察机关、审判机

关、司法行政机关各司其职、相互配合、相互制约的体制机制，规范执法司法权力运行，进一步提升执法司法质量、效率和公信力，着力构建权责统一、运行高效的执法司法权力运行体系，以高效能运行保障高质量发展。

一、监狱机关权力范畴

《监狱法》规定，监狱是国家的刑罚执行机关。这是监狱的基本法律属性，也是监狱成为司法主体的主要依据，其权力范围主要包括四个方面：刑罚执行类权力、管教罪犯类权力、生产经营类权力、人事管理类权力。

（一）刑罚执行类权力

监狱的刑罚执行权是监狱作为司法主体的显著特征，其职权主要源于《刑事诉讼法》的授权，主要包括收押权、移送权、提请减刑权、假释权、暂予监外执行审批权、刑事侦查权、转递申诉权、释放权等。

（二）管教罪犯类权力

依据《监狱法》的相关规定，监狱依法对罪犯进行管理，主要职权为以下几个方面：罪犯监禁管理权，戒具和武器使用权，对罪犯的通信、会见管理权，对罪犯生活、卫生管理权，对罪犯的日常考核和奖惩权，对罪犯的教育改造权等。

（三）生产经营类权力

监狱与其他司法主体和行政主体相比，最显著的特点是可以依法设立监狱企业。监狱企业是为适应罪犯劳动改造的需要而产生的，以罪犯为劳动力主体的特殊企业。监狱企业作为独立的市场主体，已经是社会主义市场经济体系的组成部分，从法律属性来说与其他市场主体并无差别，同样受到商法、经济法等有关法律的规制，监狱也具有生产经营权，包括国有资产管理权、物资采购权、经营交易权、安全生产管理权等。

（四）人事管理类权力

监狱及监狱管理机构根据职能职责，具有相应的人事权。包括：提报监狱人民警察招录计划，参与招录工作；组织监狱人民警察职务职级晋升；根据监狱人民警察政治素养、专业特长、工作经验等实行分类管理；根据监狱工作需求合理配置人力资源；根据监狱工作现代化所需的人员素质能力，开展人才培训培养。

二、监狱权力制约机制构建方向

站在新的时代方位和历史维度上，在推进国家治理体系和治理能力现代化的目标导向下，对监狱权力的公正、廉洁、规范、高效运行提出了更高要求，构建现代化监狱必须要以更强的决心、更大的力度，不断加强权力监督和制约，坚持用制度管权、管事、管人，努力营造风清气正的党风、政风。

（一）以“权力制约权力”实现监狱权力内部制约

不受限制和约束的权力会走向滥用，绝对的权力导致绝对的腐败。要加强监狱各项权力划分和分配，优化权力结构与权力配置，使权力关系明晰化、规范化，其目标是为权力的行使设置“边界”，把“权力关进制度的笼子”。[1]

1. 监狱机关权力配置必须科学合理、规范到位。权力配置指的是“权力如何合理分工或分配”的问题，也可以称为权力结构问题。对于现代化监狱而言，主要指向的是横向各职能科室以及监区之间、纵向上下级机关之间的权力分工与制衡关系。只有通过科学设置机构、合理配置职能才能实现更有效地平行分权和垂直分权。科学的权力配置必须依法依规，对各级领导干部和各岗位警察的权力职能进行明确规定，不允许存在规外特权或者违规获权。必须提升监狱各级各部门权力运行的规范化、公开化和透明化，形成配置科学、执行坚决、监督有力的权力运行体系。

---

〔1〕 参见王琼：《党内权力运行的制约和监督途径探析》，载《宁夏党校学报》2018 年第 6 期。

2. 监狱机关权力的授予必须是有限授权。有限授权是一种非常重要的控权方式。授权行为本身对权力就是一种制约，并且授权是有限度的授权，权力授予时必须有所保留，而不是绝对授权和完全限权，要充分考虑权力可能“行恶”的一面。现代化监狱必须树立有限权力理念，在监狱运行、罪犯管理、队伍建设等监狱工作的各部门、各领域，都必须明确权力运行边界，精准职责定位，而不能设立全能组织、无限权力岗位。尤其是在罪犯管理和刑罚执行中，必须有效压缩监狱人民警察的“自由裁量权”，每个权力主体的“用权”必须以另一个权力主体依法“放权”为前提，“一权多主”或者“一权多授”会导致权力运行体系的混乱，且会严重削弱监狱执法的权威。

3. 监狱机关权力配置必须要权责对等。现代化监狱的权力制约要实现权力义务统一、权责一致，达到前后衔接、上下贯通、左右呼应的整体平衡。在实践中：一是必须进一步健全集体领导和个人分工负责相结合的制度，坚持权力、责任、执行和监督的对等。完善分工负责，可以有效解决“分工交叉”“职责不清”等问题，按照工作职能全覆盖、工作领域条块分立、工作任务均衡配置的原则，对监狱人民警察的职责进行划分，强化权力制约和责任落实。二是建立健全督导检查制度，形成全方位、多层次、立体化的督导检查体系，对影响监管安全、廉洁执法等的各方面工作进行检查，发现问题及时予以整改，确保各项监管安全制度和措施落实到位。

（二）以“权利制约权力”实现监狱权力外部约束

以权利制约权力，其实就是对公权力的约束，是监狱人民警察从权力外部、以自身所拥有的权利来对公权力进行限制，以达到减少甚至是防止权力滥用现象出现的目标。

1. 规范执法追究责任机制。在警囚比例失衡，警力严重不足的现状下，基层监狱人民警察成为执法追究的第一责任人，承受着巨大的监管压力。为了减少责任追究而牺牲自身权益的基层监狱人民警察不在少数。规范执法追究责任机制，使责任追究明确化，将基层监狱人民警察的部分责任分担出去，减轻基层监狱人民警察压力，实现对监狱人民警察执法权力和个体权益的最大保护。

2. 设立相应的司法救济制度。目前体制下的监狱人民警察属于公务员编制，其保护自身权利的方式仅仅由《公务员法》来规定，而《公务员法》也仅仅规定了申诉和控告两种途径。因此，必须建立监狱人民警察司法救济制度，使监狱人民警察除了内部的申诉、控告救济权外，在自身权益受到侵害时，也能得到和普通公民同样的司法救济途径。

3. 健全社会认同感、职业荣誉感提升工作体系。对于监狱人民警察来说，社会的认同显得尤为重要。传统的观念一直影响着监狱人民警察这份职业在人们心目中的地位。社会观念的错误引导，加之监狱本身固有的封闭性，使监狱人民警察职业价值不被公众熟知，甚至出现误解、曲解，造成监狱人民警察的社会认同感不高。另外，网络媒体的迅速发展、社会舆论的夸大渲染，使监狱人民警察作为执法者的正当合法行为都被夸大为侵害罪犯权益的不当行为。现代化监狱必须加强社会舆论的正确引导，建立社会认同感、职业荣誉感提升工作体系。通过透明公开的狱务管理，主动向社会展现新时代监狱建设成果，使公众全面了解社会主义现代化监狱文明。阳光下运行的权力经过社会舆论的正确宣传、民众的亲身参与，可转变监狱人民警察在民众心中的社会形象，减少侵害监狱人民警察执法权力和个体权益事件的发生。

（三）以“道德约束权力”实现对监狱权力运行的激励约束

以道德制约权力，“就是通过各种途径，把外在的价值准则内化为权力运用者自身的价值需求和道德自律，使其保持高尚的权力道德理念和情操，树立正确的权力意识，自觉规避滥用权力的行为，增强自身抗腐防变的动力资源，自觉约束自己的权力行为，以防范权力的异变”[1]。

要通过教化方式实现监狱人民警察道德修养的自我约束和提高，使监狱人民警察能够构建起行为的底线意识，以正确的权力观、高洁的品质、公仆的情怀、内心的力量来抵御外在的诱惑，弥补刚性约束存在的缺陷，道德约束过程

---

〔1〕 张兆松：《中国检察权监督制约机制研究》，清华大学出版社 2014 年版，第 117 页。

虽然缓慢但是效果会更加持久。强化以道德制约权力的制度环境形成，要从三个方面着力：一是形成监狱人民警察自我学习提升的氛围，通过正反面的典型案例进一步强化权力责任意识，加强其对自身的行为约束；二是树立正确的道德标准，营造崇廉耻贪的工作氛围，增加权力滥用和腐败违纪的“道德成本”；三是加强廉政教育，在监狱设立“安全警示日”，结合历史教训，认真开展安全警示教育，及时通报全国、全省的重大狱内案件和敌情动态，做到警钟长鸣，不断增强监狱人民警察敌情观念和忧患意识，防患于未然。

要加强对于权力滥用风险的全面评估和预警，让监狱人民警察熟知权力滥用的高危风险点，更好地从道德层面做到自我预防。权力滥用和有权任性的风险隐患问题，在不同领域和不同部门有着不同的突出表现。“法无授权不可为”，查找突出问题就是要求针对岗位、职位、职级等内容，列出“权力清单”和“责任清单”，划出权力运行的边界，推动权力运行的公开透明，进而完善公众对权力的约束和监督机制。“法定职责必须为”，监狱制定责任清单，就是要明确必须履行的法定义务。责任清单与权力清单互相制约，可防止责权失衡，预防和减少发生权力滥用的可能。

三、监狱现代化权力制约体系构建路径

构建监狱现代化权力制约体系，实现权力的最优化配置，是构建中国特色的权力制约监督体制的重要内容，是推进监狱治理体系和治理能力现代化的应有之义，必须从制度机制上进行规范，增强监督制约的严肃性、协同性、有效性。

（一）健全监狱权力监督制约制度体系

1. 提高制度设立的规范化。强化权力运行的制约和监督，要从制度建设入手，任何不受制约与监督的权力都会被滥用，容易滋生腐败，监狱人民警察执法权力也不例外，因此必须要设立规范化的制度来制约权力，在严格规范监狱人民警察执法行为的基础上，进一步加强和规范监狱执法监督制度。

2. 加大制度执行的公开化。制度执行过程中的权力制约需要让权力接受

监督，而权力运行的公开化是最好的监督方式。狱务公开作为执法监督的重要载体，使执法职责成为一种明示责任，增加了执法的透明度，为强化内部监督制约机制创造了必要的条件。要拓展群众监督的渠道。通过聘请社会执法监督员的方式，主动接受地方党委、政府的指导，自觉接受人大、政协和社会各界、人民群众的监督，认真对待各方面对监狱执法工作的意见和建议。

3. 增强制度运行的刚性化。要增强制度意识，很多权力滥用以及各种违纪违法现象的发生，在很大程度上都是源于制度意识的淡薄。“徒善不足以为政，徒法不能以自行”，制度意识是遵循和执行制度的重要前提，要不断通过制度学习和教育，将制度底线印刻在心中，增强自觉维护制度、按制度办事的意识。只有内心对制度充满敬畏，行动上才会遵循制度执行。此外，严格监督、严肃问责，是制度获得权威性的根本保证。强化制度执行力，必须加大问责力度，强化其刚性制约，使监督、问责贯穿制度执行的全过程。

（二）构建监狱权力监督制约工作机制

1. 发挥专职监督机构的职责和作用。在监狱权力监督制约的问题上，群众监督、公职人员自我监督均是重要的常态化监督方式。但是监狱现代化权力运行的结构和流程越来越复杂，各职能部门工作精细化、专业化程度不断提高，因此要构建完整的监狱专职权力监督职能部门，明确职责分工，切实发挥专职监督机构的作用。

2. 发挥多渠道权力监督的整体效能。加强多渠道权力监督是实现监狱权力制约的有效保障。监督是现代法治的显著特征，没有监督就没有法治。现代化监狱需要执法者不断提高自我监督与自我约束的能力，但更需要通过建立健全执法监督体系，加强对执法程序和执法行为的监督，使所有的执法活动都置于阳光之下。只有这样，才能最大限度地实现公正执法的理念和目标，极大地促进执法能力和水平的提高，更有效地构建权力制约体系。监狱现代化执法监督体系应该包含法律的监督、新闻舆论的监督、社会的监督、监狱内部的监督、执法者的自我监督与约束、执行相对人的合理辩护与依法申诉。

3. 构建结构合理、程序严密、配置科学、制约有效的权力运行机制。监狱系统历来对于权力运行存在重监督轻制约的倾向，对于各部门的权力配置和相互制约的问题重视不够，形成了丰富的权力监督工作体系，但却对权力制约较少提及，权力结构的设计，以及权力运行中各部门权力之间的彼此制约相对薄弱。随着现代化监狱权力运行和监督实践经验的丰富，必须转变传统观念，加强对权力运行制约的重视，强调同时发挥权力制约与权力监督的作用，推动建立结构合理、程序严密、配置科学、制约有效的权力运行机制。

（三）创新监狱权力监督制约方法路径

监狱执法工作贯穿从罪犯收监、改造直至刑满释放的全过程，是一项时间跨度大的执法活动。对这种时空跨度很大的执法工作过程实施监督，最有效的办法就是科学设置权力运行流程，增强权力运行的科学化、规范化。一是科学设置执法工作流程。对罪犯的重要执法环节的管理、审核、呈报等过程实行权力分解，通过多部门联动、分权制衡，形成职责明确、互相制约的执法运行机制。二是强化层级监督制约。根据执法内容，明确执法权限，在确保执法效率的前提下，完善执法层级审批制度，实现监狱管理部门对监狱、监狱对监区、监狱对业务科室的层级监督制约，尤其要细化刑罚执行等重点执法环节监督，杜绝随意执法现象发生。三是强化信息化手段在执法管理中的应用。运用大数据、物联网、区块链等现代科技手段，加快建成标准规范科学统一、数据信息全面准确、业务应用灵活普及、监督预警准确高效的信息化综合管理执法平台，根据岗位职责、执法权限等设置平台权限，实现执法过程可追溯、权力运行可倒查，确保权力运行的严格、规范。

第六章　新时代监狱法治体系现代化

中国式现代化离不开法治现代化。在推进中国式现代化的进程中，法治将发挥固根本、稳预期、利长远的保障作用，为稳步推进和实现中国式现代化保驾护航。监狱作为国家刑罚执行机关，是我国政法机关的重要组成部分。监狱法治体系现代化是实现中国式法治现代化、创造人类法治文明新形态的必然要求，其最终目的是创造监狱法治文明新形态，这个“新”要新在尊重本国国情、遵循实践牵引、不照搬别国模式，要新在监狱法治建设奋斗所开辟的新道路，要新在服从中国式现代化建设事业的战略和全局。

第一节　监狱工作现代化法治理念

法治，即依法之治，是依照既定之法律管理国家各项社会事务的一种治国模式。监狱法治是指监狱依法治监的过程、状态和结果，其实质在于实现正义、权利、秩序、文明等这些人类共同的法治价值追求。新时代监狱工作只有顺应全面依法治国的要求，在广泛学习、深刻理解监狱法治精神的基础上，通过不断学习、反思、实践，构建良好的法治环境，针对监狱工作制定出切实可行的工作计划、体制、机制和管理模式等，才能慢慢孕育、培植出符合监狱工作现代化要求的法治理念。

一、坚持党的领导

坚持党对一切工作的领导，是对党历史经验的深刻总结，也是我们在实现中国式现代化的历史进程中必须牢牢把握和始终坚持的首位基本方略。习近平总书记指出："党的领导是中国特色社会主义最本质的特征，是社会主义法治最根本的保证。坚持中国特色社会主义法治道路，最根本的是坚持中国共产党的领导。依法治国是我们党提出来的，把依法治国上升为党领导人民治理国家的基本方略也是我们党提出来的，而且党一直带领人民在实践中推进依法治国。全面推进依法治国，要有利于加强和改善党的领导，有利于巩固党的执政地位、完成党的执政使命，决不是要削弱党的领导。"[1] 坚持党的领导，是社会主义法治现代化的根本要求，是党和国家的根本所在、命脉所在，是全国各族人民的利益所系、幸福所系，是全面推进依法治国的应有之义。监狱法治现代化同样是在中国共产党领导下进行的，坚持党的领导是新时代监狱工作现代化法治理念中的核心理念。

（一）思想领导

党对新时代监狱法治事业的思想领导，是保持监狱事业发展社会主义方向的根本和关键所在。党对监狱法治事业的思想领导，就在于在全面推进监狱法治工作现代化进程中牢牢把握监狱法治文明的发展方向，有效地抵制各种错误思潮和错误理论的影响和干扰，保证我国监狱法治事业的发展始终不偏离社会主义轨道，坚定不移地走社会主义法治道路。为此，坚持在监狱法治事业中全面贯彻落实习近平法治思想，引导和教育广大人民，尤其是监狱工作者，正确认识和对待西方国家法治理论和法律制度，取其精华、去其糟粕，把执法为民、服务大局等集中体现我国社会主义法治特性的理念，牢固地植入广大监狱工作者的思想深处。

---

[1] 习近平：《加快建设社会主义法治国家》，载《求是》2015 年第 1 期。

（二）政治领导

党对新时代监狱法治事业的政治领导，是社会主义法治与其他各项社会主义事业相互促进、共同发展，实现党对社会全面领导的重要保证。党对监狱法治事业的政治领导，就是要把党的各项政治主张和要求及时地反映到监狱立法之中，把监狱法治实践活动自觉地纳入党的中心工作和总体战略部署之中，同时监狱机关及其工作人员要善于运用党的路线、方针、政策去指导监狱法治的具体运用，把监狱法治的实施和适用与党的路线、方针、政策的贯彻和落实结合起来，实现法治效果与政治效果、社会效果的高度统一。

（三）组织领导

党对新时代监狱法治事业的组织领导，是实现党的思想领导和政治领导的必要方式和手段，也是我国社会主义法治体系中组织构造的重要特色。要加强监狱机关党的组织建设，在监狱机关中发挥党组织的领导核心作用、战斗堡垒作用和广大党员的先锋模范作用。要坚持党管干部原则，把政治立场坚定、思想作风正派、掌握法律专业知识、富有领导工作经验的干部，选派到各级监狱机关担任领导职务，构建一支忠于党、忠于人民、忠于社会主义监狱法治事业，高素质、有活力的监狱法治工作队伍。

二、宪法和法律至上

法治是“法律的统治”。卢梭说过，一切法律中最重要的法律，既不是刻在大理石上，也不是刻在铜表上，而是铭刻在公民的内心里。“法治的根基在于人们发自内心的认同，法治的伟力源于人们的真诚信仰。只有人们敬畏法律，坚持和信仰法律，法律作为现代社会治理的基石地位才能不断得到夯实。”[1] 宪法和法律至上，是推进法治监狱建设的权威规则。这种理念不仅体现于繁多的法律文本和条文之中，更要付诸日常的执法司法实践，落实于社会

〔1〕 王道勇：《信仰法律，现代社会治理的基石》，载《学习时报》2014年10月24日，第5版。

生活之中。推动监狱工作现代化，构建监狱法治文明新形态，监狱工作者的言行就必须服从法律，在每个执法司法行为和环节中体现法治的权威、法律的本意和法治的精神。

法律是民众权利的让渡书，其目的是保证政府能够按照人民的意愿在法律许可的范围内更好地行使权力，维护人民的利益；法律更是控制、约束公权力的合同，其目的是防止国家机关运用公权力损害民权。因此，一切公权力的行使必须以法律为限度，监狱工作也不例外。所以，新时代监狱执法司法工作必须奉法律为圭臬，坚持法律至上理念。法律至上首先是宪法至上，在我国宪法处于最高位阶，其法律地位至高无上。监狱人民警察在执法司法活动中，不仅必须严格按照宪法和法律的规定行使职权，而且要真正将宪法和法律至上奉为一种信念，唯法是从，自觉维护宪法和法律的尊严。

宪法和法律至上观念的树立有赖于三个方面：一是监狱管理部门在制定具有普遍约束力的规范性文件和非规范性文件时，必须注意其内容不得与宪法和其他上位法相冲突，以保证法制的统一和监狱行刑工作的合宪性、合法性。二是监狱的整体工作必须以法为据，严格按照宪法和法律规定行使职权，不得偏离宪法和法律的规定自行其是。三是每一名监狱人民警察，不仅要在平时的工作中始终坚持依法行刑、执法为民的法治理念和公平正义的行刑价值取向，自觉防御不正之风的侵袭，而且要正确把握宪法和法律至上的真正内涵，当上级指示和领导意志与宪法和法律相冲突时，要有维护法律权威、抵制不正之风的勇气和决心。

三、全面依法治理

监狱是刑罚执行机关，是国家刑事司法活动的重要组成部分。依法治监是依法治国伟大方略在监狱系统的具体实践。坚持依法治理理念是监狱依法履行职能，确保国家刑罚实现的根本保障，是推进监狱工作现代化，创造监狱法治文明新形态的必然要求。必须从全局和战略的高度，深刻认识依法治理在推进监狱工作现代化，促进监狱工作高质量发展方面的重要意义。

法治是治国理政的基本方式。党的十八届四中全会审议通过的《中共中央关于全面推进依法治国若干重大问题的决定》明确提出，全面推进依法治国的总目标是建设中国特色社会主义法治体系，建设社会主义法治国家。这是贯穿全会精神的一条主线，明确了全面推进依法治国的性质和方向，突出了全面推进依法治国的工作重点和总抓手，是党重大的理论创新和制度创新。监狱作为国家刑罚执行机关，肩负着严格规范公正文明执法、维护社会公平正义的职责。要实现监狱工作现代化的宏伟目标，创造监狱法治文明新形态，就必须围绕全面推进依法治国总目标，大力推进依法治监，建设中国特色社会主义监狱法治体系，全面提升监狱履职能力和水平，切实做到有法必依、执法必严、违法必究，确保宪法和法律得到正确实施，维护国家法律权威和尊严，提高执法公信力，推进中国式现代化建设进程。

依法治监也是确保国家刑罚实现的重要保障。刑罚的目的是预防犯罪，包括特殊预防和一般预防两个方面。其中，对犯罪的特殊预防是我国刑罚最直接、最主要的目的。监狱作为国家的刑罚执行机关，承担着惩罚和改造罪犯的任务，其目的不仅是对罪犯进行惩罚，更是要使罪犯通过监狱组织的管理、教育、劳动等改造活动，认罪悔罪，争取早日重返社会，成为守法公民。因此监狱刑罚执行在惩罚犯罪、预防犯罪的社会预防体系中有着不可替代的作用，是国家刑事司法活动的重要一环。如果没有刑罚执行，那么对犯罪的侦查、起诉、审判活动便都归于无效，变得毫无意义，而且会使犯罪的预防落空。只有依法治监才能更好地履行职能，国家的刑事司法目标才能最终实现，社会司法保障才能最终落实。

四、公平公正执法

“法律乃善良公正之术。”公平正义是法治文明的核心，也是监狱法治的核心。监狱工作的基础就是公正执法。罪犯已经失去了部分权利，监狱是最后一道屏障，若执法不公，就会使罪犯失去生活信心，失去对法律的信任，引发恶劣的社会后果。监狱一次不公正的执法，就可能带来巨大的负面影响，让千百次的说教毁于一旦。清末著名学者徐谦明确指出，“监狱制度和刑罚审判关系非常密切，如监狱制度不良，刑罚审判功能就不能得到显示，就违背了立法精神"[1]。无论法律多么完美，裁判不公、监狱制度不良，也会失去刑罚的意义。清代学者的见解和现代法律制度在法治精神和公平正义方面高度契合。因此，推进监狱法治体系现代化建设，监狱工作要处处体现公平正义的法治理念。

行刑公正既是定罪平等和量刑平等的必然要求，也是创造监狱文明新形态的题中之义。罪犯行刑过程中的不公正，不仅会损害具体罪犯的合法权益，更可怕的是会引起民众对监狱机关的不信任，最终导致民众对法律权威的怀疑和否定。公正即同等情况同等对待，包括实体公正和程序公正。与其他行政机关执法过程中重实体轻程序的倾向不同，监狱在执行刑罚时对相关程序的把握相对较为严格。一方面，是因为罪犯是丧失人身自由之人，因此他们在监狱的生存境遇会引起社会的更多关注，其实这对监狱而言本身就是一种有效监督。另一方面，由于这些年来我国相关法律对监狱行刑程序作了较为严格完备的规定，对于这些规定，大多数监狱人民警察都极为熟悉，也能按章操作，但实体上的公正有时却因为相关法规的缺失、粗放或者因执法者个人素质水平的原因而难以实现。例如，对于直接影响罪犯切身利益的狱内劳动，其劳动岗位的分配、劳动定额的确定有时具有很强的随意性，因而很难做到同等情况同等对待。又如，罪犯的劳动报酬、法定休息权、受教育权等也因不同监狱的条件限制而千差万别。这就需要我们的监狱执法者在行使相关法律赋予的权力时要牢记公平正义的法治理念。

五、人的全面发展

人的全面发展是指人的体力和智力的全面、和谐、充分发展，还包括人的道德发展。从发展的视角来看，每个人的一生都是一条独特的发展路径。这是一条伴随着各种风险因素的路径，在这个过程中社会、经济、政治等各种因素对人的全面发展起决定性作用。在这些因素的作用下一些人的发展路径出现偏差，得不到全面正向发展，正确的价值观和人生观无法建立，人生就容易走错

[1] 王利荣：《行刑法律机能研究》，法律出版社2011年版，第67页。

方向，出现违法犯罪现象。从这个角度来说，监狱工作就是对那些在发展过程中出偏差的人进行思想和行为矫正。因此，监狱工作必须将人的全面发展理念贯穿改造罪犯全过程，坚持以人为本，坚持以改造罪犯为中心，促进罪犯全面发展。具体来说，就是要在改造过程中保障法律赋予罪犯的合法权益，这里的合法权益是广义的，即罪犯在监狱接受各种教育、人格不受侵犯以及获得各种物质保障等法律规定范围内的合法权益。

罪犯合法权益保障具有“法治底线”的标本意义，因而备受关注。它为监狱改造罪犯，促进罪犯全面发展，使其成为守法公民，奠定了基础，提供了可能。中国式现代化背景下的监狱必须是充分尊重与保障罪犯合法权益，坚持罪犯全方面改造、全面发展的监狱，是一种全新的法治文明形态。罪犯合法权益得到切实尊重和保障离不开法治。当人的全面发展理念深入人心、公民的权利逐步写入各国宪法时，保障罪犯作为人的合法权益，促进罪犯全面发展，才能以法定形式出现。罪犯权益保障水平的提高，直接影响监狱工作现代化建设的进程。监狱人民警察要彻底更新观念，以促进罪犯全面发展的理念看待监狱工作，积极创造便利条件，确保法律赋予罪犯的各项权益得到实现，促进罪犯安心服刑、积极改造，回归社会之后全面发展。

第二节　监狱工作现代化法治规范体系

监狱工作现代化法治规范体系，就是根据一定标准、原则制定的所有与监狱工作相关的同类法律规范。我国监狱的一切法律规范的制定都必须以《监狱法》为依托，但《监狱法》并没有完全发挥其整合资源、提高刑罚执行整体质量的应有作用，规定过于原则，内容过于宽泛，这也导致各地监狱在执法过程中存在不同的实施标准。因此，推动监狱工作现代化就必须构建清晰的法律规范体系，这个体系的构建既要立足于已有的监狱法律法规，充分吸收监狱工作改革发展成果，又要借鉴与融合其他国家先进的监狱制度，使其符合人本与理性的发展方向、法治与文明的时代要求，顺应监狱法治发展客观规律，体现具有中国特色的科学、先进、公正、文明的监狱法治思想。

一、加强刑事执行监狱工作领域立法

当前《监狱法》在我国监狱法律规范体系中居首要地位。但在新时代背景下构建监狱工作现代化法治规范体系，最终必须由全国人大制定“刑事执行法”。制定刑事执行法的必要性或者价值在于：首先，有助于实现我国刑事法律体系的统一和平衡。《监狱法》的立法层次低于《刑法》《刑事诉讼法》的这种法律地位，造成了刑事法律体系“两强一弱”的不均等、不平衡状态，直接影响我国刑事法律体系一体化的建成，因此完备的刑事法律体系应由《刑法》《刑事诉讼法》“刑事执行法”三部法律构架而成，在不同领域发挥不同的作用，只有将“刑事执行法”的法律地位等同于《刑法》《刑事诉讼法》，才能使这三部法律相辅相成，才能实现刑事法律的整体平衡，确保刑事执行的权威性。其次，可使多元化的刑事执行主体得到规范。从我国现行法律规定来看，我国的刑罚执行机关实际包括公安机关、社区矫正机构、监狱和人民法院，这些机关分别负责不同刑罚的执行。这种多元化、职能交叉的刑事执行体制导致管理上的不统一，影响刑事执行效果。因此，“刑事执行法”可以以基本法的形式对刑事执行主体予以规范。最后，能使分散的刑事执行法律得到统一。当前，我国刑事执行法律的内容散见于《刑法》《刑事诉讼法》《监狱法》《社区矫正法》以及有关部门制定的规章中。这种分散的刑事执行法律给刑事执行活动带来一定的难度。制定刑事执行法可以将分散的刑事执行法律予以集中、完善，从而最大限度地提高刑事执行的效率，确保刑事执行的效果。

在“刑事执行法”未提上立法议程前，应尽快启动《监狱法》修改，并在此基础上出台监狱法实施细则、监狱人民警察组织条例、未成年罪犯管教条例、分级处遇条例等单行监狱法规，这也是实现监狱工作现代化，构建现代化监狱法治规范体系的现实选择。同时，应围绕罪犯交付执行、刑满释放交接安置、减刑假释、暂予监外执行、死亡处理、狱内犯罪案件侦查起诉审理、检举申诉控告转送办理，监狱安全警戒和监狱企业运转等刑事执行工作重点领域、关键节点，推进省级人大立法和行政立法：完善规范监狱和地方审判机关、检察机关、公安机关、社区矫正机构及其他行政机关的职责分工、衔接程序，明确工作流程、标准；完善各司其职、相互配合、相互制约的刑事执行体制机制，健全推动严格公正执法司法，满足人民公平正义愿望的地方性法规规章。在制定监狱法规的过程中，应当坚持总体国家安全观的要求，体现法治、人道、公正、效益等现代法治理念，将其作为指导立法工作的基本指导思想与价值目标。应着重做好以下几点：

（一）兼顾惩罚性与保障性

监狱立法应进一步对监狱及警察的权力与责任、罪犯的权利与义务加以明晰规定，并继续完善对行刑权力的规范机制、对罪犯权利的保障机制以及对违规罪犯的惩戒机制，以平衡惩罚与保障的关系，使法律的公正价值与人道价值得以同步实现。另外，针对以往行刑实践中曾经出现的过度强调人性化管理，导致罪犯改造意识淡化、刑罚惩戒效果削弱的现象，应当厘清罪犯权利与人道待遇的边界，以维护法律权威和改造秩序。

（二）注重稳定性与适应性

立法应当顺势而为，既不能过于保守，也不能过于超前。对于实践证明行之有效的一些原则、制度与规则，应当在适度完善的前提下予以承继，对于明显不符合时代要求及现实需要的一些规定，应当果断予以废除或修改，对于原来立法上有缺失但又有必要规定的内容，应当及时予以立法化，以适应行刑实践的需要。对于近年来监狱体制改革及监狱工作创新产生的一些成果，如监狱企业的重新定位、监企分离、罪犯心理矫治、监狱警戒等级分类、罪犯分级处遇、减刑假释听证程序、监区文化建设、罪犯危险性评估和改造质量评估等，应当通过立法加以推行，使改革成果得以固定并发挥更大效能。

（三）统筹本土化与国际化

中国监狱必须立足于中国国情，致力于解决中国的现实问题，不能背离现实，机械照搬别国的模式与经验。与此同时，也要有一定的国际视野，应大胆吸收、借鉴国外有益的立法经验，尤其是对于各国通行的某些国际刑事司法准则，如《联合国罪犯待遇最低限度标准规则》中规定的最低限度标准规则，因其具有国际法意义，应当在各项立法中予以充分体现，对于涉及刑事执行最低限度国际规则的，应结合我国实际制定出符合我国国情的标准，在监狱领域立法中得到体现。

二、完善监狱工作重要领域内部立制

有规矩才能成方圆。全面推进监狱工作现代化，实现监狱工作高质量发展，必须有相应的制度作为保障。因此在加强刑事执行领域立法的同时，还要深化监狱工作领域制度建设。监狱工作对制度的要求非常严苛，制度供给的全面性、制度功能的耦合性、制度结构的闭环性程度，直接影响监狱工作现代化进程。因而，需要在《监狱法》等刑事执行法律法规之下加强监狱制度建设，精密编织制度之网，加强工作调研，加快建章立制和修订完善。重点健全完善狱政管理、刑罚执行、教育改造、劳动改造、生活卫生等监狱主业领域的工作制度，细化标准、流程，构建系统完备、科学规范、运行高效的监狱工作制度体系，为《监狱法》等刑事执行法律法规有效实施提供制度保障。在制度的制定上要把握三个方面：

（一）制度制定要科学

所谓科学，就是要于法有据、于规有依、于理有道，确保制度规范立得住，要涵盖方方面面，不留下空档死角，确保制度规范行得通。借鉴管理学中的变动性法则可知，变动性对流程效率影响很大，无谓的变动越大、越多，对监狱日常工作造成的干扰、冲击就越大，耗费精力就越多，工作效能也就越下降。因此要形成一整套完备科学的制度体系，使每一项工作有章可循，每一个环节严丝合缝，把重要工作制度化、复杂工作流程化、重复工作规范化，为工作搭建有轨运行的框架。

（二）制度衔接要耦合

在制定制度的时候要对监狱执法管理过程的各个环节作出最优设计，建立起覆盖监狱管理工作盲点和管理真空的系统体系，处理好监狱管理制度空白、交叉、漏洞、摆设、推诿、无序和低效等现象，让监狱各项管理制度协同发力，能够管得住监狱工作的现在、跟得上监狱工作的发展、经得起时代对监狱工作的检验。

（三）制度内容要实用

监狱各项制度的制定要精简实在，不搞花拳绣腿，确保制度规范用得好。要科学设定制度总“体量”，精简制度规定，提纯制度效用，避免陷于冗杂冲突、碎片化的制度陷阱，做到于法周严、于事简便，没有穿靴戴帽，干净利索、简便易行。制度制定要立足于对工作实际的科学研判，避免出现“头痛医头，脚痛医脚”“朝令夕改”的现象。

三、健全监狱工作规范性文件管理机制

规范性文件是监狱法治规范体系建设的重要内容，它有利于提高监狱机关的工作效率，促进和完善监狱立法工作。健全规范性文件的制定和审查机制，加强对规范性文件的全过程管理，进一步完善规范性文件合法性审查，确保规范性文件的合法和依法依规运行，对于规范监狱执法司法行为，树立良好监狱形象，具有重要意义。

（一）规范规范性文件制定程序

要从规范性文件起草、审查、审议、签发、公布、备案等各环节提出明确要求，厘清制定流程和职责分工。将制定规范性文件必要性、可行性、合理性评估论证结果纳入文件起草说明，明确依据的法律、法规、规章和政策，将其作为文件制定重要依据。按照业务部门制定、法制部门审核、广泛征求意见、决策层集体研究、上级法制部门备案审查的程序安排，规范制度制定工作，保证制度务实管用。同时对规范性文件的执行情况进行跟踪问效，及时掌握实际效果，适时推动整改。

1. 法制部门提前介入。监狱法制部门在制度制定过程中通常都是“事中

介入”，参与制度文本的合规性审核，对制度内容一般不予调整、修改。制度规定的事项、设定的权力由制定部门明确界定，与制度制定者的利益关联度较高。因此，规范性文件在制定过程中应授权法制部门提前介入、全程参与规范性文件的制定，加强对规范性文件制定主体的约束和对文件内容的把关，消除“路径依赖”，努力消除“部门立制”的局限性，保障规范性文件合法合规。

2. 贯彻民主科学原则。为避免制度之间的矛盾交叉，文件起草部门要认真贯彻民主化、科学化的原则，广泛听取各方意见并积极采纳，坚决杜绝征求意见“走过场”。规范性文件中涉及部门职权的事项，要征求相关部门的意见，涉及全体警察职工利益的要广泛听取警察职工的意见，例如涉及警察职工值班模式、执勤时间调整等关乎警察职工切身利益的制度制定。要探索建立相关专业高校、社会团体、专家学者等第三方对监狱管理工作制度制定中涉及重大利益调整，可能产生重大社会影响的制度论证咨询机制。

（二）强化规范性文件合法性审查程序

全面推行规范性文件合法性审核制度，把所有规范性文件纳入备案审查范围，重点审查是否超越法定权限、是否违反上位法律法规和规章制度、是否违反法定程序等，保证监狱工作政策性、规范性文件合法有效。要严把审核关口，完善审核标准，优化审核方式，注重从机制、重点和细节等方面入手，推动规范性文件法治审查工作制度化规范化。

1. 明确合法性审查机构。省级监狱管理机关应该由内设的法制部门负责以本机关名义制定的规范性文件的审核，同时对全省范围内以监狱名义制定的规范性文件进行合法性备案，监狱内设的法制部门负责对本单位制定的规范性文件进行合法性审核。要明确规范性文件审查职责，进一步理顺单位内部各职能部门关系，强化各职能部门衔接配合。

2. 规范合法性审查职责。突出法制部门在制发规范性文件中的作用，要求法制部门全程参与重点规范性文件的起草和修改等工作，明确其为规范性文件合法性审查的责任部门，确定专人负责，并细化工作职责和岗位职责。对每一件规范性文件进行合法性审查，重点审核制定权限、内容，从严审核规范性文件中的条款。对在合法性审查中发现的问题及时与起草单位进行沟通，督促其认真加以修改，保证文件制定质量，最大限度地避免法律风险。制发规范性文件，必须由法制部门进行合法性审查并出具书面审查意见，再经党委审议决定是否最后签发。

（三）完善落实规范性文件监督管理制度

加强规范性文件监督和管理，从源头上预防违法行政和不当行政，将规范性文件监督管理工作作为推进监狱法治工作现代化的重要内容之一，纳入年度目标责任考核体系。在明确审核范围方面，凡属于规范性文件的，发布前均要进行合法性审核。其他不具备规范性文件特征的文件，不纳入规范性文件合法性审核范围。建立规范性文件先行登记制度和正式登记制度，对规范性文件实行目录管理，将有关正式文本和电子文本、资料一并归档，同时将正式文本报省级监狱管理机关审查备案，进一步强化规范性文件审查和管理。

四、统筹监狱工作规章制度改废释编

为了与《刑法》《刑事诉讼法》相衔接，2012 年立法机关对《监狱法》作出了部分修改，但是总体来看当前《监狱法》并不能适应监狱工作现代化的发展需求，需进行进一步修订。关于《监狱法》修改的范围和幅度，目前还有一些不同的看法。站在社会变迁与时代发展的高度，放眼我国法治建设和司法改革的全局可知，《监狱法》的修订是理性选择与必然路径，应当从理念、制度、规范各个层面对《监狱法》进行整体性的重构，这样才能保证其具有较高的立法质量、较强的生命力，更好地为推动监狱工作现代化提供重要的法治支撑。同时，一直以来监狱法实施细则未能出台，地方监狱管理机关和监狱机关自行制定了相应的规章制度，应对这些现有的各项监狱法规制度进行全面梳理，重点审查制度制定的依据是否合法，制度制定的主体是否适格，制度所规范的事项是否清晰，制度赋予的权、责、利是否明确、合规，制度设定的流程是否合理、高效等，确保制定的制度规范精准。按照“谁起草谁清理、谁组织实施谁清理”的原则，对标党和国家刑事执行政策法规，定期开展监狱内部规章制度改、废、释、编工作，及时清理与上位法律、法规、规章、规定不一致的规范性文件，切实减少和整治实际存在的部分法律制度条款“打架”现象，规范和统一监狱执法工作标准、程序、要求等，确保监狱规章制度的时代性、时效性。同时对现有符合上位法要求和国家刑事执行政策的规章制度进行整理汇编，系统梳理监狱各项规章制度，全面规范监狱工作各个环节。

第三节　监狱工作现代化法治实施体系

法律的生命力在于实施，法律的权威也在于实施。习近平总书记多次引用古人“世不患无法，而患无必行之法”和“天下之事，不难于立法，而难于法之必行”的名言，并强调指出，如果有了法律而不实施，束之高阁，或者实施不力、做表面文章，那制定再多法律也无济于事。实施法治不在于制定了多少法律，而在于所制定的法律在多大程度上付诸实施。改革开放以来，我们党领导人民建设社会主义法治国家，形成了中国特色社会主义法律体系。从实践来看，人民群众对法治建设意见最大的地方，就是有法不依和执法不严。有法律不实施比没法律还可怕，徒具空文的法律不是零价值而是负价值，其直接伤害了人们对法治的信仰。新时代监狱法治体系现代化也要抓住法治实施这个关键，在党中央的坚强领导下，加强监狱法治实施能力建设，不断完善监狱法治实施制度机制，推动监狱工作现代化，促进监狱工作高质量发展。

一、深化监狱法治体制改革

监狱必须坚持以创新为动力，以改革为突破口，以只争朝夕、敢于担当的精神，把党中央提出有关法治实施的改革举措尽快落实到监狱法治实施中，治理法治实施的疲软现象，打破法治实施的樊篱羁绊，铲除法治实施的顽瘴痼疾。要深化监狱法治工作机构改革，优化机构设置和人员编制配备，推进机构、职能、权限、程序、责任法定化。明确监狱党委是监狱法治建设的责任主体，党政主要领导负第一责任。加强统筹和规划，着力研究和解决监狱法治建设中的重大问题，将现代化监狱法治建设纳入监狱中长期发展规划。具体而言，要尽快落实减少层次、整合队伍、提高效率的原则要求，合理配置执法司法力量，科学使用有限的法治资源，推进全方位执法司法。监狱法治工作体制改革工作千头万绪，各种新旧矛盾相互交错，新体制的完全建立还有一个较长的巩固、完善、提高的过程，在此情况下，监狱机关要紧密联系自身实际，因地制宜，创造性地开展工作，不断丰富和完善改革的各项措施，妥善研究解决改革过程中出现的新情况、新问题，积极探索新方法新经验，不断推进改革深入发展。要聚焦监狱核心主业，发挥监狱改造本质职能，把警察从抓效益的事务中解放出来，切断市场经济等价交换的法则对监狱执法司法活动的影响，防止司法腐败，确保监狱正确行使刑罚执行功能。同时，应妥善处理监狱体制改革中出现的问题，尤其是随着体制改革的不断深入，监企分开后，利益格局调整，警察、职工的生活方式改变，因工人就业、警察与职工收入差距扩大、警察和罪犯发生矛盾、罪犯对监狱执法不满等信访问题频发，在政策允许的范围内，应做好情理结合，解决实际问题。改革允许闯、允许试，但必须始终坚持改革的指导思想和基本原则，牢牢把握中央关于司法体制改革的精神，确保监狱法治体制改革不偏离正确的方向，不变通、不走样、不走“回头路”。

二、促进领导干部廉洁用权

要建立高效的监狱法治实施体系，就要规范执法司法的权力运行，规范领导干部用权。当前监狱系统的问题更多出现在决策层面，一些政策的制定或者工作的做法更多是监狱领导甚至监区领导的决策。从当前监狱管理过程中所暴露的问题来看，更多体现在监狱对政策的执行和具体安排上，真正涉及基层警察的问题其实并不多，因此要制定监狱领导干部权力清单，促进领导干部廉洁用权，明确法定职权。要细化执法流程，关键执法岗位一律分事行权、分岗设权、分级授权，在监狱执法司法工作各环节设置“隔离墙”、通上“高压电”，实现无禁区、全覆盖，强化警察权力边界和制度底线的自觉性。健全领导依法决策体制和运行机制，全面贯彻执行民主集中制。不管是监管执法司法活动，还是工程项目招标、大宗物资购销、国有资产管理等工作，都要严格依法依规办事。规范行使职责权力，防止以权代法、随意执法和违纪违规现象的发生。建立健全重大决策终身责任追究制度和责任倒查机制，不断提高领导干部依法决策、民主决策、科学决策的意识、能力和水平。

三、严格规范刑罚执行

高效的监狱法治实施体系，是为了法治实施更快捷，避免正义迟到，更好地维护社会公平正义。建立高效的监狱法治实施体系，刑罚执行工作是重中之重，它涉及罪犯的切身利益，事关监狱安全稳定的大局，因此刑罚执行工作中的执法司法权力运行必须严格规范在法治轨道内。近些年监狱的刑罚执行工作一直受到舆论关注，如云南孙小果案件，社会公众的关注点就是监狱在刑罚执行中是否存在违规，因此必须加强对刑罚执行工作的规范。具体来说要推行完善罪犯加扣分、公示、奖惩、会议记录等基础资料警察签字规范化的备案制度，建立领导干部干预司法活动、插手具体案件处理的记录、通报和责任追究制度，实行执法全程留痕留印。构建监区、职能部门和监狱评审委员会、监狱长办公会三级工作责任链。推行监狱减刑、假释评审委员会和暂予监外执行审核小组书面评审和实地评审相结合制度。坚持“减假暂”依法向社会公示制度，试行罪犯“减假暂”社会各方面问询质询制度。完善网络举报、巡查暗访、视频监控、家访调查等监督媒介，让权力在阳光下运行。对“减假暂”各个环节的承办人、批准人等，实行“谁承办谁负责、谁主管谁负责、谁签字谁负责”制度。明确责任主体，落实责任内容，相关执法司法人员对办案质量终身负责。

四、全面深化狱务公开

要建立监狱法治实施体系，必须以快速发展的网络信息技术为支撑、平台，以不断满足人民群众和社会各界对法治实施的需求、参与和监督为依归。要广泛落实司法部《关于进一步深化狱务公开的意见》，构建开放、动态、透明、便民的阳光法治实施机制，大力推进执法司法公开、警务公开、狱务公开，依法及时公开法治实施的依据、程序、流程、结果和理由。目前，监狱的狱务公开还有很大的提升空间，在公开的内容和方式上还需要进一步完善和丰富，民众对监狱工作的关注更多停留在负面。因此，监狱要以信息化为依托，向信息化要效率，打造法治实施公开平台，实现法治实施信息系统内畅通、系统间共享。要坚持以公开为常态、不公开为例外的原则，围绕罪犯及亲属、社会公众关注度较高的监狱执法领域的重点和热点问题，增强主动公开、主动接受监督意识。要着力打造法治实施流程平台，让法治实施活动全过程公开透明，保障人民群众对法治实施的知情权、有效行使监督权，保障法治实施活动公开公正运行，杜绝“暗箱操作”。着力打造法治实施过程中各类刑罚执行生效法律文书统一上网和公开查询平台，展示法治实施结果和理由，实现法治实施信息全社会共享，充分发挥其宣传法治、教育公民法人和其他组织以及引领社会风尚的重要作用，与法治实施体系内的各种机制共同发力，形成强大的社会合力，实现良好的法治实施效果。

第四节　监狱工作现代化法治监督体系

权力必须受到有效监督，监狱执法司法同样如此。完善的监狱法治监督体系是推动监狱工作现代化，创造监狱法治文明新形态的重要内容，也是提升监狱治理体系和治理能力的重要保障。监狱法治监督体系是一项系统工程，需要监狱内外各个方面力量的共同努力。监狱法治监督体系，应当是由各种监督构成的交互式的系统，贯穿监狱执法司法全过程的体系。监狱工作现代化法治监督体系要从内部监督和外部监督两方面构建。内部监督要形成由立法机关、检察机关、上级行政机关和主管部门构成的执法监督网络和管理运行机制，强化权力机关对监狱法治活动的监督。外部监督要健全社会公众与舆论监督网络体系，形成社会团体、群众组织、新闻媒体、罪犯家属及其他人民群众构成的社会化监督机制与网络体系。

一、统筹整合监狱法治监督资源

目前，监狱机关法治监督资源还未达到合理、优化配置的状态，亟待进行整合，应科学整合监狱法治监督资源，在依法明确各职能部门监督职责的基础上，建立纪检监察、审计、督察、财会、法制、信访等部门联席会议制度，由纪检监察领导担任联席会议的召集人，及时沟通信息，形成监督合力。一是要通过规章制度建设，明确执法主体、执法范围，缩小执法者个人自由裁量空间，规范执法监督的内容、范围、形式、程序以及监督部门的职责权限。二是要强化纪检、监察部门在监狱执法监督体系中的主导地位。党委要大力支持纪检、监察部门在执法监督方面应有的独立性和权威性，加大纪检、监察部门的监督力度，要为纪检、监察部门的执法监督工作提供必要的条件，明确规定纪检、监察部门对监狱重要执法司法活动的参与权、建议权和批评权，保证他们对监狱执法司法活动的经常性监督。纪检、监察部门的纪律监督要实行关口前移，切实改变发生了严重违法违纪问题才去查处的状况，做到对严重违法违纪问题的严肃查处与对违反执法司法工作纪律、工作程序等问题的查处齐头并进。三是要积极配合审计等专门监督部门的工作，自觉接受审计等专门监督部门的监督规定。对拒绝履行监督决定的有关单位和责任人员，要严肃追究法律责任。审计等监督部门要切实履行职责，依法独立开展专门监督。四是加强在警务督察过程中的执法司法监督。警务督察是警务部门的一项经常性工作，是对监狱机关和警察行使职权、履行职能状况开展的督查纠察活动。在监狱工作法治化的背景下，警务督察活动要加大对监狱执法司法监督的力度，确保监狱警察执法公正、文明。五是要加强法制部门建设。法制部门建设要在机构、人员、制度、程序等方面加强。在罪犯减刑、假释等环节增加法制部门或监狱公职律师参与的审核监督程序，强化执法监督。六是要加强信访制度、举报制度建设。加强信访工作和举报线索核查工作是监狱执法监督的重要途径。要认真办理信访和举报事项，做到事事有回音，件件有着落。同时进一步完善群众举报违法行为的制度、纪检监察部门对罪犯刑满释放前的谈话制度。

二、完善监狱执法部门内部监督

监狱是国家刑罚执行机关，监狱执法司法工作贯穿罪犯收监改造到刑满释放的全过程，有一个很大的时空跨度。对这种时空跨度很大的执法司法过程实施监督，最有效的办法就是实行部门分权制约，建立健全监狱内部的监督制约机制，强化监狱执法部门内部的自我监督。一是要改变对罪犯的重要执法环节的管理、审核、呈报全都由一个部门负责，权力过于集中的状况，通过实行权力分解的办法，对监狱执法部门进行分权制衡，形成职责明确、互相制约的执法运行体制。同时，在执法部门内实行合理分工，注意对权力作必要的分解，力戒权力过于集中在一个人身上的情况发生。二是要强化上级管理机关对下级监狱机关、上级业务部门对下级业务部门的层级监督。上级管理机关和上级业务部门要建立健全经常性的监督制度，探索层级监督的新方式，加强对下级监狱机关和下级业务部门具体执法活动的监督。上级管理机关和上级业务部门要加强调查研究，进一步完善监狱执法工作程序，对监狱机关的执法活动和警察的执法行为，尤其是罪犯减刑、假释、保外就医等刑罚执行工作，必须制定明确而具体的程序规定。三是要强化部门执法监督机制，进一步健全完善执法监督制度，对罪犯减刑、假释、保外就医、行政奖惩等的办理工作，在原有审批、合议程序的基础上，在不弱化原有业务部门层级监督的情况下，增加监狱法制部门的审核监督环节，实行分权制约。当前，要切实加强法制部门建设，明确其对执法环节的审核监督职责，使之真正成为监狱执法监督的重要环节。四是要压缩基层警察执法的“自由裁量空间”。当前，在监狱对罪犯考核、减刑、假释、认定保外就医条件等执法环节上，存在“自由裁量”范围过宽和标准过于原则笼统等问题，有可能导致执法所依据的第一手材料失真、失公，弄虚作假甚至违法违纪问题的发生。要切实解决这一执法环节程序不严密、不规范的问题，必须对源头性、基础性工作加强监督管理。要细化执法考核办法，合理确定执法范围，建立健全对第一手考核结论的监督制度。要积极创造条件，通过区块链技术数据难以篡改和去中心化特性，增加执法程序、执法结果的规范性和透明度。

三、提高监狱执法工作透明程度

监狱执法工作只有在阳光下操作，主动接受群众的监督，才能保证公正、文明。一是要进一步深化狱务公开工作。狱务公开作为执法监督的重要载体，使执法职责成为一种明示责任，增加了执法的透明度，为强化监督制约创造了必要的条件。狱务公开，所要体现的是执法过程的公开性，所预期的是执法结果的公正性，通过执法过程和执法结果的公示来接受监督，以确保监狱执法活动的依法进行。狱务公开要坚持刑罚执行工作全过程公开、全方位公开。狱务公开的实践经验应当以立法的形式予以确认和巩固。二是要拓展社会监督渠道。主动接受当地党委、政府的指导，自觉接受人大、政协、社会各界和人民群众的监督，认真对待各方面提出的执法监督的意见和建议。建立向地方党委、政府定期通报监狱工作与队伍建设重大情况制度，建立新闻发言人制度。高度重视新闻舆论监督，对新闻媒体反映的问题要认真调查、核实，并依法及时予以处理。三是要建立罪犯权益自我维护保障制度。切实发挥“监狱长信箱”“检察官信箱”的作用，及时掌握和解决执法工作存在的问题。向罪犯公开承诺，凡罪犯投寄检察官信箱、监狱长信箱的信件以及其他控诉、检举的材料，监区、分监区不得审阅，不得查询内容，不得拖延和扣押。四是要健全监狱执法监督员制度。改进和完善监狱机关向社会各界聘任特邀执法监督员制度，通过定期走访，组织巡视、座谈，听取执法监督员了解的情况反馈和工作建议。五是要试行民主测评和咨询听证制度。监狱机关可在一定范围内组织警察职工开展民主评议、民主测评活动。对民主评议、民主测评不合格的部门和警察，通过限期整改、诫勉谈话、调整职务等手段，促使其提高执法水平。监狱机关对监狱工作重要事项的调整，在决策前可组织召开咨询会，听取各方意见。六是要开展定期的执法检查活动。监狱机关要适时组织人员开展执法检查活动，对检查过程中发现的问题与不足，制订整改计划，及时予以整改，限期改正。

四、强化监狱警察执法监督问责

监狱要运用好监督执纪“四种形态”，强化监狱警察执法监督问责机制，完善监狱工作现代化法治监督体系。监狱要按照“公众参与、专家论证、风险评估、合法性审查、集体讨论决定”的基本要求，完善监狱决策流程，健全行政决策程序，建立依法科学决策的运行机制。严格警务督察，充分发挥警务督察在执法责任落实、执法管理制度执行中的重要作用。强化对领导班子贯彻执行重大决策部署、规范执法、落实安全措施的监督。对在执法过程中出现违规苗头的同志，及时进行提醒；对已经违规但情节极其轻微的，进行诫勉谈话，及时告诫；对违法违规情节达到纪律处分程度，按规定进行纪律处分；对违法违规情节严重的，坚决严厉查办，依法惩处。要通过强化执法监督责任，督促各单位、各部门和各级领导主动发现和纠正本单位、本部门在执法过程中存在的违法违纪问题。对因监督不力以及严重失察造成所属警察严重违法违纪的，要追究领导干部的责任。对在监狱执法活动中出现的违法违纪问题，要及时严肃处理，并追究其责任。要按照《中共中央关于全面推进依法治国若干重大问题的决定》和中共中央政法委《关于严格规范减刑、假释、暂予监外执行，切实防止司法腐败的意见》等有关要求，建立领导干部干预司法活动、插手具体案件处理的记录、通报和责任追究制度。

第五节　监狱工作现代化法治保障体系

“徒善不足以为政，徒法不能以自行。”如果没有一系列保障条件，法治就难以实现。有力的监狱工作现代化法治保障体系是全面推进依法治监和创造现代化监狱法治文明新形态的必然要求和应有之义，也是监狱工作现代化法治体系的重要组成部分。它是支撑监狱法治大厦的地基，关乎法治各环节的有序运行，为推动监狱工作现代化，促进监狱工作高质量发展总目标的实现提供不竭的法治力量源泉。构建监狱工作现代化法治保障体系，就必须加强政治、组织、队伍、人才、财力、物力和理论制度等方面的保障，为现代化监狱法治文明建设提供重要支撑。

一、加强政治和组织保障

构建中国式现代化法治体系、建设社会主义法治国家，最根本的政治保障是坚持中国共产党的领导。党的领导是全面推进依法治监，建设监狱工作现代化的法治保障体系的坚强政治保障。事在四方，要在中央。习近平总书记强调，全面推进依法治国，方向要正确，政治保证要坚强。党的领导是社会主义法治最根本的保证。形成有力的监狱法治保障体系，必须旗帜鲜明地坚持党的领导。只有坚持党领导监狱工作，才能有序推进监狱工作现代化目标的实现。没有党的领导，监狱工作现代化建设就失去了主心骨，就会走入歧途，甚至引发混乱和失控，损害人民利益。另外，全面推进依法治监是国家治理的全局性、整体性事业的重要组成部分，只有依靠中国共产党发挥统揽全局、协调各方的作用，才能破除固有障碍，不断将监狱法治工作现代化事业推向前进。

各级监狱机关党委要切实加强对依法治监的领导，提高监狱的法治工作水平，为创造中国监狱法治文明新形态提供政治和组织保障。监狱机关要普遍设置负责法治综合协调和文件合法性审查的专职法治部门，主要负责本单位法治建设工作，依法组织开展行政诉讼、行政复议、行政赔偿、信访及重大案件的法律论证、分析研判，审议批准监狱涉诉案件的处置工作。要深入学习贯彻习近平法治思想，认真贯彻落实中共中央办公厅、国务院办公厅印发的《党政主要负责人履行推进法治建设第一责任人职责规定》要求，围绕发挥“关键少数”“头雁”效应，推进监狱机关领导干部述法制度建设，创新述法形式，推动领导干部带头守法用法。要健全制度机制，细化述法工作措施。监狱要结合实际，制定述法工作方案，进一步细化明确述法范围、述法时间、述法内容和述法形式；将监狱党政主要负责人及领导班子成员年终述法情况，作为重点考核内容，以考核为抓手推动述法任务落地落实。监狱管理机关对监狱党政主要负责人履行推进法治建设第一责任人职责情况进行实地督察，并对述法工作中发现的问题及时督促整改，实现述法工作与法治督察深度融合。

二、加强队伍和人才保障

“治国经邦，人才为先。”《中共中央关于全面推进依法治国若干重大问题的决定》指出：“全面推进依法治国，必须大力提高法治工作队伍思想政治素质、业务工作能力、职业道德水准，着力建设一支忠于党、忠于国家、忠于人民、忠于法律的社会主义法治工作队伍，为加快建设社会主义法治国家提供强有力的组织和人才保障。”构建监狱工作现代化法治保障体系要加强队伍和人才保障。要牢牢把握忠于党、忠于国家、忠于人民、忠于法律的总要求，大力提高监狱法治工作队伍思想政治素质、业务工作能力、职业道德水准，努力建设一支德才兼备的高素质法治工作队伍。要把思想政治教育摆在首位，端正政治立场，强化职业操守，夯实专业知识。加强法治专门队伍和法律服务队伍建设，为创造中国监狱法治文明新形态提供坚实人才保障。

把监狱法治工作摆到实现中国式现代化，创造中国式现代化法治文明新形态的大局中来谋划和推进，深化推进依法治监和现代监狱建设全过程；通过用法治方式和法治思维来规划监狱工作、解决监狱实际问题，把监狱的各项工作纳入法治化轨道；不断规范基层警察的执法行为，准确把握罪犯“减假暂”等执法风险点，从源头上防止和杜绝执法不公、司法腐败现象，提升监狱工作规范化、法治化水平。合理配置警察学历结构，不断提高专业化法治人才比例。完善监狱法律顾问和公职律师制度，充分发挥法律顾问和公职律师在制定监狱规划、变革发展模式、化解矛盾纠纷、应对信访诉讼、办理疑难案件、处置突发事件等方面的积极作用。要健全法治人才遴选机制，加大公务员招警考试中的法律人才招录比例，积极引导和奖励警察自学法律知识、参加司法考试，大力提升警察法律专业素质。要建立全员学习、分层培训、以考促学、以奖促学的法律教育培训机制，以提高法制专业化水平为重点，不断强化对警察的社会主义法治理念、公正文明执法理念、专业能力和素质的培养，培养新时代监狱法治体系建设的法治人才和后备力量。

三、加强制度和文化保障

加快形成有力的法治保障体系，要强化制度保障。中国特色社会主义制度是党和人民在长期实践探索中形成的科学制度体系，我国国家治理一切工作和活动都在中国特色社会主义制度下展开，我国国家治理体系和治理能力是中国特色社会主义制度及其执行能力的集中体现。监狱工作现代化法治保障体系，也要突出坚持和完善支撑中国特色社会主义制度的根本制度、基本制度、重要制度，改革和完善不符合法治规律、不利于监狱法治建设的体制机制。要加强中国特色社会主义法治理论研究，为构建中国监狱法治文明新形态提供理论支持和制度保障。

习近平总书记指出，只有内心尊崇法治，才能行为遵守法律。只有铭刻在人们内心中的法治，才是真正牢不可破的法治。这些重要思想表明法治既是一种理性的办事原则，体现为民众知法懂法用法护法，又是一种文明的生活方式，体现为法治意识、法治观念、法治精神深入人心。古人云："立善法于天下，则天下治；立善法于一国，则一国治。"其中之"善"，就是要符合国情，彰显以民为本。监狱工作法治文化是以现代化监狱法治理念为引导、以现代化监狱法律制度为主干、以依法行政和自觉守法为基础、以创造监狱工作现代化法治体系为目标的法治文明状态。要形成有力的监狱工作现代化法治保障体系，就要弘扬社会主义法治精神，建设社会主义法治文化，尤其是与监狱改造罪犯相关的法治文化。要加强法治文化教育，加大对罪犯违纪的惩处力度，同时也要重视对罪犯正当权益的保护力度，推动监狱全体警察和罪犯树立法治意识，形成法治信仰，内心真诚拥护和信仰法律，培育知法、信法、用法的良好氛围，为创造中国式现代化法治文明新形态提供文化保障。

四、加强财力和物力保障

构建监狱工作现代化法治保障体系，需要建立保障机制，特别是财力和物力的保障机制尤为重要。对于监狱法治工作者而言，只提要求，不讲保障是不科学的。要确保监狱工作者依法安心办案和自觉抵制物质诱惑，健全职业保障机制是根本，如健全监狱警察的薪酬、晋级等保障机制。另外，监狱如果没有充分的财力、物力保障就很难高效地开展工作，没有合理的财力、物力管理机制，就很难独立公正行使刑罚执行权。要认真研究解决监狱法治建设工作中财力和物力投入不足的问题，建立健全监狱法治建设工作经费保障机制，将监狱法治建设经费列入监狱整体财政预算。监狱执行刑罚的基本功能是维护社会秩序，通过监管的方式，监禁和隔离犯罪分子，对犯罪分子进行惩罚与改造，保障社会的安全和稳定。确保监狱安全稳定是现代监狱的首要责任。当前，为确保基层监狱的安全稳定，提高监狱执法水平和教育水平，还要加强监狱在监管安全方面的财力投入。例如，加强监狱科技和数字化保障，充分运用大数据、云计算、人工智能、区块链等现代科技手段，全面建设“智慧法治”，推进监狱法治建设的数字化、网络化、智能化。优化整合监狱法治领域各类信息、数据、网络平台，推进全国监狱法治数字化工程建设。积极利用大数据，为监狱立法和执法中的重大事项提供分析和决策依据。推动大数据、人工智能等科技创新成果同监狱法治工作深度融合。

第七章 新时代监狱刑事执行现代化

监狱是国家刑罚执行机关，监狱刑事执行是国家刑事司法活动的重要组成部分，是国家刑罚权的直接表现形式，也是实现国家刑罚目的的根本保障。监狱刑事执行工作主要指刑罚执行和狱政管理，包括生活卫生、狱内侦查、组织管理罪犯劳动等。

第一节 中国刑事执行体制的现代化进路

推进监狱刑事执行工作现代化，既要融入国家司法体制改革进程，贯彻“宽严相济”国家刑事政策，加强宏观规划和顶层设计，又要遵循现代刑罚理念，从监狱工作自身实际出发稳步推进。

一、新时代中国司法体制改革发展

从党的十八大提出“进一步深化司法体制改革”，党的十九大要求“深化司法体制综合配套改革”，到2020年首次召开的中央全面依法治国工作会议全面形成并明确提出习近平法治思想，再到党的二十大对“坚持全面依法治国，推进法治中国建设”作出专题论述和专门部署，党中央从全面推进依法治国、实现国家治理体系和治理能力现代化的高度，规划了司法体制改革宏伟蓝图，全面深入推进了司法体制改革。

（一）中国司法体制改革进程。司法机关贯彻党中央司法体制改革部署，从“四个全面”战略布局的高度，深入推进司法体制改革，聚焦影响司法公正、制约司法能力的深层次问题，深化司法体制改革，完善司法管理体制和司法权力运行机制，建设公正高效权威的社会主义司法制度进程得到加快，成效卓著、成果丰硕。改革权力配置和运行机制；进一步健全诉讼制度机制，推进以审判为中心的刑事诉讼制度改革；大力构建互联网司法新模式，将现代科技手段与司法活动深度融合；深化司法责任制综合配套改革；加强对司法活动的监督制约，开展政法队伍教育整顿，依法纠正冤错案件，严厉惩治司法腐败，司法质量、效率、公信力得到显著提高。监狱机关展现积极的政治担当，全面融入司法体制改革进程，在很多领域实现了历史性变革、系统性重塑、整体性重构。

（二）监狱机关刑事执行定位。监狱是国家刑罚执行机关，是执法司法链条重要环节，承担着准确执行刑罚，惩罚和改造罪犯，预防和减少犯罪，维护国家安全和社会稳定，促进社会公平正义，保障人民安居乐业，为经济社会发展保驾护航的职责，对于中国式现代化的实现具有重要的保障作用。进入新时代，我国监狱的监管安全、狱政管理、刑罚执行、狱内侦查、罪犯生活卫生等有关刑事执行的主要业务工作，任务繁重、责任重大、专业性强、政策性严、要求较高。在推进监狱工作现代化新征程中，监狱刑事执行工作要自觉把工作纳入总体国家安全观大背景下考虑衡量，融入社会综合治理格局，准确把握司法体制改革对司法工作的要求部署，更加强调公正司法、强调全面准确落实司法责任制、强调对刑事执行工作的监督制约，推进完善中国特色社会主义刑事执行制度，不断完善权责明晰、监管有力、规范有序的刑事执行权力运行机制，提高监狱刑事执行效率，充分发挥监狱刑事执行职能。要着眼全国大局，发挥自身优势，明确主攻方向，奋力谱写中国式现代化建设的刑事执行工作新篇章，为全面建设社会主义现代化国家、全面推进中华民族伟大复兴贡献力量。

（三）宽严相济刑事政策在刑事执行领域的演进。宽严相济的刑事政策是我国的基本刑事政策，在新时代刑事执行活动中主要体现为：注重弘扬中华优秀传统法律文化中的明德慎罚和慎刑思想，对人民群众深恶痛绝的犯罪行为坚决从严、实行零容忍，对有从宽情节、认罪悔罪的犯罪分子坚决从宽，统筹兼顾、用活用足宽严两种手段，最大限度地发挥刑事政策预防、治理犯罪的功能，实现刑事案件办理的法律效果、政治效果和社会效果的有机统一。近年来，刑事执行法律政策不断演进，《刑法修正案（八）》、《刑法修正案（九）》、中共中央政法委员会《关于严格规范减刑、假释、暂予监外执行切实防止司法腐败的意见》（中政委〔2014〕5号）、《关于加强减刑、假释案件实质化审理的意见》等法律、法规相继颁布实施，出台了死刑缓期执行限制减刑和终身监禁规定，明确了对“减假暂”的种种限制性规定，弥补了以往刑罚结构“死刑过重、生刑过轻”的不足，丰富了我国刑罚结构内容，也呈现出“减假暂”从严趋紧的趋势，加大了对严重犯罪（包括刑法规定的累犯和八类罪犯、“三类”罪犯等）、不认罪悔改、经评估有社会危险等罪犯的惩罚力度，同时也通过特赦、实行社区矫正、扩大假释等体现出对于罪行轻微、真诚认罪悔罪、确有悔改表现、积极履行财产性判项、未成年、老年和初偶犯等罪犯的从宽政策，标志着我国“宽严相济”刑事政策在刑事执行领域的深入。监狱机关在刑事执行工作中，深入贯彻“宽严相济”刑事政策，贯彻惩罚与改造相结合的监狱工作方针，用足用活宽严两种手段，严格依法规范管理改造罪犯，严格执行刑罚，依法保障罪犯合法权益，充分发挥职能作用，展现了积极的责任担当。

二、新时代刑事执行一体化发展趋势

刑事执行工作系统复杂、业务众多，全面深化改革任务繁重，推进刑事执行一体化，需要突出改革的系统性、整体性、协同性。

（一）刑事执行体制机制统筹建构。坚持党的统一领导统一协调，发挥党总揽全局、协调各方的领导核心作用，坚持走中国特色社会主义法治道路；健全完善党委政法委员会统一领导、刑事执行主管部门牵头组织、相关部门协调配合的组织体系和领导机制；刑事执行部门要高度重视与党政机关等与刑事执行相关系统单位的协调配合，提高刑事执行效率；健全刑罚执行领域检察机关、审判机关、公安机关、监狱机关、社区矫正机关各司其职，相互配合，相互制约体制机制顶层设计，加强联系，共享信息，建立常态化联席会议制度，制定切实可行的措施，协商解决在推进刑事执行一体化过程中遇到的问题。

（二）刑事执行立法立制协调推进。推进刑事执行一体化改革进程中，要高度重视运用法治思维和法治方式，发挥法治的引领和推动作用，加强对相关刑事执行立法工作的协调，确保在法治轨道上推进。近年来，司法部相继与多院、部、委联合颁布了《关于加强刑满释放人员救助管理工作的意见》《关于加强减刑、假释案件实质化审理的意见》等法规，推进了刑事执行一体化进程。各地也要与相关部门建立沟通协作工作机制，根据实际情况，出台相关实施意见，明确各自部门职权、责任和义务范围，规范程序运作，制定针对性措施共同解决遇到的问题。

（三）刑事执行制约监督同步深化。党的二十大报告指出，要“强化对司法活动的制约监督，促进司法公正”。目前，检察机关将刑事执行检察工作提到了前所未有的重要地位，提出“维护刑事执行的公平、正义，维护被执行人的合法权益，维护监管场所的秩序，维护社会的和谐稳定”的“四个维护”，来规范与加强对刑事执行工作的监督。刑事执行工作要适应制约监督加强的趋势，健全刑事执行监督公开机制，主动接受检察机关、纪检监察部门、人大、社会执法监督员、公众和媒体等监督力量的监督，促进刑事执行公正。

三、监狱刑事执行现代化的发展要求

监狱的行刑现代化，必然与国家、社会的文明发展进步程度相适应，同时，监狱在参与社会治理和加强预防犯罪服务方面要承担更多的社会责任。

（一）贯彻全面依法治国方略。推进监狱工作现代化，强调的是监狱机关必须大力提高围绕中心、服务大局的能力以及履行自身职责的能力。监狱机关要站在全局的高度，融入法治国家、法治政府、法治社会一体推进进程，主动积极地将刑事执行工作融入社会治理一体化体系，维护社会安全稳定，回应社会和公众对社会安全稳定的需要。积极推动用法治思维和法治方法解决工作中的问题，把依法治国方略贯彻为刑事执行实践，确保刑事执行工作高效权威。刑事执行工作与社会公平正义密切相关。推进监狱法治建设既要保障监狱执法顺利实行，也要保障罪犯的合法权益，更重要的是对刑事执行进行规范，规范执法自由裁量权，把监狱工作纳入法治化轨道。要全面加强监狱执法规范化建设，构建完备的执法制度体系、规范的执法办案体系、系统的执法管理体系、实战的执法培训体系、有力的执法保障体系，实现执法队伍专业化、执法行为标准化、执法管理系统化、执法流程信息化。

（二）体现现代刑罚理念。推进刑事执行工作现代化，离不开先进的行刑理念和科学发展理念的指导和引领。综观国际社会行刑发展，兼具惩罚与教育双重价值、行刑社会化、促进罪犯回归、以人为本和提高行刑效率等是现代刑罚理念的主要内容。推进监狱工作现代化，要始终坚定中国特色社会主义法治道路，把刑罚执行改革放到世界行刑发展趋势大背景中考量，加强对国际行刑趋势的分析研判，把握现代行刑理念发展规律，学习借鉴先进理念和工作机制，提升思想境界，抬高发展标杆，提高工作标准，着力破除束缚监狱刑事执行发展的思想观念，通过理念嬗变带动制度改革完善。加强对监狱工作的前瞻性思考、系统性谋划，放在国家发展大局中谋划推进，用开放的眼光来审视刑罚执行制度变革与建设，打破故步自封的惯性思维、因循守旧的路径依赖，与时俱进优化监狱工作的理念思路、制度机制、运行模式，采取更加精准务实的举措，推进刑事执行创新改革，解决刑事执行中的矛盾问题。

（三）提高刑事执行效率。深入研究分析新时期监狱工作内容，全面加强监狱内部管理，严格执行各项管理制度，通过监狱持续安全稳定、刑罚执行的确定性和公正性，通过内部管理的规范化和精细化、有效配置行刑资源、挖掘资源潜能，通过提高针对性和时效性，使管理手段和方法更加丰富、更加精准、管理更高效，全面提高刑事执行效率。倡导科学的理念，研究和把握规律，用科学的理论、思维和方法指导和实施刑事执行实践，合理配置监狱的人力、物力、财力等各种资源，运用现代科技发展的成果，提高监狱刑事执行的科技含量，使监狱刑事执行更加符合科学的性质或状态。比如，刑事执行效果评估、服刑人员危险性评估、矫正质量评估等，需要开发以信息化、智能化的运用为支撑，更加全面、系统的评估标准、机制和工具，助力提高刑事执行效能。

第二节　监狱监禁管理工作现代化

监狱作为国家刑罚执行机关，是专门收押、管理、惩罚和改造罪犯的场所。监管工作在监狱工作中居于基础性地位，无监管不成其为监狱，更谈不上惩罚与改造职能的实现。在推进监狱工作现代化进程中，必须坚守安全底线，正确处理监狱安全与改造罪犯之间的关系、正确处理监狱安全与劳动生产之间的关系、正确处理监狱安全与监管责任的关系，全面推进监管罪犯工作规范化，严格落实监管制度，实现对罪犯依法、严格、科学、文明管理，形成监管安全长效机制，确保监狱安全稳定。

一、优化罪犯收押和释放机制

罪犯收押、分押分管和释放是监管工作的重要内容，需要不断完善优化，实现监管工作规范、稳定和高效。

（一）完善罪犯收押机制。在监狱合理布局的基础上，遵循“有利于监管安全、罪犯改造和突发事件处置；有利于利用社会资源参与监狱的教育、管理和执法活动；有利于罪犯的押解，方便罪犯亲属会见”的原则，实行普通刑事犯属地就地收押监禁、特定罪犯就近异地收押监禁、女犯和未成年犯定点集中收押监禁的基本固定收押布局。对送监罪犯的身份确认、材料文书审查和物品处理、交接、体检、拒收等收押流程进行规范，完善收押文书内容，为更好地管理改造罪犯开好头、打下良好基础。

（二）规范罪犯释放机制。监狱机关要与政法机关和地方政府部门等建立协作机制，建章立制，明晰各自职责和任务范围，畅通沟通渠道，按照罪犯释放出狱的不同情况，合理确定安置帮教接收地，联合做好刑释罪犯的安置帮教、信息推送、材料转接、重点人员管控等具体业务工作，充分发挥各自部门职能作用，切实保证衔接安置工作有序开展，各项措施得到有效落实。

二、强化罪犯监禁管理机制

强化罪犯监禁管理机制，是贯彻惩罚与改造相结合监狱工作方针，彰显监狱本质属性，维护监狱安全稳定，提高罪犯改造质量，维护社会公平正义的内在要求。

（一）强化监禁罪犯职能。监狱作为监禁罪犯的特殊场所，其强制性、惩罚性是监禁刑的特点。要从入监开始，强化纪律规训，强化行为养成，加强检查和考核，整治和打击不规范行为，定期开展监管秩序整顿，将强化监规纪律贯穿罪犯服刑始终，并常抓不懈，使罪犯遵规守纪、服从规范意识内化于心、外化于行，并落实为踏踏实实的行动。以“零容忍”的态度保持高压态势，强化对违反监规纪律罪犯的惩治力度，加强监狱禁闭、严管罪犯设施建设，依法合规使用警戒具，严厉惩处抗拒改造行为。

（二）优化分押分管机制。结合国家宏观政策，逐步推行按照犯罪性质、危险程度等为主要标准进行分押分管分教，完善高、中、低度戒备等级监管机制，根据关押需要，部分中度戒备监狱内部设置高度戒备监区。通过实施分级分类管理，明确监狱的安全戒备等级和关押对象，根据关押对象危险程度、犯罪类型确定监狱安全警戒设施、警力配备和管理标准，制定差异化的管控、矫治措施；在高度、中度戒备监狱建设标准明确的基础上，深入研究低度戒备监狱和功能性监狱建设，探索短刑犯、病犯、职务犯、邪教类罪犯分类集中关押。

（三）增强惩戒效能。依法依规强化管理，对罪犯违纪行为进行惩戒。对顶撞警察、反管抗改、违规违纪，需要接受禁闭、高戒管理的罪犯进行强化管理；对于危害国家安全类、邪教类和涉黑涉恶、限制减刑、有重大社会影响等罪犯加强监管，严格执行刑罚；对涉黑涉恶罪犯骨干头目，实行“一人一案一台账”，采取思想转化、行为控制、心理干预等到位措施，做到管控有力；对经危险评估具有较高脱逃、行凶、自杀、自伤自残、蛊惑教唆他犯等现实危险性的罪犯，按危险程度进行不同级别管控，直至实行单独关押。严格依照法定条件和程序侦办狱内案件，规范使用隔离审查等侦查措施，准确适用刑事和解，严打罪犯袭警、脱逃、凶杀等又犯罪行为，坚决杜绝有案不立、压案不查、有罪不究，切实维护稳定的监管秩序，维护刑罚的威严。

（四）提升计分考核质效。计分考核是管理罪犯的重要手段，在实施中要严格实行和进一步完善，坚持主客观表现并重，结合实施分级处遇，扩大处遇内容差异程度，实行从严厉到宽松、有实质性区别和各自丰富内容的梯级手段管理，并坚决刚性执行，丰富管理手段，充分发挥计分考核的管理效能。

（五）防范打击狱内又犯罪。扛牢维护监狱安全稳定重大政治责任，着眼监狱安全新形势、新任务、新挑战，聚焦防脱逃、防自杀、防行凶工作中存在的短板弱项，强化“侦防一体化”理念，从强化思想认识和加强管理、教育、惩治、防范、处置等基础工作入手，对狱内又犯罪始终保持“严打”高压态势，严厉打击打架斗殴、抗拒劳动、对抗管理、自伤自残、私藏使用违禁品、脱离联号等严重违规违纪行为，净化监管秩序，确保监狱安全稳定。

三、强化安全防护体系建设

实现监管安全，需要强化安全防护体系建设，既要实现监狱传统安全下的常态治理，也要实现监狱非传统安全下的常态治理。

（一）健全源头治理机制。在管理效能上要着眼于有效防范管控化解各类安全风险，推动管理过程向更加注重关口前移、突出源头治理转变，强化基础管理，突出风险管理，完善应急管理，加强设施管理，加强隐患排查，严格执行罪犯危险性评估、风险研判、狱情分析制度，做好重点人物、风险罪犯的管控，运用监控、大数据等先进科技手段，拓宽犯情搜集渠道，准确了解罪犯思想动态和心理特征，打早打小，将隐患消灭在萌芽状态。健全完善罪犯矛盾调解多元化机制，在“预防、摸排、化解”等环节重点发力，形成“矛盾出现源头治、矛盾化解齐上阵”的调解机制。

（二）完善内部安全管理机制。克服内部管理“宽松软”隐患，严格落实警察直接管理、风险分析研判、罪犯联组联号、包夹控制、严管等各项安全管理制度，把狠抓制度落实作为强化监狱安全管理的治本之策，特别是严格执行重点物品管理、重点环节管理、重点部位管理制度，管控到位，夯实监管基础，堵塞漏洞、消除隐患。针对目前对监狱正常工作影响较大的罪犯非正常死亡问题，提高重视程度，严格落实监管制度，总结经验教训，综合施策，下大力气予以解决。

（三）健全监狱外部防范机制。构建大安全工作格局，将监狱安全作为社会稳定的重要一环，纳入地方安全工作总体框架；健全协作协调机制，把反恐防暴、应急处突、疾病防控、安全生产、消防安全等纳入地方公共安全应急管理体系，落实监狱安全地方属地管理、监狱主体责任，完善狱地共同维稳机制；与法院、检察院、公安和民政部门建立信息共享机制，全面了解和掌握罪犯信息，为更好地监管改造罪犯提供依据；深化与武警部队共建共管共保安全机制，不断完善应急预案，开展联合演练，形成合力，切实提高监狱外围安全保障能力。

（四）完善应急处置机制。监狱是高风险场所，不安全因素到处存在，随时都可能出现一些突发事件和状况，如果不能及时应急处置，会使事态进一步扩大，后果会更加恶化。要克服侥幸麻痹思想，立足于“防”，设立应急处突中心，健全应急管理工作机制，针对狱内风险性高的罪犯脱逃、行凶、自杀、打架斗殴事件，疫情、中暑、食物中毒等重大公共卫生事件，突发火灾、极端天气、重大自然灾害等突发事件，修订完善各类突发事件应急预案，并常态化、实战化进行演练，增强各类风险和突发事件应对处置能力，确保一旦发生突发事件，能够快速反应、高效处置，控制事故发展态势，避免事态扩大和后果恶化。

第三节　监狱刑罚执行现代化

监狱刑罚执行工作涵盖罪犯权益保护、“减假暂”、释放和安置等内容，在监狱刑事执行活动中占有重要地位。推进监狱刑罚执行工作现代化，要健全刑罚执行工作体系，建立司法责任制，适应实质化审理要求，规范“减假暂”工作，落实罪犯申诉、控告、检举机制，严格规范刑罚执行，彰显司法公正，维护社会公平正义，努力实现刑罚目的。

一、健全刑罚执行工作体系

刑罚执行工作与社会公平正义密切相关。推进刑事执行工作现代化，要进一步增强责任感、使命感，依法严格规范整个刑罚执行活动，提高刑罚执行工作的标准化、规范化、精细化水平。

（一）树牢严格公正执法观念。刑罚执行制度的重点是“减假暂”等刑罚变更执行，是宽严相济刑事政策在刑罚执行中的具体体现，对于激励罪犯改造、实现司法公正具有重要意义，同时还是监狱服刑罪犯和社会公众关注的焦点，也是监狱刑事执行活动容易产生司法不公正的重点领域和环节。因此，在推进监狱工作现代化工作中，要主动适应刑事政策调整，端正执法思想，树牢严格公正执法理念，建立健全体系化的规章制度和执法标准，严格按照法律规定的内容、条件、程序进行。

（二）完善刑罚执行责任体系。监狱机关要在党的统一领导下，牵住司法责任这个“牛鼻子”，按照权责统一、权力制约、公开公正、尊重程序、确保实体的要求，继续深化改革，解决制约刑事执行能力、影响司法公正的深层次问题。建立推行执法全过程记录制度，加强执法证据保全，确保所有执法留痕有据；落实“谁承办谁负责、谁主管谁负责、谁签字谁负责”制度，通过完备的职责划分，建立健全监狱执法办案质量终身负责制，确保刑罚执行公正高效权威。

（三）完善监禁刑与非监禁刑衔接工作机制。推进刑罚执行一体化，加强监狱机关与社会相关部门的沟通交流，建立协作机制，按照刑释罪犯的不同情况，完善监狱机关与社区矫正部门在调查评估、交付执行、收监执行、法律文书送达、安置帮教等方面的衔接制度，研究假释和暂予监外执行罪犯社区矫正遇到的各种难题，进一步明确各自的职责权利，建立科学有效的运转机制，切实保证衔接安置工作有序有效开展，监禁刑执行与非监禁刑执行顺畅衔接，巩固监禁改造效果。

二、健全罪犯减刑、假释适用机制

减刑、假释制度的运行是监狱刑罚执行工作的重要内容。相较于西方国家的“唯假释论”，中国刑罚体制下的“减刑、假释两维论”，在刑事执行层面有更大的灵活性和可操作性。推进刑罚执行工作现代化，要坚定制度自信，健全完善减刑、假释适用机制，充分发挥减刑、假释激励罪犯积极改造的作用。

（一）适应减刑、假释案件实质化审理要求

提请办理减刑、假释工作，要树立以办案为中心的思想，严格按照办案程序规范，依据法律法规，聚焦案件办理重点环节，规范实质化审理活动，确保将每一起减刑、假释案件都办成铁案，努力让人民群众在每一个刑罚执行案件中都感受到公平正义。

1. 严格审查实体条件。监狱成立刑罚执行办案中心，整合力量，全面提升办案水平，对减刑、假释案件的审理，要进行实质性的逐案审查，区别对待，结合罪犯原判情节、案件社会影响大小、罪犯改造表现、财产性判项履行等情况，依法综合评定罪犯是否符合减刑、假释法定要件，严格审核把关，确保把减刑、假释刑事激励用到“确有悔改表现”的罪犯身上。

长期以来，减刑、假释案件材料主要由监区一名警察负责，其他环节审查只是流于形式的“审批”，往往出现“个人水平代表整个监狱水平”“一人失守、层层沦陷”情况。为杜绝这种现象和弊端，要建立包括包组警察预审机制的“三级五审”（监区、职能科室、监狱三级，包组警察、监区、刑罚执行科室、监狱评审委员会、监狱长办公会五审）机制、业务部门“背靠背”审理等机制，严格把握实体条件，提高案件办理水平。

2. 严格执行程序规定。在减刑假释案件办理中，要真正落实案件办理程序机制，制定执法工作流程和规则，促使监狱执法工作真正按程序依规进行，避免出现执法瑕疵，提高执法办案规范性、严肃性。开庭审理减刑、假释案件，严格按照“充分发挥庭审功能，健全证人出庭作证制度，有效行使庭外调查核实权，强化审判组织的职能作用，完善财产性判项执行衔接机制”等

程序性规定进行。

3. 强化举证责任。监狱刑罚执行工作要适应“以审判为中心”的刑事诉讼制度改革趋势，在对罪犯提请减刑、假释时，在明确减刑、假释案件实质性审理的适用范围和程序规定，规范案件实质性审理程序的基础上，强化减刑假释举证责任；提供的材料是证明罪犯符合减刑、假释条件的证据，必须要全面、全方位、客观、准确、真实反映罪犯的改造表现。

（二）健全司法部门间协作机制

推进减刑假释案件实质化审理，人民法院、人民检察院、刑罚执行机关应当遵循各司其职、分工负责、相互配合、相互制约的原则，加强沟通协作，共同开展工作。

1. 规范协作工作机制。召开减刑、假释案件实质化审理联席会议，就如何准确把握和理解最高人民法院、最高人民检察院、公安部和司法部《关于加强减刑、假释案件实质化审理的意见》、各省市公检法司四部门制定的实施细则精神，进行深入探讨，结合日常工作实际进行细化实化，制定出台罪犯减刑假释工作规范，为执法办案提供工作指南。

2. 统一执法标准尺度。人民法院、人民检察院、刑罚执行机关应共同把握办案原则，统一执法标准、执法尺度和材料规范要求，在实质化审理的基本要求、实体条件和办理程序等方面达成共识，明确各方工作重点，弥合分歧，制定工作程序及办案标准。

3. 畅通常态沟通渠道。通过召开评审会议、移交案卷、高效运行刑罚执行网上协同办案平台等形式，强化三方间的业务沟通，在推进实质化审理上深化协作，对案件办理过程中涉及的法律条款运用进行探讨交流，及时协商案件办理中遇到的确有悔改表现认定、财产性判项履行能力判定、减刑从严幅度适用方法、规范证据材料等重点、难点问题的解决办法，形成办案合力。

（三）健全减刑、假释撤销机制

减刑、假释撤销是指对被作出减刑、假释刑罚变更裁定的罪犯，因在刑罚执行期间发现其减刑、假释所依据的事实、法律存在错误，经人民法院审理核实，依照法定程序对原裁定予以部分或全部撤销。在刑罚执行实践中，常有罪犯不当获得减刑的现象发生，比如假立功、隐瞒财产性判项履行能力或者监管人员徇私舞弊等，也有的罪犯呈报减刑、假释后消极改造，严重扰乱监狱正常的监管秩序。实行减刑、假释撤销制度，能警示和督促获得刑事奖励的罪犯继续保持积极改造心态、巩固监禁改造效果，促进罪犯更好地顺利回归社会，也是对减刑、假释制度的完善，体现法律的准确、公正和严肃，有利于更好地维护稳定的监管秩序。

（四）扩大假释适用

假释制度是对确有悔改表现的犯罪人附条件提前释放，以促进犯罪人再社会化为目的的一种刑罚执行制度，也是宽严相济刑事政策在刑罚执行中的具体体现。有利于节约司法资源、促进罪犯顺利回归社会，有效预防和减少重新犯罪。“两院两部”于2023年3月3日联合发布了《关于依法推进假释制度适用的指导意见》，刑罚执行机关应增强担当意识贯彻落实，依法推进假释制度适用。

1. 完善假释程序。完善假释的“评估—提请—参与—监督—决定—执行”的一体化程序体系，明确假释案件办理中各项权利和责任的归属，界定法院、检察院、监狱、社区矫正部门、罪犯、被害人的参与权利，构建监狱合理提请、法院公开审理、检察机关及时监督、社区矫正部门执行、罪犯及被害人有序参与的程序体系。

2. 完善假释适用条件。认定“没有再犯罪的危险”，除符合《刑法》第81条规定的情形外，还要根据犯罪的具体情节、原判刑罚情况，刑罚执行中的一贯表现，罪犯的年龄、身体状况、性格特征，人身危险性状况、再犯罪风险评估、假释后生活来源以及社区矫正条件等因素综合考量。对于目前罪犯假释受限制比较严重的财产性判项问题，人民法院与监狱联合建构罪犯财产刑的执行机制至关重要。

3. 完善假释罪犯危险性评估机制。建立科学的罪犯危险性评估和再犯罪风险评估体系，将与再犯罪相关的因素纳入预测因子，如犯罪性质、情节、原判刑罚、犯罪前生活经历、家庭情况、教育状态、性格特征、精神医学诊断、狱内持续改造表现、假释后监管条件等，进行各预测分值、总分值的对比，以数据量化的形式反映罪犯的危险程度，力求评估工作科学化、精准化、规范化，为提高假释率提供科学依据。

三、严格罪犯暂予监外执行机制

暂予监外执行制度是对罪犯实行人道主义的具体体现，是我国法律规定的一种刑罚变更执行制度，对于减轻国家行刑成本，维护保障罪犯人权，促进罪犯改过自新都具有重要的意义，同时也符合有关国际法的精神。

（一）科学实施调查评估

目前暂予监外执行执行率低，主要源自被保外就医罪犯的刑罚条件与病情条件，不能同时满足现行法律法规或刑事政策的规定。应对指定的医院在资格条件、医生选定、诊断程序和医疗报告方面所要依据的法律规定进行明确，使其严格执行保外就医疾病的鉴定标准和鉴定程序。加强与社区矫正部门的协商，统一《罪犯暂予监外执行调查评估意见书》中的“社会危险性”评估实体要件，界定规范需要调查评估暂予监外执行的罪犯范围、对所居住社区影响的调查评估的项目和标准、保证人具保条件核实的项目和标准、县级司法行政机关调查评估时限、调查评估意见书的出具时限，对是否符合保外就医进行精准调查评估，对符合保外就医条件的罪犯及时适用暂予监外执行，并及时向社会公众公布公开。

（二）多措并举解决暂予监外执行难题

目前，暂予监外执行难主要表现为：一是病犯家庭经济状况差，无力承担医疗费用；二是家属亲属不愿担保；三是受害人或亲属不同意，地方政府包括司法部门、民政部门等相关部门有畏难情绪，不愿担责任；四是因家庭困难一些生活不能自理的老病残犯，本人也拒绝保外就医，保外亲属也拒收。要采取措施切实解决暂予监外执行难的实际问题。一是协调相关部门研究解决因罪犯家庭经济困难，无力解决医疗费用而拒绝担保的问题。二是修复被罪犯破坏的社会系统，实行恢复性司法，争取被害人的原谅和谅解。建立被害人参与暂予监外执行制度。三是与社区矫正部门建立常态化的协作机制，加强社区矫正力量，争取社区矫正部门的支持。四是对生活不能自理的罪犯做好相关工作，协调由民政等相关部门帮助解决。暂予监外执行不是一保到底，执行机关和监督机关要经常或定期了解保外就医罪犯情况，及时办理续保手续，对于不符合保外就医情形的要及时收监，防止因监督管理不力导致罪犯脱管失控。

四、改进罪犯申诉、控告、检举处理机制

监狱在押罪犯的申诉、控告、检举权利依法受到保护，是罪犯未被剥夺的合法权益，任何单位和个人不得以任何理由阻止罪犯进行合法的申诉、控告、检举。

（一）增强责任担当。推进刑事执行工作现代化，需要突破传统思维理念、培树现代法治理念，主要体现在保障罪犯权利、公正执法、狱务公开等方面。近年来，监狱依法科学文明管理罪犯水平不断提高，罪犯的申诉、控告和检举权利得到有效保障，但也存在一些发展不平衡、不充分的问题，所有部门都要增强责任担当，进一步提高保护罪犯合法权益意识，提升罪犯权益保护水平。

（二）完善办理机制。司法行政部门要与人民法院、人民检察院、公安机关共同制定处理在押罪犯申诉、控告、检举有关问题的规定，明确各受理部门接受、处理及回复等职责，各机关应当制定相应的工作制度，指定具体部门和专门人员，负责受理、督办在押罪犯的申诉、控告和检举事宜，规定解决时限，及时回馈答复结果。健全在押罪犯申诉、控告、检举有关问题衔接机制，建立联席会议制度，对于办理在押罪犯申诉、控告、检举过程中遇到的复杂、疑难问题，尤其是监狱机关转送到纪检监察机关、检察机关、审判机关、公安机关的申诉、控告、检举事项办理和答复率低的问题，承办单位应召开有关部门参加的联席会议讨论研究，采取切实措施加以解决。

（三）落实奖惩机制。监狱应当就申诉、控告、检举等有关问题对在押罪

犯进行法律政策教育。对无理缠诉或者恐吓、威胁办案人员的罪犯，监狱应当根据有关规定给予相应处罚，情节严重的不予提请减刑、假释。监狱应当定期在狱内开展坦白检举活动，人民检察院、公安机关对在押罪犯检举的犯罪线索，经查证属实的，或者在侦破案件中起到积极作用的，办案机关应当在结案后规定时限内出具书面证明材料通知其所在监狱，监狱根据书面证明材料按程序作出奖励决定。要融入国家社会治理格局，结合常态化开展罪犯申诉、控告、检举，深入开展扫黑除恶专项斗争，发挥“第二战场”作用，做好涉黑涉恶罪犯线索摸排，及时送交司法机关。

第四节　监狱生活卫生工作现代化

监狱生活卫生工作是监狱对在押罪犯的衣、食、住、医疗卫生、劳动保护和作息时间等方面所实施的管理工作。依法认真做好罪犯的生活、卫生防疫，医疗救治等各项工作，依法保护罪犯合法权益，为管理和改造罪犯创造良好的环境，是推进监狱工作现代化的应有之义。

一、健全生活卫生管理规制

随着国家法治进步、社会文明发展及形势变化，监狱生活卫生工作已由监狱工作的从属位置被推到了刑事执行工作的前台，承担了越来越重的责任和任务。需要适应新形势新变化，改进监狱医疗卫生工作机制，不断探索和完善符合监狱实际的罪犯医疗保障模式，通过建立完善的罪犯医疗保障制度，实现医疗卫生工作制度化、规范化、程序化。

（一）依法依规实行规范管理。监狱生活卫生工作担负着为罪犯提供衣食住及基本医疗保障等方面的任务，具有执法、业务的双重属性。饮食供应、公共卫生、物资提供，新收犯体检，罪犯的疾病、工伤、无劳动能力、死亡鉴定中的认定，罪犯疾病的治疗和预防，办理罪犯保外就医等工作内容，既是业务工作，也是严肃的执法行为，是义不容辞的法律责任和义务，应做到依法依规进行。

要依据《监狱法》等法律法规，通过建章立制保障制度供给，建立完备的生活卫生制度体系。制定并完善罪犯生活卫生工作标准、监狱罪犯狱内消费管理办法、监狱监区内务卫生管理规范、病犯收押收治管理办法、监狱医院设施设备配置规范、监狱生活物资采购管理办法、罪犯激励餐规定等生活卫生制度规范，统一监狱的生活卫生工作标准，提高生活卫生工作的规范化水平，使生活卫生工作有章可循，在规范的轨道上有序开展。

（二）完善监狱医疗保障机制。建立罪犯医疗经费动态增长机制，满足罪犯基本医疗范围的实际需要；牢固树立监管医疗是重要执法活动的理念，严格遵循医疗原则，强化病历质量、病情告知制度落实，完善罪犯健康档案，夯实诊疗证据链条，确保监管医疗工作质量；制定疾病诊治规范，明确规定罪犯疾病的诊治范围、保障范围，既保证罪犯权益也避免“过度医疗”；对于自伤自残、打架斗殴等产生的医疗费用由罪犯本人承担，怎么检查、用什么药必须按医嘱执行，便于实际操作；规范办理罪犯暂予监外执行，对符合监狱暂予监外执行的患病罪犯特别是急保病犯，及时办理保外就医。

（三）完善罪犯健康管理机制。监狱医疗工作内容重点是监管下的高发病和常见病的预防、治疗和卫生保健，强化急救、为进一步诊治拯救提供保障，及时外出就诊，探索建立罪犯疾病三级预警机制。加强对新入监罪犯的体检工作，保证新入监罪犯体检、艾滋病筛查全覆盖。认真落实罪犯门诊、会诊、狱外确诊、住院治疗等工作要求。进一步建立并完善罪犯病历记录、罪犯健康档案及健康状况告知制度。

二、加强监狱医疗卫生基础建设

高度重视监狱医疗卫生基础建设，为提升医疗质量和维护罪犯医疗卫生权益提供基础保证。

（一）加强医疗卫生基础建设保障。国家有关部门要从功能保障、流程设计、设备配置、人员经费等各方面给予大力支持，重视医院医疗设施和相关配套设备的扩充和完善，形成以先进的医疗设备为手段、以专业的医疗技术为保障的医疗综合条件，全面提高监狱医疗水平。

（二）改善生活卫生条件。坚持“以防为主”，改善监狱卫生条件，做好突发公共卫生事件的应急处置，预防控制狱内传染病和常见病；加强罪犯健康教育，普及生活卫生知识，倡导健康文明的改造方式，培养罪犯健康生活方式；倡导科学合理的饮食方式，按食物量标准科学合理配膳，对于病犯，要重视膳食营养搭配，尽可能满足病犯合理的营养需要，提高其身体抗病能力。

（三）推行主动医疗模式。监狱医院医疗设施齐全，卫生技术人员配置相对充足，提高监狱医疗水平，能够基本保障病犯常见病、多发病的诊疗需求。按照“预防为主、防治结合”的方针，重视狱内罪犯疾病的筛查和预防，做到“早发现、早预防、早治疗、早隔离”，可以及时发现患病罪犯，及时提供常见病、多发病、慢性病等诊疗服务，有效降低把小病拖成大病的风险；发现病犯及时救治，注重病犯术后护理和康复，提高救治效果；重视监狱危重病犯的管理，充分发挥监狱医院和病残罪犯监区的作用，有效预防罪犯狱内非正常死亡，为保障罪犯权益建立起健康防线。

三、提升监狱医护队伍规模能力

提高监狱医疗卫生工作水平的中心在于提升医护队伍规模和能力，满足监狱医疗卫生的需求。

（一）加强监狱医疗队伍建设。与上下级医院密切协作保障监狱医疗服务，邀请地方合作医院专家来狱开展医疗会诊，提高监狱的诊疗救治水平。采用外出培训，到大医院进修、学习，邀请专家举办医学讲座等形式，以走出去、请进来和以老带新等办法，丰富医护人员的临床经验，提高从业人员水平；公开招录各种急需的医疗专业人才，健全监狱医疗人才队伍。

（二）建立全科医生制度。由于监狱医疗具有医疗规模小、病种多样、病例少、基础疾病多的特点，专科医生难以培养，在监狱建立全科医生制度很有必要。根据国家卫生健康委员会制定的《“十四五”卫生健康人才发展规划》，国家会加快基层医疗卫生服务体系和全科医生队伍建设步伐。监狱应充分利用这一契机，依照加强基层医疗卫生服务体系和全科医生队伍建设的国家医疗卫生规划，着力建立全科医生的使用和激励机制，逐步建立健全监狱医疗全科医生制度。

四、完善监狱医疗卫生安全防范机制

推进监狱工作现代化，要不断完善监狱医疗卫生安全防范机制，防范执法风险，助力维护监狱安全稳定。

（一）防范执法风险。当前监狱罪犯生活卫生工作面临诸多难题，特别是监狱罪犯日益增长的医疗需求和监狱较低的医疗保障水平、匮乏的医疗资源之间的矛盾愈加凸显。随着监狱押犯构成的变化，罪犯的病种内容也出现了新的变化，相应地也给生活卫生工作增加了难度，不仅要制定确切标准和规范，进一步明确病犯收押收治的标准条件、送医程序、经费保障等，还要加强生活卫生证据保全，对病犯疾病发现、救治或外诊，死亡认定及后续处理等工作内容制定规范，避免监管医疗纠纷发生；对罪犯伪病、诈病、病残进行甄别和鉴定；对于罪犯暂予监外执行病情诊断工作，明确审核内容和程序；实行罪犯病情告知制度，对罪犯健康状况和患病情况进行病情监测，对一些危重疾病、预后不良疾病、传染性疾病、致残性疾病等，通过面谈方式及时告知患者家属，为罪犯家属真实了解监狱医疗工作提供方便，缓解和化解社会矛盾；尽职尽责防止罪犯非正常死亡等，为监狱执法提供专业和技术支持。

（二）防范突发公共卫生事件。对监狱影响最大的生活卫生工作风险点，就是突发公共卫生事件。由于监狱内罪犯劳动、学习、生活场所人员密集，罪犯构成复杂、基础性疾病较多，大部分人卫生保健意识和知识缺乏，呼吸道传染病发生、防控难度大等，暴发传染性疾病，发生重大疫情、集体食物中毒、高温中暑等公共卫生事件的风险时刻存在。因此，要高度重视卫生防疫工作，建立健全突发公共卫生事件应急体系、疾病预防控制体系，狠抓风险点防控，时刻不放松对传染病的控制，确保不发生狱内公共卫生事件。要在国家卫健部门的统一领导下，将监狱生活卫生工作纳入地方公共卫生体系，接受专业技术指导，制定完善应急预案，定期进行应急演练，提高应急处突能力，提高防范和应对能力。

五、提高生活卫生保障工作社会化水平

对于监狱生活卫生工作遇到的难题，要通过创新管理理念、加大制度供给、保障资金投入、争取政策支持、优化押犯布局、开展监地协作等方式，不断提升生活卫生后勤保障水平。

（一）创新后勤管理方式方法。推行罪犯生活卫生物资采购统一招标、统一价格、统一配送、统一支付，有效防止不安全生活物资流入监狱。建立完善监狱食品安全相关法律法规及配套体系，监狱主管部门与食品安全管理部门积极合作，制定符合监狱管理模式、与监狱食品安全相适应的行政规章和规范性制度体系，提高监狱生活卫生工作水平。

（二）融入社会医疗保障体系。随着监狱押犯中各类病犯、老年犯持续增多，现行的“免费医疗”制度弊病凸显，监狱财政难堪重负。城乡居民基本医疗保险制度是保障城乡居民基本医疗保障待遇的制度。罪犯作为公民参加有其特殊性，监狱要探索罪犯养老、医疗保险社会化，推进将罪犯医疗保障纳入全民医保体系，积极推进罪犯大病统筹新机制，有效解决监狱医疗费用短缺难题。要针对被限制减刑等“超长刑期”罪犯的特殊情况，适当提高其劳动报酬计提标准，用作缴纳医疗商业保险，进而激励其积极改造，并为其出狱后基本生活提供保障。

（三）纳入社会分级诊疗体系。随着社会分级医疗体系的建立和完善，应该积极推动将监狱医疗纳入社会医疗分级诊疗体系及地方卫生健康规划，构建医疗资源共享互补、运行高效集约、业务协同发展的监狱医疗新模式，形成“首诊在监区、大病到医院、疑难专家诊”的分级诊疗体系，开辟罪犯转诊绿色通道，建立监管专用病房，提升突发医疗卫生事件的处置能力，打造技术共享的远程医疗平台，强化监狱医院人才队伍培训，有效提升监狱医院整体水平。

第五节　监狱罪犯劳动管理工作现代化

劳动改造是改造罪犯的重要手段，是维护监狱安全稳定的重要措施。监狱罪犯劳动管理是刑事执行的重要内容。监狱企业是罪犯劳动改造的主要载体和组织形式。充分发挥监狱企业为改造罪犯服务、为安全稳定服务、为监狱保障服务的职能作用，有利于更好地推进监狱工作现代化。

一、监狱罪犯劳动生产活动的法律定位

监狱罪犯劳动有明确的法律依据，监狱组织罪犯生产劳动、监狱警察对罪犯进行劳动管理，是严肃的执法行为，受到法律的保护。

（一）罪犯必须参加劳动的惩罚属性。新中国监狱对罪犯实施劳动改造是建立在严格的刑事法律基础之上的。《刑事诉讼法》规定：被判处有期徒刑、无期徒刑的犯罪分子，在监狱或者在其他执行场所执行劳动改造；凡有劳动能力的罪犯，必须参加劳动。罪犯在服刑期间接受劳动改造是因违反法律应当承担的后果。不同于普通公民，罪犯没有不参加劳动的自主选择权；这种强制性、不可选择性的劳动也是对罪犯犯罪行为的惩罚，体现出法律的威严和正义。

（二）罪犯从事劳动的法定目的。无论是在时间上还是在空间上，劳动在罪犯服刑中都占据绝对地位，劳动改造成果易于被衡量和比较，可以说劳动改造是罪犯改造的基础形式。罪犯在狱内参加劳动的过程，就是罪犯服刑的过程，也是刑罚执行的过程。监狱组织罪犯劳动生产具有明确的法定目的，就是改造罪犯，避免他们坐吃闲饭、无事生非，更重要的是通过劳动观念教育和持续性劳动改造，使他们“用汗水洗刷灵魂”，在劳动改造过程中转变犯罪思想，矫正好逸恶劳的恶习，重塑罪犯的世界观、人生观、价值观；从最初的被迫劳动转变为自觉参加劳动，培养良好的劳动习惯，并在劳动过程中学习劳动技能，掌握一技之长，为日后回归社会打下良好基础。

（三）监狱警察组织管理罪犯劳动的执法属性。依照法律规定，组织罪犯劳动是监狱重要的管理方式，监狱警察组织管理罪犯劳动是依法执法行为，罪

犯必须接受警察的管理，服从工序分配，学习掌握岗位技能，按质按量完成劳动任务。罪犯劳动改造成果是改造态度的最真实表现，监狱警察要对罪犯劳动改造表现进行记载和评价，作为对罪犯奖惩的依据。

（四）监狱企业的刑罚执行载体定位。劳动改造和监狱企业是罪犯改造的稳定器，是监狱管理的基础，具有不可替代性。监狱既不可能让罪犯坐吃闲饭，也不可能让其从事无效劳动，放眼未来，生产劳动还将长期存在，作为载体和平台的监狱企业仍需继续发展。实践证明，凡是监狱企业管理运行好的，就能带动监狱工作上台阶。推进监狱工作现代化，要清醒认识组织罪犯劳动的法定性、严肃性和监狱企业的必要性、重要性，明确其性质定位和发展方向，准确把握监狱企业是依法强制罪犯劳动改造的刑罚执行载体，把为改造罪犯服务作为主要任务，把安全生产、监狱稳定作为底线，以提高罪犯改造质量为目的，坚持加快发展不动摇，扬长避短，持之以恒地把监狱企业做优做强，不断提升运行质量和效益，充分发挥好监狱企业的职能作用。

二、构建罪犯劳动生产现代化管理体制

监狱体制改革完成后，形式上建立了新型监狱管理体制，监狱与监狱企业分开运作。由于监狱企业的特殊性质，与社会企业也不是在同等条件下竞争，监狱企业发展之路逐渐变窄、运行不畅，也影响了劳动改造效能的充分发挥，需要进一步深化监狱企业体制改革，构建罪犯劳动生产现代化管理体制。

（一）深化监狱企业管理体制改革。继续坚持深化体制改革，使监狱真正把精力放在刑罚执行上，使监狱执法职能得到强化，教育改造质量不断提高，安全稳定长效机制逐步完善。

随着我国经济由高速增长阶段转向高质量发展阶段，监狱企业也进入了新的发展时期。需要分析影响企业高质量发展的制约因素，采取针对性举措，扬长避短、发挥优势，增强创新发展动力，加快构建高质量发展的动力系统，打造以改造罪犯为中心的现代监狱企业产业体系，努力在劳动项目优化、新装备新技术应用、职业技能培训等方面下功夫，为罪犯提供劳动岗位，让罪犯参加生产劳动，矫正罪犯恶习，促进罪犯行为养成，培养劳动习惯、掌握劳动技

能，为释放后适应社会生活创造条件，充分发挥监狱企业在维护安全稳定、劳动改造罪犯、服务监狱管理等方面的职能作用。

（二）优化适合惩罚改造罪犯需求的产业项目。加快监狱企业产品结构转调力度，丰富产业项目，同时做好项目技术战略储备，形成梯度发展的劳务加工产业格局，避免单一经济结构的脆弱风险。项目调整必须以改造罪犯为导向，不搞“一刀切”，对不为罪犯改造提高劳动岗位的项目，要坚决从监狱企业剥离出去，对不利于罪犯掌握谋生技能、单调枯燥的生产、对身心产生不良影响的项目要逐步减少，可根据自身实际情况，结合发展轻工类加工项目，形成梯度发展的劳务加工产业格局，降低产业项目单一带来的脆弱性。

（三）完善促进罪犯回归社会谋生就业的劳动技能育训机制。监狱企业生产劳动管理，虽然借用了社会企业中生产管理、劳动管理、质量管理等若干科学理论和手段，但归根结底还是为罪犯改造服务，最突出的是罪犯劳动技能培训工作，不仅可以促进罪犯劳动习惯的养成，还为罪犯回归社会准备了一技之长。目前监狱开展的劳动技能教育培训，还存在关联企业生产“干什么、学什么”、范围狭窄、内容落后、实践操作少等突出问题，社会需求与罪犯需求脱节，实际效果与预期目的相去甚远，罪犯出狱后很少使用在监狱学的技能谋生。要进一步完善罪犯劳动技能育训机制，用足用活国家技能培训政策，将其纳入地方技能培训计划，加强与社会技能培训部门合作，深度调研社会就业和技能培训形势，提高技能培训实践操作时间，提高技能培训的质效，真正使罪犯掌握刑释后谋生的一技之长，减少和降低重新犯罪。

三、建立罪犯劳动生产现代化监管机制

监狱体制改革特别是“监企分开”的落实，为监狱工作确定了两个载体，即监狱和监狱企业，监狱负责罪犯劳动改造工作的组织实施、监督和协调，监狱企业负责为劳动改造罪犯提供劳动项目和劳动岗位，两个载体职责清晰、运行有序，为监狱罪犯劳动活动明确了新阵地。监狱和监狱企业各自承担着重要的职责，但通过组织罪犯劳动来改造罪犯是共同的目标，提高罪犯改造质量是双方重要的契合点。要实现监狱和监狱企业的协调运转，就必须围绕劳动改造

来组建监企管理体系，充分发挥监管制度优势，提高劳动生产效率。

（一）依法严格罪犯劳动管理。严格的纪律是维护监狱安全稳定、维持监管秩序的根本保证，纪律规训一直是管理和改造罪犯的有效手段和方法。相较于社会企业，监狱企业劳动力劣势是整体素质较低，优势是资源充足且集中统一管理。要发挥监狱管理的制度优势、组织纪律优势、劳动力优势，运用劳动生产这一有效载体，在组织罪犯劳动过程中，强化劳动纪律提高改造效率、严格质量要求增强遵规守纪意识、强化成本费用培养勤俭节约观念、严格定额标准养成劳动习惯，以合理的劳动收益强化自立自强理念，使罪犯接受纪律的管理和约束，逐步使不良行为习惯得到有效约束和强制矫正，培养罪犯劳动意识并内化于心，全面提高罪犯的劳动综合素养，充分发挥劳动改造效能，为顺利开展劳动生产提供保证。

（二）系统推进监狱劳动现场管理。生产劳动现场与其他两大现场相比，具有人员多、占地广、时间长的特点，而且在生产劳动现场，融合了监管改造、教育改造、劳动改造甚至队伍管理等多项工作。

1. 提高管理效能。生产劳动现场的主要管理内容有人员管理、环境管理、设备物料管理、劳动工具管理、规程管理、安全管理等多个项目，管理程序有出收工、小时点名、联组联号等，复杂多样。整个生产劳动现场管理的特点，需要监管改造、教育改造、劳动改造高度融合，统筹发力。更重要的是，监狱企业管理带有特定的矫正色彩，科学、文明、规范的现代管理方法的运用，监狱企业先进管理手段和方法的应用，有助于提升监狱整体管理水平，监狱企业为罪犯提供了一个模拟现实市场经济条件下的社会环境，能使其从中学到竞争意识、责任意识、质量意识、效率意识、危机意识、团队意识等，这比单纯地掌握劳动技能，对回归社会更加具有价值。

2. 实行规范管理。通过加强管控劳动秩序、改善劳动设施、优化劳动环境、控好劳动时间等措施，提升企业管理规范化水平；要以加强生产现场管理为切入点，全面推行“6S”管理工程，不断加强罪犯劳动改造现场规范化、标准化、精细化管理，实现生产现场“定置管理文明化、区域管理规范化、物流管理高效化、生产管理科学化、安全管理全员化、考核管理日常化”的目标。

3. 提高劳动质效。努力提高罪犯出工率，提高上机率，提高有效劳动时间，强化劳动能力评估、劳动定岗定额、劳动报酬管理、劳动考核、工艺质量管理、全面质量管理、劳动竞赛等工作，全面提高企业劳动生产效率。针对监狱企业劳动力先天不足的短板，加强设备的更新换代，着力提升装备的专业化、自动化、智能化水平，弥补劳动力素质不足的缺陷；探索劳动改造数据智能分析应用系统、推行智能配送系统、智能工具管理系统、智能工间点名系统、智能设备管理系统，提高生产效率。

（三）完善罪犯劳动激励机制。罪犯劳动权益是罪犯合法权益的一部分，既包括罪犯有参加劳动的权益，也包括安全生产、劳动时间、休息等劳动保护的权益，还包括获取劳动保险、劳动报酬的权益。

1. 建立罪犯劳动保障体系。要根据罪犯劳动的特点，刑罚职能和改造目的，制定体系化的劳动改造保障政策，确立明确的执行标准，制定相关指导性文件和规范，涵盖劳动报酬、技能培训、职业教育、劳动保险、工伤补偿、就业指导、女犯和未成年犯特殊保护等方面内容，根据罪犯的特点和改造需求进行精细化设计，实行一系列保护措施，有效保护罪犯的劳动权益，为监狱机关和相关执行机构提供具体的指导和操作指南。

2. 规范罪犯劳动报酬。随着“减假暂”日渐趋严收紧，罪犯管理中刑事激励的作用逐渐降低，物质激励作用进一步得到发挥。物质激励中，获取较多的劳动报酬对罪犯吸引力较大，可以用于执行财产性判项、赔偿受害人、日常生活开销、购买书籍、补贴家庭减轻家庭负担、为回归社会做储备等。应进一步加大劳动报酬的提取应用，增加数额、拓宽使用范围和渠道、提高罪犯自主使用比例等，激发罪犯劳动改造的积极性。

四、构建监狱企业发展新格局

党的二十大报告指出：“高质量发展是全面建设社会主义现代化国家的首要任务。”新时代新征程推进监狱工作现代化，需要完整、准确、全面贯彻创新、协调、绿色、开放、共享的新发展理念，将高质量发展理念贯彻到推进监狱劳动生产经营发展过程中，加快构建监狱企业新发展格局，积极探索适合中国国情的监狱企业发展模式，围绕强化劳动改造功能，加快结构优化，实现监狱企业高质量发展。

（一）加强立法保障。通过立法保障监狱企业的发展，明确如下内容：监狱企业性质必须是公益性的国有独资公司，监狱企业应该由国家投资建设，并在政策方面进行明确和倾斜，加大投入、做大做强，扩大规模、提高能力，政府采购产品招标倾斜监狱企业，比如各种行业的标志服生产等可全部交由监狱企业生产等。企业职能是为监狱改造罪犯提供劳动岗位和技能培训，不以营利为主要目的。

（二）完善政策保障。落实经费保障机制，实现监狱履行职能所需经费按标准全额保障，并建立起经费动态增长机制，深化推进监狱体制改革，分离办社会职能和为监狱创收任务，有效减轻监狱企业的沉重负担。与社会企业相比，监狱企业的最大劣势是市场开拓和新产品研发，要长远发展就得最大限度地发挥优势规避劣势。监狱生产项目和产品生产得到政府采购政策倾斜和保证，能有效解决困扰监狱企业生产中的资金、市场、信息、研发等现实难题，稳定监狱企业生产的正常进行，为监狱企业发挥劳动改造罪犯职能提供保障。积极协调争取将监狱企业适合政府采购的产品特别是标志服等采购订单，指定由监狱企业生产，或者协调争取调整目前政策文件，提高预留份额比率，项目评审时按小微企业给予价格优惠等规定。同时，监狱企业应当加大对政府采购相关问题的研究，结合自身特点，在结构转调中，积极发展适宜政府采购或集团采购的项目或产品，提升产品档次和加工水平，争取相关采购项目生产经营资质。

（三）融入区域经济。我国经济由高速增长阶段转向高质量发展阶段，对区域协调发展提出了新的要求。监狱企业发展应发挥比较优势，积极融入地方区域经济发展格局，为监狱企业持续稳定发展寻求社会支持，也为监狱工作融入地方治理奠定基础。

（四）提升监狱企业发展能力。深入实施创新驱动发展战略，综合地域优势、产业优势、劳动力优势等因素，加大转型发展步伐，加快优化产业结构，完善经济结构，扩大企业加工规模、延伸产业链条、增加加工产品附加值，全面推进企业质量、资金、成本、预算管理，提高市场竞争和抵御市场风险的能力，引导监狱企业良性发展。

第八章　新时代监狱改造罪犯工作现代化

监狱以改造人为宗旨，改造罪犯是监狱工作的中心任务。改造罪犯工作现代化及其文明形态反映了监狱工作的整体境界和层次，是新时代监狱文明的本质规定，体现着监狱工作现代化新境界、新追求、新形象的鲜明尺度，对新时代监狱工作现代化具有不可替代的意义和价值。推进新时代监狱工作现代化，应以改造罪犯工作现代化为重要探索视点与践行视域，构筑新的改造工作现代化文明形态，构建新的监狱改造罪犯工作体系，实现监狱改造罪犯工作全方位提升。

第一节　中国监狱改造罪犯工作现代化要义

监狱是社会文明的一把“标尺”，改造则如体现文明水准的“刻度”。“监狱是一个社会的特殊标志物。在当时的社会条件下，既是一个社会稳定的表征，同时又是文明的标志。监狱的罪犯，处于社会的底层，一个国家、一个社会，对待他们的态度，反映了当时社会的文明程度。这几乎成为一个文明社会的共识。”[1] 从传统到现代，对于罪犯从监禁看守与单纯惩罚走向教育改造和文明教化，体现了文明的发展和监狱现代化进步历程。中国监狱改造罪犯工作的发展伴随社会文明进程，改造罪犯工作现代化是新时代社会文明进步的折射与体现。

---

〔1〕 张晶：《深度矫正——现代监狱制度的理论逻辑》，江苏人民出版社 2013 年版，第 71 页。

一、监狱改造罪犯工作的文明价值

改造罪犯作为监狱工作主旋律与永恒课题具有内在的规定性、必然性。监狱的存在前提是有罪犯需要监禁，而关押罪犯及安全管理只是监狱的基础任务与基本要求。新中国监狱不能只盯住看守的底线，监禁本身不是目的，要以人为本，惩恶扬善，这也是改造的意义与存在定律。开展罪犯改造工作也是新中国监狱区别于旧中国监狱和西方国家监狱的本质特点。改造罪犯，促进其人格健全与善美，更适应社会化生存，并尽量展现人的积极、光明、美好的一面，对外界有所益处和贡献，而不是破坏和危害，应成为新时代中国监狱工作的基本价值观。作为犯罪人，罪犯的社会化未完成，不能正常适应社会，其社会化是失败的，重构后才能真正回归社会成为“有用”和守法的合格社会人。从人格的成长看，与一般社会上的正常人相比，罪犯存在严重缺陷，人格培育与行为养成更需克服重重困难继续完善。重视罪犯的人格正常化及作为人的社会化、文明化，是一个重大命题，在新时代监狱的现代化中显然有着不可轻视的价值。

二、监狱改造罪犯工作现代化意义

现代化是国家、社会、民族及个人走向现代的进程，具有较综合的意义，涵盖经济科技物质发展、社会文明文化精神等多方面。但现代化必然以人为本，以更加美好为追求。“现代化作为中国人的百年梦想，实际上反映的是人民对美好生活的向往。”[1]

监狱现代化是社会现代化发展必然达成的形态。监狱是社会的特殊地带，是社会文明的产物，因而监狱不可能完全脱离社会。不但监狱关押的人来自社会，除判处终身监禁之外的绝大多数服刑期满还要回归社会，而且监狱的管理者同时也是社会人，监狱处于社会环境之中，监狱的所有一切无不与社会同呼吸共命运。监狱的理念、体制、未来亦不会自外于社会，而是与之密切联系、

---

〔1〕 洪银兴：《中国式现代化论纲》，江苏人民出版社2023年版，第39页。

与之俱进的。所以，伴随着社会的现代化，监狱也会现代化。

监狱的现代化自有其特定的内涵与要求，监狱一定要在现代化发展中更加注重以人为本，并更加关注和追求人的积极美好、向上向善，为现代化社会努力增加安全和谐、善良正义，输出合格的社会人，减少为恶的破坏与危害危险。这应当是监狱现代化的主脉，或者谓之监狱工作现代化核心与主要追求。

至于物质科技的现代化，以及经济、财力的保障，乃至于建筑建设、监管设施等方面，当然是现代化必然包含在内的，譬如智慧监狱的建设、物质保障等，但即使在这一层面投入巨大精力、物力、人力，亦需晓得其仍属于物的层面，是为人所用、为工作服务的。这个层面向上一层，可以理解为管理、运营、应用层面，包括人力资源即警力的科学配置使用。再向上一层，就是监狱主业主责与宗旨践行追求，即改造人。监狱以改造人为宗旨的使命追求，隐含了监狱的社会效益和价值。对于监狱，改造人的宗旨使命是至高价值，文明的精神具有无比巨大的神圣力量，监狱工作现代化要将改造罪犯工作的现代化置于重中之重。

三、监狱改造罪犯工作现代化任务要旨

随着对监狱工作要求和本质规律的不断探索，改造罪犯工作作为中心任务和主责主业的认识与定位不断得到加强和巩固。全国监狱机关围绕改造罪犯工作进行了具有创造性的积极摸索与实践，取得了一系列成功经验。进入新时代新征程，党和国家以及社会形势发生深刻变化，监狱工作面临新形势新要求，要迎接新机遇新挑战。监狱工作的一切变化，都会构成对改造工作的影响，改造工作现代化面临着具有新时代特征的重要任务。

首先，当前监狱工作的外部环境与责任要求与以往相比出现了很大不同，对于维护社会安定的任务要求更高，社会对监狱的关注度提高，对于监狱事件更加敏感。这就要求监狱改造罪犯工作必须与时俱进，提升质量，适应新时期的高标准高要求，能够经得住党和国家要求与社会大众关切的检验。这同时也决定了改造工作现代化要有时代视野和现代眼光。

其次，监狱内部各方面工作出现新的变化，监狱警察队伍素质整体上有所

提升，但与改造工作整体要求还存在一定程度的不相适应。推进监狱改造罪犯工作现代化，一方面要充分运用现代资源，另一方面也要注重职业主体监狱警察的素质能力培育提升，特别是从事改造罪犯工作的能力，更需要有的放矢强化提高。同时，监狱工作各方面之间有时会存在一定的矛盾，围绕改造人的中心任务配置协调资源的局面尚未实现，需要在监狱工作现代化进程中加以有机协调和科学调整。另外，在某些时期和领域，监狱片面追求经济效益、过度强调监管安全而造成的对于改造的实质性削弱均客观存在，需要进一步深化改革，调整完善。

再次，监狱关押罪犯的构成情况发生变化，刑事执行面临诸多难题，罪犯自身、家庭及经济社会因素较多地影响着其在监狱服刑改造的心态、对未来和人生的信心以及现实改造表现，管理改造罪犯在总体形势稳定的前提下也面临一些严峻形势和复杂矛盾，需要下大力气破解难题，克服困难，理顺关系，为推进改造工作现代化营造良好氛围。

最后，监狱改造罪犯工作本身还存在一些认识与实践方面的问题。长期以来存在改造人方面的探讨争议，有时某些监狱管理者和改造从业者理论认识模糊不清。劳动作为法定改造手段的定位与现实改造属性及效果有待进一步清晰与完善。对于改造人的本质规律尚待进一步探索与厘清，对于改造工作实践体系需要进行突出本质、符合规律的梳理与构建，对于改造技术、方法需要进行有技术含量、文化蕴含和智慧支撑的研究与提炼，使其便于操作应用，集中力量与资源攻坚改造难题，实现改造成效，及时总结经验并上升为改造工作现代化的科学理论。

第二节　新时代践行改造人宗旨的现代化坐标维度

监狱践行改造人的工作宗旨，要立足于监狱工作所处的具体时代和具体实际，立足于社会政治背景和时代发展要求，具体而言，就是要立足于新时代现代化的坐标维度。新时代的现代化是扎根于自身历史文化与国情的具有中国特色的现代化，是物质文明和精神文明相协调的现代化。党的二十大报告提出的中国式现代化本质要求，对于新时代监狱改造罪犯工作现代化具有根本指导意义。

一、监狱改造工作“人本”思想的时代维度

监狱改造工作要以人为本。监狱改造工作的“人本”思想可以从时代坐标中得到深刻启迪。中国式现代化具有清晰的人本维度。中国式现代化是中国共产党领导的社会主义现代化，是借鉴世界各国现代化特征又扎根于自身历史文化与国情的具有中国特色的现代化。“社会主义现代化模式的核心是‘以人为本’。”[1] 党的二十大报告指出：“中国式现代化是物质文明和精神文明相协调的现代化。物质富足、精神富有是社会主义现代化的根本要求。物质贫困不是社会主义，精神贫乏也不是社会主义。我们不断厚植现代化的物质基础，不断夯实人民幸福生活的物质条件，同时大力发展社会主义先进文化，加强理想信念教育，传承中华文明，促进物的全面丰富和人的全面发展。”这一重要论述，深刻表明了人在中国式现代化中的重要意义和鲜明定位，精神文明是中国特色社会主义的题中应有之义。中国式现代化的人本维度及重视精神文明的鲜明特色，为新时代监狱改造工作现代化坚持“人本”思想提供了重要遵循。紧紧把握以人为本的思想，重视人的精神文明建设，应作为新时代监狱改造罪犯工作现代化的基本理念。

二、监狱改造罪犯工作宗旨的“人本”思想内涵

（一）“人”在践行监狱改造工作宗旨中的含义

监狱以改造人为宗旨，这里的“监狱”虽然被表述为国家的一个机关，但在实际的宗旨践行和工作开展中是以“人”为主体的，即监狱人民警察。这就意味着监狱改造宗旨践行中“人”具有双重定位，改造的对象是犯了罪在监狱服刑的“人”，行使改造职能的是履行责任使命的“人”。在改造宗旨语境下，“监狱”更多地指向承担执行职能的警察主体，唯有突出人本位的定

［1］张智：《通往人的全面发展之路：社会主义条件下人的现代化研究》，中国人民大学出版社 2019 年版，第 331 页。

位，才能彰显以改造为宗旨的独特性，因为监狱改造工作是人的改造，根本目的是把犯了罪的人改造成为守法的合格公民，使其不再危害社会成为具有基本文明素质的合格社会人。在监狱这个特殊的环境中，根本上都是需要监狱警察肩负起管理教育、引导改造、规范重塑、除旧布新等任务。对于监禁环境下改造罪犯工作，监狱警察的作为不可或缺，需要付出艰辛努力和展现巨大智慧，充分发挥主体性作用。

（二）以改造人为宗旨必须高度关注罪犯作为“人”的本质属性定位

行使改造职能的“人”，更需把要改造的罪犯“人本化”。监狱工作的对象是特殊的“人”，改造人的宗旨定位强调的是着眼罪犯“人”的特性。相对于人，一切“物”均具有相对的内在固定不变属性，因而人可以去研究物的规律、定理，去控制和发挥物的机能。作为改造对象的罪犯，是具有独特个性特点和思维意识的活生生的人。如何朝着适应现代化社会生活要求的方向改造犯罪人，是新时代监狱改造需要思考的基本问题。改造工作现代化，必然要深度关注作为人的对象属性，并利用人的本质规律进行符合现代化社会要求的引导转化，达成改造目标，践行改造宗旨。

三、监狱改造罪犯工作现代化文明追求与文化方略

（一）监狱改造罪犯工作现代化文明追求

新时代现代化人本维度内涵的论述，对监狱改造工作现代化具有根本意义。党的二十大报告提出的中国式现代化本质要求为“丰富人民精神世界……创造人类文明新形态”，对于监狱改造工作现代化必然意味着要深度关注人的精神世界与创造改造文明新形态。

物质文明和精神文明，是人类认识世界、改造世界全部成果的总括和结晶。监狱的物质文明随着国家社会的发展进步有了长足的改观，无论是监狱布局调整和建设，还是科技支撑，都阔步行进在新时代的现代化进程中。监狱现代化文明新形态在物质文明方面取得大幅提升与迅速发展的同时，对于精神文

明的要求更加迫切。中国式现代化精神文明对于监狱而言，主体方面当然是警察队伍建设的现代化和精神文明建设，而对于监狱事业的本质而言，改造罪犯更能彰显监狱文明新形态的特质，符合监狱现代化的主责主业要求。从队伍角度讲，不能创造改造文明新形态，是不能创建警察精神文明的，因为改造是宗旨，精神文明新形态当然要以创造践行宗旨的现代化新形态为基本内容和重要尺度。

（二）监狱改造罪犯工作现代化文化方略

监狱改造文明追求内在要求应以文化方略为基本之策。“全面建设社会主义现代化国家，比以往任何时候都更加需要思想的引领、文化的滋养、精神的支撑。我们必须高举精神旗帜、传承精神基因、强化精神纽带，锲而不舍抓实精神文明建设，在全面建设社会主义现代化国家新征程上谱写精神文明建设新篇章。”[1] 改造人根本上在于精神改造，走向文化是规律使然，也是实行的必然。“从人开始，到人结束，是文化的轨迹；以人为本，以文化人，是文化的本真。发展文化的根本使命在于‘化人’、‘立人’、‘发展人’，使人成为文明人，使社会成为文明社会。”[2] 没有文化对于罪犯精神的重塑与培育，就无法支撑起适应现代化基本文明要求的精神素质内涵，也就无法实现改造文明新形态。中华优秀传统文化是中国式现代化文明的根基，改造文明以文化为重要方略，更能彰显智慧，体现特色与境界。“与西方文化相比，以人为本的人文精神是中国文化最根本的精神，也是一个最重要的特征。”[3] 文化方略可为监狱现代化改造文明新形态带来软实力和内在支撑的源头活水。

（三）与中华优秀传统文化相结合推进新时代监狱改造罪犯工作现代化

监狱改造罪犯工作现代化离不开中华文化沃土。现代文明从传统而来，监

---

〔1〕 人民日报理论部主编：《中国式现代化》，东方出版社 2021 年版，第 202 页。

〔2〕 张智：《通往人的全面发展之路：社会主义条件下人的现代化研究》，中国人民大学出版社 2019 年版，第 266 页。

〔3〕 王立胜：《中国式现代化道路与人类文明新形态》，江西高校出版社 2022 年版，第 245 页。

狱改造人必然要立足中国语境，扎根传统文化，才能使现代化之树根深叶茂，充满生机。推进监狱改造罪犯工作现代化，需要大力推进中华优秀传统文化在监狱改造实践领域的创造性转化应用，以文化的深厚底蕴和深刻力量实现改造的现代化飞跃。

1. 践行传承弘扬中华文化要求，夯实新时代改造罪犯工作的深厚底蕴

党的二十大报告指出："中国共产党人深刻认识到，只有把马克思主义基本原理同中国具体实际相结合、同中华优秀传统文化相结合，坚持运用辩证唯物主义和历史唯物主义，才能正确回答时代和实践提出的重大问题，才能始终保持马克思主义的蓬勃生机和旺盛活力。"习近平总书记进一步指出："'第二个结合'是又一次的思想解放，让我们能够在更广阔的文化空间中，充分运用中华优秀传统文化的宝贵资源，探索面向未来的理论和制度创新。"[1] 同中国具体实际和中华优秀传统文化相结合，既是重大原则，也是解决和对待一切问题的历史经验总结。"优秀传统文化是中华民族之根，同时也是中国式现代化发展道路之源。只有充分发挥中华优秀传统文化的软实力作用，才能为中国式现代化的发展提供不竭的精神动力和强大的智力支持，才能不断增强中华民族的文化自信，实现文化创新，将中国式现代化推向新高潮，开辟中国式现代化发展的新境界。"[2] 推进监狱改造工作现代化，既要密切结合当代监狱具体实际，又要紧密结合传承弘扬中华优秀传统文化。

传承中华优秀传统文化，坚守中华文化立场，是新时代党和国家的一贯方针，党的重要会议多次强调"育新人、兴文化""文化铸魂"等要求。党的十八大把"立德树人"明确为教育的根本任务，党的十九大、二十大进一步提出和强调要"落实立德树人根本任务"。这对于监狱改造工作现代化有着深刻的特别意义。中华传统文化蕴含着丰富的向上向善的义理资源，应成为监狱教育改造罪犯的重要宝库。以中华传统文化义理的科学转化与应用深化监狱改造，主旨在于促进改造对象人格精神的根本转变，致力于立德树人激发向上向

---

〔1〕《习近平在文化传承发展座谈会上强调 担负起新的文化使命 努力建设中华民族现代文明》，载学习强国网，2023 年 6 月 2 日。

〔2〕 刘守英、范欣、刘瑞明：《中国式现代化》，中国人民大学出版社 2022 年版，第 82 页。

善。推进监狱现代化要提升政治领悟，坚持创造性转化、创新性发展，把增强文化软实力当作硬任务，切实以践行弘扬中华优秀传统文化的要求，深入推进改造工作现代化质量提升。监狱改造工作现代化必然要夯实深厚底蕴，筑牢文化根基，让精神基因与血脉渊源贯通，这样才能充满活力，厚积薄发，呈现更多的智慧积累与支撑。

2. 创造性融会提炼中华文化义理精神，激活改造工作现代化的文化生命力

“创造性转化、创新性发展”是正确对待中华优秀传统文化的总开关。在监狱改造工作现代化进程中，要结合时代特点和要求，创造性融汇提炼中华文化义理精神，发掘智慧资源，赋予其新的时代内涵和现代表达形式，激活文化在改造工作现代化中的生命力。从传统文化中汲取精神教化的滋养，贯通改造工作现代化对人的塑造的气脉，可为现代化改造工作找到智慧滋养宝库与文化活力源泉。

（1）明善向好：筑实改造工作现代化的总基因

改造工作现代化不离教化宗旨，教育改造根本在于使罪犯告别罪恶，改过向善。改造好是目的，要明善向好。善与好正是中华传统文化念兹在兹之所在。归纳中华优秀传统文化的宗趣主旨，向着善的总体方向是一个总基调，坚守正道、善美是中华文化的总的底色。

（2）自新向上：促发改造工作现代化的引擎力

现代化是一个新进程，改造工作现代化应当汲取精神滋养。改造要把犯了罪的消极颓废、向下堕落的人生改变、塑造为一种积极健康、向上奋发的新的人生。中华文化本身蕴含着积极向上的特质，对于监狱改造工作现代化必有助益。

（3）闻道知理：铺设改造工作现代化的大格局

“道”是中国哲学的核心，也是具有终极指向的文化精神。文以载道，文化就是承载、传扬大道的。中华文化讲天人合一，重整体。老子讲：“道生一，一生二，二生三，三生万物。”人们常言天地之道、历史之道、人生之道等。一切圣哲的学问，终归于宇宙人生原理本质的思索。改造工作现代化构建

新形态，应当铺设大格局。新的改造文明形态应当是一个铸炼和造就现代化文明新人的“熔炉”，当然这种锻炼铸造不是烈火锤打，也并非仅针对身体，而是文化教化，为此，铺设一个具有根本格局意义的心灵背景图具有非同一般的架构意义。

（4）中和有节：践悟改造工作现代化的法与度

改造工作现代化需要向传统文化寻求一条适宜有利的行为之道，中和有节就是这样得出的。改造工作现代化应把中和有节作为重要遵循，培树“中和”思维方式、“用中”行为方法模式，避免思想极端，行为突破法律尺度。现代化的改造应该是一个持续在罪犯心中嵌入中和义理的进程，在日常中化为自觉运用的智慧，遇事遵循社会规范与人生正道，学会时时调节，勉励自己“中道而行”，言行举止有法与度的衡量规约。

（5）知行合一：确立改造工作现代化的实践论

实行践履和心性体悟并重，是中华文化修习的鲜明特性。“学而时习之”，求知明理要紧密结合实际践习才可抵达佳境。王阳明说：“人须在事上磨，方立得住。”“知是行的主意，行是知的功夫。知是行之始，行是知之成。”改造工作现代化是真改造，是真知真行，要确立知行合一的实践观点，入心为上，实行为要。

（6）持之以恒：增进改造工作现代化的长效性

改造工作现代化应从传统文化中汲取增进持久实效的智慧启示。改造工作现代化一是不能急功近利，必须尊重规律；二是不能偷懒取巧，必须肯下功夫。文化是渐变的内化，不可能一蹴而就。文化是“慢塑造”，是水滴石穿的效力，日积月累的陶冶和浸润。现代化改造的长效构筑本身就贵在有恒，以坚实的努力、过硬的本领、深厚的底蕴、先进的技术、真诚的精神，铸就改造工作现代化的长久生命力。

3. 统筹改造工作现代化与文化践行规律探索有机结合，推进新时代监狱改造文明层次跃升

一是统筹好改造工作现代化的外在客观性与改造对象内因主体性充分发挥作用的有机结合。究其根本，现代化改造毕竟是外在客观力量，真正起效必然

要调动起罪犯内因的主体性作用充分发挥。文化教化要重视双方的“互向”，必须落脚于内因主体性发挥作用，启迪引发自悟的引擎正在于改造工作现代化的文化创造性转化应用。二是统筹好文化作用规律与现代化改造影响心灵本质要求的有机结合。现代化改造是触及人心灵本质的深层次改造。既要把握好传统文化影响心灵的妙用，又要尊重文化发挥作用的规律。“文化是沟通心灵的桥梁。以理服人，以文服人，以德服人，是中华文化的生命禀赋和生存耐性。‘远人不服，则修文德以来之’，中华民族早就懂得‘观乎人文，以化成天下’的力量。”[1] 文化是人化，文化用于改造人，最能深入心灵深处，产生根本触动影响。三是统筹好文化认同契入与核心价值观培育的有机结合。改造是推翻旧的意识行为塑造新的观念价值的变化过程，认同是起点和桥梁。改造工作现代化进程需要培育认同，核心是文化认同，文化认同重心在价值观。文化认同是最深层次的认同，价值观是文化认同的集中反映。四是统筹好改造工作现代化创新与文化践行方式灵活性多样性的有机结合。坚持守正创新，不拘一格，灵活机动，把握好技术技巧创新与要义主旨为魂的有机结合，拓展创新现代化文化改造方式形态，充分体现现代化对文化应用的强大科技支撑，打造高端改造文化产品。

第三节　中国监狱改造罪犯工作传统发展与现实形态

改造罪犯是新中国监狱的鲜明特色和主责主业。贯穿监狱发展历程，可以看到一条以改造为探索与实践向度的主线。在长期监狱工作发展过程中，形成了中国监狱特色的改造内容体系，进行了以不同历史阶段为特质的改造探索，现实监狱工作中也呈现出一系列特色做法。从历史与现实形态梳理的角度对其加以宏观与微观分析，对推进新时代监狱改造罪犯工作现代化具有基础参照作用。

---

[1] 中共中央党史和文献研究院、中央学习贯彻习近平新时代中国特色社会主义思想主题教育领导小组办公室编：《习近平新时代中国特色社会主义思想专题摘编》，中央文献出版社、党建读物出版社2023年版，第328页。

一、监狱改造罪犯工作的传统发展

改造罪犯的思想观点早在新中国成立以前就开始倡导，如 1932 年中华苏维埃共和国司法人民委员会制定的《中华苏维埃共和国劳动感化院暂行章程》第 1 条中就规定，设立劳动感化院“目的是看守、教育及感化违反苏维埃法令的一切犯人”。新中国成立后，中国特色的监狱制度逐步形成，让罪犯在劳动改造中成为新人，成为贯穿监狱工作的红线。毛泽东同志 1950 年 6 月 23 日在全国政协一届二次会议开幕词中提出“强迫他们从事劳动并在劳动中改造他们成为新人”，我们党在 1952 年第一次全国劳改工作会议上提出了“政治改造与劳动改造相结合、惩罚与改造相结合”的监狱工作方针。1954 年颁布的关于罪犯改造的《劳动改造条例》（已废止）影响深远。从新中国成立之初到 20 世纪 80 年代初期，除“文化大革命”给监狱改造工作造成很大的破坏外，劳动改造成为改造罪犯的重要手段。1981 年召开的第八次全国劳改工作会议提出“要加强对罪犯的教育改造工作，把劳改场所办成改造罪犯的学校”。1994 年 12 月颁行的《监狱法》将罪犯劳动纳入对罪犯改造的内容，从法律上使罪犯劳动真正回归到了改造罪犯的本意。伴随社会的进步发展和监狱体制改革的不断深化，监狱生产发生了深刻变革，追求罪犯劳动改造功能和价值的趋向增强。特别是《监狱法》第 8 条明确规定，“国家保障监狱改造罪犯所需经费。监狱的人民警察经费、罪犯改造经费、罪犯生活费、狱政设施经费及其他专项经费，列入国家预算。国家提供罪犯劳动必需的生产设施和生产经费”，监狱组织罪犯劳动的客观目的和要求更加明确，改造的宗旨地位回归和凸显。1995 年国务院《关于进一步加强监狱管理和劳动教养工作的通知》正式将监狱工作方针概括为“惩罚与改造相结合，以改造人为宗旨”。随着时代发展，监狱对于改造工作的研究和实践探索也走向更广阔的领域，甚至渐渐步入“深水区”。

改造罪犯是所有监狱工作中极具挑战性、艰巨性的工作，也是一项综合性的工作，在传统上，人们认为改造罪犯有“三大手段”，即教育、劳动、管理。在当代中国监狱系统中，对于罪犯改造问题有以下基本观点：第一，给罪犯以出路、把罪犯改造成为守法公民；第二，惩罚与改造相结合；第三，强迫改造与自觉改造相结合；第四，生产服从服务于改造。对于新中国监狱改造罪犯的成就，1999 年 10 月举行的新中国监狱工作 50 年座谈会总结为：第一，成功地改造了日本战犯和国内战犯；第二，成功地改造了上千万名各种反革命犯和普通刑事犯；第三，奠定了较为坚实的监狱工作物质基础。[1]

二、监狱改造罪犯工作的理论探索

自有监狱改造以来，一直贯穿和伴随如何改造的探索思考。依靠制度的力量、环境的影响、法律的震慑，加以精神的感化、道理的灌输、生活的关心、心理的抚慰；开展政治改造、思想改造、人格改造、劳动改造、教育改造；探索心理矫治、循证矫正、个别矫正、内省矫正……历史上也有生产第二改造第一、劳动改造为辅思想改造为主等探讨，以及以立法的方式对改造加以规范，将惩罚与改造相结合、以改造人为宗旨确立为监狱工作方针。所有的工作探索和改造实践，即便有曲折反复，但根本主旨和方向总是沿着大道规律不断行进的。

教育改造是监狱中改造罪犯的重要方法。“从很多方面来看，现代监狱的最主要职能和最显著特色之一就是对罪犯进行教育，促使他们发生社会所需要的转变。”[2]

心理矫治是 20 世纪 80 年代中期以来在中国监狱系统中开始的一项重要工作，对监狱改造罪犯产生了积极影响，也成为监狱学研究的一个重要领域。

整体来看，改造罪犯工作现代化研究未作为一个专题呈现出来。尽管有某些关于监狱现代化的理论探索，但在改造工作现代化方面缺乏精深的思索与建构。

三、监狱改造罪犯工作体系基本范畴

梳理改造罪犯体系基本范畴内容如下：

---

〔1〕这一部分内容参考了吴宗宪《监狱学导论》（法律出版社 2012 年版）第五编罪犯改造论相关章节。

〔2〕吴宗宪：《监狱学导论》，法律出版社 2012 年版，第 491 页。

（一）基本适应改造

围绕罪犯在监狱内服刑改造需要和安全、顺利度过刑期，开展基本改造与教育。内容包括：

1. 应知常识教育。使罪犯了解在服刑期间享有的权利和应当履行的义务，服从管理，适应监禁环境与服刑生活。

2. 遵纪守法教育。进行法律常识教育和认罪悔罪教育，增强法律意识，养成遵纪守法习惯。

3. 安全健康教育。对罪犯进行安全服刑教育和安全生产教育，普及心理健康教育和保健常识教育。

4. 行为养成教育。教育罪犯矫正不良行为方式，养成行为规范，使其与他人能够文明相处。

（二）素质提升改造

围绕罪犯基本的文化、文明素质素养和劳动、职业技能培育提升，开展生存发展素质教育改造。内容包括：

1. 文化知识教育。对不同文化程度的罪犯分别开展不同的文化教育。注重因人施教，提高教育效果。

2. 职业技能教育。根据罪犯在狱内劳动的岗位技能要求和刑满释放后谋生、就业的需要，组织开展岗位技术培训和职业技能教育。

3. 劳动素养教育。依法开展劳动改造，进行劳动意识、劳动习惯、劳动技能教育，培养合格的劳动者。

4. 文明素质教育。进行基本文明理念和思维、行为教育，使其养成良好习惯，提升基本文明素质，培养合格的社会人。

（三）思想文化改造

围绕培养合格的守法公民，提高罪犯精神文明素质，增加善性、理性，开展政治思想文化教育改造。内容包括：

1. 政治思想教育。对罪犯开展政治教育，教育罪犯拥护党的政策、热爱社会主义，培育社会主义核心价值观。引导罪犯正确认识社会、科学评价自己，积极善待他人，培养正确的人生观、价值观、世界观。

2. 社会人文教育。教育罪犯不断提升社会人文方面的素质，不断提高作为人的再社会化程度。

3. 艺术审美教育。以学会自我完善为目标，对罪犯进行审美教育，发挥美育开发潜能、培养兴趣、陶冶情操、净化灵魂、提升人生境界的作用。

4. 精神文化教育。以人生境界、格局构建为目标，对罪犯进行精神启蒙教育，积极培育健康人格，提升文明理性思维、行为能力，培育珍惜生命意识，使其热爱生命，创造价值，对人生、社会进行正确思考。

四、监狱改造罪犯工作现实形态

随着经济社会的快速发展，监狱押犯的数量、结构，以及罪犯思想认识、文化水平等都发生了巨大变化，改造反改造矛盾尖锐，改造罪犯工作面临巨大压力。同时，监狱改造工作在教材建设、内容更新、方式方法创新、教育改造队伍培训建设等方面面临挑战。全国各省监狱系统在探索改造发展方面进行了不少独具特色的努力。

一是注重教育改造战略发展，突出了主责主业地位。有的省提出了教育改造工作优先发展、领先发展的战略，在监狱工作整体布局上为教育改造工作优先配置资源。有的省市监狱管理部门聚焦主责主业，坚持“向教育改造要质量、要安全、要稳定”的工作理念，多措并举，扎实做好罪犯改造各项工作。

二是加大改造罪犯工作创新和平台建设。许多监狱进行了多方位的改造罪犯创新探索，积极拓展改造罪犯的形式载体，以思想政治教育、普法教育、心理健康教育等为抓手，多措并举促进罪犯校正新生航向、踏实改造，取得了较好成效。

三是不断加强培养专业人才队伍提升改造能力。有的省市监狱管理部门命名了专门人才工作室，打造“创新工作室”，在固本强基、深挖潜能的基础上，切实加强专业人才锻炼和实践训练，推动教育改造工作实现创新突破。

四是文化在改造罪犯工作中日益凸显重要作用。有的省份探索开展“文化育人”工程，利用文化优势，充分发挥“以文化人”功能作用，立足解决犯罪思想根源性问题，发掘罪犯文化自知、自醒、自励内驱力，探索出了提高罪犯教育改造质量的新途径。

五是探索开展罪犯个别矫正和精准教育转化工作。把循证矫正的理念、方法引入罪犯的个别教育，努力探索教育矫正罪犯的新工具、新方法。积极开展高度风险罪犯精准教育转化工作，认真总结提炼精准教育转化工作典型做法，召开精准教育转化优秀成果发布会，编写精准教育转化优秀成果案例。

六是探索实施“一体化”社会帮教模式。一些监狱创办了罪犯家庭学校，提高了罪犯亲属育人素质与能力，对罪犯实施共同改造；着力构建重新犯罪社会预防和控制体系。做好刑释人员的接轨衔接工作，不断改进和完善监狱教育改造和跟踪帮教措施。

改造罪犯是对于监狱具有根本意义的中心工作，是监狱肩负社会使命和追求根本价值的目标载体。围绕改造罪犯这一主责主业而进行的努力与追求从来都没有停止过。天道酬勤，在全国监狱系统自觉探索践行改造工作发展创新的不断奋斗中，改造工作现代化的图景目标已经呼之欲出。

第四节　监狱改造罪犯工作现代化目标图景

监狱改造工作现代化是一次整体性渐进式变革和全方位系统性提升，从根本上对改造宗旨进行深度践行，从理念意识、方式手段、文化应用、主体能力、资源支持等方面进行全要素整合跟进，旨在将罪犯改造成为具有现代化基本文明素质的守法公民，创造监狱现代化改造文明新形态。

一、监狱改造罪犯工作现代化的目标要求

监狱改造罪犯的目标在不同时期有不同的定位与表述。在中国共产党领导下，井冈山时期、延安时期红色革命根据地的监狱坚持“改造犯罪人使之成为自食其力的劳动者”；1949 年颁布的《中国人民政治协商会议共同纲领》规

定“强迫他们在劳动中改造自己，成为新人”；1954 年《宪法》将改造罪犯的目标定位为“自食其力的公民”；1981 年《第八次全国劳改工作会议纪要》指出“争取把绝大多数罪犯改造成为拥护社会主义制度的守法公民和社会主义建设的有用之材”；1994 年《监狱法》规定“将罪犯改造成为守法公民”。

监狱改造工作现代化的实现意味着监狱改造工作现代化文明新形态的基本构建。改造工作现代化必然对于改造对象达到的目标有着符合新时代特征和现代化愿景的基础性指标要求。改造工作现代化的工作目标，是把罪犯教育改造成为具有社会主义现代化基本文明素质的守法公民。具体指标内涵要求应包括以下方面：

（一）保有良知的守法者

使罪犯树立清醒的做人良知，内心向上向善，是非观念明晰，对待违背道德良知的错误思想行为能够加以抵御克制与反对；树立社会主义法治理念，学会用法治思维和法治方式处理遇到的问题和矛盾，能够自觉避免走向极端和违法犯罪；坚定做一名合格守法公民的信心决心，善于改过迁善，立志成为保有良知的守法者并努力践行。

（二）社会文明的遵守者

树立积极向上的社会观念文明和道德文明，培育健康的社会行为文明和精神文明，使罪犯自觉遵守公共道德、职业道德，积极融入社会主体文明，促进个人发展与家庭和睦、邻里和谐、社会和谐相协调，遵守社会主义制度文明、法治文明，与社会主义政治文明、生态文明相向而行。

（三）自食其力的劳动者

使罪犯树立正确的劳动观念，充分认识劳动对人的意义，克服好逸恶劳、不劳而获思想，努力培育劳动能力和素质技能，能够通过自己的辛勤劳动与智慧汗水自食其力，在劳动中磨炼品质、锻造人格，以自己的劳动创造应有的价值和作出贡献。

（四）核心价值的认同者

使罪犯树立正确的人生观、世界观、价值观，认同社会主义核心价值观；学习了解中华优秀传统文化和中华传统美德，在思想水平、政治觉悟、道德品质、文化素养、精神状态等方面与时代要求不违背、不脱节、不矛盾，拥护中国特色社会主义共同理想；培育人生情怀、家国情怀，激发爱国心，学做奋斗者，牢记坚守做人底线。

（五）现代生活的适应者

使罪犯树立符合现代社会生活的文明理念，掌握适应现代生活的必要知识技能，具备适应时代要求的基本素质，努力在思想观念、精神面貌、文明风尚、行为规范等方面不断自觉锻炼提升，能够顺利融入现代化社会，接受并将“我为人人、人人为我”的理念根植心中，努力成为适应新时代的现代人。

（六）民族复兴的拥护者

实现中华民族伟大复兴是近代以来中国人民最伟大的梦想。在伟大时代、伟大梦想感召下，使罪犯提高认识，不做旁观者，积极培育情怀，升华境界，努力做民族伟大复兴的拥护者。通过端正思想，树立正确理想，使罪犯将人生梦想融入时代，在中华民族伟大复兴进程中提升自身价值感、获得感、自豪感。

二、监狱改造罪犯工作现代化的蓝图内涵

为实现改造工作现代化蓝图目标，还需要科学准确把握符合正道与规律的内涵要求。监狱现代化改造文明新形态基本的蓝图应包括以下内涵：

（一）文明至上

监狱是文明的产物，是文明发展的尺度，监狱工作现代化是一种实现了文明发展跃升的监狱新形态，改造要坚持文明至上。文明是改造工作现代化的理念追求。文明升华改造境界，是现代化监狱应有之义。

（二）简约现代

监狱现代化改造文明的形态蓝图应是简约的。运行中重“节约”，有节而简约，发挥智慧，集中精力，凝聚心力，完成改造人的根本任务。新形态同时应是现代的，充分掌握和运用现代科学理念，技术先进，载体丰富。现代改造既要容纳传统，又要有所创新，实现改造的时代化、现代化。

（三）机体协调

改造工作现代化要求支持系统和谐包容，机制协调、体系完备，凝成协同发力氛围，教育人文精神凸显。整体机制应为支持改造型，领导重视，组织支持，广泛认同，基础牢固。

（四）文化主导

监狱改造工作现代化凸显人文，关注根本，追求长远。改造必然坚持文化主导，直击心灵，影响精神，注重价值引领。文化影响精神，引导、主导价值观，改造中文化主导，重在价值观人生观的规正塑造，这正是监狱宗旨的根本践行。文化主导，是监狱教育改造的深化拓展与丰富深刻，一定是监狱改造工作现代化文明新形态的必然追求和内在要求，也是符合教育改造规律的必然发展趋势。

三、监狱改造罪犯工作现代化的形态图景

由监狱改造工作现代化的目标要求与蓝图内涵，构想改造文明新形态图景，基本意涵应包括以下方面：

（一）更高文明境界的改造新形态

监狱现代化改造文明新形态应当是体现更高文明境界的新形态。从整体理念和运行形态上分析，改造文明新形态代表着一种新的境界，与历史和传统形态的最大区别和进步就是文明的充分体现。改造以文明主导，高扬文明，让文

明的精神充满改造的全过程、全场域。文明的教化对于被改造者产生深刻影响，成为其内心的认同、真正的向往、自觉的追求。改造文明新形态成为现代化监狱文明的重要支撑点和体现点。

（二）现代科技充分应用的改造新形态

改造文明新形态应当是现代科技充分应用的新形态。现代科技的应用目的在于提升改造的便利性与效果，将改造理念、改造追求以现代科技的方式实现。以现代科技为重要支撑并发挥良好效果，应成为改造工作现代化文明新形态的应有图景。

（三）改造技术更加精良的新形态

现代化改造新形态应当是技术更加精湛、效果更加优良的新形态。监狱改造工作现代化文明新形态不仅在传统改造手段方面有所继承发展，同时在心理矫治、个别矫正、人格矫正、循证矫正等方面有所提升飞跃，更为重要的是立足中国文化、中国语境构筑中国特色改造新模式，打造现代化改造新技术，进入改造的更高层次和水准。新图景下监狱改造应当本领更高超，技术更精良，效果更显著。

（四）切中根本规律的改造新形态

现代化改造新形态是更加切中根本改造规律的新形态。改造人的宗旨要求不断探索改造人的规律，使所有的改造工作真正符合规律要求，在改造思想、立德树人方面产生实际效果。改造真正定位于“人”，以人为本，深入人心，进入本质改造，攻心治本。现代化改造新形态应当是较深刻地切入了改造的本质，合于规律，在促使罪犯根本转变向上向善方面起到长远实效。

（五）法治充分彰显的改造新形态

法治理念得以牢固树立，法治方式得到充分实行，是现代化改造新形态的基本要求，因而改造新形态一定是法治充分彰显的新图景。改造过程不仅充分体现法治理念，而且将法治思维和守法精神渗透进骨子里，使遵纪守法成为最基本的底线和自觉。改造文明新形态不仅要将被改造者镀上“文明之光”，更要将其镶嵌上“法治之光”。新图景下，将罪犯改造成为自觉遵纪守法的现代公民的目标应得以充分实现。

（六）劳动真正成为改造手段、促进人的健康发展的改造新形态

现代化改造新形态的劳动图景应体现劳动蕴含的丰富生活意义，表现为劳动与改造的有机统一。劳动真正成为监狱改造罪犯的重要手段，培育劳动者的能力、技术、劳动素养，更侧重对于好逸恶劳、懒惰思想的克服以及自力更生、自食其力的意识培养，并使其获得劳动创造与审美的体验收获，真正通过劳动锤炼品格意志促进人的发展。

（七）有力支持本质安全的改造新形态

监狱改造工作现代化文明新形态图景下，监狱的安全要求因改造的长足发展切实有效而得到本质保障。新形态下维系安全是源头治理，使罪犯经过现代化改造，从根本上向善，遵规守纪维护秩序，“安全”化为罪犯自身依法改造的基本需求，从而最大限度消解破坏性，进而降低治标型的安全治理代价。

（八）社会共治共教共享理念充分体现的改造新形态

监狱改造工作现代化文明新形态是社会化程度较高的新形态。有力构建重新犯罪社会预防和控制体系，社会资源参与监狱改造有序有利有效，改造环境、内容与社会结合程度密切，帮助罪犯实现与现代文明社会同步发展。同时充分体现开放的共享理念，积极向社会展示监狱教育改造罪犯的成果，注重社会效益、公共服务价值，在法治社会建设过程中树立担当意识和责任意识，做好警示教育社会服务品牌打造和工作层次提升。

（九）专业理论与实践有机结合充满活力的改造新形态

监狱改造工作现代化文明新形态是监狱改造科研文明得到长足发展的新形态，形成较高程度专业化，实现理论与实践的紧密结合与和谐发展。理论创新与实践创新有机结合，为改造提供理论支撑和智力服务。

（十）改造工作高效长效的改造新形态

监狱改造工作现代化文明新形态是可持续发展的新形态，组织领导、政策支持与顶层设计科学高效，基础牢固，保障有力，富于创新活力，激励机制科学有效利于长远。形成以改造为中心的资源配置机制，始终把改造作为监狱的中心任务，凝成对改造人人有责、人人参与、人人尽力的良好氛围，形成推动改造工作不断持续创新发展的长效机制。

第五节　监狱改造罪犯工作现代化体系构建

改造文明是监狱现代化文明的重要体现和特色部分。改造文明更广义地体现监狱的追求、宗旨、价值，包括主体事业能力体系、目标价值体系、改造内容方法体系等。构建改造罪犯工作现代化体系，是宏观视野下的系统建构，对于新时代监狱改造工作现代化具有重要作用。

一、构建监狱改造罪犯工作体系

（一）强化引领，构建政治改造与法治改造体系

政治改造与法治改造体系是现代化改造体系的“上层建筑”部分，要坚持以习近平新时代中国特色社会主义思想为指导，贯彻落实习近平法治思想，对罪犯进行政治法治政策教育。贯彻“惩罚与改造相结合，以改造人为宗旨”的监狱工作方针，紧紧围绕提高罪犯改造质量，坚持以人为本，通过各种教育改造手段和方法，使其认罪悔罪、遵守规范，树立尊重和遵守法律的意识和观

念。加强对罪犯的时事政治教育，深入开展思想政治教育、形势教育、时事教育，教育引导罪犯充分认识国家经济社会发展、社会和谐稳定的大好形势，消除思想疑虑，增强改造的信心。本体系旨在从整体宏观层面构筑对罪犯总的指导和改造原则，使其树立起政治觉悟和政治意识，明白所处的时代，胸中有现代观念和现代视野，清醒确立现代公民意识，让自己的思维行为顺应现代政治的基本要求，自觉践行法治精神和法治要求，从思维的整体层面确立成为守法公民的牢固基座。

（二）筑牢基础，构建行为塑造与劳动改造体系

行为塑造与劳动改造体系是现代化改造体系的“基础硬件”，着眼于改造罪犯身体力行的行为实践塑造。对罪犯开展行为训练和劳动改造都意在通过身体的行为、劳作锻炼提升罪犯的品格素质。针对人的生物性特征，加以身体行为的塑造，是改造的基础方面。充分发挥行为规范管理对罪犯的约束、引导作用，健全完善对罪犯的日常行为管理制度，不断提高对罪犯的身体行为塑造管理水平。提升对罪犯的安全服刑教育和安全生产教育水平，科学开展反暴力、反脱逃、反自杀教育，教育罪犯安全度过刑期；注重开展避险、避害、逃生、自救、互救教育，教育罪犯遵守安全生产操作规程，学会劳动保护，做到文明生产、安全生产。普及心理健康教育和保健常识教育，增强身体素质，提高生命质量，教育罪犯科学认识自己、正确对待他人，提高心理调适能力，保持心理健康；科学组织罪犯参加体育运动和娱乐活动，增强体质，改善心智。对罪犯进行行为养成教育，提高文明素质，组织罪犯学习社会交往礼仪常识，养成文明礼貌习惯；学会沟通和处事方法，矫正不良行为方式，提高个人交往能力，使其能够与他人文明相处。强化劳动对罪犯的教育矫治功能，引导罪犯树立正确的劳动意识，培养积极的劳动观念，养成良好的劳动习惯，加强罪犯劳动现场管理标准化、规范化建设，推广科学文明管理方法，培育提升罪犯“爱劳动、懂劳动、能劳动、会劳动”的综合劳动素养，提高罪犯对现代化工业文明的适应能力。

对于劳动改造，需要厘清和监狱生产的联系与区别。《监狱法》第 4 条规

定：“监狱对罪犯应当依法监管，根据改造罪犯的需要，组织罪犯从事生产劳动……”第69条规定：“有劳动能力的罪犯，必须参加劳动。”组织罪犯劳动具有法定性、强制性，但并非一切生产劳动都等同于劳动改造。劳动所具有的教育价值与功能，需要有意识地发掘和凸显。一般性的机械劳作和简单重复的长时间体力劳动惩罚性明显、教育性不足、改造性模糊，新时代监狱现代化劳动改造内在要求彰显劳动对于人的价值、审美、规范、勤劳、自立等精神方面的影响塑造。就广义的改造而言，监狱建筑的威慑、狱政管理的规训、刑罚执行的奖惩乃至生活卫生的保障等无不具有改造功能价值，但泛言监管改造、环境改造等不符合监狱改造罪犯工作现代化对于改造精准深刻实践的要求。因此，应当准确严格界定现代化劳动改造的实质含义，予以更明晰厘清范畴、更精确诠释内涵、更深刻体现效果以及更高境界，使新时代监狱现代化劳动改造迥然超拔于传统意义的一般监狱劳动并摆脱重生产轻改造等现实争论。统筹而言，应注重罪犯谋生技能、劳动素养、劳动报酬、回归就业与企业发展、项目优化、生产管理、生产效益、社会效益以及教育价值、矫治功能、改造效果融合考量，同步提升，并将劳动对于罪犯的塑造影响作用更为清晰明确地凸显出来，充分发挥现代化生产劳动作为改造手段方面的作用，使劳动改造质量效果在新时代现代化发展中得到有力彰显，产生质的飞跃。

（三）培育素质，构建知识培育与能力改造体系

知识培育与能力改造体系是现代化改造体系的“基础软件”，着眼于改造罪犯知识能力的素质提升塑造。适时更新监狱对罪犯开展的基础教育教材，提高教学质量水平。根据罪犯在狱内劳动的岗位技能要求和刑满释放后就业的需要，按照人力资源和社会保障部门的标准组织罪犯开展岗位技术培训和职业技能教育。提高心理健康教育质量，引导罪犯增强心理承受和自我调控情绪的能力，提高心理素质；引导罪犯加强与他人的交流与沟通，培养建立和谐人际关系的能力。落实未成年犯义务教育纳入地方义务教育总体规划体制，根据其生理、心理和行为特点，因人施教，提高教育效果。强化对未成年犯的教育改造，贯彻“教育、感化、挽救”的方针，加强常识教育和素质提升。增加回

归社会的适应性素质能力培育比重，加强出监教育环节的针对性、时代性、科学性，以富有科技内涵的场景呈现和现实模拟增进培育效果，消除罪犯重返社会的知识性技术性障碍。

（四）把握本质，构建精神影响与文化改造体系

精神影响与文化改造体系是现代化改造体系的“根本灵魂”，着眼于人的根本和改造的本质，进入深层次的精神心灵与价值观塑造。对罪犯进行中华传统美德教育，使罪犯了解中华民族优秀的民族品质、优良的民族精神、崇高的民族气节、高尚的民族情感和良好的民族礼仪。以学会自我完善为目标，对罪犯进行审美教育，根据罪犯的兴趣、爱好和特长，构建专项教育体系，培养和开发罪犯的潜能，提高罪犯的审美情趣和审美能力；美化监所环境，增加美感元素，激发罪犯积极改造、追求美好生活的愿望和动力。以学会做人为目标，对罪犯加强价值教育和道德教育，树立和践行社会主义核心价值观。增加公民道德教育内容，使罪犯明确社会主义道德的基本原则和要求，认识正确处理个人、集体、他人的关系在社会生活中的重要意义，提高道德认识水平，培养遵守社会主义道德的自觉性。强化道德修养教育，教育罪犯掌握提及道德修养的正确方法，从小事做起，敢于自我解剖，严格要求自己，养成良好的道德品质。不断提升“三观”教育水平、质量，使罪犯科学认识世界，端正人生态度，树立正确的世界观、人生观、价值观。

二、构建监狱改造工作支持体系

（一）构建警察改造罪犯能力提升体系，为改造工作现代化提供核心支持

改造工作现代化必须以职业主体即监狱警察的素质能力构建为前提和保障。警察主体职业素质能力体系包括政治、法治、教育、文化、心理、社会等多方面知识构成以及理论实践等全方位素质本领。监狱以改造人为宗旨，改造人的素质能力无疑是监狱工作的核心素质能力。构建警察改造能力提升体系，

既是主责主业内在要求，也是监狱改造工作现代化实现的关键所在。习近平总书记指出："立德树人的人，必先立己；铸魂培根的人，必先铸己。"[1] 改造是重塑灵魂，改造人是极其艰辛复杂的综合性工作，改造能力要求具有多方面素质，有思路，善分析，底蕴厚，能讲说，文武兼备，刚柔相济，既有执法者的威严，以身作则，又有教育者的尊严，为人师表，更有悲天悯人的感化情怀，惩恶扬善，扶正祛邪，弘扬正义，战胜罪恶。改造人靠深厚的文化，武不能化，必以文化人。监狱改造人的根本价值追求一言以蔽之就是改恶向善，传统文化向上向善的中心主旨，无疑具有最深厚的学理底蕴和智慧渊源。构建警察改造能力提升体系，要将传统文化作为重要取法，增加教育感化工作的文化含量，厚植文化底蕴，努力培树提升影响塑造精神灵魂的文化改造能力。

（二）构建科技应用与管理设施保障体系，为改造工作现代化提供有力物质支持

现代科学技术应用体系构建是改造工作现代化的重要物质条件和有力支撑。改造的现代化有了科技的有力支持必将节省大量人力、物力、精力，从而事半功倍，便于集中攻克改造难题，进行重大项目攻关和改造堡垒攻坚。大数据和智慧化建设，将为改造工作现代化提供更为全面便捷的基础支持。加大利用现代信息技术开展教育改造工作的力度，不断提高监狱计算机和网络的普及应用程度，完善罪犯云教育平台基础，搭建罪犯云教育平台支撑系统，利用虚拟化等技术为云教育应用提供计算、存储和网络资源管控等基础服务。建立罪犯教育云桌面系统，实行终端统一管理，内容集中管控。构建罪犯云教育资源库，通过数据交换平台实现与大平台数据共享，提供视频点播、菜单式自主学习、罪犯危险性评估、网上技能培训等功能，建成集文化法律教育、心理健康评估、职业技能教育等于一体的综合性罪犯教育资源库。通过云教育平台自动获取罪犯浏览习惯、浏览内容、学习成绩等数据，进行智能分析研判，为警察

[1] 习近平：《在中国文联十一大、中国作协十大开幕式上的讲话》，载学习强国网，2021 年 12 月 14 日。

提供相应教育方案建议。还应开发探索现代化文化改造智慧系统，开展场景式、情境化改造体验研究探索应用，以更为深刻震撼的人生模拟智慧剧场等高端改造体验产品深化向上向善、远离罪恶的心灵改造教化实践。要以现代科技的发展成果对文化教化实践进行有效的创造性转化，实现现代化改造文明的质量飞跃。

改造工作现代化还要构建系统支持保障体系，这需要领导重视和组织政策的保障。应切实加强对改造工作现代化的领导，充分认识改造工作现代化的重要意义；形成以改造为中心的资源配置机制；加强对改造的政策性支持。应落实改造工作现代化实现的各项保障措施，在人员配备、经费保障、设施、场所、调研、督导、表彰等方面切实采取措施，为改造罪犯工作现代化的顺利推进提供有力保障。监狱应改善和优化教室、谈话室、专家工作室等教育改造场所、设施建设，根据改造罪犯工作现代化需要适时提档升级。应从政策和组织方面强化对改造罪犯工作专业化人才培养与理论研究工作的支持力度，以适应改造工作现代化的需要。要处理好改造与监管、安全、生产、政工等工作之间的关系，努力构建系统化支持保障体系，做到齐心协力，同舟共济。

（三）构建评价激励与可持续发展体系，为改造工作现代化提供长效支持

改造工作现代化是一项需要长期为之努力的系统工程，构筑评价激励机制和可持续发展体系是重要的长效方略。一是要完善改造工作现代化发展的评价体系，确定衡量标准，对改造理念现代化、改造目标现代化、改造内容现代化、改造方法现代化、改造设施手段现代化、师资队伍现代化等逐步形成评价要求并推进达标和夯实固化，确保长期坚持，形成长效机制。二是切实加大正向激励，形成激励机制体系。应当在思想政治上更关心、工作生活上更关爱教育改造岗位监狱干警，千方百计帮助干警解决工作生活中的实际困难，努力营造良好的推进改造罪犯工作现代化工作环境、氛围。通过评选个别教育能手、改造专家，职务晋升，职称评选，物质、精神等各项政策措施调动干警从事罪犯教育改造工作的积极性；严格要求，严格考核，形成对推进改造工作现代化

人人有责、人人参与、人人尽力的良好氛围。突出对现代化改造成果的奖励，在实际工作中健全改造效果具体分析评价体系，避免负面问题错误归因造成一概而论、一棍子打倒否定整体的现象。三是深化探索改造工作现代化可持续发展工作机制体系。积极建立科学的罪犯改造评估工作机制，不断创新改造罪犯的方式、方法。坚持和完善过去行之有效的经验和做法，同时，适应新阶段监狱现代化工作新要求，探索提升改造新技术、新方案、新策略，推进改造工作现代化文明新形态不断提升层次境界。

三、构建罪犯自主更生学习体系

改造工作现代化体系构建要以改造客体即罪犯为重要关注点。从罪犯作为“人”的本质属性出发，推动建立以罪犯自主学习、自觉改造、自力更生为目标的新生改造体系建设具有不可忽视的重大意义。一方面，一切改造的外力都要落脚于客体自身的认同和同频共振才能真正起作用；另一方面，一旦发动起罪犯自我主动自觉学习的更生塑造，改造引导无疑将顺风顺水事半功倍。

构建自主更生学习体系，一是要加大对学习的正向引导和激励。不学习、不知法、不明理是导致犯罪的因素之一，不善于学习，不学习传统文化，不明大学之道在明明德、致良知，就难以完善人格向上向善，甚至不懂得道德约束克己复礼，不明白己所不欲勿施于人，更奢谈仁爱助人有益于社会国家。改造人是天下最难之事，根本在于促进其自身向上向善、弃恶从善，自我向善是最重要的改造追求。一切外在的教育影响必须落脚于使改造客体主体意识觉醒，从而自我改造向善向上，任凭外界再如何影响，而能如定海神针岿然不动，再也不为恶，这才是改造的成功。单凭外在的说教影响很难奏效，有时不言之教、潜移默化反而更重要，发动内引擎，化为自觉努力，一旦自我觉醒，立志自新向上，走上正轨，可谓浪子回头金不换，外在一切努力终归有限，必须融合自我。二是加大自主化学习条件、平台、环境、氛围的改善和建设。探索新一代信息技术和人工智能对监狱改造自主化学习的支持，创造面向特殊群体、适合特殊群体、更加灵活安全的教育体系和学习方式，构建学习型改造、学习型监狱。建设具有熏陶塑造作用的改造环境和监狱文化氛围，触发改造自觉，启蒙向善因子。要通过广泛开展丰富多彩的文化活动，引导罪犯产生对于音乐、美术、书法等艺术的内心学习需求，丰富罪犯文化生活，陶冶情操，使其产生爱美求美向美而行的自觉和动力，逐渐走向美好和善良。三是建立罪犯服刑期间全过程学习体系，并加强与回归后终身学习体系相衔接融合的前瞻设计，培养持恒学习意识、学习习惯、学习能力，促进人的稳健与长远发展。四是建立学习成果认可制度。可创建一套适合改造工作现代化需要的自我学习成果认可模式，既让学习的进步和成绩有可见的形式载体，也有利于日积月累、积善成德。

第九章　新时代监狱建构形制现代化

建构形制是以建构形态和空间形态为核心的建筑类型概念，与人、聚落、自然、文化、技术、社会之间存在固有的、活跃的联系。监狱建构形制反映着特定历史时期的社会文明状态、政治经济状况、犯罪特点、刑罚特征、法律规范、监禁文化以及监狱建设理念、建筑技术、建筑文化。监狱建构形制与监狱工作有着极其紧密的联系，是监狱制度的物化体现，是监狱文明的物质载体，是监狱刑事司法工作的重要组成部分，从直观上体现着监狱工作现代化水平。

第一节　新时代监狱建设现代化理念

新中国成立以来，我国的监狱建设、监狱布局和监狱建筑均在中国社会现代化进程和时代进步的特定逻辑之下，无不深刻反映着具有时代特征的物质技术水平，无不镌刻着特定历史时期的思想文化烙印。经过70多年的实践探索，中国监狱建设从理论和实践两个方面积累了丰厚的思想文化底蕴和坚实的物质技术能力，为新时代监狱建设建构形制现代化创造了充分条件。

一、监狱建设现代化理念内涵

习近平总书记指出："理念是行动的先导，一定的发展实践都是由一定的发展理念来引领的。发展理念是否对头，从根本上决定着发展成效乃至成败。”[1] 新时代监狱建设现代化理念，不局限于新建、迁建、改建、扩建监狱建设现代化，不局限于监狱建筑的现代化，更重要的是通过监狱建构形制现代化，丰富中国监狱时代化的监管改造工作理念，彰显中国监狱工作的新发展理念和新治理理念，全面推进新时代监狱工作现代化。

（一）从全面协调发展把握监狱建设新理念

新时代中国监狱建设就是坚持全局性思维、新发展理念，统筹协调社会发展、监狱分布、监狱建设、监狱功能实现、自然环境生态保护利用等要素，有效解决监狱建设不平衡、不系统、不充分等问题，全面完整贯彻创新、协调、绿色、开放、共享的新发展理念，巩固拓展安全、适用、经济、庄重、审美的监狱建设理念，传承发扬存史、资政、弘法、教化的监狱建设理念，在监狱职能发挥方面更加相得益彰、相互促进，综合发挥对罪犯的监管改造效应。

（二）从特定职能发挥把握监狱建设新理念

监狱是国家的刑罚执行机关，监狱的管理对象、管理方式、管理内容具有特殊性。布局合理、功能齐全、安全文明、智能化的监狱建设与监狱建筑建构形制独特设计实现科学融合，有效促进实现监狱职能，维护社会大局稳定，充分释放监狱建筑在法定行刑方面的特定功能，提升罪犯改造质量。

（三）从忧患意识把握监狱建设新理念

当前，一些监狱建设领域存在不同程度的缺陷，潜藏着一定的监管安全隐患。近年来，全国监狱系统因监狱建筑问题引发了一系列案件，付出了沉重代价，如辽宁省凌源第三监狱罪犯撬开会见室门脱逃案、云南省第一监狱罪犯驾驶工程车冲破防护网和隔离网脱逃案、河北省保定监狱罪犯驾驶吊车撞开监狱大门和围墙脱逃案、陕西省汉中监狱罪犯锯断下水道隔离网脱逃案、吉林省吉

[1] 2021年1月11日，习近平在省部级主要领导干部学习贯彻党的十九届五中全会精神专题研讨班开班式上的讲话。

林监狱外籍犯通过攀爬 AB 门雨棚翻越狱墙脱逃案等。一系列案件背后的重要原因之一就是监狱建筑建构形制设计有缺陷、安防功能不健全。新时代监狱建设要增强忧患意识、坚持底线思维，切实树牢监管安全与国家安全、社会安全有机统一的监狱建设理念。

（四）从问题导向把握监狱建设新理念

当前，我国已经站在新的历史起点上，应切实解决好监狱基础设施建设不科学、不完善、不适应时代发展的突出问题和短板弱项，根本解决规划布局不够合理、建筑设施不够完善、建筑模块规划设计不够科学、建构形制枯燥单调、防控体系不够智能等各类涉及监狱工作现代化建设的问题，是新时代监狱工作现代化建设的现实需要。

（五）从借鉴传承创新把握监狱建设新理念

监狱建设应始终把改造罪犯作为监狱工作的中心任务，坚持守正创新，做到对古今中外监狱建设有益经验进行借鉴、传承、融通和创新。在实际工作中，既要重视监狱建筑建构形制融合基础性安全防范技术运用，又要充分融通现代高新科技在监狱工作全领域的现实应用；既要继承中华优秀传统建筑文化和建造理念，又要借鉴吸收国际上现代化的监狱建筑先进模式，实现监狱建筑的中国式现代化。

二、监狱建设现代化价值取向

新时代监狱建设现代化的宗旨要义在于以改造罪犯为中心任务，建设法治监狱，更好履行“正确执行刑罚，惩罚和改造罪犯，预防和减少犯罪”的监狱工作职能，维护监狱安全，国家安全、社会安全和人民群众的生命财产安全。

（一）巩固监禁功能

监禁惩罚是监狱建设、监狱建筑承载的基本功能。提高监狱建筑建构形制设计、基础设施建造技术现代化水平，增强监狱安防警戒能力，增强物防、技防等设施设备的高新科技应用，对于提高“智慧监狱”建设水平，实现监狱监禁功能的巩固和强化具有重要意义。

（二）增强改造功能

改造罪犯是现代监狱建筑功能的主要内涵，建立以改造人为中心的功能布局，牢固树立所有监狱建筑都是实施罪犯改造的物质载体的理念，通过监狱建筑建构形制的独特规划设计，赋予监狱建筑特定的教育意义。

（三）助力监狱治理

监狱基础设施现代化对监狱治理模式和治理能力现代化建设具有强大的外部推动力量。监狱建筑建构形制在推动监狱治理模式转型、促进制度执行力的提升、助力监狱治理能力现代化方面具有积极作用，有助于推进现代化法制实施和法治监狱建设，有助于促进监狱治理能力现代化水平的提升。

（四）融合地域特色

监狱建筑应在遵循监狱建设国家标准的基础上，将各种有利于罪犯改造的地域有益元素融入监狱建筑建构形制中，实现地域文化表达和文脉传承，释放建筑的美学价值对罪犯精神洗礼、思想改造的潜移默化的影响。

（五）发挥社会效应

监狱建设不仅被动反映着一定历史时期的社会发展面貌，也具有促进社会发展的意义。监狱建设有助于促进严格、规范、科学和文明的刑事司法，充分保障罪犯服刑改造生活权益，展现科学、文明管理的法治效应，彰显法治威严，维护司法公信力。

三、监狱建设现代化推进原则

监狱建设现代化必须牢牢把握改造罪犯这一中心任务，遵循事物发展的逻辑规律，重视监狱建设布局的科学规划与设计，重视监狱建筑功能的实现，重视人文理念，力求与社会发展保持同步。

（一）统筹规划

事前规划至关重要，规划科学是最大的效益，规划失误是最大的浪费，规划折腾是最大的忌讳。在监狱建设布局上应坚持地域分布均衡的原则，充分利用、优化整合全社会资源，在监狱建设选址上统筹自然地理环境、地域文化环境、社会发展状况等条件，充分考量供水、供电、交通、各类污染源等各种因素。在监狱功能实现上统筹监狱建筑建构形制建造、高新科技赋能等因素，促进监狱工作质量提升。

（二）有机衔接

监狱外部环境变化、社会政治经济发展、国家刑事政策调整、现代科技进步、监狱治理体系与治理能力的提升、押犯数量及构成情况变化、监狱与驻地社会关系等因素，都会不同程度影响监狱布局建构形制与监狱建筑建构形制功能的实现，在整体推进新时代监狱现代化建设进程中必须做到各项工作开展、各项功能实现的有机衔接。

（三）分层实施

国务院规划部门负责统筹监狱现代化建设推进进程，积极推进完善中央、省级两级监狱管理体制，加快推进地市所属监狱收归省级直管。单体监狱现代化建设在总体规划层面上确保一次性到位，在改建、扩建、迁建、新建监狱建设具体实施层面上，克服原有环境、空间、技术、惯性思维等不利因素的制约，按照先建主体建筑、后建配套设施的原则，合理规划设计建设方案，分阶段、分项目、分程序实施。

（四）循序渐进

新时代监狱工作现代化是一项顺应社会经济文化发展和适应时代科技进步

的进程。监狱建设现代化主要表现为基础设施等硬件建设的逐步完善和软件设施、设备配备的逐渐完善。应做到逐步适应社会接受力，融合地域人文特色，融合地方经济社会发展实践，最终实现新时代监狱建设现代化的新形态。

第二节　新时代监狱环境生态建设现代化

生态文明建设是新时代中国特色社会主义的重要内容和重要特征。加强生态文明建设，是贯彻新发展理念、推动经济社会高质量发展的必然要求。环境生态建设是新时代监狱工作现代化建设的重要内容，监狱建设应统一规划、合理布局，并纳入当地城市和地区的总体规划，各项公用设施应尽可能利用当地提供的社会协作条件，包括当地的自然地理环境条件和社会发展环境条件。

一、监狱环境生态要素

生态兴则文明兴，生态文明是人类文明发展的历史趋势，是人类与自然实现协调发展的重要表现，是建筑在文化、知识、教育和科技高度发达基础之上的文明，生态文明涵括人类一切文明成果。监狱环境生态是新时代监狱现代化的基本表征。

（一）自然地理环境生态要素

自然环境生态对人的生活有重要意义，对人的犯罪行为亦有一定影响，自然灾害、地域特征、气候、季节和时间对犯罪行为均有影响。监狱所处的自然地理环境生态对监狱有着全面的、深刻的、潜移默化的影响。经过科学论证、巧妙设计，充分利用监狱驻地所属的自然地理环境资源的优势元素，将其统筹纳入监狱建设的规划设计方案，将新时代监狱建设现代化命题纳入自然地理全环境生态系统中思考，实现监狱建构形制对罪犯正向影响功能最大化。

（二）地域人文环境生态要素

每处地域都有其独特的信仰系统、认知环境等人文历史积淀。地域人文环境生态对监狱工作的影响要比自然环境生态来得更为深刻。文物古迹、革命活动地、现代景观、地区和民族特殊人文景观对监狱建设均具有积极意义。因此，经过科学论证、智慧设计，将其中蕴含的适合监狱教育改造罪犯的元素、适合监狱工作健康发展的元素有选择性地统筹纳入监狱建设的规划设计方案，实现监狱建构形制对罪犯正向影响功能最大化。

（三）社会政治经济环境生态要素

社会政治经济环境是新时代监狱现代化建设的重要社会支持系统。社会结构、风俗习惯、生活方式、文化传统等，对人的思想观念、思维方式、行为特征影响深远。需要进行精心选择，将其中有助于监狱教育改造罪犯的内容以及促进监狱工作健康发展的有益元素，纳入监狱现代化建设的规划设计方案，使监狱建构形制助力监狱监管改造罪犯工作高质量发展。

二、监狱外部环境生态构建

监狱外部环境生态构建重点在于把外部环境生态效益更好转化为政治效益、社会效益、文化效益、监管效益、改造效益、经济效益、安全效益等。新时代监狱现代化建设必须把生态和安全放到更加突出的位置，统筹做好监狱功能布局、监狱建设布局、监狱发展布局，使其更加适合罪犯改造的经济需要、生活需要、生态需要、安全需要。

（一）突出标志性外观标识特色

标识作为一种文化符号，对于向外界传达人、事、物的性质特征信息具有重要意义。标志性外观不仅展示建筑之美，而且传达建筑设计者的理念与追求。要提升监狱标志性外观品质，应在基础结构不变的情况下进行外观改造，增加统一标识。根据监狱戒备等级、改造特色、地域特点等设计个性化标志性外观。

（二）加强监狱与周边建筑物理隔离

监狱建设对驻地周边外部环境有着独特的要求，需要实现必要的物理隔离。总体来看，监狱周边高层建筑物日渐增多，极易导致威胁监管安全意外事件和涉狱不良舆情事件的发生。对此，监狱建设应加强应对。比如，加强宣传引导，狱墙外侧安全距离内禁止建造高度超出狱墙高度的各类建筑物，严肃惩处相关违规违纪违法行为，在狱墙外侧符合标准要求的位置种植高大茂密树木进行有效遮挡等。

（三）统筹监地政治经济社会性联通

监狱布设建造应统筹观照省域优势城市、优势资源，主动纳入当地城市和地区的总体规划，各项公用设施应尽可能利用当地提供的社会协作条件，适度、合理、科学吸收驻地自然人文环境优势资源、优越理念，与驻地周边自然、人文风貌的文化价值相融合，尽量减少对驻地自然风貌和社会面的消极影响。统筹监狱驻地城市政治环境优势资源、社会环境优势资源、经济发展环境优势资源，实现互联互通，提升新时代监狱工作现代化建设水平。

（四）构建契合监狱需求的地缘环境

人是自然地理环境的产物。新时代监狱建筑建构形制应充分借鉴现代人居环境学的科学知识，融合中华传统建筑建造理念，遵循天人合一、借景造景思维，为监狱的刑事司法和刑罚执行工作服务，彰显中华文化海纳百川、博大精深的精神特质，增强文化的适用性、影响力，增强中华文化的时代自信。

三、监狱内部环境生态构建

新时代监狱工作现代化是符合人与自然和谐共生理念的现代化，应科学合理规划监狱内部的监管空间、改造空间、生产空间、生活空间、生态空间，处理好监狱工作和生态环境和谐共生的关系。监狱内部环境生态应表现为秩序井然良好、风格典雅简洁、氛围轻松沉静等美好特性。对监狱内部环境进行立体式、全区域规划设计，利用绿植、雕塑与建筑的协调搭配，营造、烘托优美的狱内景观生态环境，塑造宜于罪犯服刑改造生活的具有公园、花园、植物园特征的现代化新型监狱，有利于提升罪犯养心练性的效果，提升罪犯改造质量。

（一）强化全环境惩罚改造功效意识

监狱建构形制的本质功能在于惩罚与改造罪犯，应全力构建全环境立德树人新格局，营造良好的惩恶育新氛围，教育引导服刑罪犯坚定理想信念、强化“三观”塑造、养成良好思维行为习惯和良好品行；服务于监狱组织罪犯开展教育、参加劳动和妥善安排服刑生活，保障罪犯全身心投入服刑改造生活以顺利完成服刑改造任务。监狱内外环境建设的宗旨在于增强全环境惩罚改造功效，服务于监狱警察的狱内执法，提高改造质量，从而为社会输出守法公民。

（二）构建具有中国特色的监狱建筑聚落

大墙之内整体环境格局规划、建筑聚落的建构形制及布局、一草一木的设计搭配等整体性的规划与塑造应围绕监狱功能做文章。应统筹兼顾建造出有利于监狱功能释放、监狱职能实现，凸显中国特色和时代特征，体现新时代监狱现代治理理念、先进文化氛围、文明司法氛围的狱园环境。要建成具有一定美学价值能够体现新时代监狱形象的监狱建筑。

（三）优化监狱各功能区空间环境生态

要把绿色发展理念贯穿到监狱空间环境建设、监管改造各功能区规划设计等各个方面。监狱内部各功能区环境生态建构要注重刑罚执行这一核心功能，要注重监狱工作各专项功能，比如，餐饮、教育、医疗、惩戒等，充分考虑地域气候、地域人文、风俗传统、民居文化、园林建筑文化等因素，内部环境生态应与重点功能契合。监狱内部各功能区环境生态建构需要充分考虑相关配套设施与监狱空间环境生态相得益彰，增强建构形制及其配套设施现代化功能实现，体现功能区环境生态现代化特征。

第三节　新时代监狱布局建构现代化

新时代加强监狱布局调整是惩治与改造罪犯、维护国家安全和社会稳定的现实需要。科学合理的监狱布局有利于宣传监狱事业，塑造监狱系统整体政治形象，有利于警察队伍革命化、正规化、专业化建设，打造政法铁军，有利于充分释放现代高新科技在监狱工作中的应用效能，切实提高罪犯改造质量，有利于实现监狱地域分布的均衡性，实现监狱职能具体功能分布的平衡性，从而实现监狱建设的全面发展。

一、优化监狱地域布局

借助大数据平台信息、利用大数据技术进行科学研判，全面客观地分析社会发展诸多要素对监狱工作的影响，科学分析监狱工作对地域社会发展的政治效果、法治效果、社会效果、经济效果方面的积极意义，有助于监狱地域布局现代化具体实现方式的顶层设计和决策。

（一）考量押犯规模布设监狱

通过大数据技术，综合研判评估省域以内犯罪现象发生规律、地域分布规律等数据信息，统筹监狱戒备等级、罪犯分级分类管理、女犯犯罪现象发展趋势、未成年犯犯罪现象发展趋势、特类（病犯、精神病犯、外籍犯等）犯罪发展趋势等数据信息。统筹考量罪犯押解、犯属会见、罪犯刑满释放、社会帮教、社会警示教育、交通条件、异地关押、国际关系等诸多因素，科学合理设定监狱押犯规模。按照收押规模分布合理的原则布设监狱。

（二）依托地（市）级行政区划布设监狱

综合评估地（市）级行政区划内地域自然地理生态环境条件、地域文化特色条件、人口社会发展文明程度、城市社会功能完善条件、经济科技发展条件、地（市）级行政区划社会承载力等诸多要素，按照地域分布均衡合理的原则布设监狱。原则上每片地（市）级行政区划范围内至少布设一所监狱。政治、经济、社会、自然环境、历史资源条件相对较好的地（市）级行政区划范围内可适度增设监狱数量。

（三）选择省域优势城市布设监狱

省域优势城市主要是省会城市、重点城市、优势产业城市、交通便利城市、辖区面积较大城市等。这些城市普遍优势表现为基础设施建设完善、社会资源丰富、优势医疗条件完善、优势教育资源丰富、社会治理成效突出、就业和发展机会较多、文化生活丰富、生活便利。优势城市对提高人的格局见识、开阔人的思维眼界有积极意义，能够为监狱工作现代化建设提供良好的外部环境。为此要在综合评估、科学分析研判的基础上，参照监狱工作各类数据，有选择地布设监狱。

（四）兼顾地缘生态环境布设监狱

要站在人与自然和谐共生的高度谋划监狱地域布局。在监狱选址规划上统筹节约资源和保护生态环境，兼顾地域地理环境、资源禀赋、经济发展、社会交流、发展战略等基本地缘生态环境要素，兼顾监狱建筑空间格局设计、建构形制、产业结构、生产方式、生活方式、监狱功能实现等与监狱建造相关的要素，科学合理布设监狱。实现监狱建造与社会、自然和谐共生，融入地域社会发展大局，融入地域自然人文环境，融入地域发展历史，为子孙后代留下时代文明印记。

二、推进监狱功能布局

监狱功能布局现代化着眼于监狱功能分布的规划和设计，有利于科学分类关押罪犯或者科学分配罪犯异地关押，促进监狱功能更好实现，促进教育改造工作质量提升。在科技发展、信息交流、交通物流、国际交往现代化程度日益先进的社会环境下，监狱功能布局应着眼于社会发展趋势、罪犯刑释后生活状态的各种可能和平安中国建设，重点防范罪犯刑释后结伙、交叉、流窜作案。

（一）科学布设不同戒备级别监狱

依据警戒设施、监狱警力配备、监管技术装备、管理体制、罪犯人身危险性、罪犯活动范围等因素将监狱分为高度、中度和低度戒备三个等级，分别关押具有相应危险程度的罪犯，并建立相应的管教体制、机制。运用大数据技术，通过分析研判区域经济、社会、自然环境发展条件，因地制宜，在省域范围内按照不同戒备等级科学布设监狱。为此，建议国务院相关部门统筹全国监狱状况，全面科学评估地区条件，在全国范围内设立若干所隶属司法部直接管理的高度戒备监狱的可行性。

（二）合理布设男犯女犯监狱

历史上，由于身体素质因素、性别差异、文化传统、犯罪现象内在逻辑规律，女性犯罪发案率远低于男性，因此男犯监狱数量占比一直在九成以上。随着各种复杂因素的影响，近年来，女性犯罪数量明显增多，监狱在押女犯人数呈现连年上升趋势。从犯罪人数性别比的变化曲线看，女犯人数占比日趋上升。针对这一社会现实，有必要增建或改建女犯监狱，全面评估省域内各地域经济、社会、自然环境条件，深刻论证男犯监狱、女犯监狱布设方案，实现合理布设。

（三）适当布设特类罪犯监狱

特类罪犯主要是指病残犯和外籍犯。病残犯是权威专业机构认证的患病、中高度残疾罪犯，包括入监前和服刑期间出现的发病或致残等情况，主要是：大病病犯、重症病犯、传染病犯、精神病犯、中高度残疾犯、70 岁以上老年犯等。从监管条件硬件建设及配套设施建设、科学优化警力资源配置、合理优化病犯护理力量、保障监管工作质量效率、提升我国监狱工作国际形象等综合因素考量，省域范围内有必要设立特类罪犯监狱。

三、完善监狱内部结构布局

监狱内部结构布局是指规划设计监狱内不同建筑和功能区区域分布的活动

和结果。应坚持先进理念统筹指导，优化监狱内部建筑、建筑聚落功能布局，提升监狱内部结构布局现代化水平，提升特殊类型监狱建筑结构功能布局以及各单体建筑结构功能布局科学合理性、现实适用性，努力减少设计缺陷和不足，减少建造缺憾。

（一）改进监狱建设国家标准

《监狱建设标准》《监狱建筑设计标准》是当代监狱建设、监狱建筑、监狱内部结构布局应该遵守的国家标准。随着中国式现代化进程快速推进，国家政治文明、社会文明、经济文明、物质文明、精神文明、生态文明程度不断提升，法治建设和高新科技发展水平不断提高，监狱建设国家标准应做与时俱进的改进和完善。应着重强化监狱建设国家标准制定、建设规划和建筑设计的科学论证，强化基础理论研究。着重研究贯彻落实新时代新发展理念、先进建筑理念、新型建筑材料、现代建造技术、社会各类资源对监狱各类具体业务工作标准和要求的积极影响。着重研究现代高新科技对监狱建筑功能、监狱监管改造工作的影响，力求使国家标准体现时代特征和现代水平。

（二）科学利用监狱土地资源

监狱建设用地过多则狱内空间空旷，不仅浪费土地资源，而且会对人的思维、意识、行为产生不良影响；监狱建设用地过少则狱内空间拥挤，亦不利于监狱工作健康发展。为此，要坚持实事求是、科学布局、节约用地的原则，科学、合理、高效利用土地资源，做到监狱建设用地规模适度，从而实现押犯规模与监狱建设用地规模科学适配。

（三）分级分类布设监狱建筑

监狱建筑建造要始终坚持有利于监狱的监管安全、教育改造、组织罪犯生产劳动和罪犯生活保障等具体功能实现。监狱内部的建造格局、规划设计、建筑功能等可根据不同戒备等级、不同关押类型、不同监管功能的建筑实际需要进行建造。要充分考虑重点收押监管对象、监狱劳动生产项目、劳动工种等内部分级、分类的科学化和狱内建筑区位布设的合理性。

（四）丰富功能建筑建构形制

一般而言，在监狱内分布有多个建筑或者建筑聚落，这些建筑或建筑聚落承载不同功能，如罪犯监舍生活活动场所、罪犯接受教育改造场所、罪犯就医诊疗场所、罪犯生产劳动改造场所、罪犯亲属会见场所、警察办公场所等。这些功能建筑建构形制应有利于充分释放监管改造资源潜能，有利于调整监狱生产结构，促进罪犯生产习艺和劳动改造，有利于为罪犯服刑改造提供安全、适宜的环境，有利于落实从优待警改善监狱警察职工工作条件。

（五）利于建筑模块智慧联通

没有信息化就没有现代化，基于大数据、信息化、人工智能技术建设的数字监狱，将是新时代监狱建设现代化的重要标志性特征。在监狱内部结构布局规划设计中，应尽最大可能扩大信息技术、人工智能技术、大数据技术等现代高新科技在监狱工作各个领域、各个建筑模块上的应用覆盖面，高效实现互联互通，并为未来可能的发展预留宽松的空间，为无生命的建筑、建筑聚落装上智慧的大脑，从而优质高效完成各项工作任务，实现监狱惩罚与改造罪犯的职能。

（六）确保建筑工程质量过硬

工程质量关系监狱建设的根本性、全局性问题，要坚持以安全为中心的建设思想，贯彻总体国家安全观，进行监狱建筑工程施工规划。周密制订施工建设计划，按施工规律科学确定项目工期，加强施工组织与调度，有序有效推进工程建设。健全质量保证体系，严格监督检查和检验，确保建筑材料、建造技术、建筑安全规程符合国家标准，提高工程质量，确保工程质量合格率达到100%。杜绝因建筑工程质量引发重大安全事故、重大监管事故、涉狱不良舆情事件。

第四节　新时代监狱建筑形制现代化

新时代中国监狱的建筑形制，要着眼监狱惩罚改造功能完善升华，承续中国传统建筑文化、法治文化精髓，融合现代科技文明特质，形成富有时代特征、具有中国风格的监狱建筑构造模式，充分保障监狱刑罚执行功能实现，展示监狱文明发展程度，呈现中国特色社会主义监狱工作现代化新形态。

一、坚持监狱建筑形制现代化整体推进

监狱建筑形制涉及法学、监狱学、建筑学、美学等多个学科，文化传统、地域风俗、刑罚执行等多个领域。要坚持系统思维，以党的监狱工作方针为统领，将新时代监狱建设、监狱建筑、建筑建构形制作为一个有机整体，进行全局性谋划、战略性布局、整体性推进。总体来看，监狱建筑形制可以大体分为十大功能模块，包括监狱大门围墙功能模块、罪犯监舍功能模块、教育改造功能模块、监狱劳动习艺功能模块、罪犯伙房餐饮功能模块、监狱医疗卫生功能模块、罪犯会见功能模块、监狱物流中心功能模块、监狱警务勤务功能模块、监狱武装警戒功能模块建筑形制。在这十大功能模块建筑形制的规划、设计和建造上，要坚持整体性思维，围绕监狱惩罚与改造罪犯的特定职能，把增强和实现监狱的整体功能放在第一位，实现监狱建筑建构形制整体和局部、宏观和微观相统一，确保整个监狱建筑聚落系统、所有单体建筑组织合理、要素完备、效能相得益彰，避免任何建筑或建筑聚落的建构形制、功能效应失格失序、移位错位。同时，要努力实现建筑艺术与监狱监管改造罪犯需求在建筑形制上的融合，将监狱建筑放在“人的延伸物”和“法律的延伸物”的宏观视野之中，深刻把握隐藏在监狱建筑、建筑形制背后的法律价值和教化功能，探索新时代中国特色社会主义理论体系的价值映照、形式语言、空间类型在监狱工作领域的展现与再造，通过技术使用上的现代化、形制设计上的逻辑感、建筑美学上的感染力，有效塑造罪犯的精神和灵魂，实现监狱建筑形制在“身心、本体、交互”三种延伸途径上

对监管改造罪犯效应的提升，创新发展新时代监狱建筑形制文明新形态。

二、增添监狱建筑形制现代化法治要素

监狱建筑及其分布构成监狱的器物形态，监狱建筑设计及其价值，不仅在其器物实用功能，还在其承载监狱形象、法治文化等功能。推进新时代监狱建筑形制现代化，要坚持将全面依法治国战略贯穿监狱建设领域，以法治理念、法律规范为基准对监狱建筑形制进行逻辑化的理性思考，在监狱建筑形制上彰显刑事法治要素，将法治精神及诸种要求体现运用于监狱建设、监狱建筑、监狱建构形制等各方面。以监狱大门围墙功能模块建筑形制为例，监狱是人民民主专政的工具，需要彰显国家机器的权威；监狱是国家政法机关，需要彰显法治的庄严；监狱是刑罚执行机构，需要彰显刑罚的威严。至今，能够代表中国监狱法治特色的监狱大门建筑形制规范性标识还未形成。古代监狱大门常见的形象元素是石狮和狴犴头像，山西洪洞县衙监狱大门的外观要素构成中，石狮是重要元素，入内则有标志性的虎头牢。此类以法律文化为主体的、整合多种文化象征意义于一体的标志物，成为古近代中国监狱的法治表征。在推进监狱工作现代化实践中，应该高度重视监狱大门建筑形制建设，在建立全国监狱标志性外观规范的基础上，增添法律色彩、法治要素，彰显监狱威严庄重的法治形象、警示震慑犯罪的法治功效。再如监狱围墙建筑形制，亦须在统一的基础规范之上，推进各具特色的、具有更高价值追求的建设发展。在高、中、低戒备等级监狱围墙设计上，高度戒备监狱围墙可以适度增高加厚，中度戒备监狱可以基本保持现状，低度戒备可以研究探索通过半镂空或半透明形式，甚至全镂空或通透式来体现。同时，监狱建筑的法治要素也不必一副面孔，以传统文化教育为改造特色的监狱，可以多采用一些复古性法治元素；以关押未成年犯为主的监狱，可以多增添一些适合青少年特点的法治要素；以关押外籍犯为主的监狱，可以采取国内外多种法律文化元素杂糅的法治要素，以体现包容与相互尊重，彰显中国监狱的制度自信、形象自信、发展自信。

三、突出监狱建筑形制现代化安全需求

安全是监狱工作的底线，监狱一切建构形制必须满足安全需求。监狱建设、监狱建筑、监狱建构形制的规划设计和建造必须“超前谋划，未雨绸缪”，坚持底线思维，增强忧患意识，不断提高现代化监狱安全防控能力，着力防范化解各种风险挑战，满足现代化监狱安全防范功能需求。例如，统一全国监狱的监区押犯规模标准，据以规划罪犯监舍功能模块建筑规模，设计监区建筑形制。监舍建筑层数一般以狱墙高度为限设定，也可以建造高层监舍建筑，高出狱墙部分楼层应预设专门防范措施，高出狱墙高度、朝向狱墙外部的楼层窗户应设计在楼层墙体上半部位置，防止罪犯观望狱墙以外的环境状况，诱发不良动念，同时防止监狱外部高层建筑内人员窥视狱内罪犯生活场景。适度扩大监舍面积，统一监舍押犯数量标准，据以规划设计罪犯床铺配备，并将双层、多层床铺改为单层床铺，解决监舍监控覆盖不到位、不全面的安全隐患问题。监舍门旁外侧墙壁可设计格式壁橱，存放罪犯个人日常生活常用物品及洗漱用品，有利于监控全覆盖，便于清查，防范罪犯藏匿危险、违禁、违规物品，引发监管安全风险隐患。

四、推进建筑形制现代化功能创新

新时代监狱建筑建构形制现代化建设，要紧紧围绕监狱改造罪犯这一中心任务，注重监狱改造罪犯功能实现，使监狱的建筑更有助于罪犯改造。比如，优化监舍建筑内部建构形制，监舍建筑体一般以内走廊、楼道建构形制设计建造，走廊、楼道居中，两边是监舍和其他功能用房。内走廊、楼道建造应适度加宽，既有利于罪犯精神放松，缓解焦虑、紧张情绪，又有利于紧急疏散，防止出现聚集、拥挤现象，还有利于警察执法和对罪犯的管理。罪犯伙房餐饮建筑是监狱中最为重要的基础设施之一，应选择合适方位，统筹气候、季风、地理环境、地势等要素布局建造。监狱医疗卫生功能模块建筑形制应具有能满足应对突发重大公共卫生事件或重大疫情时在押犯疏散、封闭、隔离、观察、治疗需要的备用监房。

监狱机关还要高度重视警务勤务功能模块建筑形制创新。监狱警务勤务功能模块建筑是监狱建筑聚落的重要组成部分，是监狱工作的指挥中枢、警务中心和警察大本营，需要统筹推进机关办公功能区、监狱刑罚执行办案中心功能区、警察备勤功能区、警察警训功能区等现代化建设。例如，建造“监狱刑罚执行办案中心”功能区，将监狱刑事司法办案文书相关工作与罪犯监管功能区物理隔离，实现刑罚执行案件办理、司法文书制作、涉密资料整理、涉密数据统计、罪犯副档管理等工作保密化运行。有效净化警察与罪犯的关系，确保警囚关系界限清晰，推进监狱执法工作的法治化、正规化、职业化、专业化。警察备勤区功能建构，应采用宾馆式单间备勤房模式，日常工作状态下作为警察备勤人员单人宿舍使用，遇到突发重大公共卫生事件时能够满足单人隔离备勤需要。警察警训功能区建构形制应体现法治文化、时代特征、地域特色、教育培训功能，合理规划警察体能训练区域、技能训练区域、教育培训区域及文体活动区域。警务办公区周边场所的主要功能是供警察文化娱乐、健身等活动使用，具备条件的可建设绿地、亭台楼榭、幽径花园、小型池塘湿地等人造景观，体现新时代人与自然和谐共生的环境建设现代化理念。

第十章　新时代监狱科技文明新形态

习近平总书记在党的二十大报告中对建设网络强国、数字中国作出战略部署，为以信息化推进中国式现代化指明了前进方向、提供了根本遵循。新时代监狱信息化建设就是要实现监狱工作的科技文明新形态，以信息化驱动引领监狱工作的新实践，为平安中国建设作出新的更大贡献。

第一节　新时代监狱科技文明新形态内涵

新时代监狱工作科技文明新形态是各种先进、实用的科技文明成果在监狱各业务领域普遍应用并充分发挥效能的新形态，是科技文明推动监狱实现治理体系和治理能力现代化作用充分发挥的新形态。

一、中国监狱信息化建设发展现状

党的十八大以来，习近平总书记深刻洞察信息革命发展大势和国内国际大局，就信息化在社会主义现代化建设全局中的重要地位和作用等发表一系列重要论述，全国监狱系统坚定贯彻习近平总书记关于网络强国、数字中国的重要思想，按照司法部工作部署，全力推进网络安全和信息化建设，信息化管理应用体系基本形成，全国监狱信息网络实现互联互通，云计算、大数据、物联网、人工智能、移动互联网等现代科技手段得到一定运用，信息科技与监狱各项业务初步融合，各类信息资源得到汇聚共享，上下贯通的指挥调度体系初步形成，智能分析研判预警效能初步显现，监狱整体工作智能化、智慧化水平不断提升，全国先后有近250所监狱建成“智慧监狱”，信息科技工作取得长足发展，形成了一系列的实践和理论成果，不仅为不断提高我国监狱管理水平和罪犯改造质量提供了支撑和保障，也为全面推进新时代监狱工作现代化建设打下了坚实基础。

在充分肯定全国监狱信息化建设所取得成绩的同时，也要看到其存在的一些短板和弱项，例如，在业务系统数字化过程中对各系统的数据共享进展较慢，存在数据重复录入、不能全面联通、数据交叉矛盾等问题，在一定程度上增加了警察的工作量；在指挥调度系统集成化建设中对各安防子系统的集成较为简单，未能真正显现和发挥指挥调度系统强大的融合能力和指挥调度能力；在新技术、新产品的现代化应用中评估和结合不足，造成部分技术和产品在监狱系统应用中呈现不适用性等。针对信息化建设中存在的若干问题，在监狱工作现代化过程中应当秉承“平台服务体现便捷、安全维护体现周密，解放警力体现务实，促进业务体现高效”的理念，进行总体策划和科学研判，打造全国监狱的科技文明新形态。

二、新时代监狱工作现代化的科技内涵

新时代监狱工作科技文明新形态应体现的科技内涵具体体现在以下六个方面：

（一）信息化设施更加完善，完全满足监狱各业务的需求

全国监狱信息化设施建设迈上新的台阶，全国监狱“网络高速公路”联通至每一名基层警察桌面，网络传输能力大幅跃升，完全满足各类数据传输需求，监狱基础算力完全满足应用需求、智能算力达到较高水平、超级算力作用充分发挥，司法部至各省（区、市）大数据中心全面建成，大数据智能分析研判在监狱现代化管理方面发挥更大作用。

（二）业务领域全部实现数字化，信息科技与业务工作实现深度融合

监狱行政办公、刑事执行、队伍建设、劳动改造、罪犯管理、政务服务等全业务、全流程实现数字化，各业务综合集成、高效协同，信息科技与监狱各项业务深度融合，在解放警力、提升监狱管理现代化水平方面充分发挥作用。

（三）技防设施更加智能、完备，监狱安全防范能力大幅提升

全国监狱全部建成立体化、智能化的安全技术防范体系。技防设施齐全、功能完备，监狱全方位、立体化安全防范能力和水平大幅提升。技防手段智能化全面普及，实现对监管区域内地面和空中范围内人员、车辆、物品的全时空、智能化管控。

（四）网络和信息系统持续安全稳定，网络安全保障和防御能力全面加强

网络安全更加巩固，安全预警、防范、处置和应急响应能力全面提升，防病毒、抗攻击、防入侵、安全态势感知等设备设施全面配备，网络和信息系统全面实现国产、自主可控，网络和数据安全保护技术水平全面升级，保密科技水平显著提高。

（五）指挥调度科技保障更加有力，应急处突能力全面提升

全国监狱系统全面建成反应迅速、指挥顺畅的应急指挥调度平台。应急指挥人员、交通、装备等保障措施到位、功能完备，监狱专用通信系统全面联通，量子、卫星及新一代通信技术全面应用，与实战结合的监狱通信保障水平大幅提高。

（六）科技创新体系更加完善，科技创新能力显著提升

与监狱现代化相适应的科技创新体系更加健全，科研体制机制建设更加完善，高素质的科技创新人才队伍不断发展壮大，各层次人才力量充实，监狱信

息科技标准体系更加完备，科技自主创新对监狱现代化建设发挥的作用明显显现。

三、新时代监狱信息化建设的原则

新时代监狱信息化建设应以习近平新时代中国特色社会主义思想为指引，深入贯彻落实党的二十大精神，按照司法部统一部署，紧紧围绕以信息科技支撑和保障新时代监狱工作现代化建设进程，努力为建成新时代监狱工作现代化发挥信息科技支撑作用。新时代监狱信息化建设应坚持以下原则：

（一）坚持顶层设计，统一规划。加强对新时代监狱工作信息科技建设发展的顶层设计，坚持统一规划，统一标准，统筹谋划，整体推进。

（二）坚持科技引领，融合创新。强化科技驱动，提升创新能力，重视信息科技攻关、研发和应用，不断推动信息科技与监狱业务深度融合，构建涵盖监狱业务全域的科技创新体制，以信息化不断推进监狱工作现代化进程。

（三）坚持安全为先，务求实效。全面加强网络和信息系统安全保护建设，提升安全防护能力和水平。立足监狱工作实际，让更多科技成果融入监狱工作中，确保新时代监狱工作的信息化建设取得实实在在的效果。

（四）坚持人才为本，高质发展。努力建设规模与任务相适、结构合理、素质优良的监狱信息科技人才队伍，不断激发科技人才的创新活力。充分发挥信息科技对监狱现代化的支撑、引领作用，以信息化推动监狱工作高质量发展。

（五）坚持服务警察，提能增效。着眼安全核心，聚焦刑罚执行、狱政管理、生活卫生、教育改造、狱内侦查、劳动改造等基础业务工作，服务监狱警察、解放警力，以信息化推动各类业务工作的规范化和数字化。

第二节 新时代监狱信息化建设与应用

新时代监狱的科技文明新形态是对既往监狱信息化的一种升级，意味着更透彻的感知、更广泛的互联互通、更深入的智能分析，也意味着监狱不同部门和业务系统之间更便捷的信息共享和协同，更合理地利用资源以作出最优决策，及时预测和应对潜在风险、突发事件，目的是协调各职能部门，整合优化现有资源，为监狱管理营造一个良好的环境。因此，建设以大数据、云计算、物联网和人工智能等技术为核心的科技文明新形态监狱，最大限度地汇集整合、高效配备、感测分析监狱人力、设备、信息等资源，推动监狱基础设施和管理的智能化，提升整体运行效能和智慧化管理水平，不仅是创新监狱管理模式的途径，更是建设现代化监狱的体现。

一、新时代监狱工作信息化设施建设

随着社会的不断进步和科技的不断发展，监狱管理也在不断升级、变革与创新，信息化基础设施建设应该更加完善，并达到新的高度和水平，实现监狱管理的高效化、智能化和精细化，以适应社会发展的需求。

（一）“信息高速公路”建设

在网络获得高速发展和应用普及的同时，其用户群体和外部环境也发生了巨大的变化，现有网络已经被推向其能力的极限，并面临着严重的挑战，其问题也越来越明显地暴露出来，主要集中在安全、可信、可管以及对新应用、新设备和新技术的支持和支撑问题上。随着社会新技术和新应用在监狱的落地实施，网络卡口的现象已经凸显，例如，目前的监狱网络现状已不能满足前端高像素相机对于高带宽的需求、各类报警信息对于低延迟的需求、远程控制对于高可靠性的需求等，因此建设一条部省两级司法行政机关和监狱管理机关的“信息高速公路”势在必行。

“信息高速公路”的建设以下一代网络为基础，是一种多业务和多网络的高效融合网，是包括一系列新技术和新应用的全新因特网架构，可有效支撑物联网、云计算等信息化应用的网络模式，它将拥有更高的速度和带宽，更低的延迟和更高的可靠性，更智能和优化的网络管理，更广泛的覆盖范围和更高的可扩展性以及更安全的网络环境，能够为现代化监狱的各类虚拟现实技术、流媒体技术、无线技术、网格技术、网络存储技术的应用奠定基础。

1. “信息高速公路”组网模式。要打造新的“信息高速公路”，关键是要采用合适的较为先进的技术、方法和手段进行组网，随着网络技术不断发展，许多新的网络组网模式不断涌现、成熟和应用于实践，目前最为成熟和适合未来发展的网络组网模式为光因特网、量子因特网、语义网和全息网四种新型网络，监狱要根据自身环境、应用场景、科技发展程度选择适合自身的网络组网模式。

2. “信息高速公路”网速设计。网速设计分为两个环节，其一是省域监狱管理机关内部网络设计，宜采用 40/100GbE 作为下一代内部网络构架，其将为新一波更高速的以太网服务器连通性和核心交换产品铺平发展之路，它能够满足数据中心、运行网络和数量越来越多的应用的带宽需求，而数据中心内部虚拟化和虚拟机数量的繁衍，以及融合网络业务、视频点播和虚拟现实等需求也推动更高速率网络的普及。其二是部省两级司法行政机关、监狱管理机关间的网络设计，宜采用 10GbE 作为数据传输架构，其为成熟的网络结构，具有可靠性高、安装和维护都相对简单等优点，并且能够提供更新、更快的数据业务。

3. “信息高速公路”的物联网延伸。物联网作为现代化监狱系统“信息高速公路”的延伸，是通过物联网感知技术，按照约定的协议，把监狱内所有设施设备通过网络实现互联互通，并进行信息交换、通信、计算和处理，实现人与物、物与物信息交互的无缝连接，达到智能化识别、定位、跟踪、监控、报警、联动、精确管理和科学决策的目的。

（二）算力建设

随着数字技术向各个领域延伸，以云为基础、以网为核心的云网融合数字信息基础设施，正在成为人工智能、大数据、区块链、物联网等新技术、新应用的承载基础。监狱系统经过几十年的信息化建设，复杂的智能化技术和多样化场景的结合使以图片、音视频、网页、位置等为主的非结构化数据呈现海量增长趋势，算法模型也日趋复杂，促使监狱对海量数据处理、智能算法加速、高度训练推理等方面提出更高要求，但基础算力已难以满足人工智能应用中多样繁杂的计算需求，这使计算方式开始转向以高并发、高弹性、高精度为主的智力计算。

1. 算网融合一体化。在现代化监狱中，算力资源作为云资源的核心组成，其协同整合必须依赖网络连接：一方面，计算所需数据需要网络进行抓取和感知，计算结果需要网络传输实现互通和整合分析；另一方面，算力网络的价值最终体现在整合算力和连接、保持用户的一致性上，同时提升资源的使用效率，网络就成为算力网络基础中的基础，成为构建现代化监狱的推动力。只有在算网融合的基础上，才能够实现个性化业务和场景对算力的智能调用，满足一体化服务的需求。

2. 多种算力方式相结合。云计算以虚拟化、通信网络、分布式计算等技术为基础，以按需分配、资源共享、灵活调整、网络接入为主要特点，可以为现代化监狱提供资源、平台和软件等服务。但在万物互联的背景下，云计算集中式处理模型暴露出实时性不足、带宽不足、能耗开销大和数据安全等问题，因此，应以云计算为主，辅以边缘计算和端计算等，着力增强算力能力。现代化监狱鉴于自身的特殊性和数据的安全性，应当在云计算的基础上建立边缘云计算和端计算群体，对采集到的数据进行实时处理、本地优化控制、故障自动处理、负荷识别和建模等操作，在与网络进行连接后，可以把加工汇集的高价值数据与云端进行交互，通过这种形式挖掘监狱系统内部的计算能力并加以利用，这主要体现在视频结构化、生物特征识别、物体特征识别等应用方向，例如，在人脸识别场景中，在前端摄像机附近配置边缘 AI 计算机，把人脸识别的工作压力分担到前端，解放云计算资源，能够集中算力资源去做更高效的分析，这不仅大幅降低了信息传输和后端设备的负担，同时也提升了整个安防系统的响应速度，为“事前预警、事中控制、事后审查”的安全防范理念提供技术支持。量子计算作为未来计算的主要展望之一，其计算能力相比半导体式计算终端有质的飞跃，待技术成熟后可以在监狱系统中进行部署应用，相信会对现代化监狱建设发挥显著作用。

（三）大数据中心建设

党的十九届四中全会历史性地将数据作为与劳动、资本、土地同等重要的生产要素，可以预见，大数据将在数字经济发展中发挥更加重要的创新作用。大数据作为最为活跃的技术创新要素，更是一种结构性治理体系，为开拓科技与监狱治理的良性互动提供了新可能和新空间。大数据作为最为积极的技术性治理资源，正在加速推动监狱形成基于数据与算法双驱动的治理模式，以实现精准、实时和高效的治理体系，从而为解决现实监狱治理难题提供全新技术支撑。新时代监狱的大数据中心建设主要包含数据采集和存储、数据分析和挖掘等内容，可以为监狱管理提供更加科学、高效、精准的数据支持。

1. 数据采集和存储。数据采集和存储是大数据中心建设的重点，包括监狱内部和外部的数据采集和存储，主要涵盖监狱警察职工信息、罪犯信息、执法业务数据、改造信息、音视频数据、报警信息、监狱设施设备信息等各类结构化与非结构化数据。

2. 数据分析和挖掘。数据分析和挖掘是大数据中心建设的核心，通过对监狱大数据中心深化和精细化的数据分析和挖掘，可以最大限度挖掘个体中蕴藏的隐形信息，并将其表象化、数字化和显性化，从而提高隐形数据利用率。通过综合运用数据资源融合、数据治理、数据挖掘、分布式计算、可视化分析和展现等技术，从安全防控、教育矫正、刑事执行、社会帮教、狱务公开、车间管理、警务运行等多维度建立布控预警、智能画像、全景监控等各类业务分析模型，可以实现罪犯行为分析、风险评估、安全风险预测、完善教育矫正方案等，为监狱管理提供更加科学、高效、精准的数据支持。

二、新时代监狱信息化与业务融合

从监狱工作性质和特点着手，完善各类信息系统新功能的需求调研，不断统一信息化基础、技术、管理等标准规范，打通数据接口，集成应用界面，拓展业务功能，打破信息壁垒和条线分割，推进系统综合集成，进一步强化信息平台“大数据、高共享、智能化”功能，打牢信息化应用基础，多维度提升现代化水平。

（一）打造“一站式”综合业务管理平台

以各职能部门业务为单元，打破各业务系统间的数据壁垒，使狱政管理、刑罚执行、教育矫治、生活卫生、狱内侦查、行政办公、安全生产等各项监狱业务都能在综合业务管理平台上直接记录、查询和办理。运用区块链技术“不可伪造、全程留痕、公开透明、集体维护”等优势，配合移动执法终端，将源数据的采集、录入、传输、存储自动化，利用语音识别、OCR 识别等系统辅助采集信息，最大限度减少手动录入工作量，让工作留痕更加方便快捷，有效保证执法全程可溯、可查，保障依法公开事项公正透明。

上级部门通过互联应用授权直达数据库，随时进行巡查督察、数据统计、下达文件、指挥调度等统筹管理行为，既能更高效地将警察从繁重的材料工作中解放出来，又能保证执法严格规范公正。综合业务管理平台建设需要完善顶层设计，构建完备体系，做到“竖线”直、“横线”通。共享数据库不仅要对内进行信息采集、分类、研判、汇总，也要对外与公安、检察院、法院等政法机关对接，形成执法司法活动全过程业务高度集中统一的多级互联信息化平台，实现数据共享、交换、联动，达到政法业务无缝衔接、协同，打通执法司法活动“最后一公里”。通过建立健全智能化综合业务管理平台各项功能，推进监狱业务融合、技术融合、数据融合，实现监狱管理精细化、指挥调度一体化、刑事执行智能化、教育改造科学化。

（二）多元化信息摸排手段

信息摸排是狱内侦查工作的重要组成部分，当前信息摸排仍局限在“以人员盯靠获取信息”的单一渠道，科技化利用率不高，探寻一条自动化、智能化信息摸排道路，能够极大丰富和准确地探知各类有效信息。例如，通过采用音视频智能分析研判罪犯行为举止、轨迹路线、罪犯间谈话关键词报警可以摸排人员行为和言语；通过智能床垫实时监测罪犯体温、心率等生理状态；通过罪犯手环、脚环的位置监控和自动跟踪，能够随时掌握犯人的位置和活动轨迹；通过各项智能设备获得的基础数据资源，结合警察通过巡查、谈话、监听、清查等措施获得的情报，使用移动执法终端实时上传平台，运用大数据技术构建智慧云进行分析，则能更加高效科学精准评估研判罪犯危险程度和类别，实现智能预测、预警和预防，全面提升监狱安全防控科技水平。

（三）加强人工智能情绪压力评估与干预

为进一步了解罪犯心理压力及情绪变化情况，采取有效措施及时调整罪犯心理情绪，提升工作效能，发现罪犯潜在安全隐患，维护监狱监管安全，需进一步开发和细化人工智能情绪压力评估与干预系统，对罪犯开展情绪压力评估及心理干预工作。

通过采集到的罪犯眼动、脑电、皮肤电等生理信息，结合自评报告方面的信息，利用人工智能算法建立对情绪压力的客观预测。可结合监狱场所内的其他背景资料、心理评测记录、心理访谈记录、个案追踪记录及咨询师评定记录等，形成罪犯基本情况信息。评估结果解释应严格按照标准化要求进行，不随意解释以避免造成歧义。为保证评估结果的严谨性，应同步生成个体已经客观存在的风险因素，综合评估其情绪压力水平。

通过建立罪犯情绪压力抽样常模数据库，对测试罪犯进行归类管理，并对高情绪压力罪犯的潜在风险进行重点关注。依靠智能化设备，通过更加客观的方式给出量化数据，做到主客观相结合，提高罪犯危险性评估的准确度。

（四）强化智慧办案平台的应用

通过刑罚执行网上办案平台，统一证据标准，精准采集罪犯日常改造表现数据并对其进行量化，从而将罪犯实际改造表现与评估赋分数直接挂钩。同时通过线上办公，使案件证据审查公开化，使罪犯明白“违纪账”。在“减假暂”案件提请、办理过程中，材料提请、审查、签批、呈报全部实现线上办理，同时减刑、假释拟提请公示也应在线上公布。案件“线上”办理能够使证据材料实时更新，对于报请期间违规违纪等情形实现即时考核，裁定的电子送达可以使积极参与改造、日常表现较好的罪犯避免因等待而产生焦虑不安，从而促进监管稳定。

（五）推进劳动改造各智能模块应用

将需要操作人员穿戴防护用品的机器设备设置防护装置识别系统，若出现未穿戴防护用品操作设备的情形，设备将停止运行并报警提示操作人员，操作人员穿戴防护用品齐全设备方可运行，该方式能有效避免劳动过程中的机械伤害等安全问题。

将需要操作人员持证作业的特种设备关联人脸识别系统，将有该设备操作资质的人员录入人脸识别系统，设备操作前需进行人脸识别，识别成功后设备方可正常运行，此方式能有效避免无证违规操作的情形，有效保障安全生产。

基于温度、火焰的传感和视频分析，能够实现火灾、过热等异常情况的自动判断，加以人工辅助可以联动各类消防设施进行自动控制，从而实现车间无人值守的现代化管理方式。

推进劳动绩效自动统计分析，根据智能终端实时采集的罪犯劳动产量、质量、生产效率等数据，结合生产线整体运行效率，对比个人以往劳动情况，自动计算个人劳动绩效，实现罪犯劳动报酬精准发放。探索罪犯人岗自动匹配功能，根据罪犯个人特质和改造情况，对罪犯劳动能力进行系统评估，自动开展罪犯劳动能力与劳动岗位匹配度分析研判，提高改造针对性。

（六）构建监狱智脑中心

在监狱设立相当量级的超算中心、训练机，通过运用自然语言处理、语义分析系统和虚拟现实系统，分析综合业务管理平台的各类业务数据，以及海量的语音、文本和图像数据，并调用门禁、对讲、广播、报警等安防终端，打造监狱的智脑中心，实现业务数据的自动分析和指挥调度方案的自动运行，提升系统的自主决策和控制，实现各类系统的智能化和自动化。例如，通过调用罪犯的个人信息数据，可以自定义展现该名罪犯的计分考核、减刑假释、生活卫生、狱内消费、劳动改造、违规违纪等各类信息以及人物数据画像；通过调用音视频智能分析，可以直观对该名罪犯的行动轨迹及言语进行分析，并通过各类信息的综合加工，实现对该名罪犯的改造分析及危险等级分析，实现数字化管理和控制，提高各类系统的效率和可靠性。当狱内出现报警警情时，智脑中心基于综合判断，可以自动调用各类应急预案，通过对讲、广播和移动执法终端进行告知并下发应急预案，通知区域内的值班警察进行现场处理，并通过控制门禁和调用监控实现各类区域的封闭管控，探索实现监管场所的无人值守。根据工作的管理需要定制智能机器人协助警察执法，以其作为智脑中心的前端延伸，通过辅以自然语言处理以及视觉分析等人工智能技术，使其发现问题即时发出警告并报警。

三、新时代监狱技术防范系统建设

监狱技术防范是大数据、云计算、物联网、人工智能等新一代信息技术与监狱业务相结合的智能化安防体系。新时代监狱通过技防设施的不断建设、智能化技术的全面应用和普及，实现对监管区域人员、车辆和物品的全时空管控，安全防范能力大幅提升，立体化、智能化的安全技术防范体系将成为新时代监狱管理的重要趋势和发展方向。

（一）立体化安防体系的建设

监狱安防需要立体化、全方位管控，覆盖大门、周界、围墙，延伸至罪犯生产区、生活区、教学区，甚至空中领域。通过构建全方位立体化的监狱安全防御系统，实现监狱技防水平的现代化提升，进一步提高现代化监狱的智能化水平。

1. 构筑出入口防火墙。监狱出入口安防设计是一个系统化工程，既要防止来自外部的非法冲击和非法尾随潜入，又要防止内部关押人员的非法潜逃，因此对其安全性和可靠性有着极高要求。监狱外管门人行通道应依托门禁系统建立出入口控制系统、生物识别系统、人脸识别系统和安检系统，通过计算机与光学、声学、生物传感器和生物统计学等高科技手段密切结合，应用密码、射频技术、掌纹、手指静脉、指纹、虹膜、步态、字迹等识别技术探索一体式人员感知和身份识别系统，利用人体固有的生理特性和行为特征来进行个人身份的鉴定。通过联动门禁和监控视频的警服和人脸智能分析，自动判断门禁开闭的合法性和是否受胁迫，出现异常或紧急情况能够自动报警至指挥中心，并采取相应应急预案。监狱外管门车行通道应部署生命探测仪和车底扫描等设备，通过声呐、红外、雷达、音频和微震等技术探索监狱车行通道的立体式预警布防，杜绝随车潜逃事件的发生。通过以上安防系统和新技术的综合应用，确保对出入人员和车辆的有效控制，为监狱提供强大的安全防控能力，有效筑牢监狱卡口要道的“防火墙”，确保监狱的安全稳定。

2. 周界全方位监测和预警。为加强周界的检测和预警能力，监狱应采取多种防控手段并进行协同配合，探索建设视频智能分析、相控阵雷达检测、红外报警、微振动传感器、高压电网等立体全方位周界防范系统。这些技术手段相互协作，形成一个强大的防控体系。视频智能分析系统能够实时监测和分析周界活动，识别非法入侵、越线、攀高、非法服饰等异常行为和目标；相控阵雷达检测系统能够精确探测周边的移动目标；红外报警和微振动传感器能够及时发现非法入侵行为；而高压电网则形成了一个物理屏障，实现智能管控和报警，有效阻止人员越界。所有报警信息与指挥中心和相应分控中心的监控弹屏联动，并联动喊话系统第一时间对周界紧急情况进行语言控制。这些技术手段相互协作，共同构建一个强大的防控体系，为监狱提供了全方位的保护和安全屏障。

3. 摄像机全时全域覆盖。感知是一切智能的基础，要实现全天候、全天时、全区域、全场景的感知，就要根据安装位置和应用场景的不同，充分考虑摄像机的分辨率、照度、动态比、信噪比、自动增益、降噪、去抖动、图像均衡、背光补偿、日夜转换、强光抑制、夜间补光等参数，着力提升摄像机的夜间成像能力和在恶劣天气中的稳定性等，以实现物理位置的全覆盖和全天时的清晰展示，并采用影像降质诊断等算法和技术实现模糊图像还原。探索应用视频全景拼接技术，使某区域内的若干监控通过单一视角进行展现，解决监控数量过多造成的查找困难。

4. 全区域信息管控。通过建设高空鹰眼、无人机巡查、无人机防御、电子巡更、可视对讲、移动单兵、触发式报警、门禁、广播等应用系统，实现监狱全区域的信息传输和目标管控，为监狱安全提供全新的管理手段和技术支持。高空鹰眼和无人机巡查系统能够实现对监狱周界和关键区域的巡查和监测，通过实时图像传输及时发现异常情况，加强对监狱安全的监控和防范；无人机防御系统具备对非法无人机的干扰和拦截能力，能够有效应对非法无人机的侵入和威胁；电子巡更、可视对讲和移动单兵等应用系统则提供了便捷的通信和巡查工具，可以提高监狱管理效率和应对突发事件的能力；门禁、触发式报警能够在第一时间提供前端报警信息，并联动监控系统进行分析，提高主动报警的准确性和快速定位；对讲、监控的音视频自动拾取分析和声球联动功能可以对监舍等重点部位的音视频自动进行语音关键词识别，同时探索各系统之间的交叉联动，多维度为监管安全护航。

（二）智能化安防系统的建设

随着物联网相关技术的不断发展，监狱的安防技术管理也面临全新的机遇和挑战，以数据为核心，连接万物、对话万物、智驱万物的物联网时代加速来临。物联网利用了智能感知和识别技术等内容，将其有效地应用到各种网络融合中，对信息进行有效的采集和获取，并针对采集的数据信息进行处理，能够对整个安防系统工作情况进行全面感知。将物联网技术融入监狱安防系统建设中是具有跨越性特征的技术改革，它能够将人、物和设备有机联系起来，构建一个有机整体，通过系统性分析完成各类智能化运转。

1. 人员的多功能实时监控。在一些复杂的监管场所中，传统的单一技术监控往往无法满足全方位和多功能的监测需求。基于物联网技术的无线定位系统提供了一种多功能实时监控解决方案。该系统通过在监管区域部署固定或移动式的定位监控基站，实现全区域信号覆盖。当罪犯佩戴手环等可穿戴设备时，基站接收器会将罪犯的移动速度、方向、高度和生命体征等信息发送给计算机系统。通过整合和分析这些信息，无线定位系统能够及时实时、全程、主动地发现和处理罪犯可能出现的健康问题，确保罪犯的身体安全，有效地防止极端事件的发生。

2. 防止罪犯自杀的实时预警。物联网技术在监狱中的应用为预防罪犯自杀工作提供了全新的手段和可能性。这一技术通过物联网的连接和数据传输，实现对罪犯的实时监测和干预，以减少自杀事件的发生。物联网技术应用于罪犯的个人监控设备中，如佩戴式传感器或智能手环，用于监测罪犯的生理指标，如心率、体温等。当监测到罪犯的生理指标异常或出现自杀迹象时，系统会自动触发报警，并将报警信息发送至监狱的监控中心和监狱警察的移动执法设备，以便他们能够迅速采取行动。

3. 车辆定位与轨迹监控。在监狱安全管理中，对车辆的全方位管控同样重要。监狱每天有大量外来人员和车辆进出，其中车辆路线复杂，机动性高，警察仅凭肉眼监控难以保证安全。为此，应用技术手段实现人车自动追踪已成为监狱安防领域的重要任务。通过车辆定位系统，监狱能够实时追踪和监控监狱内的车辆位置，并记录车辆的行驶轨迹。这有助于监狱管理人员实时掌握车辆的运行情况，确保车辆在规定的区域和时间内行驶，防止车辆被用于非法用途或出现越界行为。

当监狱出现在押人员外出就医、被提审或转监时，安装的车载式定位基站能够对车辆进行定位管理，同时全程监控车辆内部的在押人员数量、状态以及押车警察的情况。车载式定位基站可以将车辆的位置和车上人员的信息传回指挥中心，使指挥中心能够随时了解在押人员在运输途中的情况，有效保证外出执行任务的车辆和车内人员的安全。

4. 监狱工具智能管控系统。在劳动生产过程中，各种各样的劳动工具是车间安全管理体系的重中之重。然而，长期以来，实践中存在劳动工具登记烦琐、查询困难、不易核实和遗失后难以追根溯源等难题。为解决这些问题，监狱工具智能管控系统应运而生，它可以实现对工具的实时追踪和监控，有效解决管理中的难题，为监狱的安全生产提供可靠保障。监狱工具智能管控系统采用物联网管理方式，通过在工具上安装定位设备或传感器，实时追踪工具的位置和状态，对劳动工具进行全面监测和系统化、规范化管理，确保工具的合规使用和安全存放。监狱随时了解工具的使用情况，并能够快速定位其所在位置。当出现工具遗失、异常使用或超时借用等情况时，系统会及时发出警报，提醒管理人员进行处理，并采取相应的措施，保障车间安全。

5. 智能视频分析预警系统。智能视频分析预警系统是一套综合行为识别、人脸识别和人体识别等多种技术的系统，是使用计算机模仿人类视觉的科学系统，让计算机拥有类似人类提取、处理、理解和分析图像以及图像序列的能力，在算法与算力的支撑下帮助用户完成感知、认知与决策支持。通过利用神经网络的视觉分析算法和机器学习，系统能够根据摄像机捕捉到的画面描绘人体结构，并分析人体运动轨迹，识别人员身份和各种异常行为动作，实现弹屏预警和云端上报功能。它不仅能够实时监测异常行为，还能预测未来的可能风险。

可在监狱的重点区域和部位，如周界、大门、禁闭室、监舍和劳动场所，配置智能视频分析摄像机或设备。这些设备能够实现入侵检测、人脸识别、越界检测、非法闯入、倒地事件、求救事件、打架事件、聚众、离岗检测、睡岗检测、离床检测、攀高检测、入厕超时、非法尾随、烟雾检测等功能。智能视频分析预警系统通过对报警与警情现场的展现，能够为处警者的正确决策、迅速处警提供充分的依据，实现对关键区域和重要事件的及时监测，具有利用其他物理原理实现的报警手段所不及的优势，能够提高报警准确度以及事件处理速度与事后检索效率，并通过分析预警信息，为监狱安防管控提供漏洞预测和改进措施。

通过以上技术防范手段，监狱基本上可以实现对监管区域人员、车辆、物品的全时空、智能化管控。这不仅能够提高监狱的安全防范能力，还能加强对监狱内部的管理和监督，有效预防和应对安全风险的发生。随着技术的不断发展，立体化、智能化的安全技术防范体系在监狱安全防范中的应用将进一步完善和深化。

四、新时代监狱网络安全防范

随着监狱系统信息化建设不断向智能化、数字化、集约化方向迈进，网络安全的重要性也日益突出。习近平总书记强调，要树立正确的网络安全观，加强信息基础设施网络安全防护，加强网络安全信息统筹机制、手段、平台建设，加强网络安全事件应急指挥能力建设，做到关口前移，防患于未然。

监狱要按照国家信息安全相关建设规范和技术要求，结合监狱的网络拓扑和具体需求，合理规划，做好信息安全管理，在预警能力、防范能力、处置能力方面形成不同阶段的安全防护，实现监狱网络安全防护的要求，加强安全意识，提高安全运维能力，将整个监狱信息系统的安全状况提升到一个较高的水平，增强整体安全防御能力。

（一）预警能力建设

当今世界，网络安全形势日趋复杂，网络攻击手段和方式不断更新，攻击方式不断向隐蔽化、智能化、精准化方向发展。为了保障网络安全，需要加强预警能力建设，及时发现并处置网络攻击威胁。

1. 建立并完善边界设备。监狱各类网络边界应采用并完善入侵防御、网络应用防火墙、杀毒系统等常规安全系统对网络攻击进行监控并报警。定期对防火墙、入侵防御、入侵检测、异常流量监控、应用防护、杀毒系统及主机入侵防护等安全系统生成的监控日志进行全面审计，并对审计记录进行关联分析，发现网络中可能存在的攻击痕迹，包括但不限于流量攻击、网络漏洞攻击、数据窃密、恶意代码等，形成安全审计分析报告。

2. 建立安全态势感知平台。建立网络安全态势感知平台，对漏洞利用攻击、恶意代码攻击、异常流量、敏感信息泄露等各类网络攻击信息进行监测，为安全监控预警工作提供技术基础。采用自建、共建等方式建立全方位的网络安全态势感知平台对安全事件实施持续性监测，广泛运用数据挖掘、机器学习等技术对各类安全信息进行归纳、分析及预测。

3. 建立周期性安全服务制度。通过周期性基线核查、漏洞扫描、渗透测试等方式对监狱应用系统进行脆弱性测试，依据脆弱性测试结果制定实时安全监控及定期安全审计策略。以月度或季度的频率定期对应用系统所涉及的重要服务器进行操作系统本地深度威胁检测，通过主机层面安全软件结合人工检查的方式实现对检查结果的汇总分析，形成服务器深度安全审计报告。

4. 建立健全威胁情报机制。依据安全监控预警策略开展常态化的安全监控预警活动，识别应用系统安全运行状态，并在发现安全隐患时进行应急处置。建立与权威安全情报机构的信息共享机制，基于安全情报对重大安全攻击进行安全预警，提前做好预防性处置措施，可有效预防安全事故的发生。

（二）防范能力建设

按照网络安全相关标准，监狱要在信息安全和应用程序方面实行三级保护。

1. 提升主动安全防御能力。随着信息化的快速发展，网络环境越来越复杂，木马病毒、蠕虫病毒等的混合威胁不断增大，网络中的设备时刻会受到各种攻击，提升主动安全防御能力尤为重要，监狱需要对网络进行全方位、多重、深层、立体的防御来有效保证网络安全。在充分论证恶意代码防范需求、未知威胁检测需求、物理隔离需求、安全审计需求、数据库审计需求、漏洞扫描需求和服务器安全需求的基础上，合理采用防火墙、防毒墙、入侵防御、安全网关、入侵检测、双向网闸、日志审计、数据库审计、漏洞扫描、服务器防护、杀毒软件、上网行为管理、终端安全防护、堡垒机、网络通信安全、电子数据安全、运维管理等安全组件，同时将不同安全组件和网络安全风险态势感知系统有机结合在一起，将各个组件信息整合、协同联防，实现每个防御点的使用价值最大化，同时结合负载均衡技术、欺骗防御技术、端点检测与响应系统、智能安全防御系统、系统后台行为监控、移动终端安全防护技术、容灾防护、网络流量分析、缓冲区防数据泄露技术等，使信息安全防御链整体的安全能力大幅提升，确保监狱数据的绝对安全。

2. 建立安全数据中心。多样化的安全资产数据采集以可适配数据源的方式对各类安全设备、系统数据进行采集、清洗、标准化、存储，具备离线、实时、全文检索等多种数据订阅及分析等功能，可以对监狱所有网络安全行为和轨迹进行持续监控和记录，并可以追溯到源头，弥补传统审计手段的不足。同时，一旦发生网络安全事件，可以对事件进行追踪、溯源、取证，还原事件发生过程，了解事件严重程度和影响范围，做出正确有力的响应，并采取防御措施。同时，要加强针对数据中心的数据加密系统、病毒防治系统、入侵检测系统、访问控制系统等的建设。

3. 终端接入安全控制。监狱通过建设终端访问控制系统和上网行为管理系统，控制终端安全接入，对网络行为进行分析、记录和预警，有效保证访问终端设备的安全性。终端访问控制系统从控制站点对网络的安全访问的角度出发，通过设置安全策略、用户身份认证等手段，将网络设备接口与授权终端进行绑定，确保接入终端的合法性和安全性。上网行为管理系统通过对上网行为记录搜集、访问站点、木马检测等手段，有效避免违规上网行为，防止非法通信通过内部计算机泄露敏感信息等安全事件。

4. 应用安全防护。对入侵关键服务器的行为和入侵源 IP 地址进行记录，提供攻击类型、攻击目的、攻击时间和其他信息，并在发生入侵时发出警报，检查重要软件的完整性，在损坏后采取相应的恢复措施，通过数据库安全审计系统，对数据库的操作及调用进行审计，运用运维审计系统，集中管理运维过程中的用户账号，通过访问控制、权限控制和运维后期审查提前主动防范运维过程中用户的误操作、非法访问或可疑行为，降低操作和维护风险。

5. 云安全建设。在云计算的架构下，承载监狱业务的开放网络和业务共享场景更加复杂多变，安全性方面的挑战更加严峻，一些新型的安全问题变得比较突出，因此融合了并行处理、网格计算、未知病毒行为判断等新兴技术的云安全建设势在必行，其能够通过大量网状的客户端对网络中软件行为异常进行监测，获取网络中恶意程序的最新信息，然后将其推动到云服务器端进行自动分析和处理，再把应对恶意程序的解决方案分发到每一个客户端，从而形成超级杀毒软件系统。

6. 国产化设备与应用适配。为确保软件系统安全、设备安全性，应当逐渐深入对国产化信创领域设备与软件的升级。将国产化服务器、国产化操作系统、数据库、国产中间件、计算机终端及各类输入输出设备进行逐一改造与适配，对源代码进行安全性审查，消除安全漏洞，确保业务系统的安全可靠。

7. 安全管理保障。网络安全工作是“三分技术，七分管理”，这证明了管理监狱网络安全的重要性。安全管理是网络安全的关键环节，可以从加强组织保障、强化队伍建设、完善制度建设、增强安全意识教育、定期进行安全预案演练等方面，落实安全管理保障措施。

（三）处置能力建设

在应急响应处置过程中，监狱应部署自动化的现代分析工具，实现对不同来源海量信息的自动采集、识别和关联分析，形成态势分析结果，为指挥机构和专家提供决策依据。要切实认识到数据资源管理的重要性，结合日常应急演练和管理工作，做好应急资源库、专家库、案例库、预案库等重要数据资源的整合、管理工作，在应急处理流程中依托自动化手段，针对具体事件的研判处置推送关联性信息，不断丰富数据资源。

研判、处置重大网络信息安全事件，需要多个单位、部门和应急队伍进行支撑和协调，需要建设良好的通信保障基础设施，建立顺畅的信息沟通机制，并通过经常开展应急演练工作，使各单位、个人能够在面对不同类型的事件时，熟悉所承担的应急响应角色，熟练开展协同保障工作。

1. 应急响应团队组建。网络安全应急响应前，监狱应建立高素质的应急响应团队。一个具有主动分享和积极协作意愿的应急响应团队是工作的重要保障，该团队应成立领导小组，负责领导、协调、决策；成立技术保障组，负责制定处置技术列表、角色职责分工、协调方案；成立专家组，负责事件评估和提出响应启动建议、研判事态和趋势、咨询；成立实施组，负责分析响应需求，确定应急策略和等级，编制响应计划，实施应急策略，组织计划测试、培训和演练，合理部署等；成立日常运行组，负责承担日常运维工作，协助开展应急响应工作。

2. 建立健全应急响应处置体系。对监狱内部的信息资产、IP 地址分配、物理环境、设备等进行集中统筹建设与管理，在监狱内部应急响应团队中进行共享，实现最大化防护并提升处置沟通效率。出现网络攻击事件时，应立即阻断和降低影响，采用多种手段对攻击行为进行阻断，例如，对路由交换的访问控制、防火墙安全策略控制、私有云平台管控使用防护等，必要时关闭与阻断物理链路和主机电源。

3. 建立健全应急响应处置管理体制。为实现监狱内部网络安全统筹管理和技术支撑的集中统一，监狱需建立网络安全管理办法及应急响应处理准则等网络安全管理体制，对网络安全部门进行责任制年度考核，在日常和重要时期有效保障网络安全防护体系高质量、可靠运转。

五、新时代监狱应急指挥调度体系建设

新时代监狱基于现代网络和通信技术，融合全社会各类信息资源，通过数字智能化手段，建立全方位、一体化的综合决策和指挥系统，能够迅速处置各类突发事件。作为监狱管理的重要组成部分，监狱应急指挥调度体系能够有效预防和应对各种突发事件和安全事故，保障监狱的安全稳定和社会的和谐稳定。

（一）应急指挥调度体系

应急指挥调度体系是构建现代化监狱的基础性工程，对于建立和健全“统一指挥、专常兼备、反应灵敏、上下联动、平战结合”的应急管理体制，预防和应对各类突发事件，减少突发事件造成的损失有重要的意义和价值。

1. 应急指挥调度体系职责。职责主要包括分析和评估紧急情况，制定应急预案，组织和指挥应急响应队伍，协调各方力量进行救援和处置，实时监测和掌握紧急情况的动态，及时调整应急响应措施，组织和开展应急演练，提高应急响应能力，对紧急情况进行后续跟踪和评估，总结经验教训，完善应急预案。

2. 应急指挥调度体系建设。应加强组织领导，明确职责分工，健全应急指挥调度体系的组织机构。制定完善的应急预案，明确应急响应队伍的组成、任务和职责。建立健全通信指挥系统和信息管理系统，确保信息的及时传递和准确性。加强应急响应队伍的建设和培训，提高应急响应能力。加强应急演练，检验应急预案的可行性和有效性。

（二）应急指挥调度平台

应急指挥调度的核心是智能化指挥调度平台的建设，其应包含监控、可视对讲、广播、门禁、报警等安防子系统，还应集成无人机、红外感应、热感应

等新型探测技术，全方位对监狱内部进行探测感知和指挥调度，并能够与武警、公安等部门进行信息交互，达到多部门联动的效果。因此，该系统必须具备高度的可靠性和安全性，以确保在突发事件发生时能够及时、有效地响应和处置。

1. 预测预警。指挥调度平台能够实现对信息全方位、无死角和零延迟的自动、高效、准确收集，包括进出监狱的车辆、警察、外来人员、入离监罪犯信息，电网、门禁、智能分析平台等各类报警信息，综合业务平台共享的计分考核、狱内侦查、教育谈话、减刑假释、劳动工时、亲情电话、亲情会见、来往信件等业务信息等。在对各类信息进行分类的基础上，指挥调度平台调用有关突发事件预测预警模型，进行突发事件的综合预警和衍生、次生灾害后果分析，实现突发事件的早期预警、趋势预测；结合事件进展情况，对事件影响范围、影响方式、持续时间和危害程度等后果进行综合研判，并将结果进行可视化呈现；根据事件信息汇总、模拟预测和综合研判结果，比对分级指标，确定事件目前预警级别。

2. 智能辅助。根据现代化监狱有关应急预案，指挥调度平台利用对突发事件的研判结果，结合应急组织体系、工作流程和应急保障力量，通过对有关法规、政策、安全技术要求以及处理类似事件的案例等进行智能检索和分析，提供应对突发事件的指导流程和辅助决策方案。根据应急过程不同阶段处置效果的反馈，实现对辅助决策方案的动态调整和优化。

3. 应急保障。指挥调度平台通过对应急资源的管理维护和调度实现应急保障功能，可以实现应急资源管理查询等应用，实现对人力、物力、财力、医疗卫生、交通运输、通信保障等资源的管理，包括应急资源分布、应急资源状态以及资源储备、配置、调度和编码管理等。

4. 应急评估。应急评估系统包括应急过程再现、事件评估、应急能力评估、评估指标管理。通过确立各项评估指标，建立评估模型，实现对突发应急事件的评估管理系统功能。

5. 模拟演练。模拟演练包括制订模拟计划、构建模拟场景、监控演练过程、评估演练效果、形成演练报告等围绕应急处置演习工作的相关功能。

（三）通信系统建设

通信系统建设是新时代监狱指挥调度建设的基础，其主要作用是在监狱内部及外部建立高效、安全、稳定的通信网络，保障监狱内部通信和外部联系的畅通。通过整合电话通信、对讲通信、电子邮件、短信通信、传真通信、视频通信、数据传输、无线电通信、卫星通信和私有网络等，实现监狱全区域的实时音视频通信和指挥调度，内联驻狱武警，外联公安、医院、消防等单位，做到信息互联互通，同时对接公安视频专网，实现监狱周边干道、重要交通枢纽、医疗机构等区域的视频接入和相关智能化应用。

1. 集群对讲通信技术。集群对讲因其高效、便捷、统一的通信特点，在一定范围内能够实现快速调度而被广泛应用。现代化监狱系统内部应建立起基于基站、通信技术的集群对讲通信系统，并能够对接武警、公安等集群对讲系统，实现多部门信息快速共享、指挥调度协调一致的基本功能。

2. 移动通信技术。新一代移动通信技术以更高的传输速度、更低的延迟和更大的网络容量，已经完全代替了之前通信技术。在监狱系统中，应通过安全网关连接，积极探索移动执法终端上的无线应用，如通过综合业务管理平台、移动医疗、移动点名、监控无线传输等的移动端应用，能够极大为警察的工作提供便利。

3. 量子通信技术。量子通信技术是基于量子力学原理的一种全新的通信技术，它利用量子态的特殊性质来实现信息传输和处理，具有高度的安全性和隐私保护能力。与传统的通信技术相比，量子通信技术具有高度的安全性、隐私保护能力强、传输距离远、传输速度快等压倒性优势。

4. 卫星通信技术。卫星通信是指利用卫星作为中继器来实现信息传输的通信技术。它具有覆盖范围广、传输速度快、可靠性高、通信安全性高等特点。新时代监狱通过配备卫星通信电话等设备，可以避免因中继站点损坏带来的通信中断，并且实现远距离对讲，实现更大区域的远程调度。

新时代监狱指挥调度通信建设将进一步加强监狱管理的智能化和高效化。应急指挥调度体系建设和通信系统建设等多重手段将得到进一步发展和完善，以适应监狱管理的发展和变化。

第三节　新时代监狱科技工作创新与发展

创新是一个国家、一个民族发展的重要力量，更是事业发展的不竭动力。要建成新时代监狱工作现代化，必须紧紧依靠科技创新。应该清醒地认识到，当前我国监狱科技创新工作以在办公、执法、技防、生产等领域的信息科技应用为主，覆盖监管、改造、生产、政务等全业务领域的科技体系还有待健全、完善，尤其在监狱技术创新、科技成果转化等领域基本空白，完备的科技管理和创新体制尚未建立。为此，必须树立不断加强和深化监狱科技体制改革的决心，扫除阻碍监狱科技创新的体制机制障碍，在全国监狱系统全面实施科技强警、科技兴监战略，建立以科技创新驱动监狱现代化建设的长效机制，不断完善监狱科技政策供给，推动建立监狱科技成果评价体系，营造良好的科技创新环境和氛围，最终实现新时代监狱工作现代化建设目标。

一、建立健全与新时代监狱相适应的科技创新体系

习近平总书记在党的二十大报告中强调，要坚持创新在我国现代化建设全局中的核心地位，加快实施创新驱动发展战略，加快建设科技强国。新时代新征程，科技创新进入空前密集活跃时期，新一轮科技革命和产业变革已经到来，科学技术从来没有像今天这样深刻影响着国家前途命运，从来没有像今天这样深刻影响着人民生活福祉，也从来没有像今天这样深刻影响着各行业、各领域，其中也包括监狱系统。面对新时代监狱工作现代化建设的新任务，我们在科技创新方面要有新理念、新设计、新战略。全国监狱系统要深入学习贯彻习近平总书记关于科技创新的重要论述，以与时俱进的精神、革故鼎新的勇气、坚忍不拔的定力，扎实落实创新驱动发展战略部署，加快推进新时代监狱工作现代化进程。

坚持科技是第一生产力、人才是第一资源、创新是第一动力，建立健全与新时代监狱工作现代化相适应的科技创新体系。要加强对监狱科技工作的顶层

设计和统筹谋划，通过制定中长期监狱科技发展战略规划，抓好规划的落实，推动监狱科技工作高质量发展。要深入推动监狱科技体制改革，建立对科技创新、科技应用、科技评价、科技人才、科技保障等全周期、全流程、全闭环的科技管理体制。要在全国监狱系统全面实施科技强警、科技兴监战略，向科技要警力、向科技要战斗力、向科技要安全。深化科技创新和科技成果应用，一方面要努力推动在监狱技防、生产等业务领域的新技术研发和新成果转化，另一方面要持续深化成熟、先进的科技成果在监狱全业务领域的深度应用。通过建立与新时代监狱工作现代化相适应的科技创新体系，形成科技驱动监狱工作创新发展格局，提升科技创新支撑和保障新时代监狱工作现代化建设的水平。

二、建立健全与新时代监狱相适应的科研体制机制

当前，随着全国监狱系统不断深化改革，特别是监狱生产方式转型升级，监狱科技创新发展进入了“瓶颈”期，目前只停留在科技成果应用层面，科技创新能力水平不高，在技术创新、科技成果转化等领域基本空白。如果监狱事业发展没有一定程度的技术自主，仅仅依靠技术引进或“拿来主义”，那就会成为无本之木、无源之水，从长远来看是非常不利于监狱事业的长期可持续发展的，更加不利于新时代监狱工作现代化建设，必须建立健全与之相适应的科研体制机制，增强监狱自身科技创新能力，为新时代监狱工作现代化建设提供源源不断的科技动力。

要深入推进监狱自有科研平台建设，通过培育监狱系统的国家、省级技术创新中心，鼓励和引导监狱发挥自身优势搞研发、搞创新、出专利，实现技术自立；通过建设国家、省级重点实验室，推动引进新技术、新成果在监狱系统落地并转化为自有技术或成果；通过深入推进重大项目实施和科研攻关，探索适合监狱特色的“产、研、用”科研模式，推动对关键核心技术攻关和共性应用技术研究，实现监狱对重要核心技术的消化吸收。

要加强科研机构联合体系建设，通过与高等院校、科研机构等合作，建设监狱科研中心，聚焦制约监狱工作发展的一般性、规律性问题，重点加强对监狱科技的基础研究，研究出可以指导实践的理论成果，筑牢监狱科技发展的理

论基础。要加强对科技成果的评价，建立监狱科技成果鉴定及运用机制，在对研究成果进行评价的同时，根据成果给予参研人员相应的待遇。要加大对科学研究的支持力度，在科研资金、项目立项、评价成果运用等方面给予支持，确保研究人员能积极主动安心地从事监狱科技理论研究工作。

要积极争取科研政策支持，加强监狱系统与科技工作主管部门沟通、合作，形成协同工作格局，通过争取主管部门支持，为从事监狱科技研究的单位、人员提供一系列有利的科研政策供给，创造良好的科研外部环境。

三、建设与新时代监狱相适应的高素质科技人才队伍

习近平总书记指出，要深入实施人才强国战略。一切科技创新活动都是由人来完成的，创新驱动离不开人才的支撑和保障，人才是科技发展的未来和创新的源泉。要着力破除监狱系统人才培养、使用、评价、激励等方面的体制机制障碍，建立科学的监狱科技人才培养机制、有利于才能发挥的使用机制、有利于人才发展的激励机制，大兴识才爱才、敬才用才之风，为科技人才发展提供良好环境，在创新实践中发现人才、在创新活动中培育人才、在创新事业中凝聚人才，努力建设一支政治过硬、素质优良的高水平监狱科技人才队伍。

在科技人才培养、选拔使用方面，要树立正确的科技人才观，坚持正确用人导向，坚持德才兼备、以德为先，努力做到选贤任能、知人善任。要大力加强科技人才培育，通过多种渠道、多种方式培育监狱自己的科技创新领军人才、研发人才，打造一流创新团队，确保满足工作需要的人才数量，为自主创新提供人才保障。要确保合理的人才层次，建立完善高层次人才培养机制，建设高水平的监狱系统科技智库，为新时代监狱工作现代化建设提供智慧支撑。要建立科学的科技人员激励机制，充分调动科技人员的积极性和创造性，做到人尽其才。要加强对科技人才的培养锻炼，定期组织开展科技创新大赛、科技应用大练兵、技能大比武等活动，让科技人才脱颖而出，带动全员创新能力提升。

要高度重视对全体监狱警察科学素质的培养和提升，没有全体警察科学素质的普遍提高，监狱的各种科技应用、各类科技产品就难以充分发挥作用，更加难以实现科技成果的快速转化。面对新时代监狱工作现代化建设的新形势、

新任务，全国监狱系统在加强队伍政治素质的同时，也要把提高全体警察的科技素质纳入队伍建设全过程。

四、健全与新时代监狱相适应的科技标准体系

无规矩不成方圆，标准是指导生产生活的规矩，而科技与标准之间又是互为支撑、密不可分的，科技创新助推标准水平不断提升，标准促进科技成果转化应用。当前，新一轮科技革命和产业变革正在重构全球创新版图，标准化与科技创新关系更加紧密。要使新时代监狱工作现代化，实现新时代监狱科技文明，也离不开高标准支撑。在前期监狱信息化建设发展过程中，全国监狱初步建立了科技标准体系，先后出台了一批对监狱信息化和科技工作有重要指导意义的标准，但是与监狱事业高质量发展的要求，距离建设新时代监狱工作现代化的要求之间还有较大差距。要实现新时代监狱科技不断发展进步，必须建立与之相适应的科技标准体系，推动科技创新与标准化互动发展，促进科技创新与标准化工作深度融合，以标准化支撑和推动新时代监狱科技文明建设。

要推动科技创新、标准研制、科技应用同步发展。要聚焦监狱科技重点领域，专门部署专项标准化研究任务，推动制定新时代监狱工作现代化相关的一系列国家标准、行业标准、地方标准，将标准作为重要内容纳入科技工作体系。要健全科技成果转化为标准的机制，将科技创新和标准化发展两个要素融合在一起，搭建起监狱行业标准化成果转化的桥梁。要借助重大工程、项目实施开展涉及监狱行业领域的重大技术标准研制，填补专业领域空白并助力重大工程项目建设。要加强涉及监狱关键技术领域的标准研究，以科技创新不断提升标准水平，以标准水平的提升不断加强科技创新能力。在科技应用过程中抓好标准的贯彻落实，同时不断加强技术研发与标准研制，努力打通创新成果转化应用“最后一公里”。

建设新时代监狱科技文明新形态是一个长期、复杂的过程，不是轻轻松松就能实现的，需要付出艰苦、艰巨的努力。监狱机关必须坚定信心，上下同心，始终保持奋斗者的姿态，为推动实现新时代科技文明新形态、贡献中国式现代化科技文明监狱系统的解决方案而不懈奋斗。

第十一章　新时代监狱警务建设现代化

监狱警务现代化是监狱工作现代化的重要内容，是完善监狱警务机制、提高警务效率的必然要求，是推进监狱工作规范、高效、文明的前提保障，对于有效提升监狱警察队伍形象，提高监狱警务实战能力和快速反应能力至关重要。新时代监狱警务现代化不仅包含警务基础设施、管理技术装备的现代化，而且包括人的现代化，是监狱警察思想观念、工作理念、素质能力、执法水平及监狱警务工作机制、管理模式的现代化。监狱机关必须不断创新思维，在时代进步和社会建设实践中积极探索，着力推动警务理念创新、技术创新和机制创新，规范警务流程，提升警务效能，努力实现新时代监狱警务建设现代化。

第一节　新时代监狱警务体制现代化

体制创新是推进新时代监狱警务建设现代化的有效途径和基本方法。新时代监狱警务体制现代化要在坚持中国特色社会主义监狱工作基本制度体系的基础上，创新发展现代化的警务工作机制、警察勤务模式、警察育训机制、警察考评机制等体制机制。

一、建立科学高效的警务工作机制

警务工作机制是监狱警务工作内部工作程序有机联系和有效运转的方式。建立科学高效的警务工作机制是新时代监狱警务工作的基本要求。

（一）构建清晰明确警务职责体系

党的十九届四中全会强调指出，要完善国家行政体制，优化政府职责体系，构建职责明确、依法行政的政府治理体系，构建权责明晰、运行顺畅、充满活力的工作体系。[1] 建构清晰明确的职责体系，可以使职责划分清晰、责任落实明确，有利于促进监狱系统或监狱内部各机构更为科学、合理、高效地履行职责，保障监狱安全，实现监狱职能。

1. 职责划分规范清晰。新时代监狱警务职责划分需要顶层设计部门厘清监狱管理机关、职能部门和基层执法一线之间的共有职责、部门职责、岗位职责的范围界限。厘清监狱警务工作中政工、后勤、监管、教育、劳动等各层面的职责范围，设计清晰的职责关系，适度控制下级机构额外职责的承载负荷，列出职责清单。

2. 责任界定科学明确。科学明确的责任界定能有效激发责任意识，唤醒担当精神，切实调动监狱警察工作积极性、主动性和责任意识。应建立明确的职责体系，理顺各层级职责关系，落实司法行政部门领导责任、监狱管理部门管理责任、监狱主体责任、责任人的具体责任，实现上下贯通，职责分明。

（二）构建有序高效警务工作流程

新时代监狱警务工作机制应具有高效有序的工作流程。工作流程中各项具体工作之间的逻辑关系是动态变化的，工作流程需要及时跟进、更新和优化，以适应客观形势的发展变化。

新时代监狱工作现代化的工作流程应科学合理、简便实际。科学合理表现为尊重规律，充分体现科学性、逻辑性、针对性、可行性、实效性，有效规避盲目性、绝对化、刻板化、主观性。简便实际表现为实事求是的精神和以最简

---

〔1〕 参见《中共中央关于坚持和完善中国特色社会主义制度、推进国家治理体系和治理能力现代化若干重大问题的决定》。

单便捷、切实有效的方法去解决现实问题，使各项工作顺序合理以有效统筹安排时间，人员匹配合理以科学使用警力，方法实际以便于执行落实、取得实效，最终目标是各项工作有条不紊，高效运行，切实体现监狱警务工作现代化水平。科学合理、简便实际的现代警务工作流程不仅有利于监狱警察优质高效开展各项警务工作，更是新时代坚持以人民为中心的发展思想，惩罚和改造罪犯，预防和减少犯罪，满足人民对法治、公平、正义、安全、效率需求的有效手段。

（三）构建科学高效警务决策协调机制

1. 构建科学高效决策机制。决策机制是一个组织内部的决策流程和原则，它对于一个组织的发展和决策效率有着极为重要的影响。应通过完善警务决策体系和规范决策职权，优化警务决策效能，提升监狱机关整体履职能力和履职能效。这可以充分彰显“严真细实快”的优良作风，有效规避“庸懒散漫拖”的不良作风，防止权力滥用、好大喜功的官僚主义、形式主义和错误政绩观。

2. 构建和谐顺畅协调机制。良好的协调机制是实现密切协作的关键所在，也是现代化治理体系的重要内容，是现代化治理能力的重要表现。监狱警务工作的协调重点是主要领导、分管领导及各部门之间的统筹协调。鉴于监狱工作对象特殊，工作性质特殊，任务复杂繁重，良好的沟通协调机制能够整合各方力量以形成科学完善的联动，实现系统内部各层级之间、组织内部各成员之间的信息共享、有机协调、通力协作和科学高效决策及执行。

（四）构建科学完善警务激励机制

1. 构建科学的竞争激励机制。监狱警务工作中的竞争激励机制是培养人才、发现人才、评先树优、匡正导向的一种工作机制，是调节警务工作运行的内在力量。科学的竞争激励机制包含业务技术比武、警体技能比赛、岗位选择竞争、职务职级晋升等。科学的竞争激励机制的精髓可以概括为“真、正、公、平”四个字。真，即认真负责地选用有真才实学、真实业绩的人才，选用结果为群众公认、为社会舆论真实认可；正，即弘扬正气、公道正派地选用品行端正的人才；公，即秉公选用人才，坚持公开、公平、公正的原则选用公道正派的人才；平，即公平，参与竞争的各方对竞争结果真正心悦诚服、心平气和，公示期间社会反响平静。科学的竞争激励机制能够有效调动全体警察在警务工作中的主体作用，激发主人翁意识，激发工作热情、积极性、责任感，激发职业成就感、价值感、自豪感和精神归属感。

2. 构建公平的分类激励机制。针对不同技术岗位、业务岗位对全体警务工作人员进行分类，如监管型、矫正型、技术型、管理型等，对应相应的技术等级或绩效等级，便于考核及进行激励，进一步健全完善不同岗位、专业同等级之间互通互换机制等。公平公正关心对待每一名警务人员，刚性执行各类考评激励、绩效激励、职级晋升激励制度，充分激发、释放警力资源潜能。

二、建立质效优良的警务勤务模式

监狱警务勤务是指监狱警察人力资源分配、调度和管理工作。优良的警务勤务模式应适应新时代监狱工作需要和新形势下的刑事执行需要。监狱警务勤务模式应当从关心警察精神生活和心理需求、提高警察履职积极性和职业荣誉感、归属感出发，统筹监狱全体勤务力量，重点围绕改造罪犯这一中心工作任务，强化罪犯“三大”现场、重点时段等的监狱执法警务勤务管理，优化警力资源配置，摆脱低端消耗战术，提高执勤质效，建构现代化警务勤务模式。

（一）规范布局监狱警务警力

严格按照监狱警察数量配备标准合理配置警力布局，牢牢把握改造罪犯这一监狱工作的中心任务，切实保障“直接从事管理教育罪犯的一线警力达到警察总数的80%以上”[1]。科学设定警囚比，优化监狱警察职位编制布局设计，形成动态调整机制。配足、配齐、配强基层一线警力，推动重心下移、警力下沉，建设大基层、小机关警力分布格局。

〔1〕 李豫黔：《中国刑事执行新论——监狱工作创新及变革》，法律出版社2017年版，第144页。

（二）合理配置监狱勤务警力

在勤务警力配置中，科学统筹监狱执法工作需求与警力资源分配之间的关系，确保警力配置的均衡性和效率性。建立警务勤务管理、警力配置论证制度，根据警务工作责任、数量，科学、公正地分解、分配警务勤务工作任务，实现公允、合理的职责分工和责任承担。

（三）合理设计警务值勤模式

在政策允许范围内，合理设计值勤备勤模式，充分考虑警察的社会家庭属性，使其既能够提升警务执勤质效又能够科学合理安排个人业余时间。建立教育、提醒机制，督促警察职工特别是独生子女警察职工养育子女、照顾老人，做到工作生活质量两提高、两促进，确保监狱警察在承担职业责任的同时更好地承担家庭社会责任。

三、建立系统完善的警察育训机制

教育和培训是提升队伍思想政治素质、业务技术能力的重要途径，科学、完善的育训机制是完成教育培训任务的关键。建立系统完善的警察育训机制应坚持以筑牢政治忠诚、提升业务水平、夯实专业技能为中心，强化政治轮训，加强“教学练战一体化”建设，大力提高监狱警察思想政治素质，大力提升监狱警察教育、管理、改造罪犯的能力。

（一）建立以科学思想武装头脑的育警机制

用党的创新理论武装全党是党的思想建设的根本任务。思想建党是保障组织凝聚力、增强组织向心力、提升组织战斗力的制胜法宝。在推进监狱工作现代化新征程上，必须强化警察队伍思想建设，坚持以党的创新理论指导监狱工作实践，始终坚定信仰信念、把握历史主动，不断创造新的辉煌。

1. “教”以强化思想引领。用习近平新时代中国特色社会主义思想教育警察、武装头脑、指导实践、推动工作，坚定拥护“两个确立”、坚决做到

“两个维护”。牢牢把握监狱机关是政治机关、法治部门，监狱警察是纪律部队的政治定位，严明政治纪律和政治规矩。

2. “学”以提升思想境界。“学”的重点在于改革和探索警察学习途径和方法，监狱警察要具备不断学习的自觉意识，不断提升自己适应变化的自觉意识。着力提高学习自觉性、自主性，着力丰富理论知识、业务知识、法治知识、科技知识，在学习中增长知识、提高见识、锤炼品格、练就本领、提升思想境界，确保适应社会进步，维护监狱刑事司法工作健康发展。

（二）建立质效优良的素质提升培训机制

强化监狱警察政治训练和专业培训，实施专业化能力提升工程。监狱警察应积极接受各类专业培训和锻炼，提高政治觉悟、综合素质和监狱执法水平，树立监狱警察良好的社会形象。

1. “练”以增强警务素质。练就过硬本领，重视理论和实战相结合。以模拟实战的方式开展各类培训，使培训过程更加规范，培训标准更为科学，培训内容紧跟时代步伐，培训形式灵活丰富。更加重视利用现代高新科技开展各类培训，保障监狱警察各项素质紧跟时代要求。常态化开展岗位业务能力培训和实战技能训练，坚持传统与现代相结合，实现培训成果对现实工作的有效促进。

2. “战”以夯实警务能力。模拟实战状态下的各类培训，表现为以实战的姿态开展各类训练和考核，融入思想政治、业务技能等教育因素；突出执法能力和水平的训练与考核，重视优化单兵作战素养及战术水平的训练。优化警体战训过程中奖惩措施的制度设计，重视现代化的、科学的训练内容设置，时代化的、先进的训练方法运用，正规化的、长效的训练机制建设。坚持贴近实战的原则，提升监狱警察在复杂形势下解决问题的专业能力，提高实战素质、能力和水平。

四、建立科学规范的警察考评机制

完善干部考核评价体系，引导干部树立和践行正确政绩观，推动干部能上能下、能进能出，形成能者上、优者奖、庸者下、劣者汰的良好局面。警察考评工作是认真落实新时代好干部标准、突出政治把关和政治素质考察的重要工作，应改革完善科学考核评价体系，树立重实干、重实绩、重担当的考核理念，为有为者、能干者、优秀者提供科学公正的评价结论，充分发挥考核对警察的激励作用。

（一）强化绩效考核

贯彻重实干重实绩重担当的新时代考核理念，科学、公正、合理设计完善的考核评价模式。

1. 考核方法科学合理。注重平时考核与年度考核紧密结合，相互印证。注重定性考核与定量考核紧密结合，相辅相成，定性应公允，定量应完善。注重专业考核与群众评价紧密结合，全面了解工作业绩。

2. 考核程序科学公正。考核程序设计应公正公平，公开考核程序、指标、方法、结果等具体情况。考核标准和方式更为具体明确，考核办法简便易行，考核周期和频率更为科学合理。扩大现代高新科技在考核工作中的有效运用，科学、有效地开展对监狱警察工作质效的考核。

3. 考核内容客观全面。注重考核工作表现和成绩、工作质量和效果。考核内容全面，能够科学反映日常表现与特殊表现，各项考核内容占比均衡，切实体现公允合理，客观体现考核效果。

4. 考核结果有效应用。客观、及时公布考核结果，考核结果运用和激励措施落实更加务实，让考核活起来，让考核工作成为加快推进监狱警察队伍革命化、正规化、专业化、职业化建设的催化剂，切实提高监狱警察开展各项警务工作的积极性、主动性和创造力。

（二）重视晋级考评

晋级考评关系干部选拔任用，关系政法铁军队伍建设成效，应牢牢把握政治过硬、业务过硬、责任过硬、纪律过硬、作风过硬的要求，完善监狱警察职务、职级、职称晋升“多轨运行”考评模式，在实际施行过程中更加注重机制设计的现代理念和时代特征。

1. 晋级规则公正公开。晋升、晋级考评规则公正合理、公开透明。晋升、晋级规则应有恒定性，切实发挥晋升、晋级规则的导向功能，增强导向效应，激发各方面积极性。晋升、晋级规则应充分融合、体现和运用考评结果。

2. 晋级规则刚性约束。规则的刚性约束力是法治精神和法治能力的重要表现，是社会治理能力的重要表现。职务、职级、职称晋升是关系党的组织人事政策落实的大事，是关系监狱警察切身利益的实事，应切实尊重晋级、晋升规则的刚性约束力。只有具备刚性的规则约束力、强力的规则执行力，才能产生群众公认的具有说服力的效果，才能切实激发队伍的积极性、创造力，打造现代化的监狱警察队伍铁军。

第二节　新时代监狱警务能力现代化

推进国家治理体系和治理能力现代化是新时代全面深化改革的总目标之一。监狱警察要把能力建设作为一项重要任务，全面提高监狱工作职业素养和专业水平。警务能力现代化属于国家治理能力现代化的范畴，是国家治理能力现代化的重要内容，是监狱治理能力现代化的重要表现形式。

一、提升监狱人民警察政治能力

2020 年 12 月，习近平总书记在中共中央政治局民主生活会上讲话时将政治能力的基本内涵表述为“政治判断力、政治领悟力、政治执行力”[1]。在监狱警察所必备的各种能力中，政治能力是第一位的。监狱是国家机器，是人民民主专政的工具，是政治斗争的前沿阵地，监狱警察队伍是党的“刀把子”，是政治铁军。监狱警察需要不断提升政治能力，始终做到在思想上、政治上、行动上同党中央保持高度一致。监狱警察的政治能力不是一朝一夕培养起来的，需要在长期的思想磨砺、政治磨炼、实践锻炼中不断形成。

---

〔1〕 2020 年 12 月 24 日至 25 日，习近平总书记在中共中央政治局民主生活会上的讲话。

（一）增强政治领悟力

夯实理论根基，提高思想理论修养。通过学思践悟将党的监狱工作方针、政策、路线与国家法律法规准确地贯穿于监狱工作全过程、各环节。理论联系实际，着力解决监狱工作难点、重点问题，勇于开拓，善于创新，为推动监狱事业健康发展贡献才智，并通过理论研讨、工作交流等形式，把学习理论成果转化为推动监狱事业发展的实践指引，不断提高政治领悟力。

（二）提高政治判断力

充分发挥党组织思想政治教育工作效能，严格管理教育党员警察，提高监狱各级党组织和广大党员警察尤其是领导干部的政治能力，优化党员警察的政治品行，让党员警察实时事事牢固树立党员警察身份意识，把准政治方向，坚定政治立场，增强政治敏锐性，提升政治鉴别力，确保在大是大非面前敢于亮剑，确保任何时候监狱工作始终坚持党的绝对领导，始终沿着中国特色社会主义道路前进。

（三）强化政治执行力

广大监狱警察尤其是领导干部要始终站在惩罚和改造罪犯的监狱工作最前线，科学思考谋划工作，始终做到心思在基层，实干在一线，思路方法出在基层，工作推进在基层一线，用高尚人格价值和过硬的政治本领、业务本领赢得尊重。各级监狱警察领导干部应积极应对工作中的矛盾纠纷，做到“为警避事平生耻”，切忌上推下诿，要在解决矛盾问题的实际工作中练就过硬政治本领。

二、提升监狱人民警察业务技术能力

坚持革命化、正规化、专业化、职业化方向，打造具有过硬业务技术能力的警察铁军。坚持以改造罪犯为中心，把握监狱警察工作能力现代化的目标和方向，大力提升监狱警察业务技术能力，切实解决监狱工作中惩罚功能弱化、教育手段虚化、教育能力软化的问题。

（一）熟练掌握法律运用能力

法律运用能力是监狱警察业务技术能力的灵魂，法治思维和法治方式是法律运用能力的直观表现形式。监狱警察要牢固树立社会主义法治理念，坚持依法治监、依法行政，端正执法思想，规范执法行为，科学适用法律。实现执法程序规范、执法责任明晰，切实做到公正执法，不断提升执法水平，有效维护宪法和法律的尊严权威。

（二）提升独特的岗位履职能力

监狱警察岗位履职能力既包括警察职业一般意义上的能力，又包括监狱警察独特的职业能力；既包括教育工作者应具备的教育学意义上的能力，又包括类似于医务工作者治病救人意义上的矫治能力。监狱警察独特的岗位履职能力是提高监狱工作质量和效率的基础。

1. 锤炼坚实的专业能力。专业化建设是监狱警察队伍建设的重要方向，坚实的专业能力是监狱警察必须拥有的职业能力。监狱警察应有意识地学习专业的刑事执行知识，在实际工作中提高监管改造罪犯的能力，更好履行维护监管安全的职责使命；应不断学习教育学及相近学科知识，提高遵循教育规律的能力，提高创新适应时代特征的施教方式和方法的能力，保障履行教育改造罪犯的天职；自觉锻炼敏锐捕捉狱情的能力，科学理性客观分析研判狱情的能力，妥善安全处置狱情的能力，提高规范管理、科学执法的能力。

2. 锻造过硬的方法能力。工作中有思路、有办法是监狱警察方法能力的具体表现，不断提高思想方法、工作方法、学习方法的能力是监狱警察顺利开展工作的关键因素和优势条件。锻造改革创新能力，增强创新意识，深入研究新情况，提出新方案，化解新矛盾。提高组织管理能力，一方面表现为抓班子带队伍中讲党性、重品行、作表率，忠诚履职；另一方面表现为监管改造罪犯工作中讲法制、讲策略，重教育、重改造，提升改造质量。增强独立思考、持续学习的能力，对工作中的任何问题都有自己独到的观察和独特的思考判断，提出符合实际、符合规律的见解，及时果断拿出行之有效的解决问题的方法。

三、提升监狱人民警察风险防控能力

新时代监狱风险防控能力要求监狱警察必须具有坚定的迎接风险挑战的职业自信，较强的风险防控研判评估能力，较高的风险防控应对水平，较完善的风险防控应对策略，较为充足的风险防控物质保障，保障监狱工作高质量发展，履行好维护国家政治安全、确保社会大局稳定、促进社会公平正义、保障人民安居乐业的主要任务。

（一）增强安全风险防控能力

坚持总体国家安全观，始终把维护安全稳定、防范风险隐患作为监狱工作的重中之重，增强安全风险防控能力，保障监狱安全。

1. 牢固树立安全风险防控意识。安全风险防控意识是防控安全风险的基础，常态化开展监狱安全风险防控知识普及教育和专项培训，让监狱警察充分了解监狱工作各类安全风险和应对措施，如监管安全风险、改造安全风险、生产安全风险、自身人身安全风险等相关知识、经验以及案例等，提高防控意识，增强防控能力。

2. 健全安全风险防控机制体系。为有效应对监狱工作中各类安全风险挑战，需要建立健全安全风险防控体系，主要包括安全风险防控体系规划、安全风险防控评估机制建设、安全风险防控监测预警机制建设、安全风险防控各类应急处置预案、各类安全防控措施落实机制、安全风险紧急响应机制等环节。

3. 完善安全风险防控物资保障。“物防”始终是安全风险防控成败的关键因素，科学分析研判各类安全风险防控物资需求，系统规划安全风险防控物资配备方案，重点完善脱逃、行凶、袭警、绑架、群体性哄监闹狱以及重大疫情等对监管安全构成巨大破坏力的安全风险事件所需设施、设备及警用特种装备等物资保障。

（二）提高不良舆情风险防控能力

现代信息传播手段发达，自媒体时代更是催发了舆情“旋涡效应”，社会公众难辨真相，极易引发不良舆情风险。监狱工作是社会敏感话题领域，是关系法治社会、平安社会建设的重要领域，应当具有强大而从容应对不良舆情风险的技术能力。

1. 深化狱务公开，化解不良舆情。应建立依法、科学、规范的狱务公开制度，依法及时准确公开执行刑罚和监狱管理中的法律依据、程序、结果，建立阳光执法机制。回应社会公众对监狱工作的正当关切。全面深刻理解、满足社会正当知情权，树立监狱工作阳光、透明的正面形象，赢得社会理解支持，化解不良舆情对监狱工作整体形象的冲击。

2. 增强自我完善能力，防范不良舆情。“打铁还需自身硬”，增强监狱工作自我塑造能力，全面建设高水平的监狱治理体系，全面提升治理能力。监狱工作者应全面提高自身能力、素质、水平以适应监狱工作现代化的整体要求。树立监狱工作人文、健康的正面形象，防范不良舆情对监狱工作整体形象的冲击。

3. 强化宣传引导能力，防控不良舆情。监狱在舆论宣传引导工作中应自觉站稳人民立场，旗帜鲜明宣传党的监狱工作路线方针政策。具有熟练运用高新技术进行宣传的能力，掌握舆论先机，拓展宣传领域，多维度、深层次全面推进宣传工作。批驳错误思想观点，牢牢掌握涉狱意识形态工作主动权、领导权、话语权。树立监狱政治立场坚定的正面形象，防控不良舆情对监狱工作整体形象的冲击。

四、提升监狱人民警察科技应用能力

新时代监狱工作现代化建设应当把握时代机遇，跟上时代发展，深入研究、全面规划、切实实施现代高新科技在监狱工作中的有效应用，做到实用、管用，确保监狱警察对待现代科技能用、会用。

（一）增强现代高新科技应用意识培养

现代高新科技应用是新时代监狱工作现代化的重要标志。高新科技应用归根结底在人，在监狱警察。监狱警察要在思想意识、工作理念上高度重视高新科技应用，着重提高推进高新科技应用的政治自觉、思想自觉、行动自觉和应用能力，全面共享现代高新科技发展成果给人类生活和工作带来的便捷。

（二）强化现代高新科技应用能力培训

让现代高新科技为监狱警察赋能，增强监狱警察对高新科技在执法能力水平提升、管理能力水平提升、改造方式方法能力水平提升等方面的应用。培育监狱警察现代化高新科技应用素质，重点开展高新科技设施、设备、装备、智能系统的应用操作技术培训和岗位练兵。监狱警察应强化自我学习，强化自我训练，实现高新科技应用技能自主提升。强化考评，有计划对监狱警察不同技术岗位、管理岗位高新科技应用能力进行检验和考评。

五、提升监狱人民警察理论科研能力

党的二十大报告指出："继续推进实践基础上的理论创新，首先要把握好新时代中国特色社会主义思想的世界观和方法论，坚持好、运用好贯穿其中的立场观点方法。"监狱警察应自觉提高理论思考能力以提升为监狱事业发展提供智力支持的能力，即提升基于职业特性的理论认识力、理论概括力、理论研究力、理论创新力、理论表达力以及调查研究能力，推动监狱工作健康发展。

（一）掌握强大的思想武器

提升理论科研能力必须掌握强大的思想武器，提升理论修养，学原著、读原文、悟原理，着力提升马克思主义的立场、观点和方法应用能力，把握好习近平新时代中国特色社会主义思想的世界观、方法论，坚持好、运用好贯穿其中的立场观点方法。党的二十大报告提出了继续推进理论创新的科学方法，即必须坚持人民至上、必须坚持自信自立、必须坚持守正创新、必须坚持问题导向、必须坚持系统观念、必须坚持胸怀天下。“六个必须坚持”是习近平新时代中国特色社会主义思想世界观和方法论的主要内容，是马克思主义世界观方法论的最新成果，具有辩证唯物主义和历史唯物主义哲学意蕴和时代内涵，为广大监狱警察认识世界、改造世界提供了强大的思想武器。

（二）把握科学的研究方法

监狱警察提升理论科研能力必须着力提升理论科研方法的科学应用能力，必须全面准确感悟包括“六个必须坚持”在内的习近平新时代中国特色社会主义思想的立场观点方法，更好领会习近平新时代中国特色社会主义思想的精髓要义，确保思想方法对头，确保认识问题看得远，分析问题看得深，理论研究把得准。

坚持实事求是的思想路线，大兴调查研究之风，坚持调查研究是思想方法与工作方法的有机统一，围绕监狱工作改革创新发展实际，研究探索监狱工作的内在规律，针对工作中出现的新问题、新情况，创新思路，探索方法，解决监狱实务工作中的现实问题，为推动监狱工作科学发展提供理论支撑和智力支持。

坚持问题导向，创新理论科研新方法，通过强化课题立项“压担子”、强化集中理论研讨“解扣子”、强化集体联合创作“建班子”以及通过召开理论研讨会为理论研究成果投稿发表“搭台子”等措施，鼓励警察职工积极开展理论研究，并增强理论研究工作的前瞻性、开放性、指导性、科技性、激励性和专业性。

（三）增强理论转化能力

增强理论转化能力，首要在于努力把党的最新科学理论转化为坚定的政治信仰，转化为分析解决问题的世界观和方法论。关键在于理论与实践相结合，将监狱工作专业领域的理论研究创新成果转化为指导现实工作的思路和方法，增强理论成果的实践性，提高理论的实践效能。着力点在于增强将理论转化为可操作性技术的能力，根据现实条件，将复杂深奥的理论简单化再造，用之于实践，促进工作。

第三节　新时代监狱警营文化现代化

监狱警营文化现代化建设以习近平新时代中国特色社会主义思想为指引，全面加强监狱警营先进文化塑造，系统把握政治过硬、业务过硬、责任过硬、纪律过硬、作风过硬的要求，坚持革命化、正规化、专业化、职业化方向，着力锤炼铁一般的责任担当、铁一般的过硬本领、铁一般的纪律作风，努力建设信念坚定、执法为民、敢于担当、清正廉洁的新时代监狱警营先进文化，并且为达到这个目的创建一个适宜的文化氛围，在全社会树立监狱工作的良好形象。

一、监狱警营文化内涵

新时代监狱警营文化是以习近平新时代中国特色社会主义思想为指导，以党的绝对领导为保证，以现代化的建设理念、科技支撑为保障，以监狱警察为主体，以忠诚敬业为核心元素，以英模文化、法治文化、廉洁文化、人文精神为精神特质的监狱警营文化新形态。监狱警营文化是监狱工作的灵魂。

（一）特色鲜明的政治属性

新时代监狱警营文化是社会主义先进文化的重要内容，具有鲜明的政治属性和意识形态属性。新时代监狱警营文化现代化建设应坚持党的领导，坚持中国特色社会主义，坚持巩固马克思主义在意识形态领域、在监狱警营的指导地位，突出“五个过硬”，坚持“四化”方向。

（二）浓厚强烈的人文精神

新时代监狱警营文化是监狱警察队伍走向现代人文管理的深化，它以尊重人、理解人、关心人、信任人、教育人、帮助人为基本原则，注重对人进行人文关怀和教育引导，着重培养监狱警察归属感、荣誉感、责任感、使命感。

（三）新颖丰富的文化活动

经常性开展积极向上的、富有时代精神特征且为监狱警察喜闻乐见的群众性文化活动，发挥文化潜移默化的作用，培养健康情趣，陶冶高尚情操，倡导新风正气，树立新时代监狱警营生机勃发的精神风貌。

二、监狱警营核心价值理念

监狱警营核心价值理念是新时代监狱工作思想观念现代化的核心内容，是党的意识形态在监狱工作领域的集中体现，是监狱人民警察队伍理想信念、政治品格、工作理念、行为方式、纪律作风的本质要求。

（一）新时代监狱警营核心价值观

监狱人民警察是我国人民警察队伍的重要组成部分，是国家重要的刑事司法力量。2020 年 8 月 26 日，习近平总书记向中国人民警察队伍授旗并致训词。习近平总书记指出，长期以来，在党的领导下，我国人民警察牢记宗旨使命，忠诚履行职责，勇于担当作为，甘于牺牲奉献，为维护国家安全、社会稳定、人民利益作出了重大贡献。习近平总书记强调，在新的历史条件下，我国人民警察要对党忠诚、服务人民、执法公正、纪律严明，全心全意为增强人民群众获得感、幸福感、安全感而努力工作，坚决完成党和人民赋予的使命任务。新时代新征程上，监狱机关必须坚决听从以习近平同志为核心的党中央的指挥号令，始终牢记习近平总书记对全国人民警察的基本要求，坚定不移地把“对党忠诚、服务人民、执法公正、纪律严明”作为监狱人民警察队伍核心的政治信念、工作理念和价值追求，用以武装头脑、判断是非、规范行为、指导监狱工作各项具体实践。

（二）新时代监狱警营工作理念

新时代监狱警营工作理念要求广大监狱警察学思想、见行动，工作实践中树立正确的权力观、政绩观、事业观，增强责任感和使命感，不断提高推动高质量发展本领、防范化解风险本领，加强斗争精神和养成斗争本领，提振锐意进取、担当有为的精气神。新时代监狱警营工作理念体现在以下方面：

1. 忠诚担当的时代责任意识。监狱警察的忠诚主要表现为忠诚于党的监狱事业，忠诚于宪法法律，自觉接受并负起时代赋予的职责使命。弘扬监狱警察勇于负责、奋发有为的优良传统，塑造新时代监狱警察的精神特质。

2. 守正创新的职业进取精神。守正创新强调优良传统和时代创新的统一性和相辅相成性。监狱警察要勇于打开新时代监狱事业发展的新局面，深入推进监狱工作理念思路、体制机制、方法手段创新，积极开创监狱事业新局面。

3. 自由平等的职场人文精神。习近平总书记指出："人，本质上就是文化的人，而不是'物化'的人；是能动的、全面的人，而不是僵化的、'单向度'的人。"[1] 新时代中国式现代化关键在于促进人的现代化，充分信任人，增加理解包容，减少无实质意义的管控和限制，促进人的素质、知识、技能和健康水平在现代化进程中提升。

4. 坚持真理的无私斗争精神。对于新时代监狱警察而言，工作就是斗争，在大是大非面前敢于亮剑，在矛盾冲突面前敢于挺身而出，展现新时代监狱警察敢于斗争、善于斗争、敢于胜利、善于胜利、大公无私、英勇无畏的精神风貌。

5. 尊崇规则的法治理念。尊崇规则，敬畏规则，树立法治警营理念，实现监狱工作全体系法治化，执法行为全过程法治化，执法监督全方位法治化，执法环境全周期法治化。在监狱整体工作中加强法治建设，依法行政、依法执法，严格公正规范文明执法，在执法过程中防止权力滥用。

6. 坚定监狱高质量发展理念。监狱工作的高质量发展应坚守监狱安全底线，以监狱安全稳定促进监狱中心任务完成，着力提升安全、协调、开放、创新、领先发展的能力。

监狱工作的高质量发展应坚持以人才为第一资源、以创新为动力、以绿色

---

[1] 习近平：《之江新语》，浙江人民出版社2007年版，第150页。

发展为导向，统筹质量、效益、安全，实现资源合理利用，争创一流、唯旗是夺，保护人的健康和生命安全。

（三）建立具有时代特征的监狱警营思维方式

监狱警营思维方式是基于监狱工作解决问题过程中形成的具有群体共同特质的分析、综合、判断、推理等认知活动过程和形式，是新发展阶段贯彻新发展理念着力推进高质量发展的具有时代特征的思维方式。新发展阶段的监狱警营思维方式主要表现为：动作思维上敏锐且警觉的观察力；形象思维上丰富而又适当的想象力；逻辑思维上正确合理的思考力；经验思维上快速直接的总结力；理论思维上深刻的认识力和认识水平的自我提升力；直觉思维上内因感知迅速的顿悟力；分析思维上孜孜不倦的研究力；辐合思维上知识的搜集与综合力；发散思维上思路开阔的创新力；创造思维上综合、探索、求新的开创力。

三、监狱警营职业道德规范

新时代的监狱警察作为党的政法队伍中的一支铁军，理应站在时代前列，做公民道德建设的忠实崇尚者、社会主义美德的传播者、新时代职业道德的实践者。

（一）打牢坚实的思想基础

监狱警营职业道德规范的根本在于深入学习习近平新时代中国特色社会主义思想，坚定政治信仰，坚定理想信念，从政治上着眼，从法治上着力，坚持用新时代中国特色社会主义思想理论体系指引监狱工作发展，培养忠于祖国的政治责任、忠于人民的道德品质、忠于宪法法律的职业道德品格。

（二）保持清廉无私的底色

热爱党的监狱事业，牢记“为人民服务”的宗旨，具有一身正气、清正廉明的职业操守。坚定维护公平正义、保障司法公正的职业道德素养，坚持以事实为依据、以法律为准绳的职业道德精神，坚持法律效果、社会效果、政治效果有机统一的职业道德智慧。

（三）树立文明管理的形象

发扬优良传统，体现时代精神，遵循人文理念，营造积极向上的警营管理氛围，打造政法铁军。秉持法治精神，保障罪犯合法权益，遵循客观规律，构建先进的管理制度、管理环境和管理方式，形成一种先进的、文明的管理文化，树立新时代社会主义新型监狱文明进步的形象。

（四）发扬团结协作的作风

监狱警察应增强社会责任感、职业使命感，树立健康的职场定位，培养良好的职场规则意识。增强团结共事、通力协作意识。面对构成日益复杂的监管改造对象，增强监狱工作就是战场、上岗就是进战壕的意识，增强团结就是力量的意识，在光荣的警旗下团结成“一块坚硬的钢铁”。

四、监狱警营先进文化塑造

文化现代化是精神文明建设的重要内容，先进文化建设日益成为现代化建设的重点领域。把监狱警营文化建设放在和政治建警同样的高度上去观照，坚持政治建警、依法治警、从严治警、从优待警的方针，大力提倡文化育警，通过广泛开展具有时代特点的文化建设和文化活动，提高监狱警营文化品质，增强监狱警察综合素质，树立监狱工作良好的社会形象。

（一）构造特色鲜明的场所文化环境

1. 突出鲜明时代特色。注重传统场所环境文化建设、现代场所环境文化建设，应结合工作实际、单位特点、现代材质建设独具时代特色的图书馆、阅览室、文体活动室、文化长廊、文化曲径、文化广场、文化路标建筑等。

2. 凸显鲜明个性特色。注重室内环境文化建设、户外环境文化建设，兴建办公场所、备勤区、公共区域的绿化美化文化艺术工程，张贴文化标识、文化宣传画，设立文化宣传栏、楼廊墙面、画报展示栏、橱窗艺术展。

3. 注重群体组织特色。建立读书会、研讨会、兴趣小组、体育竞赛队、文化沙龙等文体组织，运用线上线下等多种形式，搭建沉浸式文化阵地和文化服务载体。

（二）塑造内涵丰富的场所文化

1. 读史以德育正心。读史明道，读史养德。监狱发展历程中的光辉成就体现着一代代监狱建设者的精神境界，可以激发强烈的道德认同。应建立发展史展馆、荣誉陈列室，忠实记录本单位的光辉历史，增强集体荣誉感，激发职业归属感。

2. 读文以智育增才。智育是人实现全面发展的基础和核心，体现着人才个体的学识水平和能力品质。建立小图书室，充实文史哲经典书目、优秀传统文化典籍以及与监狱工作相关的专业书籍，设计风格独特的警察图书室，不断促进监狱警察增进阅读、增长才干。

3. 强体以体育健身。监狱警营建立体能训练场所对于有效提高监狱警察身体素质和运动能力、改善监狱警察生活方式和生活质量有积极意义。应做到训练设施和器材完备，训练项目全面，并设计具有警察训练特色的训练场文化风格。

4. 明礼以文娱怡情。建设优良的警营集体集会场所和文化娱乐场所，如中型舞台，完善舞台设备，供举办警营文化专题活动、综艺晚会、警务集体礼仪活动等使用，通过文娱活动陶冶情感。

5. 雅好以文艺修性。建设各类文艺爱好者活动场所，如书画苑、音乐厅、歌舞场等，开展群众性文艺创作活动，营造求知、高雅、昂扬向上的场所文化氛围，培养监狱警察的高雅爱好。

（三）营造氛围浓厚的人文精神

监狱警营文化生活需要浓厚的人文精神氛围，应切实落实从优待警政策，在坚持从严治警的同时，给予更多精神上的尊重、关爱和温暖。做到政治上关心、工作上支持、生活上关爱、待遇上保障，增强正向激励，提升监狱警察的职业荣誉感、归属感、凝聚力、向心力、战斗力，激发主人翁精神。

（四）开展形式丰富的文化活动

建设监狱警营文化特色的文化阵地，推动开展沉浸式文化阵地文化活动。利用重大节日、纪念日等时间节点，举行升旗仪式及宣誓活动，积极开展富有文化特色的警体技能训练活动、警务技能演练活动，组织开展形式多样、内容丰富、健康有益的沉浸式警营文化活动，提升监狱警察队伍生活质量。应举办书画摄影作品及征文展览活动及演讲、歌赛、阅读诵读比赛活动。组织田径运动会、趣味运动会、综艺晚会及警营开放日活动。开展富有文化内涵的警社共建与友好单位结对子活动，参加各类志愿者社会公益活动，借助各自优势组建各种兴趣班、茶话会，各种球类、棋类、牌类竞赛交流会，提高监狱警察文化艺术修养。

（五）打造庄重严肃的英模精神文化

“天地英雄气，千秋尚凛然。”一个有希望的民族不能没有英雄，一个有前途的国家不能没有先锋。榜样的力量是无穷的。树立英模典范是激发崇高信仰、坚定政治理想、坚守政治信念、校正价值取向、固化高尚行为的宝贵经验和优良传统。

1. 弘扬英模精神，激励工作积极性。党的二十大报告指出：“发挥党和国家功勋荣誉表彰的精神引领、典型示范作用，推动全社会见贤思齐、崇尚英雄、争做先锋。”新时代中国式现代化语境下，监狱工作现代化要干什么样的事业，要怎么样干事创业，就要树立什么样的英模典型，培养什么样的领导干部，增强监狱警察理解、接受、认同和践行核心价值观意识。用英模精神激励广大监狱警察自觉投身到新时代中国式现代化建设的大潮中去。

2. 健全规章制度，科学选树英模人物。建立英模人物评选表彰机制，让受表彰英模人物的先进事迹在社会面上有充分的公信度和广泛的群众认可度。建立预警机制、激励机制、监督制约机制，建立完善树立英模典范的长效机制。建立科学完善的问责机制，将英模人物评选庄重化、严肃化，保障英模人物的先进性、纯洁性，评选群众公认的英模人物，评选经得起历史、时代和人民检验的英模人物。

3. 党员领导干部自觉发挥模范带头作用。党员特别是党员领导干部就是群众身边的英模人物。建设现代化监狱警营先进文化，需要各级党员领导干部增强引领力、号召力，保持共产党员的先进性、纯洁性，充分发挥共产党员特别是党员领导干部的模范带头、榜样示范作用。各级党员领导干部应带头发扬斗争精神，勇于抵制官僚文化、官僚习气、官僚做派等官僚主义作风，敢于批判抵制身边的消极文化、低俗文化，勇于批判并坚决抵制“四风”，勇于与落后反动的言行做针锋相对的斗争，坚决做现代警营文化的倡树者、引领者、建设者、维护者。

第四节　新时代监狱警务保障现代化

监狱警务保障是监狱履行法定职责的基础和条件。监狱警务保障能够充分地为监狱警察依法执行职务提供全方位的支持和保证。“警务保障既是政治工作和后勤工作，又是经济工作和服务工作。”〔1〕新时代监狱警务保障现代化是以国家保障为基础、以社会保障为辅助的高水平的保障形态，具有及时、持续、优质、高效的特性，可以实现有效调动监狱警察工作积极性、主动性、激励工作热情的效果，保证警务活动有效开展，提高工作质效。

一、加强监狱警务警力保障

认真研究把握监狱工作规律，科学布设警力资源，“警力配备符合工作要求，做到工作目标明确，职位分类健全，内设机构规范，定编定员合理，机构功能高效”〔2〕，保障监狱警务警力，提高整体作战能力。

---

〔1〕 陈连喜主编：《监狱人民警察概论》，中国政法大学出版社 2018 年版，第 121 页。
〔2〕 李豫黔：《中国刑事执行新论——监狱工作创新及变革》，法律出版社 2017 年版，第 144 页。

（一）科学设定监狱警力配备标准

充分论证监狱警力配设标准，完善警力编制方案。充分利用大数据分析技术科学设定监狱警力配备标准，科学设定监狱警囚比例即押犯规模与应配备警察数量之间的数学关系，科学计算基层一线配备警察数占在职警察总数比，为优化警力配备标准提供科学依据，力争实现警力配备法治化、科学化、标准化、合理化，解决监狱警力布设不科学、不合理的问题，解决因警力配备问题影响和制约监狱工作科学发展的问题。

（二）科学设计监狱警力使用规则

科学统筹警力资源，坚持精简、集约、高效用警原则，坚持警力配备向基层一线倾斜的原则不动摇、不变通，刚性推行警力下沉，实现“直接从事管理教育罪犯的一线警力达到警察总数的80%以上”[1]。整合警力资源，打造合成作战平台，推动信息资源共建共享，提高合成作战能力。建立科学的警务警力协作机制，加强各业务部门的工作协调、协作。统筹规划警力资源，有效借助外力，运用社会化购买公共服务方式加大非执法、非专业性问题解决力度，置换非执法岗位警力。新入职警察原则上一律分配到基层监管教育改造第一线，连续工作时限不得少于七年。完善政策设计，增强基层吸引力，保证警力配备。

（三）科学规划监狱警力保障途径

1. 向培训要警力。加大教育培训力度，加强业务能力、专业技术素质培训，加强高新科技应用能力培训，提高单警综合业务素质，加强培养其通力协作意识，向教育培训要人才、要警力、要战斗力。

2. 向科技要警力。增强现代高新科技赋能功效，提高现代科技应用覆盖面和应用水平，积极推广使用大数据、信息化、智能化技术，用高新科技置换

---

〔1〕 李豫黔：《中国刑事执行新论——监狱工作创新及变革》，法律出版社2017年版，第144页。

警力，彻底放弃低端、粗放式、拼人力警力资源的管理模式，解放警力。

二、加强监狱警务法律保障

法治监狱建设是新时代监狱警务工作现代化建设的重要保障，国家运用法律形式，通过健全法律法规推进法治监狱现代化进程、规范监狱刑事司法机制、规范监狱警察执法行为，为监狱警务工作提供具有时代特征的法治保障。

（一）健全完善监狱工作相关法律

监狱依法开展各项警务活动受法律保护，健全的法律是监狱警务工作的坚强后盾。随着法治社会建设的深入推进，国家需要适时出台“人民警察警务保障法”，或者通过修订完善《刑法》《刑事诉讼法》《人民警察法》《监狱法》《监察法》《公务员法》《行政机关公务员处分条例》等相关法律法规，健全监狱警务保障方面的法律，保障法律实施。

（二）完善细化监狱工作有关条例规定

监狱依法开展职责权限范围内的警务工作，必须坚守执法底线、职业道德底线，保证警令畅通。国务院司法行政管理部门应健全完善监狱警察管理相关的禁令、规定、条例等，并作出与时俱进的动态调整，体现时代特征和时代精神。通过健全完善禁令、规定、条例等规章制度保障监狱警务工作顺利进行。

三、加强监狱警务社会保障

监狱警务工作开展应从监狱工作全局出发，协调好内部各环节之间、外部各部门之间的关系，使各种工作机制、各种社会力量相互支援、相互配合、有机联动、形成合力，保障监狱警务工作健康顺利开展。监狱警务社会保障区别于社会保障制度，监狱警务社会保障主要是指社会支援力量方面的充分和及时到位，形成一种协同配合机制。

（一）建立更为强大的社会支持机制

发挥监狱驻地社会面的强大保障能力，把监狱安全纳入当地安全工作目标体系，把监狱警务有关工作纳入当地社会事务工作目标体系，监狱加入所在地市级党委和政府安全稳定工作机构。发挥公民和组织的强大支援能力，公民和组织按照法律规定有义务支持和协助监狱开展警务工作，主要包括物质上的支持和协助、精神上的支持和鼓励以及行动上的支持和帮助，这充分体现出国家、社会对监狱警务工作的有力支持和充分保障。

（二）建立更为有力的舆情应对机制

监狱应建立专业的公共关系机构，密切与社会联系，提升舆情应对时效，防止不实、歪曲、恶意、虚假信息扩散流传。加强警媒合作，扩大正面典型、先进事迹等信息的多媒体宣传力度，扩大法律知识、安全防范常识的宣传力度，防范负面信息、不良信息传播扩散。丰富舆情应对方式，充分利用新媒体平台如微博、微信、抖音等多种新媒体平台资源，建立省级监狱系统新闻发言人制度，扩大宣传影响范围，提高正面宣传质效。内强素质、外树形象，增强应对主动性，扩大监狱警务社会公开范围，正确引导舆论，预控舆情。

（三）建立更为多元的协同合作机制

社会治理体系和治理能力的现代化越来越注重多元主体协同作用的发挥，打破层级束缚、部门壁垒，顺应信息化条件下分散治理、整体运作的趋势，借助指挥平台，统筹各部门资源，完善并做强协同合作机制，实现强大的统一指挥、统一协调功能。监狱处置各类专项警务事务时应与社会协同配合，特别是与公、检、法、武警协同联防联动，高效处置各类警务。

（四）建立更为快速的应急处置机制

健全应急处置工作机制，设置完善的工作预案。建立快速反应机制，协调公安、武警，整合勤务力量，优化勤务模式，实现短时间内人员、装备、车辆依照处置预案的处置流程快速到位处置。提高应急处置智能化水平，包括智能化的监控巡查、喊话、警示、规劝等，智能化设备现场即时警戒、紧急处置，智能无人机即时警示、驱离、抓拍、录制视频收集证据等。提高充分利用大数据、信息化技术助力现场临机决断指挥能力，即时获取现场各种数据、信息情况，快速决策、临机应变、调动警力、快速处置，减少无关程序。建立监狱驻地社会面快速反应协同应对机制，快速处置相关紧急事件。

（五）建立更为明确的监狱警务标识信息

监狱警务标识信息的法律保护机制更为具体明确，应依法快速处置非法制造、贩卖、持有、使用监狱警务标识物品和信息的违法犯罪行为。对因警察个人原因导致警务标识信息流失的，追究其本人应负的相应责任。

四、加强监狱警务后勤保障

当今时代，科技发展日新月异，国内外形势复杂且充满变局，传统的、非传统的犯罪现象日趋复杂，“四涉”（涉黑、涉恶、涉毒、涉枪）犯罪、高科技犯罪案发数量日益增多，新型跨国犯罪愈加严重，监狱警察工作面临巨大压力与挑战。这些复杂情况要求监狱警务后勤保障必须跟上，保障质量必须提高，保障水平必须先进，保障能力必须强大。

（一）健全监狱经费保障制度

扩大经费保障面，加快中央和地方财政事权与支出责任划分改革，明确各级监狱财政事权和支出责任，完善监狱经费保障体制，结合经济社会发展水平和执法实际需要完善监狱经费保障标准并适时调整，形成与时俱进的动态增长机制。

（二）完善监狱设施保障制度

完善监狱建设投资项目，把监狱围墙等安全警戒设施建设、信息化建设、监狱征地建设等基础设施及配套设施建设费用纳入监狱建设投资保障范围，通过信息化运行维护资金经费支出标准。加大监狱系统国有资产监管力度，防止国有资产流失，实现国有资产安全和保值增值。

（三）加强监狱警务装备保障

保证警务装备资源配置科学合理、管理方案完善、管理规范有序、使用技术熟练、功能实现效果良好。形成以任务效能为中心的装备资源有效协同联动机制，实现警务装备资源实际使用效能最大化，实现监狱警务装备保障的高水平和现代化。

1. 警队装备基础雄厚。办公设施、设备、装备充足、齐全；警械、武器、交通与通信工具等种类齐全、数量充足、配备范围全面、使用效能优良。

2. 单警装备功能完备。单警装备配齐配全，功能完善。制定《监狱警察单警装备配备标准》，结合监狱实务工作现实需要，科学、合理选定配备项目，科学设定配备范围、配备区域及配备数量，及时补充、更新，保证装备安全、实用。

3. 警事应急装备品类健全。品类健全的应急装备能够满足监狱处置突发紧急事件需要。科学全面研判各类自然因素、人为因素可能影响监狱安全的风险隐患，配足、配齐、配强监狱处置突发应急事件所需装备。

4. 基础设施设备功能完善。基础设施设备建设及配置是基础，实战化功能发挥是关键。有效保障监管警戒安防系统设施设备智能化；保障监控设施音频、视频智能分析、对讲喊话、监控警示、远程信息互联控制系统功能健全完善。

5. 监狱警务装备管理高效。树立警务装备资源“以人为中心”的管理理念，促进人与装备之间的协调性、统一性。建立科学高效的管理机制，突出时效性，提升装备管理的信息化、智能化水平。重视实效性，提高装备管理控制水平。

五、加强监狱人民警察权益保障

在新时代中国式现代化逻辑架构中，人被视为最重要、最核心、最活跃的因素。加强监狱人民警察权益保障，有助于打造监狱警察队伍铁军，有利于监狱事业长远发展。

（一）构建监狱警察执法权益保障机制

监狱专门工作机构研究规划监狱警察执法权益保障相关工作。优化执法环境，规避执法风险，规范执法权责、执法范围、执法程序、执法行为，保障执法权益。为监狱警察执法提供法律、经费、设备技术支持，建立正当履职尽职容错免责机制，积极为因工作问题受到查处、被提起公诉的监狱警察提供必要的法律援助。依法惩处妨害、对抗、袭击警察执法的行为，依法打击辱警、诽谤、威胁、诬告、陷害等侵犯警察执法权益的现象，必要时提供法律支持。

（二）构建监狱警察教育培训长效机制

在职教育培训是提高监狱警察综合素质、工作能力、处事水平的重要措施，是监狱工作现代化建设的重要方式。应建立完善的教育培训长效机制，完善上岗、初任、转岗、晋级、晋升教育培训制度。保障教育培训经费，将其单独立项，纳入预算。建立完善的分类教育管理制度和分类培训制度，保障教育培训覆盖面。建立专业化的教育培训基地或利用专业培训机构等优质培训资源强化培训机制。

（三）构建完善的监狱警察权益保障机制

加强监狱警察权益保障法律法规建设，建章立制，科学配置警力资源，创新警力配备和警务运行模式，改进警察值班方式、执勤模式。规范监狱警察轮岗、休假、体检和疗养制度，严格落实国家规定的工时制度，丰富其文化生活，减轻其精神压力，关爱其身心健康，增强其职业防护，尽力避免职业性传染病传播。通过各种方式、方法促进监狱警察增强身体素质，维护自身健康权益。

（四）构建合理的监狱警察优抚保障机制

健全监狱警察职业保障制度，建立警察依法履行法定职责保护机制、人身安全风险防范制度、救济保障制度，完善优抚优待制度，建立专项优抚基金机制。健全监狱特殊岗位津贴、补贴政策。建立职业荣誉制度。关心爱护广大警察，积极帮助监狱警察解决实际困难。完善警察工作和生活设施建设，提高警察工作和生活质量，保障监狱警察合法权益。

第十二章　新时代监狱工作社会支持系统现代化

推进新时代监狱工作现代化是一项复杂、宏大的系统工程，不仅要提升监狱自身监管改造水平和执法文明程度，还要将其有机融合于社会主义市场经济体系和社会运行机制，获得多个层面社会力量的广泛支持。随着新时代社会经济的不断发展和各项体制的日益完善，社会分工不断细化，监狱工作制度化规范化程度不断提高，监狱工作社会化趋势日趋明显，监狱需要主动融入社会，依托广阔的社会平台资源，从法律、政策、体制、机制等多个层面构建和完善其社会支持系统，最大限度发挥惩罚改造罪犯和维护社会稳定的职能作用。

第一节　新时代监狱工作社会支持系统内涵要求

监狱工作创新发展离不开各类社会资源要素的支持。长期以来，监狱工作社会支持体系构建缺乏系统性、规范性和长效性。构建符合新时代监狱工作现代化建设客观需要的社会支持系统，需要准确把握社会支持的内涵特征，锚定推动监狱工作高质量发展的时代要求。

一、监狱工作社会支持系统的含义

（一）社会支持

《韦氏新大学词典》[1] 对“支持”的定义是“能够促使扶持、帮助或支撑事物发生的行为或过程”。康恩等认为社会支持是人与人之间的帮助、关心和肯定，是保护人们免受压力事件不良影响的有益人际交往。心理学界对社会支持的研究始于20世纪60年代，是人们在探求生活压力对身心健康影响的背景下产生的。作为一个科学的专业术语，社会支持在20世纪70年代被正式提出，卡塞尔和科布在精神病原学领域将社会支持作为专业概念，用其指代与身体健康有关的社会关系。之后，心理学、教育学方面的学者将其作为一门科学进行了广泛深入的探讨和研究，对社会支持的概念进行了侧重点不同的界定[2]。正是基于此，一些学者的研究将其限制在“社会心理健康”领域。但从已有研究来看，国内外对社会支持的使用已超越了原有的解释，将其扩张为一种用于指称为弱势群体提供精神和物质资源，以帮助其摆脱生存和发展困境的社会行为的总和。

近年来，社会支持研究已成为社会学与社会工作者十分关注的领域。一般来说，社会支持是指一定社会网络运用一定的物质和精神手段对社会弱势群体进行无偿帮助的行为总和，是对来自个人之外的各种支持的总称。社会支持从性质上可以分为两类：一类为客观的、可见的或实际的支持，包括物质上的直接援助和社会网络、团体关系的存在和参与；另一类是主观的、个体可体验到的情感或认知上的支持，是个体在社会中受尊重、被支持、被理解的情感体验和满意程度，它与个体的主观感受密切相关。社会支持不仅仅是一种单向的关怀或帮助，它在多数情形下是一种社会交换。

---

〔1〕《韦氏新大学词典》，世界图书出版社1988年版。

〔2〕参见章友德、李光勇：《社区服刑人员社会支持系统调查研究——以上海为例》，载《华东理工大学学报（社会科学版）》2015年第2期。

（二）社会支持系统

“社会支持（social support）系统”也称为“社会关系网”，是指个人在自己的社会关系网络中所能获得的、来自外部的物质和精神上的帮助和支援。个人通过社会支持系统，得以维持社会身份并且获得情绪、物质、信息、服务等方面的援助并与新的社会关系接触。

心理学研究表明，人的可持续发展总能力包含五大系统，即生存支持系统、发展支持系统、环境支持系统、社会支持系统和智力支持系统。其中，社会支持系统处于十分重要的位置，发挥着非常重要的作用，它直接影响人的认知、情绪、情感、意志和心理健康。从个体角度来说，一个完备的社会支持系统包括亲人、朋友、同学、同事、邻里、老师、上下级、合作伙伴等，同时也包括由陌生人组成的各种社会服务机构。社会支持系统实质上是一个多元的社会关系体系，涵盖了个体、群体、社会三者之间的关系，内涵十分丰富。

社会支持系统是可持续发展能力的有序保障，是社会稳定能力的集中体现。依据社会支持理论的观点，个体所拥有的社会支持网络越强大，就能够越好地应对各种来自环境的风险和挑战，能够更好地弥补不足、促进发展。以社会支持理论取向的社会工作，强调通过干预个体的社会网络来改变其在个体生存发展中的作用。特别是对于那些社会网络资源不足或者利用社会网络能力不足的个体，社会工作者致力于给他们以必要的帮助，帮助他们融入社会网络，扩大社会网络资源，提高其利用社会网络的能力。

（三）监狱工作社会支持系统

根据以上心理学对社会支持系统的定义，我们可以诠释出监狱工作社会支持系统的含义。监狱工作社会支持系统是指监狱机关发挥职能作用需要的各类社会要素及其实施支持的组织形式、方法措施以及各要素之间的相互关系等。其具体指监狱通过协调社会各方力量，整合各类社会资源，广泛获取自身需要的社会援助，包括党政机关、政法部门、群团组织和企事业单位以及社会志愿者组成的对监狱工作全方位、系统性的支持网络，产生的对监狱工作行为肯定、支持所形成的物质和法律、道德、舆论等综合措施的总和。[1]

二、监狱工作社会支持系统的特征

监狱工作社会支持系统是监狱社会性的体现，是监狱更好依托社会资源促进自身发展的客观需要，是架构明晰、互促共进的长效健康网络。随着时代的发展变化，监狱工作社会支持系统在不同时期有着不同形态。构建新形势下的监狱工作社会支持系统，要贯彻新发展理念，结合新时代法治工作现代化目标要求，准确把握以下几个特征。

（一）监狱机关是社会支持系统的构建主体

依托社会资源推进新时代监狱工作高质量发展是构建监狱工作社会支持系统的最终目的，因此，社会支持网络构建的一切出发点和立足点都要坚持和围绕这个目的。监狱机关要积极顺应时代发展，持续推进中央关于深化司法体制改革的各项决策部署，坚决破除“大墙思维”，不断纯化监狱职能，树立开放、共享的理念，彻底打破过去的封闭状态，充分融入社会，主动出击，争取、动员、协调社会各方面力量，在国家的支持、协调下，运用各类社会系统的职能，不断改善自身发展环境，更好发挥监狱工作职能，努力实现以我为主、资源共享、互促共进、互利双赢的监狱工作新局面。

（二）社会资源是社会支持系统的构建客体

监狱工作社会支持系统的客体具有广泛包容性，包括各级党政机关、社会团体、群众组织、舆论媒体和罪犯家庭、社会关系以及活跃于社会的各界文化名人、各类有志于公益事业的社会志愿者等。长期以来，由于监狱工作特殊性和监狱环境高度封闭性的影响，广泛的社会力量和社会资源难以主动参与到监狱工作中来，但它们对于监狱工作的巨大影响力是毋庸置疑的，监狱机关必须认清这一点，“走出去、请进来”，坚持务实、合作、双赢的原则，整合各类

[1] 参见彭兵：《监狱工作社会支持系统初探》，载《犯罪与改造研究》2007 年第 3 期。

社会资源，构建广泛高效的社会支持网络。

（三）广泛包容是社会支持系统的构建特征

在新时代新征程上，监狱要完成好法定职责和使命任务，就必须适应经济社会发展趋势，把监狱工作融入中国式现代化大局之中，融入新时代法治建设的实践之中。在支持内容上，监狱工作社会支持系统具有广泛性。监狱要结合创新发展过程中出现的矛盾问题和各种需求，依托自身具有的特殊优势，团结一切可以团结的力量，争取各种社会力量对监狱工作给予支持。这种支持可以是物质形态的帮助，也可以是政策扶持、法规支持、技术支持、文化支持、舆论引导、客观评价以及各类专业化服务等非物质形态的支持。通过获取各类社会支持，监狱可以吸纳各类社会资源、社会力量进入监狱，帮助监狱做好各项工作，完成各项职能任务，充分实现监狱的社会价值。同时，借助社会支持系统，监狱可以突破自身局限，融入社会运行体系，融入社会发展大局，树立监狱法治文明形象，营造监狱发展的良好社会环境，实现监狱的创新发展和跨越式发展。

（四）推进监狱工作高质量发展是社会支持系统的构建宗旨

监狱工作是国家社会治理体系的重要组成部分，对于推进国家法治建设、促进社会公平正义、维护社会和谐稳定、服务社会经济发展、保障人民群众安居乐业具有重要职能作用。推进监狱工作高质量发展是新时代监狱工作现代化建设的核心内容，构建完善的监狱工作社会支持系统，有利于更高效地发挥监狱本职职能，惩罚和改造罪犯，预防和减少犯罪，充分发挥“特殊预防”和“一般预防”的作用，促进社会治安，增强人民福祉，彰显监狱价值，实现社会和监狱的“双赢”，这也是推进监狱工作高质量发展的重要保障。

（五）良性互动是社会支持系统的构建要求

在监狱工作社会支持系统网络形态结构中，以监狱为基点的各种社会关系纵横分布，各种关系中以监狱为出发和终结的双边关系占据主导地位。各种社会关系都以突出监狱工作社会化为趋势，以提升监狱工作科学、规范、文明、法治和现代化程度为目标。各类社会关系作为社会支持网络的不同节点，分布于不同的维度，有着不同的侧重，有的维护监狱安全，有的利于监狱执法，有的促进罪犯改造，各种维度各自独立，又相互支撑。同时，监狱工作质效的提升对不同资源客体也发挥着积极的影响，它们彼此互促共进，形成良性互动的运行结构。

三、监狱工作社会支持系统构建的时代要求

（一）监狱工作社会支持系统的历史沿革

监狱工作的特殊性质和管理机制决定了监狱事业的繁荣进步需要构建完善的社会支持系统。从历史发展来看，监狱工作社会支持系统具有深厚的制度基础。早在新中国成立初期，党中央就把“专门工作与群众路线相结合”[1] 规定为政法工作必须坚持的一项基本原则。新中国成立后，对罪犯的改造贯彻“惩罚管制与思想改造相结合，劳动生产与政法教育相结合”的方针，积累了许多经验。1962 年，公安部将运用社会资源改造罪犯作为监狱工作的一项重要政策和工作要求写进了《劳动改造管教队工作细则（试行）》。改革开放后，监狱又作为社会治安综合治理系统工程中的一个重要组成部分，发挥着积极的社会职能作用。1987 年，《全国政法工作座谈会纪要》第一次系统而明确地提出了改进罪犯改造工作，实现“向前延伸，向外延伸，向后延伸”的三个延伸，“三个延伸”的实质就是整合政法机关职能，充分调动社会资源，共同为纯化监狱职能、提高罪犯改造质量服务。2003 年，司法部《监狱教育改造工作规定》设专章对监狱充分利用社会资源和社会力量参与监狱教育改造工作提出了明确要求。另外，《监狱法》第 68 条明确规定，国家机关、社会团体、部队、企事业组织和社会各界人士及罪犯亲属，应当协助监狱做好对罪犯的教育改造工作。

---

〔1〕《周恩来与新中国成立初期的政法工作》，载人民网，http://dangshi.people.com.cn/GB/n1/2020/0220/c85037－31595935.html？ivk_ sa＝1024320u。

党的十八大以来，党和国家十分重视和关心监狱工作，明确了新时代监狱工作制度化、法治化、科学化、规范化建设目标，对强化监狱职能、严格规范执法提出了更高要求。党的十八届四中全会通过的《中共中央关于全面推进依法治国若干重大问题的决定》，站在完善和发展中国特色社会主义制度、推进国家治理体系和治理能力现代化的战略高度，就全面推进依法治国、建设社会主义法治国家作出了全面部署。2016 年 10 月，习近平总书记强调，要继续加强和创新社会治理，完善中国特色社会主义社会治理体系，努力建设更高水平的平安中国。党的二十大提出中国式现代化的宏伟蓝图，新时代监狱工作要适应时代发展和监狱工作体制、机制要求，保持监狱事业的蓬勃生机和活力，就必须构建和完善监狱工作社会支持系统。

（二）当前监狱工作社会支持系统的运行现状

随着国家治理体系的不断发展，社会分工逐渐细化，监狱工作社会支持系统不断丰富和健全。但由于监狱工作的特殊性，特别是受传统文化、管理模式、思维惯性等因素影响，监狱与社会之间的交流仍然存在障碍，监狱工作社会支持系统构建缓慢，效果发挥不明显，现状依然难言乐观。

1. 监狱工作社会支持系统的理论支撑不系统。多年来，受我国社会经济和体制建设发展程度的影响，社会各系统各行业相对独立运行，监狱工作社会化程度低，客观上形成了“麻雀虽小，五脏俱全”“监狱办社会”的尴尬局面，监狱成为疏离于社会生态之外的独立存在，监狱社会支持工作理论体系严重缺乏。改革开放特别是《监狱法》颁布以来，监狱工作法治化、社会化程度日益提高，监狱工作社会支持理论研究有了长足的进步，但由于监狱的行业特殊性，一方面，社会研究者难以深入监狱系统研究发展问题；另一方面，监狱自身受“大墙思维”观念的影响，不愿主动融入社会，导致当前监狱工作社会支持创新理论研究与新时代社会发展要求仍有差距，对监狱工作社会支持的内涵定位不准确不统一，对监狱工作社会支持系统的理论研究不深入、不系统，监狱工作社会支持系统的构建缺乏标准明晰、科学精准的理论体系支撑。

2. 监狱工作社会支持系统的立法保障不健全。当前，监狱工作社会支持更多停留在政府机关、社会团体和民间组织基于各自业务或工作内容的帮助和支持上，存有单一性和随机性，缺乏国家立法保障。《监狱法》作为监狱执法工作的基本法律遵循，进一步完善了我国的刑事法律体系，为监狱执法工作提供了根本依据。但该法对社会力量参与支持监狱工作条款规定比较笼统，没有具体的刚性要求，只有笼统的原则标准，缺乏具体的实施规范和法律解释。如《监狱法》第66条明确规定："罪犯的文化和职业技术教育，应当列入所在地区教育规划"，第68条规定："国家机关、社会团体、部队、企业、事业单位和社会各界人士以及罪犯的亲属，应当协助监狱做好对罪犯的教育改造工作"。对于罪犯工伤处理、罪犯医疗保障、罪犯死亡处理等问题，该法只有笼统的原则标准，缺乏具体的实施规范，可操作性不强。同时，《监狱法》作为调节监狱机关内部管理的部门法律，对社会没有普遍约束力，实际执行中，社会力量参与监狱工作少之又少。同时，目前监狱工作社会支持的配套法律法规或地方规章仍存在空白，监狱工作社会支持缺乏相应的法律依据。

3. 监狱工作社会支持系统构建机制不完善。监狱工作社会支持系统应是全方位、多行业、立体化，与社会运行机制高效融合的综合保障协调系统，在监管安全、教育矫治、生产劳动、社会事务等各类业务工作中都有互动式呈现，而不应仅仅是某一业务、某一领域的帮助和支持。当前，由于社会支持系统的顶层设计不明晰，制度机制不完善，挖掘社会各方资源力度不够，在监狱获得的社会支持中，多是狭义的在罪犯改造过程中运用社会力量对罪犯教育矫治和安置帮教工作的支持，而政府机关和职能部门在体制机制、法律政策、人才支撑、医疗保障等方面的支持力量薄弱，主动争取政策、沟通协调的力度不够，导致监狱工作社会支持系统结构不健全，作用发挥不明显。如即便是相对成熟的安置帮教工作，虽然监狱、社会能及时开展安置帮教工作衔接，但从客观上讲，社会安置帮教主体依然不够明确，措施落实力度较低，方法不到位，影响或制约了帮教效果的发挥。在实际操作中，监狱工作社会支持系统的构建缺乏中央或省级以上监狱管理机关的统一领导和顶层设计，没有归口的职能部门来管理和推进，缺乏与社会资源部门的协调和沟通，监狱难以有针对性地对社会支持系统进行综合协调和开发利用，往往是在具体业务工作中遇到困难时才对口寻求帮助，存在“临时抱佛脚”现象，监狱工作社会支持系统流于表面、浮于形式，难以健全长效机制和发挥最大效能。

4. 监狱工作社会支持系统互动共促网络模式难以形成。由于对监狱工作社会支持系统的理解和认识不足，政府机关、社会团体和公众资源等对监狱无论是正式还是非正式的支持，往往表现为单向施助和给予，监狱则被动受助和接受，部分监狱还存在固有思维和“等、靠、要”思想，主动出击宣传、主动融入社会网络、争取社会资源、服务社会机制的力度不够。同时，监狱工作社会支持系统未能形成有机互联网络结构，多数支持方相互独立、互不联系、各行其是，其职能分工及拥有资源的差异使社会支持实施过程中资源单一且分散，难以聚力融合，造成社会支持的高成本、低效率，而监狱工作社会支持系统的网络互动不可能靠个别社会力量就能完成，需要科学规范的顶层设计和全社会的共同努力。

5. 监狱对社会支持工作宣传引导意识不足。受历史传统文化影响，监狱在公众心中始终是一种阴暗灰色的存在，疏离于社会公共运行系统之外。随着信息科技的发展，公众借助网络了解社会、表达观点的手段不断丰富，监狱工作逐渐进入了大众视野，成为公众关注的对象，但受信息传播的“偏见性”影响，现实中公众更乐于接受涉及监狱的负面性信息，监狱个别不良舆情更加剧了人们对监狱的偏见性认识。而由于受习惯性思维的影响，监狱对宣传工作重要性的认识不足，主动宣传自身职能、树立正面形象、争取社会支持的措施落实不到位，造成社会资源主动支持监狱工作动力不足。

（三）构建监狱工作社会支持系统的现实意义

党的二十大明确提出以中国式现代化全面提进中华民族伟大复兴的使命任务，习近平法治思想为中国式现代化法治建设、新时代监狱工作现代化提供了根本遵循。监狱工作社会支持系统作为监狱工作现代化的强力支撑体系，是新时代监狱文明进步的现实需要，是形势发展和时代进步的必然选择。

1. 践行我国罪犯改造宗旨的需要。“惩罚与改造相结合，以改造人为宗旨”是我国的监狱工作方针，把罪犯改造成能够自食其力的合法公民始终是监狱的中心任务，也是社会主义制度优越性的具体体现。罪犯改造是科学繁杂的系统工程，需要多管齐下、多方合力。从监狱层面说，改造罪犯需要通过爱国教育使其夯实宗旨信仰、需要通过文化教育使其悔悟所犯罪行、需要通过技能培训使其提升谋生技能、需要通过社会帮教使其重燃回归信心、需要运用社会力量搭建回归平台，由于监狱掌握社会资源的局限性，这些工作如果没有完善高效的社会支持做支撑，势必难以取得最佳的效果。从罪犯自身说，人的社会性特征决定了罪犯改造需要社会环境力量的帮助和支持，改造过程直接影响到罪犯的认知、情感、意志和心理健康，影响到罪犯悔罪改造的思想主动、生存技能的丰富提高和回归社会时的适应程度，也决定了监狱改造罪犯的最终效果。

2. 监狱特定职能的社会需要。监狱工作对于维护国家安全、保障社会稳定、维护公平正义，实现新时代监狱工作现代化的宏伟目标具有特殊的重要意义。监狱作为国家刑罚执行机关，其工作职能与其他部门行政管理工作有着显著的不同，监管改造各项工作业务自成体系，加上保密工作要求，监狱机关相对独立封闭。但监狱作为社会运行机制的组成部分，又无法完全独立于市场体系之外，监狱各项职能的顺利完成及新时代监狱工作的高质量发展，都离不开社会各行各业的支持和帮助。中国科学院可持续发展研究组研究表明，可持续发展体系由五大支持系统构成，即生存支持系统、发展支持系统、环境支持系统、社会支持系统和智力支持系统[1]，其中社会支持系统处于非常重要的位置。

3. 监狱规范执法的客观需要。文明规范执法是监狱工作现代化的基本要求。监狱工作业务种类繁多，包含监管安全、教育改造、刑罚执行、生活卫生等特殊业务以及生产劳动、计划经济、队伍建设、党风廉政、社会事务等各类综合业务，这些业务工作涉及政府众多管理部门，牵涉社会中不同类型的单位。社会支持系统对监狱做好业务工作至关重要，如监管安全工作需要武警部

---

〔1〕参见中国科学院可持续发展战略研究组：《2013 中国可持续发展战略报告——未来 10 年的生态文明之路》，科学出版社 2013 年版。

队、公安、地方政府和群众等联防联控；刑罚执行工作需要法院、检察院的配合与监督；教育改造工作需要社会有关部门、社会志愿者以及罪犯亲属提供相关帮扶和服务；罪犯离监就医工作需要社会医疗机构提供监管条件和医疗支持；物质保障工作需要财政、税务、改革发展等部门的通力支持；突发公共安全事件应对需要政府部门与安监、防疫等行业主管部门的支持与配合等。随着新时代对监狱工作法治化、规范化要求的不断提高，没有完善的社会支持系统，没有党委领导、政府主管、部门协作、社会参与的管理体制和工作机制，达到这些要求几乎是不可能的。

4. 罪犯回归社会的现实需要。促进罪犯再社会化是监狱工作的重要内容之一，也是预防罪犯重新犯罪的有效手段。统计显示，我国重新犯罪人员中因回归社会后难以就业等不能融入社会原因再犯罪比例居高不下，无形中降低了监狱维护社会稳定的价值功效。《监狱法》第 3 条明确规定，监狱对罪犯实行惩罚与改造相结合、教育与劳动相结合的原则，将罪犯改造成为守法公民。研究发现，罪犯在监狱内长期监禁、与社会环境脱节所造成的“再社会化障碍”使其刑释后难以融入社会生活，是导致重新犯罪的重要社会性因素之一，而“再社会化障碍”的形成又与罪犯矫正社会支持的缺失有着密切关联。构建和完善监狱工作社会支持系统，运用社会和亲情力量参与罪犯改造、做好刑释衔接，可以使罪犯在服刑期间感受到社会和家庭的温暖，了解社会的发展进步，使其顺利恢复社会人格，重新扬起生命的风帆，有利于罪犯顺利回归社会，融入社会。

5. 推进新时代监狱工作现代化的时代需要。党的二十大报告明确指出，中国式现代化是物质文明和精神文明相协调的现代化，是人与自然和谐共生的现代化。监狱作为国家和社会的特殊服务机构，其维护稳定的社会意义举足轻重。同时，监狱管理、服务、警示等职能都具有双向性，与社会文明和谐相互促进。全面建设社会主义现代化国家的奋斗目标对监狱工作社会化、规范化、科学化提出了更高要求，更离不开完善的社会支持系统的保驾护航。如监狱对罪犯的刑罚执行必须依法、公开，严格程序、严明监督；监狱对罪犯的日常管理，社会公众应当有知情权、监督权；监狱的建设必须符合社会整体发展规划，符合城市文明发展需求等。因此，新时代监狱工作必须主动融入时代发展大局，以开放的姿态推进罪犯改造过程，不断强化监狱职能，在国家和社会帮助下充分利用社会系统促进自身职能发挥，节约监管成本，提高改造效率，持续推进新时代监狱工作现代化进程。

第二节　新时代监狱工作社会支持系统构建原则

中国式现代化新征程上，监狱工作社会支持系统的构建，要结合新时代监狱工作的根本任务要求和社会职能定位，明确构建的指导思想、总体要求和基本原则，不断推进监狱工作现代化。

一、监狱工作社会支持系统构建指导思想

习近平总书记指出："推进中国式现代化是一个系统工程，需要统筹兼顾、系统谋划、整体推进，正确处理好顶层设计与实践探索、战略与策略、守正与创新、效率与公平、活力与秩序、自立自强与对外开放等一系列重大关系。"[1] 构建新时代监狱工作社会支持系统，应坚持以习近平新时代中国特色社会主义思想为指导，坚持习近平法治思想，运用全局性、系统性、科学性思维，围绕中心、抓住导向、服务发展，突出监狱工作社会支持系统的先导性、创新性、高效性，坚持社会支持系统为推进新时代监狱工作全面、规范、系统、文明、科学和高质量发展服务，为新时代全面依法治国、建设社会主义法治国家、推进中国式现代化建设服务。

二、监狱工作社会支持系统构建总体要求

监狱作为社会网络的组成部分，自身的运行发展离不开各方社会资源的支持和帮助，监狱监管安全、教育矫治、生产劳动、罪犯再社会化等特殊业务也

---

〔1〕2023年2月7日，习近平在新近中央委员会的委员、候补委员和省部级主要领导干部学习贯彻习近平新时代中国特色社会主义思想和党的二十大精神研讨班开班式上的讲话。

需要社会力量的援助和配合。新时代监狱工作现代化建设要有机融合于中国式现代化经济发展大局之中，借助全面、开放、系统、可持续发展的互动长效网络支持系统，更好地发挥惩罚改造罪犯和维护社会稳定的职能作用。

（一）全面性、开放性

中国式现代化要发展全过程人民民主，丰富人民精神世界，推动构建人类命运共同体，创造人类文明新形态。新发展格局必定是全面、开放、文明、高效的社会发展新格局。监狱不可能独立于社会而存在，需要有机融合于社会运行系统之中，监狱工作社会支持系统也不能是孤立、封闭的系统，而是一个开放性、社会性、完整性的系统。

（二）系统性、持续性

监狱工作社会支持系统不单是某一领域、某一层次的，而是作为社会细胞的特定个体所应获得的全方位、系统性的社会性支持。这种支持应当贯穿监狱工作的各个领域，应当涵盖机关、团体、组织、社区、家庭各个群体。这种支持不仅是物质上有形的帮助，还应包括政策、法律、舆论导向、体制机制等无形的支持。这种支持不能是临时的、短期的、一次性的支持，而应建立规范完善的制度保障，形成动态长效的可持续发展机制。

（三）主动性、互动性

监狱工作社会支持网络的路径应该是“双回路”的，是监狱主观接受社会支持与社会对监狱客观提供支持的互动和促进。监狱在寻求社会各方支持时，不能单纯地等待和接受，而应积极对外拓展，主动向有关部门和社会各界宣传监狱工作，展示监狱的困难和需求，争取社会对监狱工作的理解和帮助。社会各方支持有利于监狱监管改造效果的提升和维护社会稳定职能的发挥，对于社会和谐健康发展、推进新时代中国式现代化进程必将起到更加积极的促进作用。

（四）时代性、层级性

随着国家方针政策和社会形势的发展变化，在社会支持网络中，监狱作为特定主体所能运用的资源，以及监狱需要寻求的支持和帮助会随着时间和环境的改变而有所变化。同时，由于监狱的层级管理性，各级司法行政部门、各级监狱管理机关以及各基层监狱在社会支持系统中处于不同层级、有着不同侧重，需要从政府机关、社会团体和专业机构获得的支持也有所不同。

三、监狱工作社会支持系统构建基本原则

监狱工作社会支持系统的构建要立足当代中国发展实际，与国家的政治、经济、社会发展相适应，与新时代监狱工作现代化建设相协调，同时积极借鉴世界各国监狱社会支持网络构建管理的有益经验，以不断促进监狱监管改造效果、降低执法风险、提高保障水平、发挥社会职能，提高监狱工作法治化、科学化、社会化建设为方向，做到时代性、创新性、示范性与可行性的统一，体现出时代发展、创新规范、文明高效的体系特征。

（一）目的性原则

党的二十大报告指出，“健全共建共治共享的社会治理制度，提升社会治理效能”，“加快推进市域社会治理现代化，提高市域社会治理能力”。监狱治理作为社会治理的组成部分，改善监狱生存发展环境、提高监狱文明执法程度、提升罪犯改造效果、维护社会安全稳定，是构建监狱工作社会支持系统的最终目的。监狱作为社会支持系统的构建主体，要始终服从服务于这个目的，在社会支持系统构建进程中，坚持以我为主、积极主动，不断完善操作方案，总结构建经验，调整和改进不适应监狱创新发展要求的体制机制、制度措施，使各方面措施更加科学、更加规范、更加高效，不断推进监狱工作社会支持系统健全完善。

（二）全面性原则

在监狱工作社会支持系统构建过程中，要考虑社会支持系统的全面性、系统性，重视顶层设计和总体布局，通盘规划、总体推进。在社会支持网络之中，政府机关、社会行业等资源的拥有者应当占据相对重要地位，从政策、资金、物资、教育、文化、环境等各方面主动对监狱进行支持和帮助，建立监狱行使监管改造职能和维护社会稳定的良好社会环境。监狱作为资源收受方，应当充分发挥自身能动性，主动融入社会网络，处理好与支持网络各要素之间的关系，加强与各职能部门的配合与沟通，确保社会支持网络的顺利运行。要坚持全面发展要求，从各方面、各层级总体推进，坚持各业务、各环节分头努力，政策争取与制度规范协调并行，硬件建设与软件升级同时并重，确保社会支持系统沿着健康、规范的方向不断前进。

（三）可行性原则

决策的目的是行动，如果决策不能实施且见诸行动，决策就失去了价值。制定监狱工作社会支持系统构建框架标准相对简单，但在具体操作过程中顺利实施并达到预期效果并不容易。在构建社会支持系统过程中应充分考虑社会经济发展条件、政策范围、舆论环境、公众认知等各方面的因素，从人力、物力、财力等多方面综合权衡，遵从客观规律和现实存在，注重构建的实际效果，显著不能执行的不考虑，构建成本过高的不考虑，夯实构建基础，提高系统构建的可行性。推进新时代监狱工作现代化所面临的问题和矛盾关系社会发展的各个方面、各个环节，大多利益交织、错综复杂，监狱工作社会支持系统构建要充分考虑多方因素，从有利于提高监狱执法、彰显公平正义，体现监狱社会价值的角度出发，兼顾可复制和可操作性，发挥社会支持系统的能动作用。

（四）稳定性原则

监狱工作社会支持系统应是稳定的网状结构，各层级相互独立，又相互支持，有机统一于监狱工作各个方位。监狱工作社会支持系统设计方案要保持制度连续性和相对稳定性，避免随着形势的发展和环境的变化而随意改变。社会支持应形成稳定的体系，运行过程中各层级要素的组合及相互作用的形式和相互联系的运行规则是既定且不紊乱的，各层级独立运行又互相促进。对不同层级的资源客体，要通过制度或协议将社会支持的内容、形式予以规范，依照固定的形态长期运行，建立常态化长效机制。

（五）协同性原则

协同性原则是指监狱工作社会支持系统各层级、各类型资源客体的社会利益与价值的协调。应正确处理社会支持系统各资源客体之间的关系，确保利益统一与价值趋同，根据作用大小对不同层级资源客体采取不同的策略、投入适当的精力，维持不同职能资源客体之间的最佳关系，维护社会支持系统各资源客体的协同性，保持社会支持网络结构的平衡。坚持总体规划与具体实践相统一，各资源客体独立性与协同性相统一，社会支持系统的服务性与社会性相统一。

在社会支持系统构建过程中，坚持分层分类推进，各级党委政法委员会、各级司法行政机关、监狱管理机关和基层监狱各有侧重，各司其职，分工合作，确保社会支持系统高效构建和发挥作用。如司法部监狱管理机关侧重制定构建社会支持系统的总体规划、构建标准、原则要求；省级监狱管理机关侧重争取社会支持政策、制度协调、行业沟通等；基层监狱则侧重系统构建的具体实施，与具体部门协商洽谈，落实具体操作细节。要顺应新时代社会管理创新发展趋势，具体问题具体对待，针对不同地区、不同单位、不同资源客体采取有针对性的对策方案，确保社会支持系统的协调推进。

第三节　新时代监狱工作社会支持系统层级体系构建

监狱工作社会支持系统的构建关系到上上下下、方方面面，如果没有科学理论、顶层设计、制度规范和舆论环境，没有健全完善的工作体系作支撑，就无法形成分工协作、广泛参与、共促共进的网络模式和长效机制，监狱工作社会支持系统的作用也无从发挥。要根据监狱实际工作业务与社会分工的差异，从不同层级、不同方面，明确不同资源客体的性质特点，采取不同方式，区分各层级特点，分别进行协调、沟通、合作，因势利导，稳步推进，最终实现健全完善又稳定高效的支持网络新形态。按照社会分工及作用的不同，监狱工作社会支持系统一般应有以下层级：一是组织体系层级，二是执法司法层级，三是改造罪犯层级，四是综合保障层级。各层级各有侧重，协调推进。

一、监狱工作社会支持系统组织体系层级构建

监狱作为国家行政机关的重要组成部分，是政府管理社会事务的内容和工具，因此，政府机制运行的固定性、国家制度的规定性以及监狱体制改革政策的方向性，都将对监狱创新发展形成正面推动或反向阻滞作用。政府行政制度、机构体制及其运行机制对于新时代监狱工作职能发挥具有至关重要的作用。

推进新时代监狱工作现代化是社会主义法治国家的时代要求，党的二十大报告指出，我们要坚持走中国特色社会主义法治道路，建设中国特色社会主义法治体系、建设社会主义法治国家，围绕保障和促进社会公平正义，坚持依法治国、依法执政、依法行政共同推进，坚持法治国家、法治政府、法治社会一体建设，全面推进科学立法、严格执法、公正司法、全民守法，全面推进国家各方面工作法治化。监狱工作社会支持系统的构建，要适应新发展阶段，贯彻新发展理念，融入新时代监狱工作现代化发展大局。要积极争取组织保障和制度支持，从政府体制和社会制度建设的范畴，准确界定当前监狱机关在国家管理体制中的职能，如监狱机关在政府社会管理的各个系统部门之间应该处于怎样的位置，在社会稳定和经济发展中应发挥怎样的作用，这些都是中国式现代化推进过程中监狱改革发展所要解决和明确的问题，也是新时代监狱工作现代化创建的现实目标。要构建监狱工作新发展格局，从全局的角度加强顶层设计，争取有利政策，对监狱社会支持的各方面、各层次、各要素统筹规划，从国家政策体制方面制定制度措施，规范社会支持的体制机制，以集中有效资

源，实现社会支持的高质量运转。对于社会支持系统的整体架构，运用系统论的方法，自上而下进行制度设计，明确监狱和机关、团体、社会组织在系统中的定位和作用，固定各要素之间的目标关联、组织方式、总体规划和实现途径等。鉴于监狱工作属于政府公共管理职能的组成部分，组织体系层级的支持在监狱工作社会支持系统中必将处于主导地位。

二、监狱工作社会支持系统执法司法层级构建

随着新时代法治建设的不断深入，监狱在惩罚改造罪犯、维护公共安全和社会秩序过程中，为不断规范执法行为、提高改造质量、提升执法效果，应根据执法分工的不同，与相关执法部门和机关团体构建各种支持互信关系，以确保执法的规范性和安全性，达到最佳执法效果。

监狱应建立与公安机关的支持配合机制，明确在追捕脱逃罪犯等工作中的责任义务，在打击和预防犯罪、维护社会稳定等工作中相互支持和配合。监狱应建立与人民法院的司法工作支持机制，在“减假暂”等案件办理中统一标准、规范程序、注重实效，在执行刑罚、维护法律尊严中互相支持配合。监狱应建立与人民检察院的互信支持机制，加强信息沟通，及时通报有关情况，正确履行工作监督责任，在确保公正执法和维护警察权益方面发挥执法监督的积极作用。监狱应建立与人民武装警察部队的支持配合机制，在看押监管、监狱安全、部队建设等方面相互支持，共商共建，促进发展。此外，监狱在执法过程中还应与其他社会要素保持紧密的联系，为加强社会对监狱执法的认同和执法监督，可以聘请人大代表、政协委员、法学专家、社会知名人士和公众代表担任执法监督员，通过举办“监狱开放日”等活动，定期参观了解监狱，介绍监狱执法工作和改革创新成果，听取他们的监督建议，以提高监狱执法水平。对驻地群众积极宣传监狱工作方针政策，宣讲监狱在维护法律威严和社会稳定中的巨大作用，争取理解支持，积极发挥人民群众在联防联控中的“第三道防线”作用，走深、走实监狱工作群众路线。

三、监狱工作社会支持系统改造罪犯层级构建

教育改造罪犯是监狱的核心职能，也是我国监狱工作的根本宗旨和中心任务。不同罪犯群体基于年龄结构、犯罪类型、文化层次、心理特点等方面的差异，适用于不同的教育改造手段。监狱在教育改造工作中需建立广泛完善的改造罪犯社会支持体系，运用社会有效资源力量参与罪犯改造过程，不断丰富教育改造方式方法，创新教育改造策略技巧，促进教育改造质量效率的不断提升。

监狱应建立与各级妇联、团体和街道社区之间的支持机制，经常性组织开展“黄丝带”等社会帮教活动，帮助罪犯了解时代发展，解决罪犯困难问题，促进罪犯回归社会。应加强与罪犯亲属之间的沟通和联系，使罪犯亲属了解支持监狱工作，开展亲情帮教活动，利用亲情进行帮教规劝，帮助罪犯认罪悔罪，稳定改造情绪，重拾改造信心。应建立劳动保障及教育、行业主管部门支持监狱发展的机制，利用社会师资对罪犯进行文化、技术教育，为罪犯提供职业技能培训、考核机会，提高罪犯职业技能水平，帮助刑释人员就业。应建立文化产业部门支持监狱发展的机制，送知识、文化遗产进狱园，丰富监区文化建设，丰富罪犯文化改造内涵。应建立法律服务机构支持监狱发展的机制，为服刑罪犯讲解法律知识，提供法律咨询、法律援助。应建立社会心理矫治机构支持监狱发展的机制，帮助警察通过心理咨询师资格考试，为罪犯提供心理咨询服务等。应建立社会慈善机构支持监狱发展的机制，为服刑罪犯申请特困帮扶基金，帮助解决服刑罪犯子女入学、就业等问题。监狱还应当针对业务工作中遇到的矛盾和问题，与社会行业沟通，争取支持帮助，协助监狱完成好监管改造各项职能。如罪犯就医方面，将罪犯医疗纳入地方基本医疗体系，积极与社会医院沟通协调，建立完善的“医联体”“医共体”制度，强化社会医院监管病房建设，提高罪犯医疗保障水平。在卫生防疫方面，加强与政府医疗卫生部门的联防联控，强化疾病预防和重大疫情防控体系建设。在应急保障方面，积极与地方应急部门联动，提高应急处置和安全防范能力。在纠纷化解方面，依托地方政府和社区资源，促进监狱各类矛盾纠纷的化解等。

四、监狱工作社会支持系统综合保障层级构建

新时代监狱工作创新发展，离不开各行各业对监狱正常运行所提供的充足的资源保障，包括财力、物力、人力等全方位的外部支持保障。

从监狱自身发展来说。经费方面，中央和省级人民政府在财政规划的大框架内，按监狱经费开支标准，将监狱工作经费收支纳入国家预算，实行资金预算管理，并随着社会经济的发展建立稳定的增长机制，同时视地域差异，中央财政可转移支付或赋予发达省份一定的自主调节权。实际工作中，监狱应建立与财政部门的支持机制，积极争取省级财政部门将监狱经费开支标准中不全面的开支科目，如警察医疗费、罪犯伙食费、水电费溢出部分、监狱专项经费、监狱基本建设支出、工人费用支出、罪犯劳动报酬、工伤补偿、警察工资外执勤津贴补贴、绩效、监狱数字化建设费用等纳入预算支持。在资金方面，监狱应建立与金融机构的支持机制，争取低息贷款，申请贷款银行实行下浮利率，调整中长期贷款比例结构，核销不良贷款。在监狱企业生产经营过程中，监狱应积极争取相关部门支持，将监狱产品纳入政府采购范畴，对困难企业实行政策性破产，对有发展前途的项目申请技改贴息贷款等。在土地资源方面，应争取土地部门的规划、办证、农业土地复垦等政策支持。在人才保障方面，应争取公务员编制部门、人力资源部门支持，由其在系统内警察编制、人事调配、职级评定、公务员招录等方面给予帮助和支持等。

从监狱社会属性来说。监狱应建立与公用事业部门的支持机制，由其在水、电、气、暖等设施建设、供应及维护等方面提供支持和帮助，积极争取供电部门在农网改造、双回路供电、峰谷电价、电费折让返还等方面的政策优惠。监狱应建立与民政部门的支持机制，争取降低或减免各类就业、助残等费用，落实因公牺牲警察抚恤金，扩大专项优抚基金来源渠道，对困难职工进行帮扶救助。监狱应建立与交通管理部门的支持机制，争取把监狱的道路纳入地方政府道路维护、改造整体规划。应建立与供销管理部门的支持机制，争取依托社会大型连锁超市，解决罪犯的主副食品、日用品等供应。监狱应积极利用社会医疗技术力量，为警察职工开展健康查体、防病治病等服务。积极争取银

行支持，获得监狱发展急需资金，开通为罪犯提供个人存款等服务。积极争取教育部门支持，为警察职工子女入学提供各类帮助。积极争取政府行政、住建等部门支持，开展备勤房建设、争取廉租房租赁，为警察职工提供充分执勤保障。积极争取公共交通部门支持，开通公交路线，提升便捷出行能力。积极争取电信部门支持，加强执法终端和网络建设，提高信息化数字化建设水平等。

第四节　新时代监狱工作社会支持系统良性运行

推进新时代监狱工作现代化是适应我国社会主义现代化建设发展进程，建设社会主义法治国家，展示我国监狱现代、文明形象的时代要求，是当前和今后一个时期监狱工作创新发展的总体奋斗目标。监狱工作社会支持系统为监狱工作法治化、规范化、科学化、社会化提供了良好条件和有效支撑，是监狱工作现代化的必要保障。在建立完善的监狱工作社会支持系统的基础上，还要主动作为，积极营造社会支持系统的良好运行环境，争取政策和一切可以争取的力量，有计划、有步骤构建起科学规范、运行有力、健康长效的社会支持良性运行机制。

一、健全监狱工作社会支持系统理论支撑

理论是实践的先导，新时代监狱工作社会支持系统的构建首先要有科学、规范、丰富的理论体系做支撑。要紧跟新时代发展变化，结合监狱工作现代化推进的现实需要，集中社会和监狱系统理论研究力量，深化对监狱工作社会支持系统的探索和研究。要准确把握监狱作为社会特定行业的价值定位，充分把握中国式现代化进程中监狱工作发展规律，把监狱机关置入新时代社会运行体系，运用普遍联系、全面系统、创新发展的思路分析问题，展开研究，深入调研新时代监狱工作创新发展面临的新矛盾和新问题，以及需要寻求的社会支援和帮助。通过理论研究准确界定新时代监狱工作社会支持系统的内涵特征、总体形态、层级架构，寻找社会支持系统构建的外在支撑和内在动力，研究构建监狱工作社会支持系统的科学方法，谋划新发展平台，并及时调整和改进组织

保障、运行规范等内容，明确社会各方在支持系统中的目标关联、价值定位、权利义务和实现途径，更好地统筹协调不同层级、各个部门之间的协作，形成科学、规范、动态的理论操作成果，为前瞻性思考、全局性谋划、整体性推进监狱工作社会支持系统构建提供先进思想方法和科学理论依据。

二、完善监狱工作社会支持系统法治保障

随着新时代法治工作现代化的不断推进，应不断健全完善监狱工作相关法律法规，从立法层面明确各级政府机关、各种社会力量、各类社会资源的法律义务、职责分工、经费保障、工作监督等权力，争取社会支持于法有据，规范监狱工作社会支持系统运行依据，促进监狱工作社会支持系统的法治化和规范化。一是修改完善《监狱法》。紧密结合新时代发展要求，对《监狱法》作出修改补充，明确和细化社会资源力量参与支持监狱工作的具体规定，从法律上为监狱在刑罚执行、改造罪犯、综合保障等工作中寻求社会资源支持提供充足依据。二是健全相关法规体系。适时制定出台可操作性、实用性较强的监狱工作社会支持法律法规作为《监狱法》的配套行政法规，加强对监狱运用社会资源的法律保障，依法规范社会对监狱工作的支持。加强与立法紧密衔接的配套制度建设，进一步完善监狱工作社会支持系统的制度保障。如保障罪犯与社会正当联系的制度，包括社会帮教、亲情会见、通信、短信交流、视频会见等；罪犯权益保障制度，包括法律援助制度、罪犯申诉检举控告制度、罪犯劳动制度、罪犯教育制度、罪犯社会救助制度、罪犯医疗保险制度、基于社会保险制度的罪犯养老保险制度、罪犯劳动工伤保险制度等；刑释人员保护制度，包括社区矫正制度、刑释人员帮教安置制度、失业保险制度、出狱后生活保险制度等。三是出台地方规章。政府可以出台相应的政策规章或激励措施，明确和加强社会资源力量参与监狱社会支持的权利义务，把支持监狱工作纳入相关部门和组织的职责范围，把对罪犯的思想文化教育、职业技术培训、医疗卫生、就业安置、权益保障等纳入政府统一规划。鼓励有关部门、社会团体和志愿者热心监管改造事业，关注服刑罪犯这一特殊群体，使“将罪犯改造成为守法公民”的改造宗旨成为全社会的共同责任。

三、建立监狱工作社会支持系统长效机制

重视社会资源支持监狱工作内容的科学规范操作，不断提高监狱对社会支持资源的利用效率，防止主观性和随意性。要建立组织机构，具体协调社会支持系统层级构建，在统一标准的同时体现出构建工作的法定性、政策性、严谨性。要建立党委政府领导下的工作协调机构，协调监狱、机关团体和社会资源的沟通和共建。要与社会相关部门保持经常联系，不断拓展社会力量支持力度，并通过备忘录或协议形式强化社会支持的约束力和长期性。要通过开展制度性工作，建立常态化联系机制，将原有社会支持资源单一、零散的协助，转变为支持监狱工作明确的目标责任，形成架构清晰、操作规范、协同作战的多元、实用、长效的社会力量支持构架。要按照互利共赢的思路，注重资源双方的社会功能和价值需求，按照以我为主、资源共享、互利共赢的思路，提倡双向互动，在得到支持帮助的同时，为社会机构提供功能发挥和价值实现的机会，从而调动资源支持方的积极性，拓展社会支持力量。

在社会支持系统构建过程中，要落实工作责任，各级司法行政机关和监狱机关在统筹推进中各司其职，根据构建工作的具体需要，细化社会支持系统构建方案，将任务分解，明确职责，分层实施，有序推进。要规范运行程序，按照组织机构的隶属关系设定运行方式，通过组织机构协商开展支持工作具体事宜。要确立常态化联系机制，完善与资源客体衔接机制，通过定期召开联席会议等共同研究构建工作内容，搭建信息共享平台，改变因职能分割、资源分散、层级限制等造成社会支持系统运行的高成本、低效率。要完善社会支持系统运行体系，把社会支持系统的构建与监管安全、教育改造、生产劳动摆在同等重要的位置，设立社会支持或公共关系机构，明确职责权限，加强对社会支持资源的分类、整合与统筹管理，在统一顶层设计下建立规范有序的运作机制，特别注重社会支持的长效性和可持续发展。

四、发挥监狱工作社会支持系统积极影响

监狱作为社会治理体系的重要组成部分，通过惩罚和改造罪犯，震慑和预

防犯罪，努力维护社会形势安全稳定，努力促进社会环境和谐有序，积极保障国家总体安全战略稳步推进，体现出监狱工作对社会治理的巨大作用，所蕴含的是依法治国方略的正义价值。新时代监狱工作现代化必须把握"惩罚与改造相结合，以改造人为宗旨"的监狱工作方针，实现"将罪犯改造成为守法公民"的工作目标，彰显社会主义国家监狱工作的人本化和优越性，以不断扩大监狱工作对社会治理的正面影响。一方面，监狱机关要切实发挥社会职能，在监狱工作现代化征程中贡献力量。通过确保监狱安全稳定服务于平安社会建设，让公众感受到监狱稳定对社会安宁的重要作用；通过提高改造质量，降低重新犯罪率，提高社会文明程度；通过开展警示教育等活动发挥刑罚威慑作用，让一些想犯罪的人不敢犯罪，净化社会环境；通过公正文明执法，实现社会公正和公平正义。通过以"作为"求"地位"，得到国家、政府的充分重视，提升监狱的社会地位和在公众心目中的形象，获得更广泛的社会支持。另一方面，要不断推进监狱体制改革，进一步突出监狱监管改造罪犯职能。持续深化"全额保障、监企分开、收支分开、规范运行"的改革目标，彻底消除"监狱办社会"现象，做到"社会事业社会办"，使监狱凝心聚力抓"主业"，名正言顺建立和拓展与监狱执法司法直接相关的社会支持系统。

五、营造监狱工作社会支持系统舆论氛围

监狱工作社会支持系统的构建离不开广泛的社会舆论支持。在当前网络信息时代，要充分运用信息宣传手段，向社会公众宣传监狱工作方针，展示监狱工作成效，通过宣传让社会了解监狱，支持监狱工作，获得公众舆论的广泛理解和充分支持。监狱要通过经常性的新闻报道和阶段性的规模宣传，以新闻媒体、门户网站、宣传资料为载体，以主题活动、狱务公开、队伍形象为内容，面向全社会开展多形式、多层次的宣传活动。同时发动基层力量，充分运用微信、抖音等现代网络媒体平台，人人都做"麦克风"，积极宣传监狱工作，树立监狱良好形象。监狱要建立起公共关系协调机制，善于沟通、交流，努力搞好与政府机关、有关部门和社会各界的关系，健全完善相关的制度、程序，比如听证会、新闻发布会、网络对话等沟通渠道，有效地获得广泛社会支持。完

善舆情危机处理干预机制，与新闻宣传机构及网络运营部门保持密切联系，随时监控和发现涉狱不良信息，对出现的网络舆情，通过通力合作及时处置应对，做好危机公关，降低和消除负面影响，同时及时审视和整改工作中存在的不足和漏洞，促进监狱工作健康发展。

要改变过去单线条的以我为主的宣传方式，主动融入社会，直面社会关切，培树正面形象，让社会公众充分认识到监狱的价值，积极主动参与到监狱建设发展中来。一是坚持以公开促进宣传。监狱执法工作是社会各界普遍关注、希望了解的热点，因此，狱务公开在监狱宣传中十分重要，应以较固定的方式、步骤和时限，经常性地向社会公开监狱执法工作情况、罪犯人权保障情况，展示改造罪犯工作取得的成果，让政府和社会更多地认识监狱工作的重要性，了解监狱面临的问题和困难。二是坚持以形象促进宣传。注重强化监狱警察的职业素养，提高监狱警察的规范履职能力，从能力、责任、作风和纪律等方面全方位加强对警察的管理教育，使“人人体现监狱形象，人人注重监狱形象”成为警察的行为自觉。三是坚持以模范促进宣传。大力宣传监狱的社会功能，罪犯改造任务的艰巨性、复杂性和持久性，宣传监狱改革成果、亮点工作和罪犯人权保障，宣传监狱工作中涌现出的模范人物和典型事例等，持续扩大监狱工作的社会影响。

第十三章　新时代监狱工作现代化山东实践

党的二十大擘画了全面建设社会主义现代化国家、以中国式现代化全面推进中华民族伟大复兴的宏伟蓝图，确立了新时代新征程中国共产党的中心任务。新时代新征程呼唤新担当新作为。山东省监狱系统全面贯彻党的二十大关于中国式现代化建设战略部署，科学认知监狱工作的历史方位和历史使命，深刻把握监狱工作现代化的基本内涵和实践要求，紧紧围绕中国式现代化谋划推进监狱工作现代化，努力为全面建设社会主义现代化国家贡献山东智慧。

第一节　山东监狱工作现代化发展方向

山东监狱系统全面学习贯彻落实党的二十大精神，坚持以习近平新时代中国特色社会主义思想为指导，深入贯彻落实习近平法治思想，坚决贯彻落实习近平总书记对政法工作、山东工作和监狱工作的重要指示批示精神，以高度的政治自觉和历史担当，勠力同心，守正创新，奋力推进山东监狱工作现代化。

一、山东监狱工作走在前、开新局的光荣使命

党的十八大以来，习近平总书记对山东工作作出系列重要指示，提出“走在前”的明确要求，确立了山东发展的清晰航标。山东省第十二次党代会作出“牢记嘱托走在前，勇担使命开新局”决策部

署，提出了加快建设“强、富、高、优、美”新时代社会主义现代化强省的奋斗目标。“走在前、开新局”，既是战略指引，又是实践要求，指明了山东监狱工作现代化前进方向，为山东监狱奋进新时代、走好新征程提供了根本遵循。

中国共产党领导下的山东监狱事业，发端于抗日战争时期的革命根据地，创建于中华人民共和国成立初期，跟随着新中国前进的脚步逐渐成长壮大，阔步迈进中国特色社会主义新时代，创造了具有山东特色的监狱文明新形态。从1942年荣成县在卫德山古迹顶建立一处犯人训育队开始启程，到今天全省三十余所现代监狱的新格局，从组织罪犯手工劳动到进行现代化大生产，从罪犯百分考核、创建育新学校等探索创新到现代化文明监狱创建、全面依法治监战略实施，党领导的山东监狱事业从无到有、从小到大、从手工劳动到现代化生产，实现了跨越式发展，取得了历史性进步，全省监狱工作现代化底色日渐绘亮，为全省政治稳定、经济发展、社会和谐、人民幸福作出了不可磨灭的贡献。

党的二十大以来，山东省监狱管理局党委全面贯彻党中央全面建设社会主义现代化国家的战略部署，认真贯彻落实习近平总书记关于“奋力推进政法工作现代化”的重要指示，对标对表山东省委全面推进中国式现代化山东实践的部署安排、司法部推进司法行政工作现代化的部署要求，立足山东监狱工作实际，确立了“以高质量发展推进监狱工作现代化”的总体目标，围绕“抓党建、强基层、保安全、促发展”工作思路，聚力做好“持续安全、高质量发展、能力提升、创新争优”四篇文章，积极探索具有山东风格的监狱工作现代化实践，努力为全面建设新时代监狱工作现代化开好局起好步，全省监狱工作高质量发展呈现趋势性、关键性变化，有力拓展推进了山东监狱工作现代化。

新时代新征程，山东监狱系统将时刻牢记习近平总书记的殷切嘱托，坚定不移沿着习近平总书记指引的方向勇毅前行，坚决落实山东省委“牢记嘱托走在前、勇担使命开新局”的决策部署，坚持把“走在前、开新局”作为全省监狱工作发展的全局性定位、全方位要求、全过程引领，作为山东监狱工作现代化的政治标准、战略指引、实践要求，奋力推进监狱工作现代化山东实践，全力谱写山东监狱事业辉煌发展历史新篇章。

二、山东监狱工作现代化的目标追求

在新时代监狱工作现代化新征程上，山东省监狱管理局党委围绕党的二十大确立的“全面建成社会主义现代化强国、实现第二个百年奋斗目标，以中国式现代化全面推进中华民族伟大复兴”中心任务，锚定监狱工作现代化奋斗目标，坚定方向、拉高标杆，加压奋进、奋勇争先，积极探索具有山东风格的监狱工作现代化实践，创造更多走在全国监狱系统前列的现代化标志性成果。

（一）监狱治理水平在全国监狱系统中走在前。全面加强党对监狱工作的绝对领导，健全规范党建统领工作体制机制。构建完善的监狱制度体系，科学高效的监狱组织体系，现代集约的监狱运行目标管理体系，既有秩序又有活力的监狱责任体系及创新引领、协同发展的监狱工作体系，实现监狱治理体系和治理能力现代化。全省监狱数字化、智能化水平与社会协同提升。全面建成具有山东特色的新时代现代化监狱。

（二）监狱法治水平在全国监狱系统中走在前。到 2025 年，全省现代化法治监狱建设体系更加健全，党领导法治监狱建设机制更加完善，监狱领域法律制度更加完备，监狱治理工作全面纳入法治轨道，监狱刑事执行全方位依法规范运行，领导干部运用法治思维和法治方式行政履职能力显著提升，监狱人民警察队伍法律素养和厉行法治能力明显提高，全力打造中国式现代化法治监狱，为 2035 年基本建成法治政府作出贡献。

（三）监狱安全水平在全国监狱系统中走在前。全省监狱安全工作能力和水平全面提升，监狱安全机制健全完善，监狱工作纳入属地安全工作目标体系、市域社会治理体系，实现监狱安全治理现代化，全省监狱安全得到全面保障，持续实现“五无”目标，有力服务平安山东、法治山东建设，有效维护国家安全和社会稳定。

（四）监狱行刑水平在全国监狱系统中走在前。全省监狱布局合理、功能齐全、设施完善、保障有力，实现行刑资源配置最优化，减刑、假释案件全面实现实质化审理，执法司法质效全面提升，监狱刑罚执行水平跨越提升，实现监狱执法司法政治效果、法律效果、社会效果的有机统一。

（五）监狱改造工作水平在全国监狱系统中走在前。全面构建以改造罪犯为中心的监狱工作机制格局，形成科学化、专业化、社会化、法治化、现代化的改造罪犯工作体系，创建山东改造罪犯工作新品牌，全面提升教育改造工作质量，切实把罪犯改造成为守法公民，实现“把大墙内的人改造好、让大墙外的人生活好”的监狱工作价值追求。

（六）监狱警务建设水平在全国监狱系统中走在前。全面改进加强全省监狱机关思想政治工作，形成守正创新、共同推进监狱发展的大格局，建成科学完善的现代化警务工作机制、警察勤务模式、警察育训机制、警察权益保障机制，监狱警察政治能力、法律政策运用能力、防控风险能力、群众工作能力、改革创新能力、科技应用能力、舆论引导能力实现新跃升，革命化、正规化、专业化、职业化水平全面提高，职业认同感、归属感和荣誉感不断增强，全面铸造信念坚定、执法为民、敢于担当、清正廉洁的山东监狱人民警察铁军。

三、山东监狱工作现代化的推进原则

全面推进山东监狱工作现代化，使命光荣、前途光明、任重道远。面对世界百年未有之大变局加速演进的新形势、我国改革发展稳定的新要求、监狱工作深层次矛盾问题的复杂性，必须增强忧患意识，坚持底线思维，在山东监狱工作现代化前进道路上，牢牢把握以下重大原则。

（一）坚持党的全面领导。坚持党的全面领导是监狱工作现代化的基本特征和核心要求。在推进山东监狱工作现代化新征程上，全省监狱系统要深刻领悟“两个确立”的决定性意义，增强“四个意识”、坚定“四个自信”、做到“两个维护”，在任何时候、任何情况下都始终同以习近平同志为核心的党中央保持思想上、政治上、行动上高度一致，坚决做到政治上忠诚，思想上紧随，行动上捍卫，把党的领导落实到全省监狱工作各领域、各方面、各环节，确保监狱机关始终是坚持党的领导的坚强阵地，确保山东监狱工作现代化的正确方向。

（二）坚持中国特色监狱制度。中国特色社会主义监狱制度集中体现着党和国家的监狱工作指导思想、方针政策、战略目标、策略方法，是中国监狱工作的政治基础、理论基石和制度保障，是监狱机关履行人民民主专政的国家机器职能的基本遵循，是维护国家安全、社会安定、人民安宁的根本要求。在推进山东监狱工作现代化新征程上，必须旗帜鲜明地坚持中国特色社会主义监狱制度，坚定不移地贯彻执行新时代党的监狱工作方针政策，始终把维护国家安全和社会稳定作为监狱工作的首要任务，始终把改造罪犯作为监狱工作的中心任务，有效执行刑罚，高质量改造罪犯，服务平安山东、法治山东建设大局。

（三）坚持人民至上行刑理念。坚持人民至上彰显了习近平新时代中国特色社会主义思想的根本政治立场，是党对监狱工作的本质要求，是监狱工作现代化的出发点和落脚点。在推进山东监狱工作现代化新征程上，必须始终把执法为民作为全省监狱工作现代化的根和魂，把以人民为中心的发展思想贯穿落实到监狱工作现代化建设全过程和各方面，充分体现人民利益、反映人民愿望、维护人民权利、增进人民福祉，严格、公正、规范、文明执法，有效惩罚和改造罪犯、预防和减少犯罪，全方位提高公正执法水平和执法公信力，更好满足人民对法治、公平、正义、安全的需求。

（四）坚持发挥地域特色优势。区域地理环境、地方风俗文化、地域经济社会发展等因素，深刻影响着罪犯的犯罪心理形成、个人行为习惯、服刑思想变化、社会回归方向、就业谋生出路等，监狱工作也必然会融合地方因素、呈现区域特色。在推进山东监狱工作现代化新征程上，必须全面贯彻新发展理念、构建新发展格局，深入实施区域协调发展战略，正确处理监狱工作现代化与省域、市域现代化发展一体化关系，把省域市域特色优势作为监狱工作现代化的重要依托，着力破解深层次体制机制障碍，充分发掘用好省域、市域资源优势，融合地方各方面力量，增强监狱工作现代化建设合力，促进监地资源共享、优势互补，实现互利共赢，打造彰显山东地域特色的监狱工作现代化样板。

（五）坚持以监区现代化为根基。监区是监狱的前沿阵地，是监狱工作的根基。推进监区现代化是监狱现代化建设的关键，是监狱工作现代化的基础。在推进山东监狱工作现代化新征程上，必须始终聚焦监区工作现代化，始终把以监区为核心的基层基础建设作为山东监狱工作现代化基石，注重问题导向、需求导向、目标导向、结果导向，着力固根基、抓重点、补短板、强弱项，聚力实现监区工作现代化新跃升，绘亮山东监狱工作现代化底色。

（六）坚持监狱工作改革创新。改革创新是推进监狱工作现代化的强大动力。在推进山东监狱工作现代化新征程上，既要注重继承发扬山东监狱工作优良传统、提炼固化现代化建设成功经验，又要坚持守正创新，大胆探索，通过全面深化改革推动监狱工作现代化，敢于用发展的观点、创新的思维，打破传统定式，突破利益樊篱，为全省监狱工作现代化发展注入新的活力，在监狱安全监管、科学改造、规范执法、科技应用、警务建设、综合保障等方面寻求新的突破，努力创造更多既有鲜明个性特点又具有普遍适用价值的山东监狱工作现代化经验。

（七）坚持发扬斗争精神。在推进山东监狱工作现代化新征程上，面对国际局势风云变幻、国家改革发展稳定形势复杂、中国式现代化建设日新月异、监狱安全压力明显加大、执法司法任务艰巨繁重等重大考验，必须清醒认识到监狱工作现代化的艰难性和复杂性，必须发扬敢于斗争、善于斗争的精神，敢于涉险滩，敢于突进“深水区”，敢于啃硬骨头，敢作敢为、敢打敢拼，知难而进、迎难而上，全力战胜前进道路上各种困难和挑战，不断夺取山东监狱工作现代化新胜利。

第二节　山东监狱工作现代化推进战略

习近平总书记指出，战略问题是一个政党、一个国家的根本性问题。战略上判断得准，战略上谋划得科学，战略上赢得主动，党和人民事业就大有希望。这一精辟论述，深刻透彻地阐述了战略问题在党和国家事业发展全局中的极端重要性。山东监狱系统聚焦“以监狱工作高质量发展推进监狱工作现代化”的奋斗目标，系统谋划、统筹推进政治统领、总体安全、依法治理、科学改造、能力跃升、理论创新六大战略，努力推动全省监狱工作现代化走在前、开新局。

一、实施政治统领战略

监狱是国家政治机关，必须始终把政治建设放在首位。在推进监狱工作现代化进程中，山东监狱系统坚定实施政治统领战略，将政治引领贯穿监狱工作现代化全过程，确保党对全省监狱工作的绝对领导。首先，坚决把准政治方向。新时代新征程，监狱面临的内外部环境发生了深刻变化，必须坚定把准政治方向之“舵”，科学把握形势变化，精准识别现象本质，清醒明辨是非对错。牢固树立看齐意识，以党的旗帜为旗帜、以党的方向为方向、以党的意志为意志，矢志不渝与党同心同德，做到政治上与党同向、思想上与党同心、步调上与党同频。其次，坚决筑牢政治忠诚。坚持党的创新理论武装常态化，不断增进对习近平新时代中国特色社会主义思想的政治认同、思想认同、理论认同、情感认同，筑牢信仰之基、补足精神之钙、把稳思想之舵。坚决贯彻落实党中央决策部署，把习近平总书记关于山东工作、监狱工作重要指示批示精神作为全部工作的“纲”和“魂”，坚定不移沿着习近平总书记指引的方向前进，奋力推进监狱工作现代化山东实践。最后，坚决强化政治执行。政治执行力是履行监狱职能的保证，是监狱机关公信力的体现。全方位建立健全政治执行制度体系，完善政治执行机制，确保监狱政治执行顺畅高效。全面学习、坚决贯彻执行党中央对监狱工作的各项决策部署，坚定不移贯彻落实党的监狱工作方针政策，坚持不懈用习近平法治思想武装头脑、指导实践、推动山东监狱工作现代化。

二、实施总体安全战略

安全稳定是监狱工作的生命所在。新时代监狱安全是国家新安全格局的重要组成部分，也是监狱工作现代化的根本要求。在推进监狱工作现代化进程中，山东监狱系统坚定实施监狱总体安全战略，坚持着眼党和国家安全大局，坚定不移贯彻总体国家安全观，维护和塑造监狱安全，统筹传统安全和非传统安全，把安全发展贯穿监狱工作现代化全领域和全过程，防范和化解影响监狱工作的各种风险，筑牢监狱安全屏障，加强监狱安全体系和能力建设，确保监狱安全稳定，保障人民生命安全，维护社会安全稳定。坚决扭住“人民安全”这个宗旨，扎实推进更长周期、更广领域、更强实效的监狱安全，把不跑人的底线安全观深化为向社会输送守法公民的本质安全观，不断提升改造罪犯质量。统筹安全与发展的关系，坚持“在发展中保安全，在安全中促发展”的安全理念，用推进监狱工作现代化保障监狱安全，用监狱安全推动监狱工作现代化。坚持构建监狱安全长效机制，以系统治理为核心、依法治理为保障、综合治理为手段、源头治理为根本，健全完善全省监狱安全长效机制，服务国家安全和社会稳定大局。

三、实施依法治理战略

党的十八届四中全会作出法治中国建设全面部署，强调坚持依法治国、依法执政、依法行政共同推进，坚持法治国家、法治政府、法治社会一体建设。监狱作为国家刑罚执行机关，是刑事执行中的重要部分，是全面依法治国不可或缺的责任主体之一。贯彻落实党中央全面依法治国战略部署，必须加强监狱法治保障，全面推进依法治监。在推进监狱工作现代化进程中，面对治国理念、布局、方式等方面的变化，山东监狱系统坚定实施依法治理战略，全面融入依法治省体系，围绕全面推进依法治省总目标，定位监狱法治，布局监狱法治，厉行监狱法治，加快建设新时代法治监狱。坚持用法治思维、法治方式创新监狱治理理念，将法治的制度优势、理性优势转化为监狱治理的安全效能和发展效能，以更加完备的法规制度、更加规范的刑罚执行、更加公开的执法司法程序、更加深入的法治教育，保障和推进山东监狱工作现代化。

四、实施科学改造战略

“惩罚与改造相结合，以改造人为宗旨”的监狱工作方针，为我国监狱工作指明了方向，彰显了我国的社会主义监狱制度特色。在推进监狱工作现代化进程中，山东监狱系统坚定实施科学改造战略，坚持把改造罪犯作为全省监狱工作中心任务，继承发扬传统改造手段，创新改造罪犯工作思维，融入人的全面发展理念，加强监管改造、教育改造、劳动改造三大手段的统筹运用，提升罪犯改造质效。充分发挥山东优秀传统文化和独特红色文化优势，高举文化旗帜、传承文化基因、强化文化纽带，大力推进齐鲁优秀传统文化在全省监狱改造罪犯工作领域的创造性转化应用，以文化的深厚底蕴和深刻力量实现改造罪犯实践的现代化飞跃。坚持学习借鉴国内外矫正、改造罪犯先进理念、技术和经验，系统完善罪犯改造工作体系，开创山东监狱科学改造罪犯工作新局面。

五、实施能力跃升战略

现代化的本质是人的现代化。中国式现代化是物质文明和精神文明相协调的现代化。没有监狱人民警察队伍思想观念和素质能力的现代化，就没有真正实现监狱工作现代化。推进监狱工作现代化，既需要厚植现代化的物质基础，夯实监狱工作的物质条件，更需要推动人的全面发展，实现监狱人民警察队伍素质能力的全面提升。山东监狱系统全面实施能力跃升战略，坚持革命化、正规化、专业化、职业化方向，全面贯彻落实习近平总书记重要训词精神，坚持用习近平新时代中国特色社会主义思想凝心铸魂，不断提升监狱人民警察队伍的政治能力。深入开展“大学习、大培训、大提升”活动，全力实施“思想铸魂”“头雁引领”“能力提升”“强基固本”“暖心激励”五大工程，全面推进全省监狱人民警察队伍建设。坚持理念创新、科技育警，加强监狱人民警察现代化意识养成、知识拓展，不断推进思想观念现代化。持续加强教学练战一体化培训，着力提高安全治理、规范执法、教育矫治、改革创新、应急处突等专业能力，打造符合新时代发展要求的高素质警察队伍。系统推进警营文化现代化，不断深化具有监狱特色和职业特点的物质文化、精神文化、制度文化、行为文化、环境文化建设，进一步厚植山东监狱文化底蕴，传承新时代山东监狱人民警察精神内核，筑牢全省监狱工作现代化文化之基，为山东监狱工作现代化提供有力思想保证、精神动力和文化支撑。

六、实施理论创新战略

一个民族要走在时代前列，就一刻不能没有理论思维，一刻不能没有正确思想指引。党的二十大报告在全面系统总结我们党百年以来特别是党的十八大以来理论创新历史经验的基础上，深刻阐述了马克思主义基本原理同中国具体实际相结合、同中华优秀传统文化相结合的理论根据和实践要求，揭示了推进党的理论创新的根本途径，提出了一系列新思想、新观点、新要求。监狱工作现代化同样离不开科学理论的指引支撑。在推进监狱工作现代化的进程中，山东监狱系统坚定实施理论创新战略，深入领会党的创新理论蕴含的道理、学理、哲理，准确把握好新时代中国特色社会主义思想的世界观和方法论，坚持好、运用好贯穿其中的立场观点方法，坚持人民至上的价值导向，坚持自信自立的精神特质，坚持守正创新的理论品格，坚持问题导向的工作思维，坚持系统观念的基本方法，坚持胸怀天下的格局境界，全面完善监狱工作理论创新工作机制，系统加强理论研究与实践应用的衔接，全力推动监狱工作理论创新成果的转化和推广，用科学的监狱工作思想理论更好地提升监狱人民警察专业素养、指导监狱机关具体实践，推动全省监狱工作现代化高质量发展。

第三节　山东监狱工作现代化推进路径

新时代新征程，中国式现代化实践已经全方位、全领域、深层次、高质量地在中华大地上展开。山东省监狱管理局党委始终把党的中心任务作为全省监狱开展一切工作的立足点，紧紧围绕中国式现代化、政法工作现代化谋划推进监狱工作现代化，努力为新时代现代化强省建设作出积极贡献。

一、以党的政治建设统领山东监狱工作现代化

监狱作为国家的刑罚执行机关，首先是政治机关。监狱工作事关国家政治安全、政权安全和人民安全，必须坚持政治统领，始终把旗帜鲜明讲政治作为第一要求，把矢志不渝讲忠诚作为第一标准，确保监狱工作现代化在正确轨道

上行稳致远。

（一）坚持以思想建设为根本，强化党的创新理论武装

坚持把思想政治工作作为全省监狱系统一切工作的生命线，彰显党的优良传统、鲜明特色，突出政治优势，构建共同推进全省监狱思想政治工作的大格局。始终抓牢监狱工作领域意识形态工作，持续开展全省监狱系统警察职工队伍思想动态分析，牢牢把握意识形态领域工作主导权。常态化开展学习贯彻习近平新时代中国特色社会主义思想主题教育，创新理论学习制度机制，综合运用“听、督、评、报、树”多种方式强化过程管理，切实锤炼监狱人民警察队伍对党忠诚的政治品格，筑牢理想信念根基。深入实施青年理论学习提升工程，建立“警苑讲坛”平台，构建“线上＋线下”宣传教育体系，发挥理论学习“领头雁”作用，全面提升党的创新理论学习实效。

（二）坚持以组织建设为重点，赋能监狱工作现代化发展

充分发挥全省监狱系统各级党组织的政治功能，不断提高党建工作质效，凝聚党建工作合力。构建省局、监狱“党建＋”工作体系，把讲政治与业务工作有机融合，实现上下贯通、同频共振。深入推进精神文明创建，持续擦亮宣教基地品牌，实现与主责主业的有机融合。扎实推进基层党支部规范化、标准化建设，持续打造“党建＋业务”支部特色品牌，努力锻造坚强有力的战斗堡垒。持续深化监地融合发展，不断探索党建联建、业务联动、合作共建机制，实施双基业务示范点创建工程，逐步构建资源共享、优势互补、相互促进、共同提高的监狱党建工作新格局，为推进监狱工作现代化提供动力支持。

（三）坚持以党风廉政建设为保障，创造监狱工作现代化良好政治生态

坚持把党风廉政建设作为推动山东监狱工作现代化的“压舱石”，持续以严的基调强化正风肃纪，准确把握监狱机关党性党风党纪内在联系，精准把握监狱系统“四风”与腐败风腐同源、风腐一体新动向，持续深化纠治监狱工作领域“四风”问题。制定实施加强政治建设的系列措施，认真落实重大事

项请示报告制度，自觉接受上级党委的领导及省纪委监委派驻省司法厅纪检监察组的监督。完善对“一把手”和领导班子监督的实施意见，细化落实“严真细实快”作风建设的多项措施，将“廉润警魂”廉洁文化品牌打造成全国监狱系统亮点品牌。健全全省监狱机关各级党委责任清单、党支部任务清单、党员义务清单、纪委监督清单，巩固深化政法队伍教育整顿和监狱综合治理成果，营造风清气正的政治生态，为开创山东监狱工作现代化新局面提供坚强保障。

二、以平安监狱建设保障山东监狱工作现代化

安全稳定是监狱工作现代化的首要前提。推进山东监狱工作现代化，必须树牢新型监狱安全观，科学规划、统筹协调各种安全资源，努力建设更高水平的平安监狱。

（一）健全监狱安全责任体系，构建监狱安全工作新格局。健全适应山东监狱工作现代化要求的监狱安全责任体系，按照党政同责、一岗双责、齐抓共管、失职追责的要求，完善各层级安全责任制，针对监狱安全面临的新情况、新挑战，建立横向到边、纵向到底的监狱安全责任机制，明确部门监管责任，落实安全主体责任，健全安全考核机制，固化安全专项整治成果，形成全省监狱安全工作现代化新格局。

（二）健全监狱安全治理体系，提升监狱安全治理效能。全面深化全省监狱工作安全治理长效机制，着力构建以系统治理为核心、依法治理为保障、综合治理为手段、源头治理为根本的监狱安全治理体系。统筹推进监狱工作综合治理，推动监狱管理理念、管理模式、管理手段创新，建立健全风险研判机制、决策风险评估机制、风险防控协同机制、风险防控责任机制，加强协调配合，层层落实落地。建立健全超前防范机制，把监狱安全治理重心前移，科学预见、提前应对防范各种安全风险挑战。完善监狱执法工作体系，健全监狱各类矛盾纠纷调处化解机制，创新发展新时代山东监狱“枫桥经验”。

（三）完善监狱安全防控体系，确保全省监狱持续安全稳定。全力推动全省监狱武装警戒全覆盖，健全武警部队与监狱机关联动防暴机制，严防针对监

狱的暴恐袭击。全面深化人防、物防、技防、联防一体化机制，坚持“打、防、管、控”四策联动，筑牢监狱安全防线。着力推进数字监狱安防体系建设，建设社会多方联动智能化平台、全方位安防网络。完善狱情分析研判机制，提升监狱预测预警预防能力。健全监管安全隐患常态化清单式排查整治制度，完善标准化、实战化、精细化隐患治理体系，实行周界安防设施分级评定、分类管理制度，强化全省监狱指挥中心建设，完善应急管理处置工作体系，有效防范罪犯脱逃、自杀、重大狱内案件等监管安全事故发生，形成人防部署严密、物防设施完善、技防手段先进、联防协调统一的现代化安全防控机制，坚决守牢监狱安全底线。

（四）构建监狱安全保障体系，全力维护社会安全稳定。全面建设一体协同、实战高效的监狱安全现代化保障体系。推进监狱安全纳入属地安全工作目标体系和公共安全应急管理体系，完善监地联防联控合作机制，加强与政法机关、社会有关部门信息共享、协调配合，深化与武警部队的“三共八联”机制，建立与属地应急管理部门沟通协调制度，深化监狱与消防救援机关“三共”建设，建立防范化解监狱重大风险的长效机制，共管共保共治共享监狱安全，为平安山东建设保驾护航。

三、以高水平法治化引领山东监狱工作现代化

法治是监狱工作现代化的价值取向，全面依法治监是监狱履行刑罚机关职能的基本方式。推进山东监狱工作现代化，必须加快打造职能科学、权责法定、执法规范、公平正义、行刑高效、守法文明的新时代现代化法治监狱，全面提高全省监狱工作法治化水平，有效发挥法治固根本、稳预期、利长远的作用。

（一）健全监狱法律规范体系，为执法司法提供制度保障。全力推动全省配套性刑事执行立法立制工作，推进省级人大立法和行政立法，完善监狱和地方司法机关、行政部门各司其职、相互配合、相互制约机制。加强规范性文件监督管理机制，进一步修订狱政管理工作标准，深化罪犯计分考核、分级处遇制度改革，制定各个岗位警察执法工作清单，确保执法规范。探索建立委托第

三方起草监狱工作重大制度机制。全面推行监狱规范性文件合法性审核制度，建立备案审查制度，加强监狱内部规章制度动态化管理，为严格公正执法司法提供法规制度保障。

（二）健全依法治监工作体系，确保全省监狱正确执行刑罚。构建适应现代化社会治理时代要求、符合现代化刑事执行实际需要的山东监狱关押监禁罪犯格局。推进落实监狱分级分类分押行刑制度，强化危害国家安全类、邪教类和涉黑涉恶、限制减刑、有重大社会影响等罪犯的监禁管理，有效执行刑罚。严格依照法定条件、法定程序办理刑罚执行案件，加强减刑、假释案件实质化审理，规范拟假释罪犯“再犯罪危险”评估机制，探索建立重点案件拟提请减刑、假释前听证制度，逐步提高假释适用率。完善刑罚执行一体化机制，推动制定暂予监外执行罪犯调查评估办法，健全保外就医罪犯交付程序规定，构建监禁刑与非监禁刑有机衔接机制。健全狱内法律援助工作站，实现全省监狱系统公共法律服务全覆盖。

（三）健全警察执法责任体系，提升监狱执法司法公信力。加快推进与新时代监狱工作现代化相适应的执法司法责任体系建设，着力构建主体明确、范围明晰、权责统一、层次分明的执法司法责任链。完善监狱执法司法责任制，建立健全警察执法程序，规范各项业务工作具体流程，完善执法程序运行规则，严格按照职责设定范围履职行权，严格按照规定的程序执行刑罚。建立健全警察执法行权情况考核评查制度，健全完善监狱各层级执法、行权责任追究机制，实行监狱工作重大决策终身追究制和责任倒查制，落实“减假暂”监外执行办案质量终身负责制和错案责任倒查问责制，建立监管罪犯、行政管理、企业运营等执法、行权责任追究制度。探索建立容错机制，健全依法履职免责保护机制，维护监狱警察合法权益，确保各级领导、各岗位警察依法严格履职尽责，提升全省监狱执法司法公信力。

（四）健全法治监狱建设保障体系，创造良好执法司法环境。完善保证党的全面依法治国战略和上级党委依法治监决策部署贯彻落实的工作制度，维护省委依法治省委员会对全省依法治监工作的领导，把党的领导贯彻到全面推进依法治监全过程。深化行政决策法治化建设，强化依法决策意识，推动全省监狱机关各级领导班子带头依法决策，树立领导干部依法行政、依法治监的良好示范。强化执法权力制约监督，完善狱务公开工作制度，加大政务公开力度，建立阳光执法机制。健全全省监狱系统学法、普法责任制，完善领导干部学法制度、警察法治培训制度、职工法治教育制度，建立全省监狱人民警察职务职级晋升、新录用警察入职宪法宣誓制度，全员强化学法尊法守法用法意识，全面提升监狱警察职工现代法治理念、法治素养，为全省监狱工作现代化提供高水平法治保障。

四、以数字监狱建设支撑山东监狱工作现代化

数字化是监狱工作现代化的重要内容，也是监狱工作现代化的显著标志。推进山东监狱工作现代化，必须全力加强数字监狱建设，推动监狱管理水平显著改善、运行效能显著增强，为山东监狱工作现代化提供科技支撑。

（一）健全数字标准支撑体系，确保数字监狱建设规范化。健全全省监狱科技工作创新体系，完善监狱系统科研体制机制。健全监狱工作数字化建设管理体系，加强顶层设计和统筹规划，避免重复建设，防止形成新的孤岛壁垒。健全信息化标准规范支撑体系，修订全省监狱系统网络安全和信息化管理办法，制定监狱区块链平台接入规范，完善监狱安全防范系统建设技术规范，制定全省罪犯基础数据库编码规范，制定全省监狱系统与公安、检察院、法院及其他政府部门之间数据共享及交换标准，以标准化推动全省监狱信息科技工作规范化、现代化。

（二）健全完善“两大平台”，实施数字化系统提升工程。健全完善数字监狱智能化综合管理平台，坚持信息化与业务深度融合，进一步整合罪犯监管改造各相关业务，全面实现罪犯从入监到出监全业务、全流程的规范化和数字化；坚持以实战实用为目标，健全完善数字监狱智能化指挥调度平台，为发挥指挥调度职能提供科技支撑。完善移动执法系统功能。完成全省监狱系统司法加密网建设，实现与全国司法行政系统的互联互通，为重要视频及业务数据的传输提供加密传输保障。按照省政府统一部署，分别完成全省监狱办公专网、育新网向省政务外网行政服务域、公共服务域的迁移整合。

（三）拓展数字化系统实施应用，推进与监狱工作深度融合。推动两大平台在全省监狱系统内的全面应用，全力推进各业务、安防系统与两大平台对接，全省监狱所有能够利用两大平台功能的业务全部通过平台办理，实现系统整合、互联互通、资源共享，打破“信息孤岛”“数据烟囱”。进一步拓展与省政法机关跨部门大数据办案平台、省一体化大数据平台等系统对接，实现跨部门、跨层级、跨地区的政务信息资源交换共享。开展移动执法终端创新应用，加强与省大数据部门沟通联系，实现与“山东通”同步提速运行；优化协同办公系统和数字监狱 App 功能，持续提升移动执法系统运行效能；丰富“山东通”在移动执法终端执法模式下的应用，在终端部署“山东监狱罪犯医疗卫生信息系统”App，提升罪犯医疗卫生执法管理效能；推进移动执法终端深度应用，畅通从各级领导干部到基层一线警察的传输通道，实现让数据多跑路、让警察少跑腿，努力解放警力，为基层减负增效。开发视频数据应用，围绕目标人员智能化身份识别，开展基于人像多角度特征对人进行身份识别的算法开发，实现目标人员管控和入侵、滞留、脱管等违规事件的智能分析和自动报警。探索外来团体进出管控、重点区域罪犯实时管控、重点人员身份识别和标注、周界区域管控等功能应用。加强信息化深度应用，将“两平台一终端”使用情况纳入基层基础考核，推动常态化使用；推进狱情信息数字化与智能应用、减刑假释案件智能筛选功能等开发和创新应用。

（四）健全网络安全保障体系，提升数字化系统安防能力。坚持对全省监狱网络安全工作统筹规划部署、统一安全标准要求、统筹利用网络安全建设资金，全面配备防病毒、抗攻击、防入侵、安全态势感知等设备设施，全力提升安全预警、防范、处置和应急响应能力。健全网络安全保障体系，开展网络安全专项运维服务，构建系统化、实战化、常态化的网络安全动态防护体系，提升网络安全防护水平，确保网络和信息系统安全稳定运行；推进全省监狱系统国产化替代工作，以国产化替代助力网络安全和数据安全防范能力全面提升。加强监狱信息化人才队伍建设，组织开展数字化专题教育培训，增强全省监狱人民警察队伍的数字化思维，提升数字化系统安全防范的能力水平。

五、以高质量发展推动山东监狱工作现代化

高质量发展是监狱工作的首要任务，是监狱工作现代化的内在要求。推进山东监狱工作现代化，必须加强前瞻性思考、全局性谋划、整体性推进，始终坚持以改革驱动发展，用创新支撑转型，聚焦主业创新争优，创造更多有特色的山东经验。

（一）系统推进“三化”建设，构建新型监狱工作运行体系。坚持把“规范化正规化数字化”建设，作为以高质量发展推进山东监狱工作现代化的重要抓手，做到融会贯通、一体推进。着力推进全省监狱管理工作规范化，建立完善完备的监狱工作制度体系和工作机制。着力推进全省监狱队伍管理工作正规化，使监狱机构设置、职能配置、素质能力、外在形象等符合新时代监狱工作的职能定位和使命要求。着力推进全省监狱业务流程数字化，全力打造“两平台一终端”，以数字化赋能监狱工作提质增效。通过规范化、正规化、数字化建设，引领全省监狱系统准确把握监狱工作的职能定位，推动全系统机构设置更加科学、权责边界更加明晰、能力水平更加专业、工作体系更加健全、职能运行更加顺畅、运转方式更加智能，建立起科学规范高效的新型监狱工作体系，为推进监狱工作现代化提供坚强有力的制度机制保障、组织机构保障和信息技术保障。

（二）优化全省监狱布局，有效发挥惩罚改造职能。按照“布局合理、规模适度、分类科学、功能完善、管理信息化”的总要求，进一步加快全省监狱布局调整，在省域东、中、西部布设应急储备关押场所，合理布局女犯监狱，提高女犯收押能力。完善监狱管理体制，加强副省级城市所属监狱管理，加快将地市所属监狱收归省级直管。按照功能性监狱建设布局，加快建设不同功能类型监狱，重点建好高度戒备监狱、低度戒备监狱，加快推进全省监狱系统公共卫生中心建设，满足全省传染病犯、精神病犯和普通重症罪犯收治需求。加强监狱建设项目规范管理，提升全省监狱基础设施水平，为全省监狱有效监禁关押罪犯提供现代化完整设施保障。

（三）坚持守正创新，推进改造罪犯工作高质量发展。坚持把改造罪犯作

为全省监狱工作中心任务，全面贯彻落实“惩罚与改造相结合、以改造人为宗旨”的监狱工作方针，进一步传承弘扬山东监狱教育人、改造人、挽救人的优良传统，充分彰显中国社会主义监狱制度的显著优越性和强大生命力。构建适应刑事执行发展趋势、适合押犯构成新变化、覆盖罪犯服刑全过程的现代化改造罪犯机制。创新监狱教育改造工作内容和方式，打造一批符合新时代教育改造罪犯需求的新平台、新方法、新手段。充分发挥思想政治教育大讲堂品牌功效，完善师资教材，设立名家讲坛、精品大课堂，把思想政治教育融入罪犯改造全过程。构筑山东监狱教育改造文化育人机制，加大山东优秀传统文化、红色文化融合应用，提升对罪犯心灵与精神的改造影响力，推进文化改造质量效果实质性跃升，打造山东监狱文化育人独特品牌。建立警察“微课程”体系，让教育内容更直观，提升教育改造效果。深化道德教育、法治教育力度，建设个别教育案例库。推进高度风险罪犯精准教育转化，实现精准攻坚、靶向施策，确保转化效果。构建以践行改造宗旨为核心的心理矫正体系，对罪犯进行健康心理重塑和心理危机干预。加强帮扶在押罪犯无人抚养未成年子女、特困罪犯及其未成年子女关爱工作。健全改造罪犯工作开放式格局，加强省级层面社会帮教平台建设，建立与社会资源合作的职业技能教育培训机制，常态化开展监狱开放日活动，完善社会化、专业化、科学化教育矫治罪犯机制，构建政府主导、部门联动、监狱实施、社会共教的改造罪犯工作体系，创造具有山东特色的新时代改造罪犯工作新形态。

（四）健全监狱生活卫生工作体系，切实保障罪犯合法权益。健全全省监狱医疗卫生工作机制，构建省警官总医院—警官总医院分院—监狱医院三级监管医疗管理体系，建设全省罪犯医疗卫生信息系统和远程会诊系统，建立罪犯全服刑周期健康监测管理机制。深化医联体对接机制，推进与省政府指定医院医共体建设，推动监狱医院纳入地方医疗卫生体系“大盘子”，联合培养全科医生。统筹加强监狱医院医疗设施、技术设备、医护队伍建设，由监狱医院探索开展中医药特色诊疗，建构科学有序的罪犯疾病诊疗秩序，不发生有责任的在押罪犯病亡。规范与地方疾控机构的联通联动机制，优化各类传染病科学精准防控措施，防止发生重大疫情。建立全省统筹罪犯大宗生活物资采购管理制度，搭建大宗生活物资采购管理平台，实现采购全流程电子化运作。罪犯食堂纳入属地食品安全监管范围，建立食品安全联动机制和常态化风险自查研判防范机制。建设全省统一的罪犯个人钱款管理系统，实行钱款分类使用、消费分级管控制度，推广日用品“电商化”采购。健全完善全省监狱生活卫生标准体系和工作考评体系，全面完成罪犯食堂标准化、内务卫生标准化、监狱医院标准化建设。

（五）健全劳动改造工作体系，推动监狱企业高质量发展。全面加强罪犯劳动改造载体建设，围绕“保安全、保稳定、保增长、保盈利、保运转”目标，完善全省监狱企业管理运营和罪犯劳动改造工作机制。健全监狱企业组织体系，完善法人治理结构和监企运行协调机制。深化监企分开改革，建立罪犯劳动改造职能和企业市场经营职能分开、狱内企业和狱外企业分开的运行格局。健全监狱企业管理体系，规范兼职警察管理和履职保障措施，提高管理经营队伍能力和企业管理效能，推动监狱企业安全发展、均衡发展、有效发展。优化监狱企业产业结构布局，结合属地区域经济特点，提高劳务加工产业和项目集中度，深化特色化品牌车间创建，打造一批布局合理、分工专业、特色鲜明的现代化劳务加工产业集群，促进监狱企业产业项目提档升级。完善监狱企业质量管理体系，持续开展罪犯技能培训、技术比武，促进罪犯劳动改造成效和劳动生产效率双提升。完善监狱企业合作交流机制，积极搭建合作交流平台，充分发挥产业联盟和各种经济组织作用，加强市场开发力度，提高监狱企业竞争力。完善监狱企业考核激励机制，创新罪犯劳动报酬管理，探索建立罪犯区别化报酬、自愿商业保险制度，不断激发企业发展内生动力，推动全省监狱企业高质量发展。

（六）加强财务装备能力建设，提升监狱警务保障水平。不断完善监狱经费保障标准，建立与时代发展相匹配的动态保障体系，促进监狱经费保障科学化、规范化。健全预算管理审核，实行全周期全链条闭环管理，提高政府采购的实效性、规范性和预算执行效率。完善单警装备配备，规范武器管理使用，提升执勤执法交通工具效能，推进监狱警用装备保障标准化、科学化、现代化。规范监狱机关行政后勤物业化管理，不断改善全省监狱执法工作条件环境。

六、以队伍专业化助推山东监狱工作现代化

实现新时代监狱工作高质量发展，监狱人民警察队伍建设是根本和保证。推进山东监狱工作现代化，必须全面加强全省监狱人民警察队伍建设，在筑牢政治忠诚上持续发力，在素质能力建设上不断深化，在增强组织活力战斗力上创新举措，在自我革命上永不停步，以高水平的革命化、正规化、专业化、职业化，保证和推动全省监狱工作现代化。

（一）持续实施政治能力提升工程，为监狱工作现代化提供政治保障。建立全省监狱警察队伍政治能力提升体系，健全监狱系统党性教育培训机制，深化政治轮训和忠诚教育，持续加强党性锻炼，教育引导广大警察时刻牢记“国之大者”，真正从思想上解决“为谁掌权、为谁执法、为谁服务”的问题。切实提高政治判断力，科学把握形势变化、精准识别现象本质、清醒明辨是非对错、有效抵御风险挑战，确保全省监狱工作现代化在正确轨道上前进发展。切实提高政治领悟力，善于用政治思维观察和分析问题，把拥护“两个确立”、做到“两个维护”，体现到深刻领会习近平总书记重要指示、创造性推进全省监狱工作现代化上来。切实提高政治执行力，深刻领会、全面把握、坚决落实“奋力推进政法工作现代化”使命任务，确保政令畅通、令行禁止，始终在思想上、政治上、行动上与以习近平同志为核心的党中央保持高度一致，锻造最讲政治、最讲忠诚、最讲担当的山东监狱人民警察铁军。

（二）持续实施素质能力提升工程，为监狱工作现代化提供人才保障。深入开展“大学习、大培训、大提升”活动，创新“教、学、练、战”一体化培训机制，完善分层分类教育培训机制，定期组织实战大练兵活动，常态化开展监区长学习培训，加大新入职警察实务培训力度，不断提升警察业务能力和专业素养。完善监狱警察履职能力提升机制，抓住领导班子建设这个根本，树牢实干实绩的鲜明导向，选优配强各级领导班子特别是“一把手”，加大轮岗交流力度，有计划地选派后备干部、年轻干部到基层艰苦一线锻炼，通过急难险重任务历练成长，不断提高依法履行职责、驾驭复杂局势的水平。健全全省

监狱系统人才培养体系，分类建好用好不同类型的人才库，完善以师带徒工作机制，积极引进教育学、心理学、社会学、医学等高素质人才，打造专业人才发展高地。完善“底线 + 基础 + 提升”综合考核机制，不断提高集约用警水平，培养造就一支适应新时代监狱工作现代化需要的警察队伍。

（三）持续实施警队作风提升工程，塑造监狱人民警察良好形象。坚持在强化警察队伍作风建设上持续发力，对标对表“严真细实快”标准要求，定期开展作风整治提升专项行动，大兴学习研究、事达极致、争优进位之风，以调研大深入、作风大转变，促进队伍形象大提升、监狱工作大发展。持续开展十大项目攻坚和十大创新行动，激发广大警察“敢为、敢闯、敢干、敢首创”的奋斗姿态，干在实处、干出实效、走在前列。健全全省监狱人警察警示教育机制，坚持从严管理基调，用身边事教育身边人，强化政治监督，做实日常监督，深化监督执纪“四种形态”特别是第一种形态运用，引导广大警察知敬畏、存戒惧、守底线，建设一支作风优良、纪律严明、敢打硬仗、事争一流的警察队伍。

（四）持续实施文化育警提升工程，强化监狱工作文化支撑。建立健全全省监狱系统“文化建警、文化育警、文化强警”工作体系，加快推进警营文化建设“四个一”工程，定期举办主题鲜明的“警营文化节”，丰富文化内涵和载体，多维度、多元化打造山东特色警营文化品牌。健全全省监狱历史文化、法治文化、廉政文化等教育体系，加快山东监狱史料收集和史馆建设，总结传承好山东监狱精神文化，结合新时代新实践加强理论研究阐释，构建山东监狱精神谱系，深化宣传宣讲，厚植全省监狱工作文化根基。

（五）持续实施从优待警提升工程，汇聚监狱工作现代化建设合力。完善全省监狱系统从优待警系列措施，健全全省监狱人民警察职业保障制度、救济保障制度、抚恤优待制度，积极推动省直监狱单位警务技术职级序列改革，用好监狱系统专项优抚基金，推动全省监狱联系属地三甲医院畅通警察及亲属紧急就医“绿色通道”。健全全省监狱警察激励机制，常态化开展“季度之星”“最美监狱人民警察”“规范监区监区长”“岗位能手”等评选活动，加强对先进模范人物的表彰宣传，用好常态化职务职级晋升机制，加大执法岗位津贴、加班补贴及疗休养等倾斜一线力度，加强对警察职工的人文关怀和心理疏导，把暖警惠警政策落到实处。建立警察履行法定职责保护机制、人身安全风险防范制度，及时为受到不实举报的干部澄清正名，严肃查处诬告陷害行为，保障和维护警察合法权益。建立执法容错免责具体实施办法，落实“三个区分开来”要求，营造想干事、能干事、干成事的优良环境，切实做到政治上关心、工作上支持、待遇上保障，增强监狱人民警察职业认同感、归属感、荣誉感。

道阻且长，行则将至。行而不辍，未来可期。在新时代新征程上，山东监狱系统将深入贯彻落实党的二十大战略部署，锚定全面建设社会主义现代化强国目标，不断探索新时代监狱工作现代化理论实践，奋力推动山东监狱工作走在前、开新局，为全面实现政法工作现代化、中国式现代化奉献山东智慧、贡献山东力量。

附录：山东部分监狱推进现代化实践探索

山东省潍坊监狱推进现代化实践探索

推进监狱工作现代化，是贯彻落实习近平总书记重要指示要求和保障全面建设社会主义现代化国家的必然要求，是当前和今后一个时期的主攻方向。山东省潍坊监狱深刻把握新时代新征程监狱工作的历史方位，不断增强历史主动，抢抓发展机遇，推动思想观念、工作体系、工作能力现代化，以更强的使命担当推进监狱工作现代化。

一、总体设想

坚持以习近平新时代中国特色社会主义思想为指导，认真学习贯彻习近平法治思想和习近平总书记对政法工作的重要指示精神，深刻领悟“两个确立”的决定性意义，增强“四个意识”、坚定“四个自信”、做到“两个维护”，始终坚持党对监狱工作的绝对领导。以学习宣传贯彻党的二十大精神为主线（一条主线），以“三化”建设为抓手（一个抓手），以高质量发展为定位（一个定位），以理论创新为驱动（一个驱动），以队伍建设为保障（一道保障），锚定“走在前、开新局”，自信自强、守正创新，踔厉奋发、抢抓机遇，努力建设更高质量法治监狱、和谐狱园，推进监狱工作现代化水平不断提高。

二、目标规划

1. 坚持政治引领，实现党建“一面旗”引领工作“一盘棋”。

2. 强化安全稳定是底线、公正执法是生命线“两条线”建设，着力提升监管改造工作水平、信息化应用水平、队伍建设水平。

3. 全面提升依法治监能力和安全治理水平，建设高质量“法治监狱、和谐狱园”。

4. 回归罪犯劳动改造职能，着力打造监狱企业发展新优势。

5. 聚焦工作创新，打造理论研究高地、人才发展高地。

三、监狱工作现代化推进路径

党的二十大擘画了以中国式现代化推进中华民族伟大复兴的宏伟蓝图，科学阐述了中国式现代化的中国特色和本质要求。监狱工作作为政法工作的重要组成部分，必须在现代化目标任务上同向发力、同步前行。这既是坚决贯彻习近平新时代中国特色社会主义思想和党的二十大精神的政治自觉和行动担当，也是当前和今后监狱发展的总纲领、总方向。

（一）坚持“全面学习宣传贯彻党的二十大精神”这一主线，一以贯之加强政治建设

根据党的二十大报告，坚持中国共产党的领导是中国式现代化的本质要求之一。作为党和人民的“刀把子”，监狱工作首先是政治工作，监狱工作现代化必须以政治建设为统领，在党的绝对领导下全面推进。

1. 强化理论武装。认真学习党的二十大报告和习近平总书记系列重要讲话精神，深入开展学习贯彻习近平新时代中国特色社会主义思想主题教育，深刻领悟“两个确立”的决定性意义，进一步用党的创新理论凝心铸魂。严格落实“第一议题”制度，持续发挥好党委理论学习中心组辐射示范作用。深化“理响警营”品牌建设，持续推进青年理论学习提升工程，打造一批学习示范点。

2. 建强党建阵地。深化潍坊市委党校分校建设，完善党校＋“两廊（‘学习强狱’‘消防安全’两条红色长廊）、两园（‘红色先锋’主题公园和消防主题公园）、两展馆（消防安全展馆和廉政文化展馆）、一书苑（北辰书苑）”学习阵地，以高质量党建引领高质量发展，实现红色元素与主责主业同频律动、党建引领与工作提升相得益彰。

3. 增强组织功能。探索临时党组织管理模式、工作规范，广泛开展党建品牌内涵大讨论、品牌精神大实践等活动，进一步完善“星级党支部”动态管理认定评价体系，激活基层原动力、建强履职支撑力、强化攻坚战斗力。

4. 凝练文化品牌。着眼“文化强警、文化兴狱”，紧密结合监狱机关政治属性，梳理潍坊监狱发展脉络，秉承优良传统，深挖内外资源，提炼形成彰显潍坊监狱特色、体现潍坊监狱特质的文化理念，多维度、多元化打造监狱文化品牌。

5. 提升宣传质效。发挥好新媒体工作室效能，以警察职工喜闻乐见的方式传递正能量、提振精气神、凝聚新共识。严格落实意识形态工作责任制，用好微信公众号、政务微博等新媒体平台，加强与新闻媒体联系，讲好潍坊监狱故事，提升对外宣传影响力。

（二）聚力“规范化建设”这一抓手，深化推进现代化法治监狱、和谐狱园建设

1. 围绕全面依法治监，高标准建设法治监狱。着力提升现代法治理念。完善领导干部学法用法述法制度，将学习贯彻习近平法治思想作为重要政治任务，坚持党委会和党委理论学习中心组常态化学习。深化警察法治培训，提升队伍法治意识，强化法治思维。加大罪犯法治教育和监规纪律、行为规范教育力度，增强罪犯身份意识、服刑观念。着力健全现代法治体系。按照山东省监狱管理局《关于深入推进法治监狱建设的若干意见》，及时推动各类制度的立、改、废、释。全面系统梳理监狱业务各种规范标准，通过拍摄执法示范片、建立工作模板、规范工作流程等，统一工作标准、尺度、程序。做好刑释罪犯衔接安置，依托狱所合作渠道深化“一对一”法律援助机制，依法保障

罪犯合法权益。统筹发挥公职律师、法律顾问作用，助力依法治监、依法办企水平提升。着力强化现代法治监督。完善监狱内部执法权、管理权、人事权、生产经营权等运行制约机制，深入推进文明执法、阳光执法。深化包组警察常态化办案预审机制，高标准建设刑罚执行办案中心，严格落实“实质化”审查办理要求，探索推进假释制度适用的有效路径，不断提升“减假暂”案件办理水平。用好执法证据保全中心，规范监狱执法证据管理。深化狱务公开，与法院、检察院、司法局开展执法共建，常态化举办“监狱开放日”，发挥检察官信箱监督实效，向社会展现监狱良好形象。

2. 坚守安全稳定底线，高质量打造和谐狱园。确保监狱安全稳定是监狱工作的头等大事和重大政治任务，必须充分认清安全形势的现实性和复杂性，围绕和谐狱园实质内涵，最大限度协调好各类关系，严格落实安全制度举措，守牢安全“一排底线”。多点发力加强监狱内部管理。围绕“五无”目标，强化“三大现场”管控、“四个重点”排查，开展监管安全隐患排查整治专项行动，抓好狱情分析研判、罪犯管理和大门通道管控，强化周界安防设施维护，从源头上筑牢监管安全防线。多措并举规范生活卫生管理。重点做好医院和老病残监区罪犯健康管理，深化与驻地疾控部门联防联控，统筹做好疫情防控和各项保障工作。全力打造标准化伙房，提升食品安全水平。加强与驻地医院合作共建，加快紧密型医联体建设的步伐，提升医疗诊治水平。多维联动提高教育改造质量。建立“一月一主题、一周一特色、一日一亮点”课程体系，强化罪犯思想政治教育。在犯群中大力开展和谐理念教育。坚持防控罪犯打架斗殴长效机制，用好忏悔警示、防打架斗殴“三字经”和传统文化教育“组合拳”，从源头上化解戾气、增进和谐。强化精准教育转化能力建设，建成名师工作室，造就一批专家能手，推出一批高质量转化成果。拓宽社会帮教资源渠道，大力开展职业技能培训，更好帮助罪犯回归社会。推进指挥中心规范化、实战化建设，争创全省规范化指挥中心。完善监狱应急响应和重大突发事件应急处置等制度机制，常态化开展特警队实战训练，提升应急响应和处置能力。深化与武警部队“三共”“八联”机制，加强与公安禁毒支队、网管支队、情报处等沟通合作，提高联防联控联处效能。加强保密和舆情教育，规范微信群等网络媒介使用，强化信访源头管控化解，确保保密安全、舆情信访安全。

3. 树牢大抓基层导向，高标准创建最规范监狱。大力推进规范监区建设。坚持“一线工作法”，人力、财力、物力向基层倾斜，工作部署贴近基层，督促检查深入基层，考核评价突出基层，在全狱范围形成“基层工作大有可为、基层同志大有作为”的共识。强化制度刚性执行。刚性执行是创建最规范监狱必需的工作标准，是全体警察职工必须固化的一种习惯。严格落实狱政管理“五个规定”、监区警察一日执勤工作清单等要求，提升执法管理水平。进一步优化《岗位工作规范》，提升基层工作制度化、规范化、模板化水平。深化“智慧监狱”建设。积极探索视频智能分析和人脸识别技术应用，实现人脸识别、自动追踪和实时报警功能，提升智能化监管水平。升级云平台服务器，实现无纸化办公和移动 OA 业务办理。推动跨部门办案数据共享，实现监狱业务“一网通办”。提高综合服务保障水平。完善内设机构职能配置、人员编制，确保事权清晰、运行高效，更好服务基层。推进档案信息化、数字化建设，加快“省档案工作业务建设先进单位”申报创建。规范使用财政资金，完善网上报销程序运行机制，擦亮“智慧财务”“智慧后勤”品牌。

（三）紧扣“高质量发展”这一定位，抢抓机遇，加压奋进，推进产业产品转型升级

党的二十大报告明确指出，高质量发展是全面建设社会主义现代化国家的首要任务。省厅、省局对监狱高质量发展作出明确部署，潍坊监狱锚定“走在前、开新局”，进一步明确“做强塑编产业，做大服装产业，做活辅助产业”的发展方向，坚定不移以高质量发展推动监狱工作现代化。

1. 走好转型之路。以提质增效为目标，坚定不移推动企业转型提力加速。进一步优化产业布局。采取“分步走”战略，对机械项目进行转型调整，转变原有的生产经营方式，进一步扩大劳务加工生产规模，建立劳务加工仓储物流中心、服装生产裁剪后整包装车间以及低劳动能力人员习艺车间。使劳动加工产业链条进一步优化，塑编和服装加工环境进一步提升，充分压缩物料流转成本和车间管理成本，大幅提高生产效率，全力做优产品、做强品牌、做高附

加值、提高企业利润。

2. 注重内抓外拓。坚持企业内涵式发展。加强生产现场规范管理，压缩闲置劳动力，提高罪犯出工率和上机率，发挥计分考核、物质奖励等“杠杆”作用，调动罪犯劳动积极性。开展精益生产培训，改进生产技术，提高企业效益。高度重视产品质量和生产效率，实施“提品质、创品牌”行动，强化全面质量管理，提高加工质量，打造金字招牌。开展企业管理对标提升计划，推广“智慧车间”建设，提升现代化管理水平。将省局企业经营绩效考核办法逐条分解、明确责任，将平时考核与年终考核相结合，切实发挥考核“指挥棒”作用。扎实开展全省监狱企业高质量发展示范单位、精品车间创建活动，通过打造“龙头车间”，带动后进车间争先进位，形成你追我赶的“雁阵式”发展格局，提高企业整体竞争力。要加大市场开发力度。健全劳务加工订单管理体系，引进更多补链、延链、强链项目，积极加入产业联盟，形成“一体化”“集约化”产业共同体。要在优化客户结构上下功夫，紧紧抓住当前的重大机遇，全力入围公安部警服生产企业目录，提高一手订单、大额订单和高附加值订单比重，实现政策红利最大化。

3. 夯实安全生产基石。一以贯之压紧压实安全生产责任制，全面统筹发展与安全。要扎实开展安全生产隐患排查治理，加强用电、消防、燃气、防汛、危化品、机械操作等重点领域管理，第一时间进行蒸汽锅炉“气改电”施工，用变频电磁蒸汽发生器替代蒸汽锅炉，在打造本质安全企业的同时，注重实现提质增效、节能减排。强化安全教育培训，最大限度减少安全生产事故发生。完善消防控制中心软硬件设施，深化“智慧消防”平台应用，高质量抓好消防安全应急演练，在提升安全生产管理水平的同时展现优质发展成果。

（四）用好“理论创新”这一驱动，开启推进监狱工作现代化的新一轮“潍坊实践”“潍坊经验”

在70多年的奋斗历程中，一代代潍坊监狱人创造了“特殊学校”“双联百分考核”“三心三像”等引领全国监狱工作的潍坊经验，树立了一面敢为人先、求是创新的光荣旗帜。站在新起点，面对新形势，我们必须传承创新基因，深耕创业沃土，建好“山东监狱工作研究基地”，努力多出成果、快出成果、出好成果，用智慧和担当切实担负起推进监狱工作现代化的光荣使命。

1. 坚持创新引领。打破“看四邻”的思维定式和“前有车”的路径依赖，发挥好基层作为监狱工作的经验和智慧的源头作用，瞄准新犯收押、防控罪犯自杀、打击反管抗改、提高劳动改造质量、运用中华优秀传统文化促进罪犯改造等课题，积极探索，大胆创新，真正为监狱工作高质量发展出实招、解难题。

2. 营造良好氛围。充分发挥省监狱学会潍坊监狱委员会作用，进一步提高理论研讨会质量，定期开展对外交流、学术讲座、专业培训、骨干沙龙，总结提炼创新性做法，形成“在工作中研究、在研究中工作”的良好氛围。

3. 打造经验品牌。着眼所需所急，聚焦实用管用，积极构建“总结—提炼—固化—推广”的工作创新闭环，围绕监狱工作现代化新课题和法治监狱、和谐狱园建设新路径、刑罚执行工作新机制，总结推广一批原创性成果、示范性经验，努力打造“潍坊经验”升级版，以更高标准、更高质量推动各条战线、各个领域的工作。

（五）夯实“队伍建设”这一保障，着力锻造堪当时代重任的监狱铁军

1. 在打造人才高地上下功夫。建设过硬队伍、打造人才高地是我们推进监狱工作现代化的底气。要培养专业人才。加大法律、监狱管理、医疗卫生等专业人员招录力度，分类建立监狱专业人才库，充实壮大专业人才队伍。要选拔优秀人才。树牢基层导向，大力在监区一线和急难险重任务中锻炼、考察和选拔干部。健全完善优秀年轻干部常态化培养机制，优化人才梯队建设，为监狱事业发展提供坚实支撑。要合理用好人才。根据职责定位合理选人、择优用人，把合适的人才放到合适的岗位上。落实领导干部能上能下制度规定，优化年度考核、平时考核指标体系，树立“能者上、优者奖、庸者下、劣者汰”的导向。

2. 在提升素质能力上出实招。监狱工作是业务性很强的工作，必须不断

提升队伍素质能力和专业化水平。要坚持政治能力和业务能力“双提升”，依托“北辰书苑”，统筹各业务口制定“培训菜单”，常态化邀请专家教授作专题辅导，补足专业知识空白和实践经验盲区；分期分批组织“走出去”现场教学、观摩考察、交流研讨，增强适应新形势新任务的履职本领。要坚持线上和线下“双通道”，线上采取资源共享、互联互通的教育“云端”模式，实现在线学习全覆盖；线下依托潍坊市委党校分校、外出培训推动教育培训走深走实、取得实效。要坚持需求和要求“双结合”，常态化开展“岗位能手”评选，大力培养“政策通”“一口清”的行家里手。强化应急处突、规范执法等实战实训，实现业务强基、素质强警。综合采取以师带徒、技能比武等举措，整体推动青年警察的业务培养和职业成长。

3. 在严明纪律作风上见真章。常态化学习贯彻防止干预司法“三个规定”、《新时代政法干警“十个严禁”》等铁规禁令，积极培育廉政文化品牌，通过廉政教育使铁的纪律成为日常习惯。全面压实领导班子成员“一岗双责”和纪检监察部门监督执纪问责责任，发挥党支部书记第一责任人、纪检委员监督管理作用，全面构建纵向到底、横向到边、上下联动、左右协调的责任落实机制。

4. 在落实惠警利民上求实效。加强关心关爱。坚持把思想政治工作融在日常、化在经常，真正把工作做到警察职工心坎上。深化信息技术手段在值班备勤、罪犯管理、心理矫治等方面的应用，积极构建新型警务运行机制，实现向科技要警力、用科技保安全、以科技强管理，真正降低工作强度，减轻工作压力。突出典型引领。深化先进典型储备库的使用，将先进典型培育工作前移，积极宣传身边榜样，让每名敬业奉献、实绩突出的同志都有上镜出彩的机会。建立完善心理健康保障机制，落实好带薪休假制度，丰富文体生活，保障警察职工身心健康。推动职级晋升、等级评定常态化长效化，持续激发干事创业活力。要办好为民实事。加快实现警察职工养老保险与地方并轨，高质量办好老年大学，扎实做好老干部健康疗养、困难党员走访帮扶等工作。

四、监狱现代化建设发展方向

潍坊监狱始终坚持以习近平新时代中国特色社会主义思想为指导，深入学习宣传贯彻党的二十大精神，在厅局党委的正确领导下，树立高站位、高标准、高质量工作导向，注重前瞻性思考、全局性谋划，牢牢守住监狱发展安全底线，全面推进监狱工作现代化，监狱各项工作保持了争先进位的良好势头，开启了走在前列、再创辉煌的新征程。

（一）坚持政治引领、党建先行，监狱机关基层党建工作实现提档升级

1. 坚守政治高线，让党建“实”起来。健全综合性党建考评机制，制定《潍坊监狱基层党组织规范化建设考评细则》《基层党建工作督查制度》，确保党建有标准、考核有抓手；将党建纳入年度考核目标，年底支部书记向党委述职，党委对支部考评，真正把党建责任扛在肩上、抓在手上、落实到行动上。

2. 聚焦示范引领，让先锋“亮”起来。结合监狱工作实际，打造“清竹”党建品牌。创办党建杂志《奋进》、党建专网“潍狱红 E”，建成“清竹”党建工作室，不断扎深“清竹”党建品牌根系。启动“一支部一品牌”标识展示活动，39 个党支部全部建立起各自党支部品牌，进一步聚焦党建主题，推动党支部标准化建设梯级提升。

3. 夯实宣传根基，让阵地“活”起来。创建“潍娓道来”新媒体工作室，积极宣传身边榜样。组织拍摄了封闭执勤纪实片《22 天》、志愿军老战士专访《走近长津湖——致敬最可爱的人》、主题 MV《少年》《一试有成》、公益宣传片《为了每一个家庭的团圆》，集体研究创作了《三大纪律八项注意》（潍坊监狱版）、《新时代政法干警“十个严禁”》快板书、《从警三字经》，讲好潍坊监狱故事，展现警察队伍的时代正气、时代风采。

4. 实施暖警工程，让队伍“聚”起来。成立“乐道芬芳”女警家访工作室，建立“网格化”服务机制，安排 13 名女警与对口监区警察职工家属保持常态化电话联系，定期拨打暖心电话，及时了解其情况并力所能及帮助其解决

实际困难。常态化运行“有事您吱声·组织在倾听”民生热线平台，便于警察职工反映民生诉求。与潍坊百货大楼合作建成便民超市，建成膜结构停车棚、安装充电桩，为警察职工值班执勤提供便利。

（二）坚持安全为本，智慧保障，建设现代化安全防控体系

1. 加强硬件设施建设，巩固“物防”能力。按照现代化监狱要求，建设监狱大门、狱墙、周界电网和门禁设施，常态化开展监管设施的巡查维护，确保各项监管设施牢不可破，坚决筑牢监管安全的第一道防线；对罪犯监舍门进行智能化改造，加装磁力锁并安装门禁集中控制软件，实现一键锁闭、一键开启、单门控制和语音对讲功能；在劳动车间安装电子围栏，实现人员通过后自动报警，强化了对罪犯劳动车间的管控。

2. 依托智慧监狱建设，提升“技防”水平。潍坊监狱秉承科技强警理念，积极应用前沿技术，加快推进监狱信息化建设。一是在实现监控全面覆盖的基础上积极探索视频智能分析和人脸识别技术应用。在监狱周界、道路、车间和监舍大门等重点区域出入口加装智能抓拍摄像机，通过视频智能分析系统自动对罪犯进行人脸抓拍识别、自动跟踪聚焦和实时短信报警，确认罪犯身份并追踪罪犯行动路线。利用AI视频分析技术对罪犯夜间起身、超时逗留等行为进行分析研判和预警处置，通过科技手段，加强了对罪犯的违规行为管控。二是在罪犯监舍加装智能购物点名系统，依托人脸识别技术，在监舍内实现罪犯人脸自动点名及实时上传数据，在减轻警察工作负担的同时，提高了点名的效率和准确性。部署非法手机信号管控系统，实现罪犯活动区非法手机信号的有效屏蔽。

3. 加强应急处置联动，构建“联防”网络。潍坊监狱加强同驻狱武警的合作，做好和驻地公安机关的联系，常态化开展“三警”联席会议，定期开展三警联动应急演练，着力提升应急联动处置水平。监狱同驻狱武警加强对监狱大门和狱墙周界的管控，同驻地公安签订《反恐怖防范工作责任书》，将监狱纳入驻地反恐重点目标单位，监狱大门及周边监控接入驻地公安监控系统，进行重点监控；监狱指挥中心同驻狱武警作战指挥室建立一键报警，实现了突

发应急事件第一时间通知、第一时间处置。

4. 整合内外侦查资源，形成“超前防范”新格局。面对“案件总量逐步下降，犯罪手段更加残忍、策划更加周密、行动更加盲动”的狱内案件发展趋势，监狱树立“大狱侦”理念，充分整合监狱内外的各种资源和力量，构建全员参与、内外联动、层层参与、齐抓共管的狱侦新格局。作为潍坊市扫黑除恶专项斗争领导小组成员单位，发挥了扫黑除恶“第二战场”作用；与潍坊公安坚持禁毒联席会议制度，打好禁毒宣讲、防控结合、深挖打击“组合拳”，打造无毒狱园；加强与刑侦支队合作，打通伤情鉴定“绿色通道”。分批选派狱侦民警到刑侦部门跟班学习，迅速提升狱侦队伍的整体能力；积极探索与网安支队、情报大队的深度合作，在舆情管控、电子证据获取、情报搜集、案件办理等方面实现重大突破。进一步完善证据保全中心建设，依托大数据、智能化、全流程等手段，提升执法证据规范化、实用性、便捷性。充分发挥证据在刑事案件、涉访涉诉、警察保护等方面的决定性作用。

（三）坚持完善机制，提升效能，包组警察常态化办案预审机制取得实效

创新实施《包组警察常态化办案预审工作实施办法》，积极探索实践包组警察直接承办和案件预审新机制，将案件办理“化整为零”，实现压力下沉、责任前置、多重实质化审查把关，进一步织密执法链条，提升办案质量，该办法先后被省监狱局和司法部官网转发、推广。随着预审机制平稳高效运行，潍坊监狱办案质量进一步提高，办案程序更加科学合理，实现了办案主体、审核模式、审核理念“三个转变”，切实将监狱刑罚执行主责主业落到实处。

（四）坚持以人为本，践行改造宗旨，教育改造现代化水平实现新提升

潍坊监狱坚持社会主义监狱本质特色，积极践行改造宗旨，重视人的全面健康发展，综合运用各种教育资源和教育手段，以预防和减少犯罪为目的，努力把罪犯改造成为自食其力的守法公民。

1. 深化罪犯法律援助机制创新。潍坊监狱不断深化体制机制创新，设立“法律服务工作站”，建成“法律援助基地”，深化与潍坊市法律援助中心合作，每季度开展一次罪犯现场法律援助咨询活动。创新“一评一调一服务”，与鸢都英合律师事务所深度合作，构建“矛盾风险评估”“矛盾调解”与“法律服务”相结合的法律援助模式，积极帮助罪犯化解矛盾、解决纠纷、维护权益。

2. 创新防控罪犯打架斗殴长效机制。以建设和谐狱园为主线，全面学习推广《守纪律、防打架“三字经”》，坚持疏堵结合、打教并举、靶向发力、精准施治，固化分析原因、讲明危害，忏悔警示、打教结合，正面教育、以文化人，主动出击、超前防范等措施，积极探索建立防控罪犯打架斗殴长效机制并取得明显成效，全狱打架斗殴罪犯人数和违纪率大幅下降。

3. 深入推进高危罪犯精准教育转化工作。不断强化责任体系建设，加强业务能力建设和理论创新工作。坚持政策攻心、教育正心、修德塑心、帮教暖心“四心”联动，强化矛盾化解与法治教育、个别教育与集体教育、思想政治教育与重要节日教育、线上教育与线下教育、监狱资源与社会资源五个方面工作结合，成功转化一批高度危险罪犯，连续两年在省局组织的精准教育转化比赛中荣获佳绩。

（五）坚持安全健康，智能高效，现代化罪犯权益保障体系初步建立

聚焦“四无”目标，进一步规范生活卫生“六统一”动态管理，建立规范化生活卫生标准体系和工作考评体系，强化现代化监狱生活卫生建设，提升罪犯伙房、监狱医院、监舍内务规范化管理、疾病防治等工作的现代化水平。

1. 推进监地融合，构建现代化食品安全长效机制。坚持线上线下相结合，加强食品安全监地融合，通过“山餐安”App对食品原材料进行线上采购监督，通过源头严防，过程严管，风险严控，落实预防措施，建立食品安全追溯闭环。

2. 构建智能购物系统，打造狱内网上超市。建设智能超市购物系统，打造监狱内的网上购物平台，实现统一采购、集中分拣、精准配送的采、拣、

分、配“一站式”购物模式。

3. 实现远程医疗合作，助力医疗水平提升。充分利用社会优质医疗资源，根据不同医院的学科优势，与多所三甲医院签订医疗服务协议，建立多维度合作体系，实时开启远程视频会诊、现场诊治，打造紧密型医联体，构建互联互通、运转高效的远程会诊、分级就诊、双向就诊医疗救治体系，有效提高病犯治愈率，降低死亡率。

（六）坚持转型升级，精细管理，服务罪犯劳动改造

凸显罪犯劳动改造职能，健全企业管理制度体系，充分发挥定额管理和劳动报酬杠杆作用，以现代化企业管理促进罪犯树立正确的劳动观，培养适应回归社会需要的劳动技能。

1. 持续规范企业运行。严抓产品质量管控，完成 ISO 9001 质量管理体系认证，完善“生产线—监区—监狱”三级质检体系，打造企业发展核心优势。购置机针管家、全自动模板机、全自动下排绷缝机等先进设备 60 余台，着力提升装备专业化、自动化、智能化水平。制定《潍坊监狱低劳动能力罪犯劳动改造方案》，划定合适区域供低劳动能力罪犯从事流程相对简单独立的劳动项目，进一步挖掘罪犯劳动改造潜能。

2. 完善罪犯劳动考核制度。建立科学、严谨的罪犯劳动改造质量评价体系，开展多形式的劳动竞赛活动，培育劳动塑魂、自食其力的本领和能力。充分利用罪犯劳动报酬激励政策，丰富罪犯劳动报酬激励形式，把罪犯劳动改造成果与分级处遇措施直接挂钩，增强罪犯的获得感、成就感。

3. 完善罪犯劳动技能培训制度。加强罪犯日常劳动中的技能培训，提高罪犯的劳动素养，把技能培训与罪犯日常劳动相结合，做到“干什么，学什么，会什么”。积极争取人力资源和社会保障部门的支持，把罪犯职业技能培训作为再就业培训的组成部分，紧紧抓住罪犯求知学技的兴趣点，开展社会需要的新技能、新技术教育培训。

（七）坚持科技赋能，精准审批，打造“智慧财务”品牌

围绕监狱工作现代化主题，以服务监区一线为出发点和落脚点，提出建设“智慧财务”“智慧后勤”等工作目标，开展了多项富有成效的实践探索，取得了良好的应用效果。

1. 创新“网上报销”平台。拓展“智慧监狱”应用，建设网上报销系统，实现了从经费申请到付款、报销、挂账、差旅费审核、保证金退款、预借款等共计十大类全部财务流程的线上办理，报销全过程有迹可循且更透明，实现了用数据说话、用数据管理、用数据决策，有效提升了办公效率。

2. 提升档案数字资源规划管理水平。按照“存量数字化”工作要求，对存量纸质档案确定数字化时间进度，升级“电子凭证柜”，加强电子文件归档。大力推进“增量电子化”，健全电子文件归档、移交相关制度，强力推进在业务流程中嵌入电子文件归档要求，在业务系统中同步规划、同步实施电子文件归档功能，促进各类电子文件应归尽归、电子档案应收尽收。成功实现了财务档案 GB/T 147 – 1997 版的整体升级实施，增设条形码，凭证内容更加翔实，凭证查找更加智能，提升档案数字资源规划管理水平。

下一步工作中，潍坊监狱积极围绕国家治理体系和治理能力现代化发展方向，把维护监狱安全稳定放在贯彻落实总体国家安全观中来谋划，创新惩治和改造罪犯手段，完善治理体系，遵循中国式现代化实践要求，以思想观念现代化、工作体系现代化和素质能力现代化，加快构建系统完备、科学规范、运转高效的现代化监狱工作体系，履行好国家政法机关的职责使命，以新安全格局保障新发展格局，为监狱工作现代化贡献潍坊智慧、潍坊方案。

山东省泰安监狱推进现代化实践探索

党的二十大作出“以中国式现代化推进中华民族伟大复兴”的战略部署。作为国家机器的重要组成部分，监狱工作必须置于国家现代化总架构之下，主动适应国家和社会发展要求，准确定位、科学谋划、分步实施，深入推进新时代监狱工作现代化建设。找准监狱工作现代化的基点、重点和着力点，深入探讨监狱工作现代化的总体设想、目标规划、工作路径、推进方略，切实有力推进监狱工作现代化，对于促进监狱工作高质量发展、提升监狱治理体系和治理能力、确保监狱持续安全稳定、实现改造人的法定宗旨，具有十分重要的现实意义。山东省泰安监狱围绕“深入推进监狱工作现代化”主题，做了有益的实践和探索。

一、总体设想和目标规划

（一）总体设想

泰安监狱在深入调研的基础上，确立了推进监狱工作现代化的总体设想：坚持以习近平新时代中国特色社会主义思想为指导，深入贯彻习近平法治思想，围绕“抓党建、强基层、保安全、促发展”总要求，坚守安全底线，践行改造宗旨，以更大格局、更高站位、更强合力推动党建统领化、功能完备化、管理规范化、法治引领化、运行数字化、文化浸润化、创新常态化，努力在高质量党建带动监狱工作高质量发展上走在前，在现代化治理推动现代化监狱建设上走在前。

（二）目标规划

全面建设“党建统领化、功能完备化、管理规范化、法治引领化、运行数字化、文化浸润化、创新常态化”的“七化”监狱。

党建统领化：党建统领化是监狱工作现代化的根本保障。始终发挥党建把方向、管大局、促落实的统领作用，旗帜鲜明讲政治，不断提高政治判断力、政治领悟力、政治执行力，切实把忠诚拥护“两个确立”、坚定做到“两个维护”，体现到实际行动上，确保监狱工作现代化不偏向、不变通、不走样。

功能完备化：功能完备化是监狱工作现代化的重要标志。建设配套齐全、“以安全防范和罪犯教育为中心”的硬件设施。充分应用现代数字信息手段，全面建设安全防范、罪犯教育、生活卫生、劳动管理等规范化、现代化的基础设施，为更好地履行刑罚执行职能搭建平台。以良好的办公、培训设施，更大限度满足警察职工的物质文化生活需要，极大地激发警察职工的荣誉感、归属感和自信心。

管理规范化：管理规范化是监狱工作现代化的必然要求。建立明晰的部门和岗位职责，所有的事情有人管，所有的环节有流程，所有的管理有制度，所有的行为有约束。按照既定的规则和程序处理工作事务，做到每个部门该做什么事情明了如镜，每个人该做什么事情心中有数。任务目标、工作标准和完成程度相辅相成，形成体系，自我评价心知肚明，工作效果一目了然，考核评价机制科学严谨。

法治引领化：法治引领化是监狱工作现代化的价值取向。坚持把学习贯彻习近平法治思想作为根本方向，充分认识法治监狱建设的长期性、复杂性和艰巨性，推动依法治监向更大范围扩展、向关键领域挺进、向突出问题亮剑。树立法治思维意识、执法风险意识、问题导向意识、证据保全意识，提升法治能力，全面推进严格规范公正文明执法，不断拓展狱务公开形式和内容，主动接受法律监督和社会监督，增强执法透明度，让监狱执法在阳光下运行，以公开促公正，以“了解”促“理解”。

运行数字化：运行数字化是监狱工作现代化的显著特征。按照“实用、管用、常用”的指导原则，占据信息技术的制高点，将现代信息技术全方位融入监狱管理中，达到安全防范智能化、教育改造网络化、刑罚执行数字化、罪犯管理信息化、劳动管理流程化、行政办公自动化、数据信息集成化的水平，形成全员应用、资源共享的信息化运行格局。

文化浸润化：文化浸润化是监狱工作现代化的深厚支撑。培育并形成以先进文化为主导、独具特色的大文化格局，丰富形式多样的文化载体，凝练出主题鲜明、积极健康、符合实际的核心文化体系。积极倡导和培育爱岗敬业、遵规守制、以远制胜、责任担当、豁达乐观、文明友爱、尊重包容、感恩知足、勤奋好学、创新有为的浓厚氛围。通过广泛的传播和润物细无声的引导，使全员内化于心、外化于行，从而引领人的思维习惯，主导人的行动，形成一种良好的自觉。

创新常态化：创新常态化是监狱工作现代化的动力源泉。围绕“破解难题、解决问题，提高效率、提升质量，促进工作、推动发展”，积极倡导和鼓励管理创新，并使其在日常工作中成为惯性、养成习惯。管理创新根本在于用心、核心在于思考、关键在于善学、目标在于进步。创新无处不在，无时不有，全员具有较高的创新意识和创造能力，将创新渗透到工作各个层面，延伸至各个部门领域，不断增强发展的动力，激发干事创业的活力。

二、推进监狱工作现代化的实践探索

泰安监狱深刻认识到，监狱工作现代化是一项复杂的系统工程，必须锚定目标、严字当头、干字为本，在真抓实干中奋力推进监狱工作现代化。

（一）始终把“两个确立”作为最深刻的政治领悟、政治信念、政治自觉，奋力建设政治坚定的新型现代化监狱。一是高质量深化理论强警。将学习贯彻习近平新时代中国特色社会主义思想主题教育作为首要政治任务，统筹主题教育与年度重点工作开展，推行“党委中心组＋党支部＋青年理论学习小组＋党员”四级联动学习机制，持续开展政治学习“每周一晒”“每月一考”，开展主题教育青年联学活动和理论学习知识竞赛，通过“专班化”推进、“项目化”管理、“闭环式”督导和“责任制”考核，抓实抓细政治理论教育，有效提升全员理论素养，使讲政治真正从外部要求转化为内在主动。二是高标准强化组织建设。以强化党组织管理为抓手，建立党委督导机制，班子成员随机参加支部组织生活会和政治学习，现场指导69次，开展党内政治生活“每周一晒”共计930余次，支部建设重点从外延覆盖向质量提升转变。三是高水平推进从优待警。聚焦警察职工所思所盼，定期开展警察职工思想动态分析和走访慰问活动，建立实际困难常态化摸排机制和闭环管理机制，率先打造心理健康服务平台“清和小筑”，积极推进停车棚和汽车智能充电站建设，各项民生工程的用心实施，使监狱发展既有高度更有温度，让监狱工作现代化的群众基础愈加深厚。

（二）始终把防范化解重大风险作为基本考虑、底线目标、必然要求，奋力建设安全有序的新型现代化监狱。全面贯彻总体国家安全观，聚力防范化解风险，不断提高安全治理能力，不断筑牢安全防范体系，以高水平安全确保监狱长期稳定。一是聚焦制度建设抓规范。牢固树立强基导向，将基层基础建设作为维护监狱安全的有力抓手，制定《警察执勤一日行为规范》《狱内执勤闭环管理工作流程》，持续开展“平安竞赛”和“规范化提升竞赛”活动，印发“五重点”管理工作配档表，强化十项监管安全核心制度、犯情收集分析研判“四个一”工作措施落实；结合分监区建设，制定网格化管理实施意见，以“职责分工网格化、现场管理网格化、人员管控网格化、时间维度网格化”，推动工作责任压实在源头、风险隐患化解在基层，推动监狱安全管理水平持续提升。二是聚焦问题隐患促整改。扎实开展百日安全行动、影响监狱安全稳定问题隐患排查整治专项行动、“安全生产月”隐患清零行动，围绕设施设备运行、制度落实、现场管理、突发事件应对等方面，构建监区自查、监控督查、特警巡查、现场检查、联合排查“五位一体”的隐患排查模式，动态更新问题隐患和制度措施两个清单，坚持边检查边整改、以检查促整改，持续把安全稳定工作抓在日常、严在经常、管出长效。三是聚焦能力提升强队伍。坚持把建设高素质的现代化队伍作为监狱安全稳定的根本保障，按照面向实战、讲求实用、注重实效的原则，借助业务沙龙、“致远大讲堂”、驻地公安跟班等优势平台，广泛开展岗位练兵、技能比武、警务实战等常态化教育培训，常态化开展队列会操、正背点名、语音点名、“四知道”考核，切实提升警察实战能力和业务素养，警察维护监管安全、驾驭复杂局势能力显著提升。

（三）始终把习近平法治思想作为最重要的战略指引、根本遵循、行动指南，奋力建设执法严明的新型现代化监狱。坚守法治公平正义根本价值追求，不断完善监狱工作运行标准和执法规范。一是在刑罚执行规范化上出实招。定期组织法律知识培训，加快推进减刑、假释案件实质化审理、执法办案中心实体化运行，严格落实“五级研究审核”和“三级公示”执法办案机制，与市人民检察院、市中级人民法院持续深化联席会议制度，推进执法程序流程化、执法裁量标准化、执法行为精细化，以制度“理性”遏制权力“任性”，切实把权力关进制度“笼子”。二是在侦查业务实操化上下实功。强化证据保全意识，连续两年组织64名基层警察到公安机关跟班学习，聘请公安机关侦查专家授课，结合案例重点围绕证据保全提升侦查警察业务技能。严格“一案一卷”“一医一档”制作标准，依托证据保全中心，建立专档196卷，对狱内案件、罪犯死亡、自伤自残、意外伤害等重要执法证据，及时复制、拷贝，对被评估为高度危险及以上的罪犯谈话录音等相关资料全部收集归档，建立专档台账，由专人负责保管，做好执法全程留痕，防范执法风险。三是在生活卫生标准化上见实效。严格监管医疗和生活管理，开展罪犯慢性病日常排查和诊疗工作，规范“一卡通”运行，推行罪犯亲属汇款“白名单”制度，提升执法规范化水平，切实维护罪犯合法权益。

（四）始终把教育改造罪犯作为宗旨使命、中心任务、根本要求，奋力建设守护一方的新型现代化监狱。秉持“改造一名罪犯，挽救一个家庭、和谐一片社区、稳定一方百姓”的教育改造理念，深化“政府主导、部门联动、社会参与、家庭支持”的教育改造工作格局，努力向社会输送更多守法公民，服务平安山东、法治山东建设。一是着力提升思政教育系统化。组建思想政治教育讲师团，开展思想政治教育大讲堂公开课比赛，坚持“省局每月一讲、监狱每半月一讲”制度，完善精品课程库，打造思想政治教育大讲堂品牌；邀请泰山学院等高校教授和市关工委“五老”宣讲团来狱授课，丰富大讲堂内容，创新形式，拓宽载体，利用社会优质教育资源，实现思政教育与时代同频、与社会共振。二是着力提升个别教育精准化。按照“个性化矫正、精准化教育、科学化改造”的工作思路，深入开展高度风险罪犯精准教育转化工作，创建“启德”精准教育转化名师工作室，加强师资队伍和教材体系建设，实施挂牌攻坚等有效措施，深入开展罪犯精准教育转化能手竞赛，举办优秀成果发布会，将精准转化与个别教育、危机干预、行为养成、心理辅导等手段有机结合，发挥转化工作的最佳效能，5 项案例入选司法部案例库，1 项案例被司法部作为指导案例在全国推广；把个别教育作为推动精准教育的切入点，通过综合管理平台个别教育模块录入、智慧监狱智能谈话 App 推广应用和强力推动管教档案等“三招并举”，推动个别教育落地见效。三是着力提升文体活动常态化。注重因地制宜、因时制宜，积极开展广泛性、群体性、不同类型、不同形式的文体活动，春节、五一等节日常态化开展升国旗、唱国歌、宣誓言等活动，增强罪犯的仪式感；充分发挥各监区教育改造主阵地的作用，引导罪犯“读起来、唱起来、动起来、活起来”；举办“学习党的二十大　唱响美好新时代”合唱比赛，邀请省文化娱乐协会、省朗诵艺术家协会、济南歌舞剧院、济南千圣传媒公司来狱举办第二十一届育新文化节文艺汇演，丰富罪犯精神文化生活，打造健康向上、文明和谐、特色鲜明的狱园文化。近年来，监狱举办一区一品、文艺汇演、手工作品展等文体活动 30 余项，参与罪犯 20000 余人次，持续构建文化育人体系。四是着力提升帮教工作社会化。持续构建“监狱、社会”联动、“亲人、罪犯”互动的立体化帮教模式，持续完善监狱开放日、罪犯事实无人抚养未成年子女、法律援助“三大社会帮教平台”，拓宽亲情帮教渠道，加大社会帮教力度，不断夯实教育改造工作根基；制定加强亲情帮教工作指导意见，规范开展亲情帮教活动，为罪犯与亲属搭建“连心桥”，监狱与社会共铺“回归路”；成立罪犯“新蕾”忏悔演讲团，常态化组织警示教育；2023 年上半年为省委组织部、省委宣传部、省委政法委、泰安市政协、岱岳区政府等各类机关、社会机构团体开展警示教育 30 余次，参与人员 2000 人次，主动融入地方经济社会发展大局，形成“大墙内外资源共享、监狱社会双向互动”的工作格局。五是着力提升理论研究前沿化。坚持“在研究状态下工作，在工作状态下研究”，成功承办山东省监狱学会秘书长座谈会，2023 年两项课题被山东省监狱学会确定为优秀理论研究立项课题研究成果。完成《现代监狱》约稿和征文任务，多篇文稿被省局“教改信息”专栏、“山东监狱”微信公众号和《山东法制报》刊登，被省局确定为首批“山东监狱工作研究基地”，发挥理论对实践的指导和先导作用。

（五）始终把全面从严治党作为首要责任、紧迫任务、永恒课题，奋力建设队伍过硬的新型现代化监狱。持续正风肃纪、反腐强警，深化顽疾整治，规范履职用权，一体推进不敢腐、不能腐、不想腐取得更多制度性成果和更大治理成效，政治生态风清气正，监督保障执行、促进完善发展的实践不断深入。一是坚持从严治党与从严治警相结合，持续强化不敢腐的震慑。严格执行新时代政法干警“十个严禁”、防止干预司法“三个规定”，把顽瘴痼疾排查整治纳入民主生活会、组织生活会检视剖析内容，将执法监督延伸到罪犯“减假暂”案件办理、干部选拔任用、评先评优及表彰奖励等工作程序的监督中，将监督由事后监督向事前、事中监督扩展覆盖，扎实开展“捎买带”突出问题专项整治，紧盯刑罚执行重点执法领域和易反弹、常反复的与罪犯界限不清、警察身份意识不强、酒驾醉驾及交通事故频发等问题隐患，强化执纪问责力度，强化纪法协同、双线核查，综合运用监督执纪“四种形态”，注重早发现、早提醒、早预防，纪律作风建设不断向纵深推进，警察队伍红线意识、底线意识显著增强。二是坚持队伍建设和制度建设相结合，扎紧织密不能腐的“笼子”。注重建章立制，制定《关于加强监狱党委自身建设的意见》《关于进一步加强全面从严治党的意见》《履行全面从严治党主体责任清单》等制度，不折不扣地把全面从严治党要求落到实处；制定下发《泰安监狱关于进一步加强防止干预司法执法案件报送工作的通知》，完善中层领导干部廉政档案，制定《警察“八小时之外”行为规范》，借助视频倒查、钉钉定位、行程卡申报等信息化技术，实现警察“八小时之内”和“八小时之外”监督全覆盖；深化教育整顿“减假暂”案件排查整治成效，定期开展计分考核专项督导检查，做好罪犯调配相关规定的落实工作，构筑严密的制度体系。三是坚持普遍教育与专题教育相结合，不断增强不想腐的自觉。广泛开展法纪教育，把法纪教育纳入党委理论学习中心组和党支部“三会一课”、政治学习重要内容，综合运用谈心谈话、政策宣讲、约谈函询等多种手段，教育引导广大党员干部守纪律、明底线、知敬畏；制作下发新时代政法干警“十个严禁”提示牌、领导干部“廉洁自律提示卡”，进一步增强法纪意识，筑牢思想防线；定期开展专题教育，开展以廉政为主题的主题党日、讲廉政党课活动，增强党员干部的党性修养和廉洁从政意识；常态开展警示教育，做好监督执纪“后半篇文章”，深入开展现场警示教育和以案示警，加大典型案件通报力度，组织警察学习《全省监狱系统违法违纪案例汇编》，观看《血案警示录》《永不停歇的征程》《贪欲之祸》等警示教育片，编发《警钟长鸣》《廉政广角》，以案说法，用“身边事”教育“身边人”，筑牢拒腐防变的思想堤坝。

（六）始终把企业高质量发展作为衡量指标、战略支撑、重要保障，奋力建设持续发展的新型现代化监狱。把劳动改造作为罪犯改造的主战场，用劳动改造成绩衡量监区管理水平，聚力监狱企业高质量发展，充分发挥监狱企业在维护监狱安全稳定、促进罪犯改造方面的重要作用。一是以专业发展理念增创发展新优势。深入贯彻“一二五八”劳动改造工作思路，始终坚持“一区一品”专业化方向不动摇，持续深化“三三三二”产业布局，形成了以棉衣、羽绒服、压胶衣、拉链衫、工装夹克、鞋帮为主的产品结构，实现劳动项目精品化规模化发展，7 个车间被评为“山东省监狱企业高质量发展标准车间”、11 个车间全部通过省局“示范车间”验收。二是以设备更新换代积蓄发展新动能。先后投资 1500 余万元完成设备提档升级，在全省率先引进全自动模板机、激光开袋机、电脑充绒机、自动裁床等行业领先的高科技生产设备 3000 余台（套），装备具有国内领先水平的生产线 56 条，为推行“模板机 +”和“花样机 +”、实现设备带人、开展技术革新、提高生产效率、系统推进提档升级蓄势赋能。三是以产品提档升级打造发展新引擎。坚持把提档升级作为发展重要目标和重要依托，把做名牌高端产品、提高代工工艺复杂度作为提档升级的主要方面，始终加强理念引导，始终严控订单评审，始终加大高端市场开发，产品质量、订单种类、客户层次实现同步融合，企业发展的实力更强、活力更旺、韧性更足，监狱经济迈上更高质量、更有效率、更可持续、更为安全的发展之路，为监狱工作现代化提供了强有力的支撑。

三、监狱工作现代化的推进方向

习近平总书记作出“奋力推进政法工作现代化”的指示要求，明确了当前和今后一个时期政法工作的根本方向，为做好新时代监狱工作提供了根本遵循。下一步，泰安监狱将深刻把握“政法工作现代化”的基本内涵和实践要求，着力从三个方面推进监狱工作现代化：

（一）思想观念现代化。思想观念是行动的先导，是推进监狱工作现代化的内生动力。一是更加注重法治思维。坚持把习近平法治思想作为建设法治监狱的根本遵循和行动指南，善于用法治眼光审视发展问题，用法治方式规范发展路径，用法治手段破解发展难题，用法治思维推进监狱治理能力和治理体系现代化。二是更加注重开放思维。聚焦职能定位的转变、工作标准的转变，加强探索创新、加快先行先试，进一步强化对外沟通协作，深化狱地联动共建，借力借势外部资源，助力解决监狱自身发展不平衡、不充分的难点问题，积极打造展现泰安特色、走在全省前列的监狱工作品牌。三是更加注重系统思维。科学把握监狱工作与经济社会发展的内在联系，坚持以总体国家安全观谋划推进监狱工作，突出前瞻性思考、全局性谋划、整体性推进，积极推进监狱各方面工作与政法工作相互促进、协同配合。

（二）工作体系现代化。不断强化党对监狱工作的绝对领导，加快构建系统完备、科学规范、运行高效的监狱工作体系。一是着力构建分工明确、协同高效的职能运行体系。持续深化分监区建设和流程再造，进一步优化职能配备、机构设置，理顺上下职责关系，推动构建边界清晰、分工合理、权责一致、运行高效的运行机制，不断激发监狱职能运行监管新效能。二是着力构建权责清晰、保障有力的责任落实体系。深入推进网格化管理，划小管理单元，健全明责履责、督责考责、问责追责工作模式，建立完善清单式、台账式落实机制，积极打造权责统一、监督有力的责任落实体系，推动各项业务工作高标准推进、高效能完成，全面提升新时代监狱执法公信力。三是着力构建标本兼治、防患于未然的权力监督体系。持续深化监狱综合治理和顽瘴痼疾整治，紧盯关键少数、关键环节、关键岗位，不断强化政治监督、日常监督、法纪监督，健全权力运行监督制约机制，一体化推进“不敢腐、不能腐、不想腐”机制建设。

（三）素质能力现代化。推进监狱工作现代化不仅是战略性部署，也是专业性要求，必须着眼提升专业能力和专业精神。一是提升规范执法能力。坚持“在研究状态下工作，在工作状态下研究”，深入准确把握监狱工作的本质规律、阶段特征和专业需求，以提升监狱业务能力为基础，系统性加大年轻警察业务培训力度，着力解决好年轻警察“传帮带”问题，全面强化警察专业思维、专业素养、专业方法，全方位提升执法标准化规范化水平。二是提升应急处突能力。坚持把实战化要求、战斗力标准贯穿始终，健全完善监狱应急处突机制，注重提升警察执法执勤安全防范处置能力，细化执法执勤行为规范，深化岗位大练兵、技能大比武活动，强化警察实战实训、应急演练，有计划地安排警察到艰苦岗位磨砺锻炼，不断提高应对复杂情况、驾驭复杂局势的能力，确保紧急情况能够快速反应、有效处突。三是提升风险防范能力。充分估计风险，全力“托底”，用大概率思维应对小概率事件，既要高度警惕“黑天鹅”事件，又要注意防范“灰犀牛”事件，积极创新狱情犯情分析模式，构建狱情信息全收集、犯情动态全掌握的风险防范机制，切实增强危险性评估的精准性实效性，努力做到既有防范风险的先手，又有应对和化解风险挑战的高招，为监狱工作现代化构筑长治久安的良好环境。

山东省临沂监狱推进现代化实践探索

山东省临沂监狱地处有“两战圣地、红色沂蒙”之誉的鲁东南腹地。在省委省政府、司法部和省厅省局的坚强领导下，坚持以习近平新时代中国特色社会主义思想为指导，深入贯彻落实总体国家安全观，在山东监狱工作现代化的进程中“走在前、开新局”，围绕“安全稳定发展”工作主线，全力以赴抓党建、强基层、保安全、促发展，监狱工作现代化发展驶入“快车道”，先后被山东省委政法委、省人力资源和社会保障厅评为“山东省人民满意政法单位”，被司法部命名为“智慧监狱”、选树为全国首批“清廉监狱”，被人社部、司法部授予“全国司法行政系统先进集体”，2021 年和 2022 年连续被山东省监狱管理局评为全省“最规范监狱”和“全省监狱工作先进单位”，各项工作继续走在了前列，成功交出了推动监狱工作现代化发展的“临沂答卷”。

一、依法治监现代化

习近平总书记对政法工作作出重要指示强调，坚持改革创新发扬奋斗精神，奋力推进政法工作现代化。监狱工作现代化是政法工作现代化的重要组成部分。法治是治国理政的基本方式，是国家治理体系和治理能力的重要依托。监狱机关是政治机关、法治部门，监狱人民警察是纪律部队，在全面依法治国中承担重要职责任务，因此，监狱工作现代化的核心是依法治监现代化，主要包括治理模式法治化和治理体系效能化。

（一）治理模式法治化。改造罪犯工作现代化的要义是法治，其价值追求是“良法善治”，要求法治精神在治理模式上的贯彻执行。临沂监狱通过强兵立警、精准办案、执法为民三个层面践行法治精神。

1. 推进执勤规范化建设，开启日常勤务新模式。制定《临沂监狱监区干警一日执勤指导规范》，规定监区正常工作日执勤实行主班、副班、休息模式，理顺执勤运转流程；监区执勤警察要做到清晰工作岗位、清晰工作时段、清晰岗位职责、清晰失职问责，明确岗位职责匹配；细化警容风纪、岗位职责、执勤规范、突发事件处置、就餐管理等日常勤务核心模块，实行“模板化”“标准化”作业，强化精细精益管理，以此推进警察执勤规范化建设，进一步优化警力，提高勤务管理工作效能，实现警力资源优化组合。

2. 推行“背靠背”审查制度，开启案件规范办理新模式。建立包组警察和监区专职刑罚执行警察同时摸底的“双排查”工作机制，提升摸底排查精准性，以“背靠背”摸底排查规范办案流程；建立减刑、假释案件监区交叉互审机制，各监区提报的减刑、假释案件材料，全部汇集到刑罚执行办案中心，不同监区开展交叉互审，以“背靠背”交叉互审提升办理质量；案件材料经交叉互审后，由业务部门分别审查核实罪犯考核计分、违规违纪、狱内消费、劳动报酬等情况，汇总至刑罚执行部门进行“实质审查”，并建立重大、疑难案件集体会商制度，以“背靠背”科室审核消除案件风险，以此聚焦减刑、假释案件办理关键环节，推动实现案件办理由“形式审查”向“实质审查”转变，全面提升案件办理规范化、精准化水平。

3. 推动监狱与社会互联互通机制，开启监狱深度参与社会分工新模式。一是鼓励警察发挥专业特长和监狱资源优势参加狱外法治宣传活动，加强警民共建，为推动全面依法治国和平安中国建设积极贡献力量。二是利用监狱属性，通过组织参观罪犯改造场所、播放警示教育片、罪犯忏悔演讲等形式，开展警示教育活动，推动社会法治建设。三是邀请社会人士、团体及罪犯亲属参加开放日活动，利用社会力量参与罪犯改造工作，讲述监狱故事，传递监狱声音，树立依法治监、执法为民的良好形象，打造具有山东特色的监狱开放日品牌，为监狱工作高质量发展提供良好舆论氛围。

（二）治理体系效能化。系统性是改造罪犯现代化运行机制建设的现代性思维方式。治理体系现代化追求系统思维，强化整体功能与综合效应，做到宏观控制引导，战略规划设计，全面融入现代化元素。

1. 优化能力建设体系，搭建学习业务、思考业务、创新业务多维平台。一是开设“颜羲学堂”，倡导研习风尚。坚持正学风、务实功、求实效、提档次，鼓励优秀人才走上讲台、分享知识，助力人才培养，推动学习研究、争先进位蔚然成风，为全狱整体工作“走在前、开新局”提供重要保障。二是创立“闻道·传习·笃行”论坛，倡导学思践悟。坚持围绕监狱工作中心抓研究，坚持问题导向抓研究，坚持服务决策抓研究，紧紧围绕监狱工作会议提出的工作重点，划分三个大类、62 项重点课题，全面提高监狱理论研讨和调查研究能力水平，推进监狱工作现代化研究，推进法治监狱建设研究，推进后疫情时代监狱高质量发展研究。三是开展“菁英创梦·智启未来”创新活动，倡导创新引领。引导广大警察职工关注监狱各项工作细节，从小事和细节着眼入手，全方位积极开展工作创新，围绕理念思维“拆墙”、党建工作“创牌”、基层基础“固本”、企业发展“保增”、文化传承“育美”、队伍管理“精细”六大方面积极开展自主创新，持续挖掘释放创新潜能，为监狱发展注入源源不断的创新动力。

2. 优化管理运行体系，打造三个智慧体系。一是围绕罪犯生活需求打造智慧监舍体系。在罪犯监舍内安装监舍一体机终端，集成罪犯日常生活管理的多项功能。一方面，警察能够在监区分控中心通过视频监控功能查看罪犯监舍和活动区域的情况，通过监听功能监听罪犯日常交谈内容，通过语音对讲功能与监舍内罪犯进行双向对讲，通过广播功能对全监区或部分监舍进行广播喊话，通过电子巡更功能查看值岗人员巡查记录情况，通过人脸点名功能实现罪犯在监舍内按时点名，通过远程教育功能实现对罪犯进行视频教育，通过管教约谈功能实现对罪犯的谈话教育；另一方面，罪犯能够通过购物功能购买各自所需的日用品，通过一键报警功能主动向分控中心呼叫报警，通过心情选择功能向警察提交自己的心理情况以便警察及时进行心理辅导，通过亲情会见功能与亲属进行电话、视频通信；通过资金管理功能掌握自己劳动收入和生活支出情况，通过个人物品管理功能查询个人被服等物品领用情况，通过狱务公开功能查询监狱通知通告、个人计分考核、行政奖惩等内容。二是围绕罪犯生产需求打造智慧工厂体系。根据罪犯劳动内容建设各类智能生产系统，根据罪犯劳动结果建设劳动绩效考核系统，对罪犯劳动工具进行智能化管控，对高危作业采用智能化技术代替人力劳动，对生产设备的管理，实现从采购到报废的全过程信息化管控。三是围绕监管安全防范需求打造智慧技防体系。融合智能化监控系统，在传统监控全覆盖的基础上实现行为检测、人脸识别等智能化功能；融合周界安防系统，实现周界红外、雷达、微波、监控、高压电网等设备的智能化管理；融合视频对讲系统，实现上到司法部、监狱局，下到监区监控室、罪犯监舍上下贯通的多级视频对讲体系；融合外出押解系统，实现对外出车辆、人员、戒具全过程视频监控和轨迹查询；融合监狱出入管控系统，实现对进出监狱人员全流程管理，确保进出人员准确无误。

3. 以指挥中心为监狱安全管理的枢纽，建立点对点、扁平化、可视化指挥调度体系。一是坚持统一指挥、平战结合、信息先导、联勤联动，以实战实用为导向，以建章立制为保障，进一步规范组织架构，明确职能定位，健全运行机制，强化联勤联动，构建反应灵敏、管控有力、合成高效的监狱实战化指挥体系。二是区分突发 10 类警情，编制 8 个演练脚本，实现突发应急处置和驻地武警、公安等部门的协作联动，维护监狱安全稳定。以发挥特警队、特战队在监狱安全警戒、应急处置和防暴处突中的特殊作用为目标，建立特警特战建设体系。三是突出装备精良、训练有素、反应迅速、处置有力的原则，明确组织架构，聚焦职能职责，理顺执勤、训练、考核流程，形成“狼牙”特战品牌，为维护监狱安全稳定，推进监狱工作现代化建设提供队伍保障。

4. 优化执法监督体系，形成全覆盖、全流程、全要素多元协同监督。一是以警务督察为重要抓手，实现执法监督全覆盖。围绕执法执纪督察、警容风纪督察、监管安全督察、生产安全督察四类 36 项业务进行督察，并定期下发警务督察通报，督促相关单位进行整改，切实保障监狱人民警察公正、廉洁、文明执法，提高执法能力和水平。二是以指挥中心网上巡查为重要抓手，完善执法监督全流程。依托智慧监狱平台，指挥中心设专人负责 24 小时滚动巡查各单位的执法情况，突出把握值班警力到岗情况检查、警察现场巡查检查、出车前半小时工间点名检查、罪犯行为规范落实检查和收工半小时巡查检查等重点环节、重点时段、重点区域，并依托警务督察通报平台下发专项通报和横向对比通报，切实提升监狱执法细节管理监督水平。三是以教育引导为重要抓手，构建执法监督全要素。依托局域网纪检审计板块，开设专栏，夯实网络教育阵地；政工纪检部门结合监狱主要工作，对发现的苗头性问题及时进行约谈，对社会来访来信进行及时回复处理，形成"红脸出汗""咬耳扯袖""治未病"的新格局，确保执法工作在正确轨道上稳步前行。

二、改造罪犯现代化

监狱工作现代化的主业是实现改造罪犯现代化，主要包括监管改造矩阵化、教育改造精准化和劳动改造赋能化。

（一）监管改造矩阵化

改造罪犯现代化的基础是监管安全。监管改造的核心是规范化、精细化、标准化。临沂监狱推行全链条矩阵管理，对现有的监管改造业务、流程和机制进行优化升级。

1. 健全模板化管理体系。坚持宏观覆盖与微观精研相结合，重点业务提档和重点人员管控相协同，实现点面结合，统筹兼顾。一是宏观管理模板，实现纲举目张。制定《临沂监狱罪犯改造一日规范》，刻画罪犯一日行为模板；对生活现场、生产现场和教育现场进行相应模板归类，实现行为规范管理"建模"全覆盖。制定《临沂监狱关于开展监舍内务、罪犯食堂、监狱医院常态化分级管理的工作方案》，按照省局标准，对罪犯监舍、食堂和医院进行分类、分级管理，形成执行标准模板，实现生活规范管理"建模"全覆盖。二是重点业务模板，实现精研精进。制定《罪犯互监互联组及联号管理办法（试行）》《临沂监狱罪犯板块移动管理规定》，实行以班组和监舍为单元、"口令化"板块移动，确保不交叉、不脱管。制定《临沂监狱罪犯矛盾调解工作实施方案（试行）》，按照"调解走在激化前，管理贯穿全过程"的要求，贯彻聚焦调处抓防范、聚焦管理抓防范、聚焦教育抓防范三个重点，着力构建防范机制，确保各种潜在的事故隐患消灭在萌芽状态。三是特岗治理模板，实现有效掌控。制定《临沂监狱特定岗位罪犯选配管理实施方案》，厘清特定岗位罪犯岗位设置和职责，取消罪犯积委会，防止“灯下黑”。制定《临沂监狱罪犯监督岗管理办法》，实行“坐岗看监控，两巡相对巡”、瞪眼岗“手指口述”，结合“下铺先起床、上铺先就寝、上下床保护”等措施，有效提升了值岗效果。

2. 推进精细化制度落实。坚持源头治理和过程管控相结合，细节梳理和持续优化相结合，实现管理精细、业务精进。一是多载体阐释制度内容，实现认知清晰。录制《罪犯联组联号暨板块移动管理规范示范片》《罪犯监督岗“一坐两巡”管理规范》《临沂监狱监舍板块移动及内务管理标准》等 10 余部规范片，组织常态化学习、考核，确保犯群快速、全面、有效掌握。二是全流程把控细节落实，实现闭环管理。依托时间节点，明确阶段管理重点；通过管教例会、监狱及监区动员会、考核通报、视频截图等多种形式，层层传导压力，烘托制度执行氛围；通过现场检查、截图对比、随时抽查落实情况多种形式，比拼细节管控情况，确保阶梯推进，有条不紊。三是督查式查纠缺点漏洞，实现持续提升。组织业务科室和相关人员每日进行视频截图巡查通报，定期进行警务督察通报，确认缺点、漏洞和盲区，在此基础上组织专项巡查、专项通报，发布季度督察、巡查问题分析报告，梳理共性问题，查找原因，确保执监结合，同频发力。

3. 规范高效化运行路径。坚持警察直接管理和考核激励相结合、正向引领和高压震慑相对比，实现管理规范、运行高效。一是规范警察直接管理，实现无缝衔接。制定《临沂监狱监区干警一日执勤指导规范》，与《临沂监狱罪犯改造一日规范》形成上下关联，确保双向覆盖，协同发力。下发《关于印发〈监管安全风险防范化解“三个清单”〉的通知》，梳理任务清单、隐患清单和责任清单，制定监区执勤警察一日工作清单，明确日常工作、业务工作和创新性工作的时间、比重安排，确保统筹管理，优化组合。二是规范差异激励措施，实现正向引领。结合《山东监狱计分考核罪犯工作细则》制定《临沂监狱罪犯计分考核加分标准》，对加分事由进行规范化、具体化，慎用兜底条款，减少自由裁量空间，在此基础上制定《临沂监狱罪犯规范达标活动实施方案》，对无违规违纪的罪犯实行月度累进加分，增加考核分的激励价值，提升罪犯规矩意识和落实监管改造的自觉性。制定《临沂监狱罪犯分级处遇办法（试行）》，严格执行四级升降标准和对应处遇，结合劳动报酬发放和AB卡消费隔离，充分提升分级管理效能。制定《临沂监狱亲情电话管理规定》，下发《关于进一步规范罪犯亲情电话、视频会见管理的通知》，加强考核，公示监区月度亲情电话和视频会见情况，确保“应打尽打”，充分发挥亲情电话和视频会见对改造状态的拉升作用。三是规范典型案件治理，实现高压震慑。制定《罪犯严重违规违纪前期处置暂行规定》，明确押解“十六字原则”、处置流程规范、协同配合分工和证据保全事项，提升前期处置震慑效果。对实行高戒备管理的罪犯按等级进行集中教育，在出收工等时间节点进行警示训练，组织集中教育期间表现合格的罪犯忏悔演讲，不合格的罪犯进行延期或者升级管理，提升高戒备管理震慑效果。制定《山东省临沂监狱执法证据保全工作实施细则（试行）》，对每起严重违规违纪案件建立“一案一卷”，确保证据链条完整，事实清楚，处罚有理有据，提升规范办案震慑效果。

（二）教育改造精准化

教育改造始终是罪犯改造的重要手段，教育改造的核心是精准化，临沂监狱充分发挥教育改造的攻心治本作用，将罪犯改造为有知识、能守法的公民。

1. 创新推行高度风险精准教育转化“两精两全一落实”工作法。在总结四分析（阅档分析、谈话分析、行为分析、教育转化分析）工作法、“两精准一暖心”（精准教育、精准转化、暖心工程）工作法的基础上，创新推行高度风险罪犯教育转化“两精两全一落实”工作法，即“精准危险评估、精准教育转化”“全覆盖、全过程”“落实教育转化措施”。总结精准教育转化中具有典型性、代表性、可借鉴性、可迁移性，可复制、可推广的成功经验。对高度危险罪犯实行靶向矫治，化解监管安全风险、促进监狱持续安全、本质安全、整体安全。一是评估阶段，建立四员九要素评估制度，精准评估，确保全覆盖。打破传统危险性评估的模式，通过组建综合评估观察员、监管改造评估员、教育改造评估员和生产改造评估员构成的评估团队，根据日常改造行为表现、内部因素和外部因素三类九要素进行月度评估，突出对监管改造、教育改造和劳动改造方面现实表现的把握，及时捕捉“异常表现”，覆盖全员，不留死角，通过评估梳理出一个阶段内产生思想波动和行为变化的人员，形成《四员九要素评估报告》，确保监区对不稳定人员的“早发现、早关注、早治疗”。二是定策阶段，对罪犯实行分类定策，精准转化，实现全过程评估。对评估出的高度风险罪犯进行“个案化”要因分析及风险源识别，根据风险形成的要因匹配思想教育、行为矫正、心理矫治和精神治疗的手段，制定《分类定策转化指导书》，遵循 SMART 原则制定短期目标和长期规划，把教育转化工作贯穿转化对象的整个服刑改造生涯，致力于监狱工作宗旨和教育改造工作的本质属性，实现精准转化的“阶梯式”上升。三是措施落实阶段，架构“一领多协”的落实体系，形成措施落实。在教育转化过程中，将执行措施和警察特长进行匹配，主责领导指挥调度、分工，撰写《改造日志》，业务警察按照分工负责落实，形成《教育转化大事记》，建立高度风险罪犯的“一人一档”，实现在执行教育转化过程中的全程留痕，便于总结复盘、效果对比和证据保全，减少因警察业务调动、罪犯分流等客观因素产生的业务脱节，实现高度风险罪犯教育转化的“病案式”管理闭环。

2. 淬炼沂蒙红色文化育人品牌，完善沂蒙红色文化教育新模式。近年来，临沂监狱根植“沂蒙精神”的地域土壤，实施沂蒙红色文化育人工程，因地制宜打造以沂蒙红色文化为核心的教育改造体系，深化沂蒙红色文化在教化罪犯中的重要作用，积极探索文化改造新路径，不断巩固发展文化育人影响，进一步提升教育改造质量和水平。一是实施红色狱园建设工程，优化罪犯教育改造环境。按照“移植红色经典、再现红色人物、展示红色故事、体现红色精神、打造红色环境”的思路，大力实施红色狱园建设工程，建成山东省监狱系统首家含有“沂蒙红色文化展室”、“沂蒙红色文化广场”和“沂蒙精神主题雕塑”在内的罪犯“红色文化教育”基地。二是组织编辑制作《沂蒙红色文化教育》系列读本和《红色文化大讲堂》等系列电视片；举办各种类型的沂蒙红色歌曲合唱音乐会，以喜闻乐见的载体阐释沂蒙红色文化。三是实施红色活动教育工程，深化教育改造效果。办好育新文化节，举办韵律操、红歌赛、红色经典诵读会等活动，推动沂蒙红色文化在载体上向后、向前、向外延伸，不断深化沂蒙红色文化教育效果。

3. 建立社会帮教多元协同机制。临沂监狱致力于同社会多方共建共治共享，推动监狱治理社会化，实现资源互补、共同发展、合作多赢。一是与科研院校合作，形成优势互补。与临沂大学签署战略合作协议，在普法宣传、心理矫治、警示教育、信息化、科学研究等领域开展广泛合作的基础上研究协商确定了20个合作意向项目，加快实现资源共享、优势互补、合作共赢，共同推动高质量发展。二是联合社会团体、个人，建立帮教关系。与本地多家心理辅导机构合作，组织警察学习心理学知识技法，邀请辅导机构派遣多批次心理咨询专家，来狱进行一对一心理辅导。聘请高校教授、沂蒙红色文化研究专家、新时代沂蒙红嫂、道德学会研究专家等，来狱开展帮教。邀请残疾人艺术团演员来狱演出，以精彩的演出激励罪犯励志自新、自强。三是组织亲情帮教，激发改造动力。每年分批次组织罪犯家属来狱亲情帮教，以亲情的力量激发他们的改造动力。

（三）劳动改造赋能化

劳动改造是中国监狱发展的特色，在不同的历史阶段均发挥了重要作用。

1. 建立职业技能流程化培训体系。一是着力加强罪犯职业技能教育，积极畅通职业技能实训、监社联合办学、罪犯自我激励、社会考核鉴定等渠道，提高罪犯职业技能水平和刑释就业能力。根据实际设置培训项目，初步形成了以缝纫、塑编、厨师、电工等为基础的培训体系。二是主动争取社会培训机构支持，聘请技工院校专家教师，规划罪犯技能教育计划，设置教学课程，定期巡视督学，并发挥罪犯技术骨干教员作用，形成完善的职业技能教育网络体系。三是加强与临沂市人力资源和社会保障部门的合作，将罪犯职业技能培训和鉴定工作纳入全市总体规划，共同组织罪犯职业技能鉴定工作，参加社会统一考试，颁发国家认可的职业资格证书。截至2023年已组织罪犯连续多年参加临沂市“劳动之星”职业技能竞赛活动，累计7200余名罪犯获得国家职业资格证书，36名罪犯获得临沂市“劳动之星”称号。

2. 建立劳动改造激励机制。针对部分运用传统激励措施较难调动其改造积极性的罪犯，制定了《临沂监狱罪犯劳动报酬管理实施细则》，运用劳动报酬的激励作用，探索实行罪犯劳动报酬差异化改革。严格执行“日考核、月核算、月发放”制度。用物品奖励的方式激发劳动改造活力，成为减刑假释、计分考核以及分级处遇三大激励手段之外的第四大激励措施，在罪犯管理中发挥着重要作用。同时，劳动报酬制度的实行既解决了个别罪犯所面临的执行财产刑困境，也缓解了劳动改造中遇到的新型矛盾，顺应了现代化法治监狱建设的要求。

3. 拓展劳动改造价值实现渠道。劳动改造价值的实现，在罪犯自我激励、回馈家人、奉献社会三个方面实现新突破。如选取母亲节、父亲节、开学日、春节四个重大时间节点，以家庭回归为主题，开展节日“罪犯选取礼品，监狱快递到家”活动，提升罪犯与家人的亲情联系。一方面，罪犯能够实实在在地享受到劳动成果，体验到一分耕耘一分收获的成就感，激发罪犯劳动改造的内在动力。另一方面，罪犯考工定级更加积极。鼓励罪犯参加职业技能培训和技术岗位竞聘，有助于培养罪犯劳动技能，将来更好地适应社会，促使其成为一名合格的劳动者。

三、企业管理现代化

监狱企业发展离不开现代管理科学，同时监狱企业又不同于社会企业，既担负着国有资产保值增值的任务，还要聚焦监狱企业为罪犯劳动改造提供保障服务的职能定位。临沂监狱坚持以改造罪犯为中心，充分发挥劳动改造惩戒、矫正和教育功能，聚焦监狱企业为罪犯劳动改造提供保障服务的职能定位，立足服装和塑编两个产业，构建“33331”产业发展集群，不断提升劳动改造管理的能力水平，全力推动监狱工作高质量发展。

（一）管理思想务实化。以高质量发展为目标，树牢大局意识和“一盘棋”思想，充分认识劳动改造在惩罚罪犯、维护稳定、矫正行为、培训技能和创造价值等方面的功能作用。建成3个标志服车间、3个棉衣车间、3个针织车间、3个塑编车间、1个仓储物流，为罪犯劳动改造打牢基础。

（二）安全管理标准化。以底线安全为前提，建立持续安全的保障体系。狠抓安全生产，建成中心泵房、中心控制室，安装应用火灾自动报警、自动喷淋灭火、应急照明、智能疏散逃生引导、智能烟感报警等系统，研发配备安全巡防专用车，建设微型消防站，组建义务消防队，与消防部门开展联合演练。

（三）产业运行集团化。以服务改造罪犯为中心，建立上下贯通的产业体系。在塑编、标志服、棉服、针织四个业务板块分别成立质量技术专班、生产调度专班、订单管理专班，建立订单评审例会制度，由专班负责人组织开展相关业务，提升专业化程度。

四、监狱工作现代化展望

以高质量发展为牵引，加快推进全省监狱工作现代化。临沂监狱锚定目标、整体构建，以“最规范监狱”提升年为抓手，牢牢把握监狱工作现代化主动权，不断优化监狱工作现代化新路径，以高质量发展推进监狱工作现代化走深走实。

（一）聚焦聚力突出高质量党建引领。党的建设是抓好各项工作的根本，推进监狱工作现代化，必须把“抓党建”作为首要责任，以高质量党建引领现代化。加强政治建设，牢牢把握监狱机关是政治机关、政法机关、刑罚执行机关的鲜明政治属性，始终把旗帜鲜明讲政治作为第一要求、把矢志不渝讲忠诚作为第一标准。强化政治担当，牢固树立“抓好党建是本职、不抓党建是失职、抓不好党建是不称职”的理念，把党建工作摆在更加重要的位置抓实抓好。严守政治规矩，坚持在重大问题和关键环节上坚定清醒、心明眼亮，切实扛好、扛牢管党治警政治责任，加强队伍日常管理监督，把严的基调、严的措施、严的氛围长期坚持下去，在从严正风肃纪上紧抓不放，筑牢拒腐防变思想防线。

（二）聚焦聚力抓实高效能安全治理。安全是监狱工作的基石，确保监狱持续安全稳定是我们必须坚决扛牢的重大政治责任，也是不容有失的重大政治任务，推进监狱工作现代化，必须树牢安全意识，切实以新安全格局保障现代化。严格规范执法，积极适应现代行刑趋势，以提高精准化办案水平为目标，依法依规办好每一起“减假暂”案件，确保刑罚执行始终在法治轨道上运行。依法保障罪犯合法权益，规范罪犯服刑全周期全链条管理，深化实施“两精两全一落实”工作法，提升罪犯精准教育转化效果，切实守好维护司法公正的最后一道防线，为推进监狱工作现代化提供坚强法治保障。

（三）聚焦聚力推动高标准改革发展。高质量发展是监狱事业发展的首要任务，是推进监狱工作现代化必须坚持的路径方法。高标准改革发展，就是要对“低标准、过得去”的态度说不，以“走在前、开新局”的境界标准，大力推动监狱工作向系统集成、协同高效推进，以高标准改革发展支撑现代化。高水平建设智慧监狱，聚焦监狱智能化、数字化、集约化建设目标，深化巩固智慧监狱建设成果，加大人工智能、大数据在监狱管理和执法工作中的应用，不断提升科技安防能力，真正做到“让数据多跑路、让警察少跑腿”。高质量发展监狱企业，监狱企业是刑罚执行和罪犯改造的主要载体，要把劳动改造作为维护监狱安全稳定和提高改造质量的重要手段，进一步强化劳动改造的法定地位，做到劳动改造与教育改造、监管改造相辅相成、相得益彰，立足“33331”产业发展布局，凸显人员规模效应，提升企业发展质效，为监狱工作高质量发展厚植优势。要高站位打造规范监狱，以连续两年获评全省“最规范监狱”为契机，系统梳理当前在制度落实、执法规范、现场管理、警务礼仪等方面存在的短板弱项，持续开展创新项目攻关，跳出“大墙思维”，在更高的参照系中确定发展坐标和目标定位，在思想观念、工作体系、素质能力等方面综合施策、全面发力，努力实现更好质量、更高效益、更快速度的发展，以高标准智慧化、高水平规范化推动监狱工作现代化。

（四）聚焦聚力打造高素质班子队伍。坚持建设德才兼备的高素质法治工作队伍，建设高素质队伍是实现高质量发展的关键，贯彻新时代好干部标准，坚持从严治警与从优待警相结合，打造一支忠诚干净担当的一流过硬铁军，以高素质班子队伍助力现代化。增强从严管党治警定力，严格落实从严管党主体责任，加强警察职工“八小时以外”监督管理，严格落实政法干警“十个严禁”，教育引导全体警察职工知敬畏、明戒惧、守底线。提升班子队伍素质能力，始终把能力建设放在队伍建设的突出位置，围绕打造“四铁”（铁一般的理想信念、铁一般的责任担当、铁一般的过硬本领、铁一般的纪律作风）、“四化”（革命化、年轻化、知识化、专业化）队伍，深入推进警察素质能力提升工程和青年理论学习提升工程，常态化开展各类教育培训等活动，全面提升队伍综合能力。

山东省鲁南监狱推进现代化实践探索

监狱工作现代化是一个长期的、循序渐进的、螺旋式上升的过程，必须是符合监狱实际、引领监狱发展、与时代同步的现代化。山东省鲁南监狱坚持稳中求进总基调，全面贯彻新发展理念，统筹谋划工作思路，强化思想观念、工作体系、素质能力建设，以高质量发展推进监狱工作现代化。

一、总体思路

坚持以党的二十大精神为指引，认真学习贯彻习近平新时代中国特色社会主义思想，认真贯彻“惩罚与改造相结合，以改造人为宗旨”的监狱工作方针，坚持党对监狱工作的绝对领导，秉承“忠诚、担当、守正、创新”核心理念，瞄准高质量建设“新时代全国一流的现代化监狱”总目标，以“抓党建、强基层、保安全、促发展”为总思路，以“持续安全、高质量发展、能力提升、创新争优”为抓手，统筹发展和安全两大主题，全面加强党的领导和政治建设，不断深化监狱工作改革创新，着力强化安全治理体系建设，强力推进公正规范执法，全面提升罪犯改造质量，预防和减少重新犯罪。

坚持在守正创新中对标省司法厅、省监狱管理局决策部署，全面推进“平安鲁南”“法治鲁南”“清廉鲁南”“智慧鲁南”建设，全力推进监狱工作现代化，切实履行好捍卫国家政治安全、维护社会安定、保障人民安宁的新时代使命任务，为中国式现代化山东实践贡献力量。

二、目标规划

锚定“规范建设年、高质量发展年、现代化推进年”三年行动目标，树立高站位、高标准、高质量工作导向，全力推动监狱各项主责主业跨越提升，努力推进监狱工作现代化。

——规范建设年（2023）。深入贯彻落实司法部、省司法厅、省监狱管理局关于监狱规范化建设系列部署，深化改革攻坚，打牢监狱工作基础，推进组织体系更加科学、制度建设更加完善、岗位职责更加清晰、工作流程更加顺畅、执法管理更加规范，建立起标准、规范、高效的监狱工作运行体系。

——高质量发展年（2024）。在规范建设年的基础上，推动管理理念向更加注重法治保障、依法治理转变，管理方式向更加注重科学精准、规范高效转变，管理手段向更加注重专业多元、系统精细转变，努力在提升安全治理效能上实现新突破，在推进高水平法治化建设上实现新突破，在推动经济发展提质增效上实现新突破，在增强综合保障能力上实现新突破，推动监狱工作高质量发展。

——现代化推进年（2025）。坚持以政治建设统领现代化，以平安监狱建设保障现代化，以高水平法治化引领现代化，以智慧监狱建设支撑现代化，以高质量发展推动现代化，以队伍专业化助力现代化，在三年工作目标收官之年，实现监狱治理能力全面提升、监狱现代化工作全面领先，监狱整体工作位居全省监狱系统前列。

三、实践探索

坚持政治统领，着力把准新时代监狱工作的正确方向，以工作理念、工作机制、工作方法现代化为牵引，抓准抓实“六个持续深化”，全力推动监狱工作高质量发展，奋力谱写新时代监狱工作现代化新篇章。

（一）持续深化党的政治建设，统领监狱工作现代化

监狱是国家刑罚执行机关，是“政治机关、法治部门”，推进监狱工作现

代化，必须毫不动摇坚持政治建警方针，坚持政治统领、党建先行，确保“刀把子”牢牢掌握在党和人民手中。

1. 突出政治统领。坚持党对监狱工作的绝对领导，旗帜鲜明讲政治，持续深化学习贯彻习近平新时代中国特色社会主义思想主题教育，坚持用习近平新时代中国特色社会主义思想凝心铸魂。深刻领悟“两个确立”的决定性意义，增强“四个意识”、坚定“四个自信”、坚决做到“两个维护”，在思想上政治上行动上同党中央保持高度一致。组织支部书记、委员开展政治轮训，提升支部班子政治能力。

2. 强化理论武装。健全党委会、党支部“第一议题”制度，及时跟进学习习近平总书记重要讲话、重要指示批示精神、重要文章等，增强工作方向性、前瞻性。充分发挥党委理论学习中心组领学促学作用，定期组织开展专题讲座、专家辅导、知识竞赛等形式多样的学习活动，推动主题教育走深走实。

3. 夯实党建基础。树牢“党的一切工作到支部”的鲜明导向，实施“一支部一品牌”建设，推进党支部标准化建设，创建“三会一课”、主题党日等组织生活模板，创新党员积分制管理，与驻地政法、教育等单位开展支部共建，推动基层党支部标准建设提档升级。

（二）持续深化安全治理体系建设，保障监狱工作现代化

深入贯彻总体国家安全观，树牢“本质安全、整体安全、持续安全”新型监狱安全观，强化底线思维和红线意识，着力构建“指挥调度、基础管控、预警防控、应急处置、系统安全”安全治理体系，形成党委统筹、部门协同、条线结合、上下联动的现代安全保障格局，持续加强平安监狱建设，为监狱工作现代化提供坚实保障。

1. 强化指挥调度体系建设。一是加强指挥中枢功能建设。推进信息化手段深度应用，优化综合管理平台、指挥调度平台、移动执法平台“三个平台”建设应用，完善安全防范系统、视频监控系统、报警系统和信息化系统“四个系统”功能，推进指挥调度迅捷化、巡查督查多样化、信息收集精准化、反应处置高效化。二是加强指挥中心实战化建设。按照监狱主战场、监区主阵

地定位，建立重点区域、重点时段、重点人员、重点部位“四个专档”，突出巡查、管控、处置“三个精准”，构建反应灵敏、管控有力、合成高效的实战化体系。

2. 强化管控基础体系建设。一是创新实施“板块移动”管理模式。借鉴社会治理网格化管理的成果，根据罪犯管理中各环节的性质、功能、运行方式等内容，将罪犯群体划分为不同的层级板块，以时间为轴、以空间为辐、以内容为体、以位移为轨，对罪犯实行立体网格化管理，实现罪犯管理的规范有序。二是推行“四化三统一”管理法。在罪犯日常管理工作中，积极推行罪犯生活物品“清单化、标识化、定置化、网格化”管理，实行“统一物品管理”“统一维修维护”“统一功能房设置”，实现了“一舍集成”，将罪犯日常必须的吃饭、睡觉、学习、购物、上网、会议等活动全部固定在监舍内完成，最大限度压缩罪犯活动空间，提高了警察执勤效率，降低了安全风险。三是建立三项常态化活动机制。常态化开展“学用规范”、“自查自纠”和监管安全隐患排查活动，树立“放大镜”“显微镜”思维，落实早对接、早摸排、早谈话、早研判“四早”措施，推动线索大排查、矛盾大起底、处置化解大清零。四是建立层级矛盾化解机制。借鉴“枫桥经验”，监狱设立罪犯矛盾调解中心，监区设立罪犯矛盾调解工作站，监舍设立矛盾化解小组，建立“全面排查、归口调处、限时化解、全程跟踪”的排查化解机制，最大限度消除矛盾隐患。

3. 强化侦查防范体系建设。一是推行危险罪犯“533”工作法。对危险罪犯落实专人盯控、区域防控、联防联控、清查布控、定向监控五种管控手段；强化空间累进、量化考核、兴趣培养三种激励措施；完善晨会会诊、个性辅导、社会帮教三大教育举措。二是推进罪犯危险性评估专业化。优化日排查、周分析、月评估、季研判四级狱情研判体系，完善罪犯危险性评估机构，培养选拔69名专家型警察担任评估员，抓实罪犯危险性评估工作。三是加强侦查基础业务建设。建立专职侦查员到驻地公安机关挂职锻炼机制，在办案实践中提升业务能力；建立监区侦查员对新收罪犯摸排谈话机制，把握新收犯的思想动态，制定针对性管理矫治方案；建成全省监狱系统首家标准化证据保全中心，健全证据保全工作制度体系，提升警察执法证据保全意识。四是深化落实扫黑除恶专项斗争。实施涉黑涉恶罪犯专门化、专档化管理，常态化开展坦白检举活动，建立线索专报协作机制。2021年，被山东省扫黑除恶专项斗争领导小组授予“山东省扫黑除恶专项斗争优秀团队”称号。

4. 强化应急处突体系建设。一是实施监管安全职责清单管理，推进安全风险防控清单管理、隐患排查整治闭环管理、狱情研判处置系统管理，构建一体统筹、内外联动、分级实施的“大应急”管理体系。二是强化特警队技能建设，完善“一线工作法”，创新“快反警务”机制，推行“低伤害武力控制”技术，加强警犬训练巡防，提升作战水平。以“三共”活动为载体，与驻狱武警互通狱情、犯情、社情，联合公安、武警、交通等部门开展实战化演练。三是在全省监狱首创驻狱警务室模式，构建“一分钟警务圈”，将监狱安全融入区域安全治理体系、纳入地方安全目标管理，形成“狱地联动、三警联治、共促共建”的整体安全格局。

5. 强化整体安全建设。树牢大安全理念，在抓好监管安全的同时，全力守好生产安全、资产安全、信访安全、保密安全、网络安全等“一排底线”。一是抓实生产安全。严格落实“三管三必须”安全生产责任制，深化安全风险分级管控和隐患排查治理双体系建设，创新安全生产和消防安全责任网格化管理，实现安全闭环管理。突出安全用电、动火作业、移动火源和危化品管控，实行安全生产“1011”工作法和安全检查“场景式”工作法，实现隐患排查整治闭环管理。二是抓实资产安全。修订《财务开支管理规定》《国有资产处置管理办法》《采购管理办法》等制度，进一步规范财务开支、国有资产处置流程，确保资产安全。三是抓实保密、网络安全。加强保密工作委员会建设，健全管理制度和工作职责，压实主体责任，不断加大宣传教育、监督管理和技术防范力度，全员签订保密承诺书，增强全员保密意识，初步实现了保密工作制度化和规范化。坚持把网络安全建设作为一项重要工程，每年投入专项资金，提升网络安全技防能力；建立网格化管理责任制，细化网络安全管理流程，制定操作指南，强化日常巡查，提升全员网络安全防范意识。四是抓实信访安全。坚持带着“法度”和“温度”开展信访工作，落实监狱领导公开接访制度，开展涉法涉诉信访问题专项整治活动，全力做好信访化解稳控工作，促进和谐稳定。

（三）持续深化规范执法机制建设，引领监狱工作现代化

坚持以习近平法治思想为指导，以法治监狱建设为牵引，树牢执法为民理念，培育警察法治信仰，健全完善执法运行机制，努力实现分析问题从“法治”理思路、制定政策从“法治”找依据、解决问题从“法治”谋路径，以高水平法治化引领监狱工作现代化。

1. 强化执法管理机制建设。实施全周期、网格化执法管理，健全完善执法权责清单等制度，开展“教科书式”执法培训，严格按照法定权限、时限和程序履行职责、行使权力，真正把严格规范公正文明的执法要求落到实处，努力让人民群众在每一起刑罚执行案件中都能感受到公平正义，真正以监狱的执法公信取信于民。

2. 强化执法集约机制建设。建立监狱综合执法办案体系，推动实体化办案与数字化办案平台融合发展，实现交叉互审集中、案件办理集中、执法监督集中“三个集中”；建立与驻地法院、检察院执法联席会议机制，将刑罚执行办案中心升级为执法共建中心，实施刑事政策、重点案件、特殊问题“三共商”，提升执法效能。

3. 强化执法风险机制建设。与日照市中医院、精神康复中心等建立医联体，自主研发监管改造、医疗卫生、风险评估等相融通的罪犯健康管理系统，探索派驻式医疗诊治模式，对危重病犯实行挂牌管理，近5年成功救治重病罪犯8人。建立“大病”告知检察院和罪犯亲属机制，规范罪犯离监就医闭环管理，减少医疗、执法纠纷。建成罪犯食堂规范化达标单位，实施食品安全提升工程，强化食品安全检测；坚持科学配膳，合理调剂伙食，倡导健康饮食。完善罪犯个人钱款“一卡通”管理，确保罪犯钱款账目规范无误。

4. 强化执法留痕机制建设。树牢“所有与罪犯管理有关的工作都是执法工作”的意识，树牢“法律上的事实胜于事实上的事实”的意识，推行执法“双确认”，建立模板化管理体系，形成标准化流程，实现工作的可复制、可

借鉴，每一项执法活动规范留痕，从设计上杜绝管理漏洞，从操作上统一执法标准，确保公正规范执法。创新监区案卷实质化审查模板，对罪犯改造情况进行全面展现，综合罪犯认罪悔罪、服刑期间的一贯表现、社会危险性等因素，分析案件性质，评估办案风险，确定提请幅度，确保每一起“减假暂”案件都能经得起历史检验。

5. 强化执法监督机制建设。强化以职能部门为主体的内部执法监督建设，建立“每周一廉”警示机制，全面落实防止干预司法“三个规定”，形成全链条闭环式跟踪督查模式。深化狱务公开，将社会关注、罪犯亲属关心的执法问题，依法在门户网站、微信公众号等平台进行公示；设立狱务公开热线，解答罪犯亲属和社会公众疑问，汇集反馈信息，完善执法工作。聘请党代表、人大代表、政协委员及社会公众担任执法监督员，定期汇报执法工作，每季度举办“监狱开放日”活动，自觉接受社会各界监督，以公开促公正。

（四）持续深化罪犯改造体系建设，推进监狱工作现代化

没有罪犯改造的现代化，就不是真正的监狱工作现代化。坚持以改造罪犯为中心任务，坚持“向改造要安全、向改造要稳定、向改造要发展”工作思路，树立“思想引路、情感架桥、规训归正、立人塑魂”改造理念，以探索推行“监区学区制”为抓手，打造具有“鲁南”品牌特色改造罪犯模式，推进和彰显监狱工作现代化。

1. 推行“学区制”，牵引高质效发展。在全省监狱率先探索推行“监区学区制”，各监区设立“学区”，建立了上下贯通、运行高效的“监狱教育改造工作委员会—教育改造科—学区”三级工作架构，构建起“职责单元化、管理网格化、作战阵地化、基础模板化”新格局。坚持“教育改造任务在一线落实、教育改造资源向一线配置”，设立学区工作办公室，配置教学教研、矫治转化等5个专业岗位。学区作为“独立作战单元”，探索特色化教育，实施类别化矫正，打造教育前沿阵地，发挥教育维稳治本功能。实施“监区学区制”建设，初步实现了三个转变：一是教育改造科从“抓全面、全面抓”向“抓宏观、宏观抓”转变，有更多精力谋划推动创新发展。二是监区从“被动

化、粗放式落实”向“主动化、创新性发展”转变，潜力活力得以激发。三是推动个人或团体“名师工作室”建设，激励更多基层警察从“看守型”向“矫治型”角色转变。

2. 创建教育改造品牌，推进高质效发展

（1）创建“修心”思想政治教育品牌。开设了思想政治教育大讲堂，借力曲阜师范大学教学实践基地，组建了38人讲师团，推行“1+2+2”（省监狱局每月1讲、监狱每月2讲、监区每月2讲，实现了“每周一讲”）教学授课模式。建立了辅助教育课程体系，开展“双百人物”红色文化教育，组织编写了“为新中国成立作出突出贡献的100名英雄模范人物”“为新中国建设作出突出贡献的100名感动中国人物”思想政治教育教材，每周宣讲两位“双百人物”事迹，讲好英雄故事，弘扬红色精神。围绕践行社会主义核心价值观，开展中华传统美德教育，组织编写了涵盖爱心、孝心、诚心等“十心”的《美德教育系列丛书》，组建了“十心教育讲师团”，常态化开展巡回宣讲教育，引导罪犯“德行狱园，塑德立人”。

（2）创建“心改造”精准教育转化品牌。坚持以思想、心理转变为核心，推行80/20（将80%的警力、精力用于教育转化占比20%的不稳定罪犯）个别教育管理制度，建立改造科室、监区中层领导转化高风险罪犯责任制，推进危机干预技术运用，研发了具有指导谈话、执法确认等功能的“个别谈话教育记录本”，制作了“精准教育转化专档”，建立了个案矫正案例库，提高了个别教育质量。近3年来，高风险罪犯精准教育转化率达75.2%；整体成果荣获省局2021年度精准教育转化优秀成果第一名，个体成果荣获省局2022年精准教育转化优秀成果一等奖，有8个矫治个案入选司法部教育改造典型案例库。

（3）创建“医心”心理矫治品牌。建立了“监狱心理健康指导中心、监区心理健康辅导站、监舍心理健康互助组”三级网络架构，实现了罪犯心理咨询、健康教育网格化；罪犯心理健康教育普及率、心理健康水平测评率均达100%。打造了“洪民”等3个品牌工作室，培养了一支22人专家团队，现具有心理咨询师资质的警察达105人，1人入选司法部心理矫治专家库。强化心理矫治技术运用，常态化开展“房、树、人”“曼陀罗”心理投射技术，运用正念、冥想、催眠等技术实施治疗，提升罪犯心理健康水平。

（4）创建“羲和”文化育人品牌。秉承“利剑高悬，阳光普照；文以载道，以文化人”文化理念，主动融入日照地域文化，引入“羲和浴日”典故，打造“羲和”改造文化品牌，教育罪犯改过迁善，做守法公民。打造非遗文化传承教育基地，引入18个具有地域文化特色的“非遗”项目，建成了5个“非遗”准传承人团体。各学区自行创设主题文化，打造“一区一品”“一区多品”特色化监区文化品牌，建成了琴棋书画茶花“狱园六雅”，组建了新生合唱团、街舞表演队等20多个特色文艺团队。截至2023年6月，罪犯文化活动参与率达92.5%。

3. 加强社会帮教平台建设，助力高质效发展。坚持开门办教育，主动对接驻地党政、企事业单位、公益组织，通过党建合作、业务共建等方式，建立了日照市教育局教学实践基地、日照市法律援助工作站、日照市司法局社区矫正对象警示教育基地等6个专项工作基地。在全省监狱系统率先建设了远程视频帮教系统，开发了“亲情云”可视亲情电话系统，实现了视频会见；是全省监狱中首家开展职业技术等级自主评价的监狱，建设了实训基地，首期开设了4个工种，获证率达92.2%。

近5年来，累计开展文化帮教活动82场；为27名罪犯办理了结婚登记手续；依托监狱医院设立了驾驶证换证体检工作站，为107名罪犯办理了驾驶证审验换证手续；对20名事实无人抚养罪犯未成年子女进行了家访帮扶。展现我狱警察为云南籍傣族“三无”罪犯景某某化解思想症结、重建亲情支持、协调安家落户的专题纪录片《迟到的爱》，于2023年8月13日在CCTV－12社会与法频道《从心开始》栏目首播，引起了良好社会反响。

（五）持续深化机制保障建设，推进监狱工作现代化

坚持务实高效管用原则，健全完善制度，优化工作机制，强化信息支撑，注重理论引领，全面提升监狱工作保障水平，使各项保障措施高效运转、协同发力，以高效能保障推进监狱工作现代化。

1. 健全制度保障支撑体系。深化制度“废改立”工作，结合主题教育工作和基层基础建设，系统梳理内部制度，编纂工作制度汇编，提升管理规范化、标准化水平。健全完善监狱会议机制，统筹规划全狱会议，定期召开监狱安全例会、高质量发展例会、各业务口周例会等会议，及时传达省局和监狱党委决策部署。制定“全警日”实施办法，将每周三定为“全警日”，中层部门召开科务会和区务会，集中学习、集中办公，总结和部署一周工作。

2. 健全信息科技支撑体系。推进信息科技深化建设项目，建立健全视频监控、综合报警、门禁巡更、可视监听对讲、智能化指挥调度平台等 17 个子系统，实现系统之间数据共享、报警联动功能。坚持信息化建设与主责主业融合推进，深化罪犯医疗卫生信息系统、企业资产管理信息化系统、档案管理信息化系统等业务信息系统建设，加强信息化设备、系统的运行维护，为高效规范开展业务提供坚强保障。坚持“以用促建、以建促用”的基本原则，建设与应用并行，加大警察信息化知识技能的教育培训力度，主动适应信息化工作要求，实现以建设促应用，以应用促发展，以发展促规范。

3. 强化劳动改造管理机制建设。牢牢把握“监狱企业为罪犯改造提供劳动岗位”法律属性，坚持法治效益、社会效益和经济效益有机统一原则，构建以改造为目的的劳动管理体系，探索推进“行为规训型”“技能培训型”劳动项目分类建设，提升罪犯释放后谋生就业能力。健全完善罪犯劳动报酬考核办法，科学界定罪犯劳动能力，综合行为表现、劳动效能、劳动质量等重点要素，合理确定罪犯劳动考核权重，推行差别化劳动岗位补贴，有效调动罪犯劳动改造积极性。

4. 强化理论研究支持机制建设。一是建“精”研究人才。设立监狱学会工作办公室，统筹部署理论研究工作，推进理论研究从经验总结向专业研究转变。建立人才培养机制，2 人入选司法部“监狱理论研究十百千人才库”，3 人入选山东省监狱学会理论研究专家库。二是建“强”科研基地。建立了司法部预防犯罪研究所、中国社会科学院法学研究所两个国家级科研基地，建立了山东监狱工作研究基地，定期开展理论成果交流和互访活动，联合开展重点课题研究。三是建“优”工作机制。每年开展一次群众性调研活动，调查研究一个重点课题，举办一次理论交流会，评选一次理论研究先进工作者、优秀成果。近5年来，研究成果在省部级、局级理论研讨活动中荣获一等奖5项、二等奖11项、三等奖13项，在《中国司法》《中国监狱学刊》等国家级刊物发表论文15篇。

（六）持续深化过硬队伍建设，推进监狱工作现代化

坚持全面从严管党治警，全面贯彻落实习近平总书记重要训词精神，持续推进思想铸魂、头雁领航、能力提升、强基固本、暖心激励“五项工程”，着力打造政治建警体系、选拔晋升体系、教育培训体系、评先树优体系、文化育警体系、暖警惠警体系、新警培养体系、荣誉退休体系、考核评价体系、从严治警体系“十大体系”，锻造一支“对党忠诚、服务人民、执法公正、纪律严明”的监狱人民警察铁军，为监狱工作现代化提供坚强组织保障。

1. 坚持实干为先明导向。一是健全干部选拔机制。坚持党管干部原则，采取“两推两评两研判”工作法，在干部选拔、职级晋升、技术等级评定工作中，充分发挥党委把关作用、党支部战斗堡垒作用，探索实行监狱分管领导、单位主要负责人“两推荐”，本人所在单位科级班子成员、非领导职务同志进行“两评价”，在此基础上，研判队伍年龄结构、知识结构和岗位匹配度，营造风清气正的选人用人环境。二是健全评先树优机制。坚持“日常+节点+专项”评先树优办法，以月度、季度为周期，定期开展“身边的榜样”“优秀专员”等典型评选活动；在“三八”“五一”“五四”“七一”等重要时间节点开展评选活动；严格落实上级各类专项评优活动，积极向上级推荐表现优秀的同志。

2. 坚持严管厚爱转作风。一是健全管党治警责任。坚持政治建设铸警魂，把旗帜鲜明讲政治放在首位，定期组织党支部书记、委员开展政治轮训，提升支部班子政治能力。制定全面从严治党主体责任清单和任务清单，签订党风廉政建设责任书，压实各级主体责任。坚持“每周一廉”学习制度，制定《充分运用监督执纪“第一种形态”构建抓早抓小防范机制实施办法》，细化第一种形态10种问责方式，抓早抓小、防微杜渐，有效提升监督效果。二是健全

暖警惠警机制。深入实施“暖警爱警”工程，制定暖警惠警11项措施；建立光荣入警、荣誉退休、优抚救助等常态化机制，增强干警职业荣誉感、归属感；坚持文化引领，将“文化育警、文化强警”作为激发队伍活力的重要举措，大力倡导践行“忠诚、担当、守正、创新”核心理念、“规范、高效、温馨”工作理念、“在鲁南、爱鲁南、为鲁南”家园理念。

3. 坚持系统培训提素质。一是整合教育培训资源。建立起统一的教育培训工作规划，采取“外部聘请”与“内部挖潜”相结合，组建教育培训师资库，选聘思想政治素质过硬、实践经验丰富的优秀警察担任主讲教师，按月度分主题开展业务知识讲授。打造新警培养体系，探索新警轮岗培训机制，落实“以师带徒”制度，精选业务骨干担任导师，助力新警快速成长。二是打造教育培训平台。建立应知应会题库，设立党建政工、纪检监察、监管改造等5大课题组，编写内容涵盖政治理论、党建政工等30余项常用业务知识题库。建立考试考核制度，定期开展全员测试、晋升前资格测试、新警岗前考试，实行以考促学、以学促进，推动全员业务素质能力提升。

4. 坚持“四化管理”提质效。一是岗位职责清单化。明确科室、监区职能定位，制定岗位月度工作清单，开展月度履责情况展示和考核评价，实现全员人人明责、履责、尽责。二是基础工作模板化。倡导全员“带着模板干工作、带着制度抓落实”，把制度、规定、细则、流程等，用图表、文本、视频或智能应用系统等方式进行格式化，建成可复制的工作样板，实现基础工作高水平规范、高效率传承和高质量发展。三是警务督导常态化。建立《上级来文督办台账》《重点工作督办台账》《警务督察管理办法》，实行“一周一重点、一月全覆盖”挂牌督办，以督导督察促落实。四是考核评价精细化。建立“144321”考核体系，开发月度考核评价系统，制定了涵盖各项工作的考核办法，建立了积分制综合考核平台，实施每月一晒、每月一评，精准考核到单位、到部门、到岗到人。

山东省女子监狱推进现代化实践探索

党的二十大报告深入概括了中国式现代化的中国特色、本质要求和重大原则，擘画了以中国式现代化推进中华民族伟大复兴的宏伟蓝图。监狱作为国家刑罚执行机关，监狱工作的现代化是中国式现代化进程中的重要组成部分。山东省女子监狱在推进监狱工作现代化的实践中，明确奋斗目标、确定推进思路、总结实践经验、探索发展路径，力争为山东监狱工作现代化建设贡献女监智慧和女监力量。

一、监狱工作现代化的总体目标

监狱党委紧紧围绕中国式现代化谋划推进监狱工作现代化，深刻把握监狱工作现代化的基本内涵和实践要求，以高度的政治自觉和历史担当，秉持从女子监狱的实际出发，提出了建设“全国领先的新时代现代化女监”总目标。即以政治建设为统领，以平安监狱建设为保障，以高水平法治化为引领，以智慧监狱建设为支撑，以队伍专业化为助力，以罪犯规范化管理一体化达标、罪犯教育改造一体化发展、安全工作一体化建设、劳动改造一体化突破、队伍能力一体化提升、法治建设一体化推进、智能警务一体化保障等多点支撑的现代化监狱工作体系。

二、监狱工作创新发展面临的困难挑战

近年来，女子监狱在现代化建设方面进行了有益探索，指挥中心实体实战化规范运行，“智慧监狱”建设取得了巨大成就，监狱整体

安全防控体系信息化水平逐步提高。随着社会形势的发展变化，监管工作日趋复杂，监狱面临的困难与挑战增多。

（一）监管安全形势严峻

女子监狱是全省押犯数量最多、犯罪构成最复杂、警囚比最低的监狱之一。在省内押犯总体下降的情况下，近年来监狱押犯始终居于高位且总体呈增长趋势。押犯类型日趋复杂，特定类型犯罪大幅增长，黑恶类罪犯、港澳台及外国籍罪犯、限制减刑罪犯等特殊类型罪犯逐步增多，犯群矛盾日益凸显，改造难度加大，监管安全面临压力和挑战。

（二）病犯医疗压力过大

当前，监狱病犯、精神病犯数量增多且多发，“一体多病”的情况普遍存在，突发疾病具有不可预见性，监狱应急处置压力和监管压力持续增加。受专业限制，病犯监区警察远远不能满足病犯的就医需求。另外，监狱长期经受病犯外出就医难、暂予监外执行难和死亡处理难的困扰，迫切需要从制度和政策上予以破题。

（三）警力不足矛盾突出

监狱长期面临警力不足、警囚比低的难题。加之队伍年轻，思想活跃，经验匮乏，综合素质、法治素养、实战技能不高，存在较大隐患。

（四）监狱经费依然紧张

因每年都在压缩财政经费，监狱经费一直维持在较低水平。特别是在罪犯疾病救治，监狱设施如信息化工程、管网等维修改造，干警外出学习参观等方面，经费不足。

三、推进监狱工作现代化的实践探索

监狱工作现代化建设一直在路上。女子监狱自 1997 年正式押犯以来，特别是2012年整体搬迁以来，严格按照司法部、省司法厅、省监狱局部署要求，始终把安全稳定放在首位，聚焦主责主业，公正文明执法，规范罪犯管理，精准教育改造，锻造了一支信念坚定、素质过硬的队伍，打造了一批有内涵、有特色、有影响的工作品牌，监狱工作现代化水平不断提高，走出了一条女监特色之路。

（一）坚持阳光党建，政治引领更加鲜明

一是打造阳光信念。坚持党对监狱工作的绝对领导，不断探索新形势下加强和深化党建工作的方法路径，提出“第一要务、第一角色、第一政绩”党建工作理念。以党建为引领，深入开展学习贯彻习近平新时代中国特色社会主义思想主题教育、党史学习教育、队伍教育整顿等活动。形成党委抓支部、支部抓党员、全面抓落实的工作格局。严格落实“第一议题”制度，打造“个人领学与集体研讨、专题学习与领导荐书相结合”党委理论学习中心组新模式。用好“干部网络学院”“灯塔大课堂”等特色栏目，开展政治忠诚教育和政治轮训，严格落实意识形态工作党委主体责任、党委书记第一责任、班子成员“一岗双责”，带头管阵地把导向。二是打造阳光组织。牢固树立党的一切工作到支部的鲜明导向，提出“带着感情抓党建，带着温度管队伍”党支部建设工作理念和“妈妈心、婆婆嘴、姐妹情”党支部书记工作理念。以党支部标准化建设梯级提升工作为契机，形成月度工作计划、季度党建考核、年度书记述职的工作机制，将“三会一课”、主题党日、组织生活会等党建工作纳入日常考核，进一步强化基层党支部政治功能。开展主题党日、党务工作“大培训、大练兵、大比武”、应知应会知识测试、“微党课”宣讲、支部工作手册和党员政治笔记展评、组织生活情景模拟、青年理论学习小组品牌创建展示。评选表彰优秀共产党员、优秀党务工作者和先进基层党组织，开辟“女监先锋”“先模之光”等专栏。构建联学共建机制，创新“党建+”模式，与泰安监狱、中铁十四局等系统内外单位开展联学交流，34个党支部与山东书城党支部、省立医院第四党支部等系统内外46个党支部结对共建。三是打造阳光形象。以监狱党委“阳光党建”品牌为着力点，引领34个党支部发挥自

身优势，开展“一支部一特色”党建品牌创建，推出“向阳花”“五味子”等一批理念新颖、内涵丰富的优质党支部党建品牌，培育一批标准化建设的先进典型，树立工作标杆，发挥示范效应，推动队伍建设全面提档升级。十一监区党支部“向阳花”党建品牌入选省直监狱系统“十佳”党支部党建品牌。

（二）坚持守正务实，法治建设更加深入

一是突出主责主业。扎实推进基层基础建设和规范监狱、规范化监区创建等工作。认真梳理考核细则，对照规范监狱、规范化监区负面清单，分解任务目标，抓牢薄弱环节。制定《罪犯行为规范养成标准》《罪犯监舍公共区域标识使用管理规范》，编制《互监联号口诀》，落实互监联号制度“六个定位”“三固定、一维护”罪犯应急响应规范。发挥证据保全中心作用，实现办案中心实体化运行，推动落实“一案一卷”，全面依法实质化审查，仅2022年即办理减刑假释案件597件，暂予监外执行案件8件，稳妥做好4名罪犯死亡处理工作。组织对有劳动能力的罪犯进行全员劳动教育，岗位技能参训率100%、获证率100%。二是突出女监特色。建立政治改造中心，开设VR体验课堂，提出“六德”文化教育理念。深入开展“非遗文化进狱园”，连续3年举办“非遗”文化节，700余名罪犯熟练掌握茶艺、“非遗”等劳动技能，取得职业资格证书。成立希望艺术团、女子合唱团，提出“我们的节日”文化理念，每年组织节日主题文艺演出。创新邪教类罪犯“四专”教转工作模式，编印9套约300万字辅助教材，自办全国监狱首家反邪教报刊《向阳花女报》。创建“向阳花”“青芒”名师工作室。建设“阳光融媒”平台，开设女监TV，推出6档精品栏目。打造“光影课堂”，《人世间》的“半称心”在学习强国山东平台刊播。创立“几何体、数字式”规范化刑罚执行模式，提出“人定位、物定置、行有度”罪犯管理理念，推行精细化管理，拍摄5部执法规范片。坚持“上天、落地、走心”安全工作理念，扎实推进风险管控和隐患治理“双体系”建设，完善9类32个突发事件预案库。三是突出执法监督。提出党风廉政建设“一三四七”工作思路和“不唱高调、不做副业、不当局外人”理念，每年开展警示教育及专题教育、廉政谈话100余人次。制定审计

整改约谈办法，严格开展离任审计。主动联合驻狱检察室开展执法检查，扎实开展狱务公开。2022 年 7 月，被省委党校司法行政分校确立为警示教育基地。

（三）坚持锤炼精兵，履职能力更加过硬

一是提升现代化能力。提出“书香女监”建设愿景和“尚学、至真、匠心、温惠”警营文化理念，倡导“工作学习化、学习工作化”，举办读书节，成立文学社，开展党委成员和支部书记荐书、读书分享会、好书大集、图书跳蚤市场、经典著作情景展演等活动，引导队伍求知好学，树立终身教育理念。开设数字阅览室，实现手机线上学习。坚持“引进来、走出去”，实现支部共建学党建、警地共建学业务、警民共建学经验，不断培树队伍法治精神、科学精神和创新精神。二是培养现代化素质。坚持实战、实用导向，构建“以师带徒”三层级帮带助学体系，举办推进会、教研论坛和交流活动，5 年来，近 150 名年轻警察通过“以师带徒”迅速成长，实现“一年跟着干、两年独立干、三年成骨干”。固化岗位练兵机制，每年举办岗位业务培训和实战技能考核。创新“监区上挂、科室下挂、民警外挂、领导下沉”学习机制，畅通多向学习渠道。疫情期间，优化疫情防控“教、学、练、战”一体化机制。坚持用好网上“云”课堂和实践“微”课堂，实现“线上 + 线下”“理论 + 实践”多样化“教”。三是建立现代化机制。构建人才兴狱机制，将人才建设放在突出位置，被山东省监狱学会确立为“山东监狱工作研究基地”，大力开展理论研究，制定在职攻读研究生学习管理办法，鼓励警察学历提升，广泛培育多岗位多层面专家人才，为监狱发展聚力蓄能。目前，5 人被评为全国教育改造能手，2 人入选司法部涉外人才库，18 人入选省局专家能手，29 人通过法律职业资格考试，148 人取得心理咨询师资格，另有 89 人取得在职研究生学历。搭建“青言青语”“青匠论坛”等青年联学平台，年均开展活动 400 余次。构建治警明纪机制，牢固树立安全首位意识和底线思维，强化制度落实和纪律要求，加强平时考核、值班备勤、日常考勤、请销假、警务礼仪等管理。构建先模引领机制，制定争先创优表扬激励制度，用榜样的力量激发队伍干事创业热情。构建警情分析机制，健全队伍状况定期分析研判制度，及时掌握警察所思所想。

（四）坚持固本强基，保障体系更加健全

一是强化科技支撑。引进先进技术手段，安装智能化视频监控、出入口控制、UPS供电支撑、无人机察打一体化、手机智能管控等系统，实现了安防子系统科技升级。升级改造安防网络，采购核心交换机、汇聚交换机等网络设备，实现了安防网络、主干网络双链路连接。升级改造监狱中心机房动力环境监测系统，建设备份机房。根据信息安全等级保护要求，对育新网、办公网、安防网进行网络安全整体升级改造，部署万兆防火墙、入侵防御、网闸、网络版杀毒软件及态势感知系统等，实现集防护、检测、响应、恢复于一体的整体安全保障机制。二是夯实安全支撑。制定“九类罪犯”常态化排查工作办法，扎实开展隐患排查整治与重点罪犯集中摸排评估专项行动。建立“监区即时处置、特警队先期处置、监狱应急处置”三级联动机制，2022年全年开展桌面推演和实景演练65次。制定百日安全行动工作方案，成立指挥部和6个工作组，召开动员部署会、协调会、推进会等87次，加强问题隐患闭环整改，实现“六个不发生”和“三个不出事”目标。严格落实隐患排查治理、收工后30分钟“回头看”和监区隐患整改周报工作机制。委托社会专业培训机构开发“乐学稳安”微信小程序，开展线上教育培训。制定晨会制度，组织开工“安全第一课”、“6·16”安全宣传咨询日、“11·9”消防宣传日等活动。加强属地联动，常态化组织消防演练、触电防护、机械伤害防护等演练。制定安全生产网格化管理规范，组织专业机构设计开发安全生产网格化管理智慧化办公平台，与省局智能化综合管理平台联网运行。三是完善组织支撑。制定暖警惠警工作9项举措，积极发挥党费救助、工会帮助和警察优抚基金作用，完善困难职工档案，持续开展“送温暖”活动，加大走访慰问力度。针对适龄青年婚恋难的问题，拓展青年交流交往平台，积极推进“红娘工程”。与审计厅、水利厅、税务局、齐鲁医院等机关事业、高校、国企，开展线下联谊交友相亲活动。精心组织全狱警察职工健康查体，进一步增加体检医院数量，优化丰富体检套餐。开设问诊日，邀请社会医院知名专家来狱进行现场问诊和答疑解惑。开展警察职工情绪压力评估，设立医疗服务队，建立狱内外“120”应急绿色通道。举办荣休仪式，组织退休人员舞蹈队参加省直机关舞蹈大赛，并荣获金奖、最佳表演奖和优秀指导奖。优化班车线路，改善餐厅用餐，建好用好“五室两廊”文体活动中心，成立工会兴趣小组，举办趣味运动会、乒乓球比赛、书画摄影比赛等丰富多彩的文体活动，队伍幸福感、获得感不断增强，工作积极性进一步提升。

（五）坚持主动融合，互助合作更加有效

一是高水平走出去。立足职能优势，深入开展“双报到”和“我为群众办实事”等工作，组织党员警察走进驻地村居、社区、老年公寓、中高考考点等，开展法治宣传、慰问帮扶、送诊到家、阳光助学、爱心护航等志愿者服务，把暖心、安心服务送到社区群众心坎上。通过联学共建，促进了监狱与其他单位相互交流，相互了解。创新“深化实践、互助合作、共筑执法”工作机制，组织警察到系统外单位学习调研，赴法院、公安机关、医疗单位跟班作业、进修，学习先进经验，提高专业水平，展示良好形象。二是高质量引进来。定期联合罪犯亲属、政府部门、社会团体、刑满释放人员等多个层面开展亲情帮教、社会帮教等活动。通过联合家访、云中锦书、视频连线、关爱未成年人等形式，集聚社会各界力量，搭建帮教暖心桥。联合妇联等社会团体组织，对家庭情况特殊、改造表现良好的罪犯进行帮扶和救助，使罪犯感受到党和政府的温暖和关怀，促使其自觉接受改造。帮教、帮扶、救助等活动在提升教育改造效果的同时，也增进了社会对监狱的理解和支持。三是高效率架桥梁。加大对监狱工作的宣传力度，加强与新华社山东分社、《山东法制报》、《齐鲁晚报》等国家、省级主流媒体的互联互通，累计新闻报道100余期，在全省监狱系统新闻媒体宣传中位列第一。策划制作“远离女性犯罪”法治宣传片《一步深渊，守住你的“自由”》、搬迁纪实片《十年》、微视频“我身边的共产党员”等，举办监狱开放日、理论研讨会等，不断拓宽与社会的沟通渠道。

四、推进新时代监狱工作现代化的路径思考

监狱工作现代化是一项系统工程，需要加强顶层设计，上下协同，横向联动，合力推进。今后工作中，女子监狱将继续通过党的建设、法治化监狱、专业化队伍、规范化治理、智慧化保障、社会化支持等多个途径，深入推进监狱工作现代化，为中国式现代化建设作出贡献。

（一）突出政治属性，抓实党的建设

监狱机关首先是政治机关，要将党的建设放在首要位置。严格落实新时代党的建设总要求和上级工作部署，为推动监狱工作高质量发展提供组织保障。一是推进政治建设。深入贯彻落实新时代党的建设总要求和新时代党的组织路线。严格落实“第一议题”制度，坚持“一周一学”。加强思想政治建设，锤炼绝对忠诚的政治品格。坚持党的全面领导不动摇，坚决维护党的核心和党中央权威，坚持用习近平新时代中国特色社会主义思想武装头脑、指导实践、推动工作。发挥“阳光党建”引领作用，建设“阳光党委”。二是加强理论武装。深化党委理论学习中心组学习，把理论学习情况纳入基层基础建设考核、模范机关建设、党建专项督查、文明单位创建的重要内容，不断提高考核评估实效，推动学习任务落实。推进青年理论学习提升工程，擦亮“青阳·星火”学习品牌，完善学习机制，丰富联学交流等活动形式，增强学习实效。选树一批青年理论学习标兵，带动形成良好学习氛围。三是夯实基层基础。深入推进党支部标准化、规范化提升工程，扎实推进三年行动计划落实，在功能提升、融合发展、品牌建设上重点发力，实行标准化党支部动态管理，打造先进党支部、过硬党支部，建设“阳光支部”，选树“阳光党员”。严格党员队伍管理，把好党员入口关。推进党员教育管理智慧化信息化。大兴调查研究之风，积极探索基层党建工作规律，推出一批高质量的理论研究和实践创新成果。

（二）突出女监特色，提升队伍素质

现代化建设中，最根本和最关键的是有一支现代化的警察队伍。女子监狱

将以书香、健康、精英女监建设为重点，不断加强队伍建设。一是建设书香女监。加强文化建设，传承女监精神，厚植文化底蕴，多管齐下，久久为功，为监狱工作现代化提供思想保证、精神动力和文化支撑。以“读书节”为载体，大兴读书学习之风，常态化组织开展读书学习活动，营造浓厚的文化氛围、学习氛围，形成独具女监特色的学习内涵和学习文化。二是建设健康女监。深化落实暖警惠警政策，关注关爱警察职工身体健康，认真做好年度健康查体工作。常态化开展警察心理评估及干预，大力组织开展节庆文艺汇演、春游、趣味运动会和健步走活动。充分发挥“五室两廊”警察职工活动中心作用，倡导警察职工通过文体设施、娱乐设施实现心理健康。三是建设精英女监。着眼监狱长远发展，科学分析队伍专业、年龄、性别等结构情况、自然减员情况，合理制定进人规划，逐步优化队伍结构。科学优化配置警力，按照定岗、定员、定责原则，加强警察队伍专业技能培训，不断提高专业化、职业化水平。抓好青年理论学习提升工程，用好“以师带徒”“岗位练兵”，打造素质能力过硬的警察队伍。

（三）突出科学规范，完善治理体系

规范化的治理是现代化监狱内部治理体系的本质要求。规范化的特点是标准科学、流程高效、体系完备、过程精细、治理长效，需要构建一套全覆盖、全方位的治理体系。一是构建执法标准体系。以“减假暂”为核心，建立全面完备的监狱执法管理制度，对监管改造、劳动改造、教育改造、生活卫生、家属会见等工作的目标、内容、程序等进行完善，推进监狱执法管理制度“立改废”。加强指挥中心实战化平台建设，建立快速有效的应急管理体系。规范罪犯量化考核管理，进一步规范罪犯劳动岗位、行政奖惩、分级处遇管理。二是构建法治保障体系。全面建成电子办案平台，全面使用执法记录仪，发挥执法证据保全中心功能，做到执法全过程有据可查。抓实社会保障，推行监狱与地方司法机关互帮共建制度。加强与政法机关、民政、卫健等部门协调配合，共同抓好罪犯身份甄别、案件办理、刑释衔接等工作。三是构建法治考评体系。制定考核指标科学、考核形式多样、结果运用合理的考核评价体系，

定期对各项工作进行考评，督促工作进展，接受群众监督，并将考核结果有效运用到选拔晋升、评先树优之中，实现监狱内部治理规范化。

（四）突出智慧赋能，强化警务保障

信息技术是推动监狱工作现代化的强大动力。要促进智能化、数字化、集约化、融合化发展，实现向科技要警力、要安全、要发展。一是增加研发应用投入。结合主责主业，安排专业技术强、业务水平高的警察专门负责新科技应用研发工作，拨付专项经费，提供工作便利。支持信息技术专业人员参加业务培训及进修深造。对于在信息技术研发应用方面作出贡献的警察，予以及时奖励，充分调动专业警察进行科研开发和成果应用的积极性。加强宣传，营造重视信息技术、尊重专业人才的良好环境。二是开展科技应用合作。在确保安全的前提下，主动考察对接具有保密资质的科技研发公司，建立合作互动机制，开展技术研发、成果转化、业务培训等合作。加大大数据、人工智能等技术应用，进一步集约平台资源。以科技引领、协同创新赋能高质量发展，推动监狱信息技术水平提档升级。三是深化智慧监狱建设。持续优化综合管理平台和指挥调度平台，以实际需求为主导，推进功能集合、互联互通、数据共享、效率提升，突出把握女性罪犯的特点和行为规律，将智能化管理理念和方式真正运用到监狱各项工作中。

（五）突出协同共力，争取社会支持

社会化支持是监狱工作现代化的发展趋势，也是推动实现现代化的重要力量。监狱工作现代化需要一个资源广泛、协同高效、支持共力的社会支持体系。这仅靠监狱一家之力难以完成，需要积极争取政策支持，主动融入社会。一是加大政策支持力度。主动寻求政策支持，鼓励有关部门、社会团体和志愿者热心监管改造事业，争取在统一顶层设计下设立社会支持或公共关系机构，明确职责权限，建立运作机制，加强对社会资源的分类、整合与统筹管理，实现社会支持的长效和可持续发展。二是挖掘协作共建深度。充分挖掘社会资源，继续积极与科研机构、高等院校、企事业单位合作共建，将女子监狱作为

研究基地、实践基地、工作站等，实现监狱为社会机构提供科研资源，社会机构科研成果反哺监狱的互动共享格局。三是拓宽交流联动广度。积极组织先模人物参加宣讲会、事迹报告会、“记者见面会”，以及志愿服务活动。经常性地向社会公开监狱执法和罪犯人权保障情况，邀请社会知名人士参观监狱、了解监狱、宣传监狱，构建广泛深入的交流联动基础和社会舆论支持。

山东省济宁监狱推进现代化实践探索

习近平总书记作出“奋力推进政法工作现代化”的重要指示，为包括监狱工作在内的政法工作指明了根本方向、提供了根本遵循。为深入学习领会习近平总书记对政法工作的重要指示精神，认真贯彻落实中央政法工作会议要求，山东省监狱局党委把“以监狱工作高质量发展推进监狱工作现代化”作为新时代山东监狱工作的奋斗目标，体现出“善于率先、敢于争先、勇于领先”的决心和信心。山东省济宁监狱在深入学习领会“监狱工作现代化”基本内涵和实践要求的基础上，立足自身实际，进行了认真思考谋划和积极实践探索，奋力开创监狱工作现代化新局面。

一、推进监狱工作现代化的背景与优势

（一）中国式现代化理论体系为推进监狱工作现代化指引正确航向。党的二十大擘画了以中国式现代化推进中华民族伟大复兴的宏伟蓝图，科学阐述了中国式现代化的中国特色、本质要求和重大原则，初步构建起中国式现代化理论体系，为新时代新征程党和国家事业高质量发展指明了一条康庄大道。山东省监狱局党委以此为指导，把推进监狱工作现代化作为今后一个时期的战略定位和主攻方向，体现出强烈的政治自觉和行动担当。这些既为推进监狱工作现代化指明了光明前景，也为推进监狱工作现代化规划了实践路径，是济宁监狱结合自身实际推进监狱工作现代化的方向指引和决策依据。

（二）市委“三争”工作要求为推进监狱工作现代化增添动力。

2022年年初，济宁市委瞄准全国最优，提出了争一流、争第一、争唯一的“三争”要求，吹响了建设新时代现代化强市的冲锋号。全市各级各部门破除思维定式，放开手脚大胆闯、勇敢试，在很多工作方面将“不可能”变为“可能”，将“办不到”变为“办得到”，实现由“跟跑”“并跑”到“领跑”的跨越。这些既坚定了推进济宁监狱工作现代化的信心，又给推进济宁监狱工作现代化带来强大压力和动力，要求我们必须紧盯济宁市的发展定位，积极融入社会发展大局，大力提升工作质量和水平，为建设平安济宁、法治济宁作出积极贡献。

（三）济宁监狱自身优势为推进监狱工作现代化奠定坚实基础。一是政治优势。济宁监狱始终坚持以习近平新时代中国特色社会主义思想为指导，突出政治统领、党建引领，把党的绝对领导贯彻到监狱工作的各方面全过程，监狱党委把方向、谋大局、定政策、促改革的作用得到充分发挥。特别是在监狱疫情防控阻击战中，大力推行“一线工作法”，监狱领导以上率下，带头参加狱内封闭备勤执勤，带领全体警察职工把各项疫情防控措施不折不扣落实到位，为顺利实现疫情防控平稳转段并最终取得常态化防控成果提供了坚强政治保证。二是历史优势。济宁监狱自1984年6月组建以来，紧紧围绕监狱职能使命，积极开展工作，很多方面走在了全国全省监狱系统前列。比如，率先推行了“百分考核、以分计奖、依法减刑”的考核奖励办法；首批创建为“部级现代化文明监狱”，“学儒育新”项目获首届山东文化创新奖；截至2023年8月底，实现连续32年4个月无罪犯脱逃、19年10个月无罪犯自杀的监管安全周期。三是区位优势。济宁市地处鲁西南，是儒家文化、运河文化的重要发祥地之一，还是微山湖铁道游击队、英雄王杰的故乡，具有浓郁的红色革命文化底蕴，有利于借助这些丰富的文化资源教育改造罪犯，在耳濡目染、潜移默化中对罪犯进行道德重塑。同时，济宁市委、市政府以建设全国一流文化名市、打造美丽幸福城市为奋斗目标，对肩负维护社会大局稳定、促进社会公平正义、保障人民安居乐业等重要职责任务的监狱工作高度重视，在政策支撑、财政保障、部门联动等方面给予大力支持，有利于我们顺势而为、乘势而上，快速推进监狱工作现代化。四是实践优势。近年来，济宁监狱按照山东省监狱局党委“抓党建、强基层、保安全、促发展”工作思路，聚焦党的建设、疫情防控、监管安全、生产安全、队伍建设、基层基础建设等重点工作，积极推动监狱高质量发展，各项工作取得新进步、呈现新亮点、实现新发展，先后被评为“山东省抗击新冠肺炎疫情先进集体”“省级文明单位”“模范机关建设工作表现突出集体”“全省监狱工作先进单位”。

二、推进监狱工作现代化的实践探索

济宁监狱认真学习贯彻习近平总书记关于“以中国式现代化全面推进中华民族伟大复兴”的重要论述，深刻理解把握中国式现代化中国特色、本质要求和重大原则，深入分析监狱工作基础现状和发展形势，结合实际提出了加强政治建设，统筹推进法治监狱、规范监狱、清廉监狱、文化监狱、智慧监狱五大建设“1+5”工作思路，深入推进监狱工作现代化实践探索。

（一）加强政治建设

把党的绝对领导贯彻到监狱工作的各方面全过程。坚持中国共产党的领导是中国式现代化的本质要求。监狱党委坚持政治统领、党建引领，充分发挥党建对监狱工作的引领保障作用。

1. 坚定理想信念。积极落实“第一议题”学习制度，利用党委会、支部党员大会、党小组会议组织警察职工深入系统地学习习近平新时代中国特色社会主义思想，及时学习习近平总书记最新讲话精神，并将党规党纪、意识形态、防间保密、国防教育等纳入重要学习内容，按照学习一个专题、研讨一个课题、推动一项工作的要求，认真组织研讨交流，形成学以致用、学用相长的良性机制，教育引导警察职工始终听党话、跟党走。

2. 强化政治担当。监狱领导身先士卒、靠前指挥，轮流到狱内带班执勤，到基层驻点办公，深入监区科室，认真开展调查研究，大力整治沉疴积弊，解决了消防设施不完善、罪犯出工率不高、事务犯管理不严格等问题，全年靠在一线时间均在100天以上，做到了精力在一线集中、责任在一线落实、问题在一线解决。

3. 发挥支部作用。对 30 个党支部按期换届选举，支部委员调整率达 50%，把一批党性强、素质高、基层经验丰富的骨干充实到党支部班子中。扎实开展“组织生活规范年”活动，全面推行党建工作清单化管理，每月对各党支部落实“三会一课”、组织生活会、主题党日活动、谈心谈话等制度情况督导检查一次，进一步提升基层党建工作质量。健全完善党建与监狱工作融合发展机制，突出党支部在监狱各项工作中的政治引领和组织领导作用，努力把党建优势转化为发展优势、党建成果转化为发展成果。监狱 10 个党支部被评为“五星级党支部”，5 个党支部被评为“特色党支部”，2 个党建品牌被上级宣传推广。

（二）统筹推进法治监狱建设

以法治思维和法治方式不断提高监狱治理水平。法治化是监狱工作现代化的价值取向。济宁监狱注重运用法治思维和法治方式开展工作，使“循法而行”成为自觉行动。

1. 健全监狱工作制度。结合形势任务变化，扎实开展狱政管理、刑罚执行、安全生产、监企管理、队伍管理、后勤保障等各方面规章制度的废改立工作，将各个工作环节都纳入规范的工作制度之中，逐步构建起更加系统科学、成熟定型的监狱制度体系。为加强队伍管理，制定了《关于加强监狱警察“八小时以外”活动监督管理的意见》《济宁监狱提升警察职工执行力十条规定》《济宁监狱“转变作风　沉到基层　调查研究　狠抓落实”活动方案》等制度措施，把全面从严管党治警落到实处。为依法推进监管工作，相继制定了《科室事务犯管理规定》《罪犯离监就医工作指导意见》《“瞪眼岗”罪犯管理规定》《关于加强罪犯放风管理的考核办法》等 20 余项创新型制度规定，在贯彻执行上级制度规定的基础上，进一步细化工作要求和措施。为提高执法办案公信力，制定完善了《济宁监狱减刑假释工作手册》《济宁监狱关于贯彻落实〈关于依法推进假释制度适用的指导意见〉的实施意见》《关于完善促进罪犯财产性判项履行常态化工作机制的实施意见》等制度规定 10 余项，进一步统一执法标准、办案尺度。在 2023 年度第 3、4 批次案件办理中，克服假释制度适用的思想顾虑，成功办理 4 起假释案件，实现假释案件办理“零”的突破。

2. 严格监狱内部管理。持续加强警察职工值班执勤、视频巡查、清监查铺、隐患排查及罪犯联组联号管理等监管制度落实，对重点人员、重点物品、重点时段、重点部位、重点环节加强管控，进一步将监管改造工作做细做实。对罪犯行动实行“五步移动法”管理，固化罪犯在“学习、劳动、放风、如厕、洗漱、看电视、取放被子”等重点时段的具体动作标准，并拍摄示范教学片 10 余部，以“教科书式”的行为规范，强化罪犯行为养成。健全狱政管理档案信息四级审核工作机制，对罪犯自入监至出监的服刑全周期档案信息进行全程审核管理，确保资料完整，各项工作依法、规范、有序进行。

3. 依法依规公正办案。扎实开展“执法规范提升年”活动，积极推行闭环式执法办案模式，以案件办理批次为周期，按照制定办案通知、组织集中办案、形成办案小结、发布办案通报、编发案例汇编的步骤依次进行，确保案件严格规范办理，相关工作经验在司法部官网宣传推广。严格实行减刑、假释案件实质化审理，抓实罪犯“确有悔改表现”证据材料的审查工作，确保执法办案既符合实体条件，又符合办案程序。强化狱务公开，自觉接受罪犯及其亲属、检察院、社会公众等各方面的监督，以公开促公正，近年来案件办理核准率均为 100%。积极担当作为，对在押罪犯提出的申诉、控告材料，均及时向有关部门转递，依法保障在押罪犯合法权益。

（三）统筹推进规范监狱建设

切实减少自由裁量权和工作随意性。规范化是监狱工作现代化的制度要求。济宁监狱坚持对照工作标准抓落实、查不足、促整改，一把尺子量到底，切实减少工作随意性。

1. 规范教育改造工作。科学统筹编排年、月、周教学计划，实施“每周一主题”教育模式，以思想政治教育为引领，积极开展党史、法律常识、道德规范、形势政策、心理健康等学习教育，着力提高教育改造质量。充分发挥孔孟之乡地域文化优势，积极运用“儒家文化 + 法治思想”教育改造罪犯，按照“学、思、践、悟”四个步骤，以诵读、征文、演讲、讲座、考核等活动为载体，灵活采取“警囚共读一本书”“优＋差”结对帮教等方式，深化教学互动、沉浸式体验和养成训练，引导罪犯崇法尚德、日行一善。扎实做好顽危罪犯精准教育转化，发挥警察在传统文化、心理矫治、法律服务等方面的专业特长，在监区成立5个“名师工作室”，采取个别谈话、心理疏导、亲情帮教等方法加强个别教育，罪犯精准教育转化率大幅提高，实现传统改造方法与现代矫治技术的融合发展。

2. 强化基层基础建设。2020年以来，省局持续开展了基层基础建设考核工作，通过制定详细的考核细则、每月或每季度进行评比和通报、年终总评等方式，推进全省监狱系统全面夯实基层基础。为扎实做好基层基础建设工作，济宁监狱推行了“清单式”工作模式，即对省局基层基础建设考核内容进行分解、细化、量化，形成分监狱、监区（科室）、个人工作任务三级清单，增强日常工作的可操作性和指向性。同时，成立工作专班，建立“每周一督导、一月一考核、一月一排名”工作机制，每周工作专班对照“工作清单”对各处（科）室工作完成情况进行督导，各处（科）室对分监狱科室（监区）工作清单完成情况进行督导，基层单位对个人工作清单完成情况进行督导，一级抓一级，层层抓落实，每月对检查情况进行汇总和排名，连续2个月排名靠后的单位要作出检查。“清单式”工作模式助推济宁监狱在“双基”考核中取得优异成绩，2020年度、2022年度年终总评获得“优秀”等次。

3. 全面加强警务督察。成立督察工作委员会，通过现场督导、专项检查、视频巡查、驻在调研等方式，紧盯执法重点领域、薄弱环节和关键少数，紧盯值班执勤、警容风纪和工作落实，积极开展警务督察工作，每天编发《视频巡查通报》，定期编发《警务督察通报》，把全面从严治警引向深入，有力推动了监狱各项工作规范有序开展。

（四）统筹推进清廉监狱建设

积极营造风清气正的政治生态。清廉是监狱工作现代化的政治底色。济宁监狱深入贯彻落实全面从严管党治警要求，抓早抓小，驰而不息，努力为推进监狱工作现代化提供坚强保障。

1. 抓好警示教育。常态化组织党员干部、警察职工到廉政教育基地开展沉浸式、互动式现场教育，组织观看职务犯罪案件庭审录像，举办廉政专题辅导报告以案释法，结合近年来监狱系统及身边发生的违纪违法案例编印《案例汇编》，制作《新时代政法干警“十个严禁”》警示牌放在每名警察职工办公桌上，在办公场所醒目位置悬挂《十个严禁》宣传图板，每天在“清廉在线”微信工作群发送典型案例，重要节日编发廉政提醒短信，持续强化警示教育的震慑警醒作用。

2. 抓好述廉报告。认真组织党委班子成员每年进行述职述廉报告和个人重大事项报告，组织各单位每季度向分管领导上报一次党风廉政建设情况，组织科级以上及重点岗位警察填写廉政档案，领导班子成员按照责任分工，分头组织开展谈心谈话活动，严格落实教育管理责任，时刻绷紧“拒腐蚀、永不沾”之弦。

3. 抓好风险防控。坚持把监督执纪抓在日常、抓在要害，组织各单位围绕岗位职责、工作流程、制度机制等廉政风险环节，全面摸排思想意识、履职尽责、监狱执法、落实制度、作风建设、执行“六条禁令”“十个严禁”等方面可能引发廉政风险的问题96项，明确风险点、风险等级、整治措施、责任人和完成时限，建立廉政风险点排查整改台账，由单位负责人和分管领导签字背书，确保风险可查可防可控。认真开展罪犯刑释前谈话活动，罪犯刑释前向他们发放执法满意度调查问卷和检举明白卡，纪检干部逐一与他们谈话，了解警察廉洁执法情况，从源头上促进警察廉洁自律、秉公执法。

（五）统筹推进文化监狱建设

大力提高监狱高质量发展软实力。监狱文化是推进监狱工作现代化的不竭动力。济宁监狱立足警察职工培根铸魂和罪犯改过自新两大板块，全力打造“儒苑警魂”“儒苑清风”“儒苑新生”“儒苑习艺”等监狱文化品牌，积极构建“融合儒家文化、践行法治思想、聚力培根铸魂、共创平安治理”的文化监狱新格局。

1. 坚持培根铸魂，将文化的力量转化为警察职工干事创业的战斗力。为打造忠诚干净担当的监狱铁军，在警察职工队伍中扎实开展了“儒苑警魂”“儒苑清风”文化品牌创建活动。创建活动以政治文化建设为引领，以营造风清气正政治生态为重点，以书香监狱建设为浸润，以“榜样的力量”品牌建设为支撑，以丰富的警营生活为载体，统筹推进党建文化、廉政文化、书香文化、典型文化、警营文化融合发展。加强基层党组织建设，持续开展“党旗飘扬一线”“揭榜挂帅攻难关”活动，定期评选“党员示范岗”“示范党员”，积极推进党建与业务深度融合。深化廉政文化建设，通过参观见学、廉政谈话、执纪问责、作风锤炼等活动，大力弘扬清廉自守的价值观念。积极打造书香监狱，扎实开展“悦读悦享”读书分享活动，引导警察职工养成“爱读书、善读书、读好书”的良好习惯。建立健全先进典型宣传常态化机制，及时挖掘监狱在疫情防控、监管改造、执法规范、安全生产、综合保障等领域涌现出的先进人物，持续办好“奋力干出一个模样来！榜样的力量”系列先进事迹报告会，截至2023年11月，已举办20期，69名先进典型登台作报告，为全体警察职工树立起学习的榜样和标杆。为将监狱建成警察职工的文化精神家园，扎实开展了庆祝中国人民警察节、入职晋级授衔宣誓、“光荣在党50年”表彰奖励、心理健康服务等活动，不断增强警察职工的职业自豪感和荣誉感。

2. 坚持法德兼修，将文化的力量转化为罪犯改造的原动力。为提高罪犯教育改造质量，在罪犯中间深入开展了“儒苑新生”“儒苑习艺”文化建设活动。“儒苑新生”文化建设每季度一个主题，深入开展“知荣辱”“尽忠孝”“施仁爱”“慎交友”等主题教育，积极开展“学经典、背原文”、忏悔演讲、专家讲座、排练情景剧等活动，狱内建造“德治园”“法治园”，引导罪犯自己动手装点床头和监舍，营造时时闻圣训、处处受熏陶的育人环境，达到育德养性、明耻改过、启智润心的目的。“儒苑习艺”文化建设积极倡导企业精神、培树安全意识、培养劳动习惯、美化生产环境，常态化开展车间“课堂化”活动和“以师带徒”活动，生产监区罪犯经培训全部具备了生产中档服装的技能，培养出积极的劳动态度和良好的劳动习惯，提高了刑释后就业谋生的能力。

3. 坚持全员参与，推动文化赋能监狱工作现代化建设。在警察职工队伍中，广泛开展政治轮训大学习、“警苑讲堂”业务大培训活动，与山东大学、孔子研究院深入开展监狱文化建设合作，不断提高警察职工政治素质和业务能力。牢固树立“在研究状态下工作”的理念，扎实开展群众性理论研讨活动，近3年来共有8个精准教育转化案例入选司法部司法行政案例库，每年在省级以上刊物发表理论研究文章5篇以上，并完成多项省监狱学会立项课题，济宁监狱被命名为首批“山东监狱工作研究基地”。加强思想政治教育，党课《只为一世藏蓝情》被评为“2022年度全省优秀党员教育党课”，是全省监狱系统、济宁市政法系统唯一入选作品。创办《济宁监狱》杂志，已印发10000余册，获得省、市各级单位领导、同志们的一致好评。成立“法考”互助兴趣小组，已助力4人通过全国法律职业资格考试。在罪犯中，积极开展“阅读修心　书香育人”专题教育、“阳光心理　健康改造”心理服务、“律师面对面”法律咨询等活动，联合济宁市法治文艺演出团举办育新文化节，组建书画研习、乐队等兴趣小组，不断丰富狱园精神文化生活，缓解罪犯改造精神压力，极大增强了罪犯改造的积极性、主动性。

（六）统筹推进智慧监狱建设

积极向科技要警力要安全要发展。智慧化是监狱工作现代化的基础保障。结合金桥分监狱改扩建和金源分监狱信息化改造，济宁监狱积极推动现代技术与监狱工作深度融合，促进工作提质增效。

1. 推进全业务全流程数字化，实现一网通办。积极依托省局智能化综合管理平台、刑罚执行网上协同办案平台和移动执法系统开展案件办理、数据录入、信息查询、业务审批、文件传阅等工作，加大电子档案管理、信息录入、文书制作等各环节的管理，确保执法工作一网通办、全程留痕、方便快捷。

2. 加强智慧化指挥中心建设，实现一键指挥。在指挥中心部署智能化指挥调度平台、远程移动监控平台，规范接入司法部视频点名系统、全省监狱视频会议系统、三级可视对讲调度系统等音视频调度平台，构建指挥中心与分控室、特警队、行政区应急分队、驻狱武警作战值班室等的互联互通，实现自动化管理、控制和指挥调度，切实提高应急处置能力。

3. 建立多层次安全防范体系，实现一体安防。部署音视频监控、门禁控制、周界报警、对讲和监听等系统，并将各系统无缝集成、联动控制，构建多层次、立体交叉的安防体系，实现安全风险可视化呈现。

三、进一步推进监狱工作现代化的思考

监狱工作现代化涉及监狱工作的方方面面，是一项系统工程，需要统筹兼顾、系统谋划、整体推进。实践每前进一步，认识就深入一层。济宁监狱将继续在实践中探索，在研究中思考，以更大力度、更高标准、更实举措深入推进监狱工作现代化。

（一）坚持党对监狱工作的绝对领导，以政治建设统领监狱工作现代化

1. 旗帜鲜明讲政治。牢记“监狱姓党”，把党的绝对领导贯彻到监狱工作的各方面全过程。心怀“国之大者”，把监狱工作深度融入党和国家事业发展的大局之中，以实际行动坚定拥护“两个确立”、坚决做到“两个维护”。

2. 以新思想定向领航。深入学习贯彻习近平新时代中国特色社会主义思想，全面贯彻落实党的二十大精神，认真贯彻落实习近平法治思想，坚决消除与新时代、新要求、新形势、新使命不相适应的思想观念和思维定式。

3. 加强党委统筹。监狱党委统筹谋划好短期发展和中长期规划，短期发展从政策规定、制度机制、标准要求等层面划好界、铺好路，中长期规划突出定位、确权、赋责、落实等要素，筹划好推进的阶段进度和步骤节奏，确保监狱现代化建设蹄疾步稳。

（二）依法依规治监，以法治监狱建设引领监狱工作现代化

1. 加强执法管理。健全执法权力清单、责任清单，完善执法办案质量终身负责制和执法过错责任追究制，推进执法全程留痕管理，让监狱执法权力始终在制度的“笼子”里规范运行，让人民群众在每一起执法案件中感受到公平正义。

2. 加强权益保障。畅通罪犯合法权益保障渠道，完善狱内法律援助机制，扎实做好罪犯生活保障，加强罪犯疾病防治工作，深化监狱医疗社会化合作。

3. 加强狱务公开。建立执法信息发布内容清单，严格落实监狱机关在互联网公布执法文书的管理规定，常态化举办“监狱开放日”、罪犯改造情况通报会等活动，进一步提高监狱执法透明度和执法公信力。

（三）维护监狱安全，以平安监狱建设保障监狱工作现代化

1. 强化安全防范。扎实开展风险隐患排查治理，重点排查政治安全风险、监管安全风险、生产安全风险、队伍安全风险、信访风险、网络舆情风险等，提高预知、预判、预警、预防能力，实行隐患排查整治闭环管理。

2. 强化安全管控。推行全要素网格化管理，加快构建以区域物理隔离为基础，责任网格、制度网格、组织网格、响应网格为支撑的网格化管理体系，实现安全管控更精准、更精细、更高效。

3. 强化联防联控。加强与公安、检察、武警、应急等多警种、多部门的联勤联动，深化思想共建、队伍共管、安全共保的“三共”合作，常态化开展协同实战演练，全面提升联防联控水平。

（四）提高改造质量，以罪犯改造科学化推动监狱工作现代化

1. 健全科学改造体系。强化教育改造的治本作用，深化现代矫正技术应用，综合运用心理危机干预、内视观想疗法等矫正技术，推进罪犯改善认知、矫正恶习。突出以文化人功能，抓实社会主义核心价值观、中国优秀传统文化和法治文化等主题文化教育，让文化改造活动更加丰富多彩。坚持以劳动改造促回归，积极构建以改造为目的的罪犯劳动管理体系，提升罪犯回归社会后的就业谋生能力。

2. 提高教育改造水平。改善监狱办学条件，实现教学设施现代化，确保课程安排、专业设置、多媒体教学、图书馆等教育资源满足教育改造罪犯的需要。

3. 狠抓精准教育转化。把高度风险罪犯作为改造工作重点对象、确保底

线安全的重点环节来抓，坚持一人一策、对症下药，灵活采取以理服人、以情感人、文化熏陶、心理辅导、亲情帮教、困难救助等方法，不断提高罪犯转化效果，使他们由影响社会安全稳定的危险因素变为社会主义建设的积极因素。

（五）提升信息技术水平，以智慧化建设支撑监狱工作现代化

1. 强化智能研判应用。建立监狱工作各领域多维度数据模型，实现信息数据智能分析、科学研判、辅助决策，促使信息技术与管理优化双向带动。

2. 深化业务领域运用。加强安全治理领域应用，探索应用人脸识别、语音识别、生命体征监测、智能巡查巡防等技术，对罪犯个体动态性变化、罪犯群体结构性变化作出智能化分析研判，提升预测、预警、预防及应急处置能力。加强劳动管理领域应用，借鉴运用工业物联网、智能制造等技术成果，规范罪犯劳动管理。加强警务管理领域应用，发挥人力与科技结合的倍增效应，最大限度释放警力、提高效能。

3. 提升信息化运维效用。积极推进移动执法平台及终端开发利用，为信息技术的广泛运用提供硬件物质基础。构建监狱信息化标准体系，统一信息平台、接口和共享模式，确保各类基础设施互联互通。

（六）锻造监狱铁军，以队伍建设助力监狱工作现代化

1. 加强纪律作风建设。坚持全面从严管党治警，教育引导警察职工政治上讲忠诚、思想上知敬畏、行动上守规矩。加强监督执纪问责，对执法权力运行关键环节进行全程监管和有效制约，对违法违纪问题“零容忍”，提高清廉监狱建设成效。

2. 加强队伍专业化建设。对各岗位的职责、专业属性和专业发展路径进行科学界定和规划，分层分类开展以解决工作中遇到的实际问题、提升警察岗位能力为目标的专业化培训，不断提高警察依法履行职责的能力。

3. 加强警营文化建设。坚持文化励警、精神铸警，总结提炼济宁监狱警察群体特有、共有的主流价值标准和精神内涵，进一步厚植济宁监狱的文化底蕴，为监狱工作现代化提供文化支撑。

（七）强化综合治理，以社会强大合力促进监狱工作现代化

1. 健全完善党委政府全方位支持机制。积极推进监狱机关编制创新管理，探索建立监狱购买政府服务制度，明确具体适用岗位、购买服务方式、经费保障渠道等要求，实行警务辅助人员聘用制度，进一步推动警力向执法一线集中。

2. 推进刑罚执行一体化。着眼实现惩罚与教育、管理与矫正、回归与帮扶等环节的相互贯通、相互衔接、相互促进，继续深化与地方司法行政机关的互帮共建工作，增强监狱、社区矫正一体化建设效能。

3. 协调多元力量参与监狱工作。积极协调将罪犯职业技能培训纳入驻地职业技能提升计划，通过技能实训、就业辅导、刑释招聘等方式，提升罪犯就业谋生能力。加强与社会组织和专业机构的对接，促使其有组织、系统化地参与罪犯矫正、帮扶等活动，实现罪犯狱内菜单式社会帮教，推动全社会参与、支持监狱工作。

参考文献

1.《党的二十大报告学习辅导百问》，学习出版社、党建读物出版社 2022 年版。

2. 中共中央宣传部编：《习近平新时代中国特色社会主义思想学习纲要（2023 年版）》，学习出版社、人民出版社 2023 年版。

3. 中国监狱工作协会编：《新中国监狱工作五十年》（1949. 10—2000），法律出版社 2019 年版。

4. 薛梅卿主编：《中国监狱史》，群众出版社 1986 年版。

5. 于连涛：《中国监狱的现代化研究》，中国政法大学出版社 2017 年版。

6.《习近平法治思想概论》，高等教育出版社 2021 年版。

7. 洪禹候主编：《中国现代监狱建设》，法律出版社 2016 年版。

8. 马卫国编著：《囹圄内外：中国古代监狱文化》，浙江大学出版社 2013 年版。

9. 于连涛：《中国监狱文明史论》，法律出版社 2018 年版。

10. 李豫黔：《中国刑事执行新论——监狱工作创新及变革》，法律出版社 2017 年版。

11. 吴宗宪：《监狱学导论》，法律出版社 2012 年版。

12. 王立军主编：《预防犯罪与矫正罪犯：基于中华优秀传统文化的传承与发展》，法律出版社 2019 年版。

13. 习近平：《高举中国特色社会主义伟大旗帜　为全面建设社会主义现代化国家而团结奋斗——在中国共产党第二十次全国代表大

会上的报告》，人民出版社 2022 年版。

14. 刘正新、李凤德主编：《现代化文明监狱的理论与实践》，山东人民出版社 1995 年版。

15. 蔡昉等：《中国式现代化：发展战略与路径》，中信出版集团 2022 年版。

16. 刘守英、范欣、刘瑞明：《中国式现代化》，中国人民大学出版社 2022 年版。

17. 王立胜：《中国式现代化道路与人类文明新形态》，江西高校出版社 2022 年版。

18. 洪银兴：《中国式现代化论纲》，江苏人民出版社 2023 年版。

19. 国务院新闻办公室：《中国改造罪犯的状况》，法律出版社 1992 年版。

20.《监狱建筑设计标准（JGJ 446－2018）》，中华人民共和国住房和城乡建设部发布，2018 年 9 月 12 日。

21. 敖志刚编著：《下一代因特网及其新技术》，国防工业出版社 2013 年版。

22. 国家信息中心：《信息化领域前沿热点技术通俗读本》，人民出版社 2020 年版。

23. 李正茂等：《云网融合——算力时代的数字信息基础设施》，中信出版集团 2022 年版。

24. 雷波等编著：《边缘计算与算力网络》，电子工业出版社 2020 年版。

25. 苗青等编著：《算力网络与“东数西算”工程实践》，人民邮电出版社 2023 年版。

26. 孙培梁：《智慧监狱》（第 2 版），华中科技大学出版社 2021 年版。

27. 黄铮、黄砚夫编著：《企业网络安全建设》，电子工业出版社 2022 年版。

28. 李明辉：《新时代警务文化观探论》，中国人民公安大学出版社 2022 年版。

29.《毛泽东选集》（第 2 卷），人民出版社 1991 年版。

30. 习近平：《之江新语》，浙江人民出版社 2007 年版。

31. 陈连喜主编：《监狱人民警察概论》，中国政法大学出版社 2018 年版。

32. 王立军主编：《安全文明现代化监狱创建研究》，法律出版社 2018 年版。

33. 杨习梅主编：《中国监狱史》，法律出版社 2016 年版。

34. 姜金兵：《现代监狱创制——江苏模式详解》，法律出版社 2017 年版。

35. ［奥］汉斯·格罗斯：《犯罪心理学》，夏洁、普贝琪译，江苏凤凰文艺出版社 2019 年版。

36. 罗翔：《法治的细节》，云南人民出版社 2021 年版。

37. 陈瑞华：《刑事证据法》（第 4 版），北京大学出版社 2021 年版。

38.《习近平谈治国理政》（第 4 卷），外文出版社 2022 年版。

39. 中共中央党史和文献研究院、中央学习贯彻习近平新时代中国特色社会主义思想主题教育领导小组办公室编：《习近平新时代中国特色社会主义思想专题摘编》，中央文献出版社、党建读物出版社 2023 年版。

40. 谢桂山主编：《法治山东建设评估报告（2021）》，山东人民出版社 2022 年版。

41. 王本群主编：《山东监狱教育改造工作发展战略研究报告》，法律出版社 2012 年版。

42. 胡承浩：《监狱建筑研究优秀论文选编（2014—2017）》，中国监狱工作协会监狱建设与保障专业委员会，2017 年 11 月。

43. 胡承浩：《监狱建筑研究优秀论文选编（2018）》，中国监狱工作协会监狱建设与保障专业委员会，2018 年 12 月。

44. 陈大国：《推进我国监狱工作现代化的整体性考量》，载《犯罪与改造研究》2023 年第 6 期。

45. 张晶：《编制监狱改革发展“十四五”规划应当确立的思维逻辑》，载《河南司法警官职业学院学报》2021 年第 1 期。

46. 高贞：《习近平法治思想的系统观念在发展完善刑事执行制度中的运用》，载《犯罪与改造研究》2022 年第 7 期。

47. 李豫黔：《减刑假释暂予监外执行的问题与改进探讨》，载《犯罪与改造研究》2022 年第 2 期。

48. 朱本瑜：《中华传统“文史哲”对罪犯改造的实践探索》，载《中国监狱学刊》2022 年第 2 期。

49. 韩高林：《教育改造罪犯的方法探析》，载《犯罪与改造研究》2021 年第 11 期。

50. 王毅、李庆、李航：《罪犯劳动改造的矫正功能探析》，载《犯罪与改造研究》2022 年第 11 期。

51. 刘静巍、刘文臣：《新时代矫正领域引入中华优秀传统文化的创新应用》，载《中国监狱学刊》2020 年第 3 期。

52. 曾永忠等：《以智慧监狱推动现代化监狱建设的思考》，载《犯罪与改造研究》2023 年第 4 期。

53. 李豫黔：《构建我国监狱工作创新发展八大体系研究》（上、下），载《犯罪与改造研究》2017 年第 1、2 期。

54. 张晶：《现代监狱的基本命题》，载《中国司法》2015 年第 6 期。

55. 张晶：《中国监狱工作现代化的认识论表达式》，载《司法警官学界》2023 年第 3 期。

56. 辛国恩：《监狱学研究与建设应当关注什么》，载《中国监狱学刊》2016 年第 1 期。

后 记

为了深入贯彻落实党的二十大精神，奋力推进监狱工作现代化，山东省监狱管理局党委研究确定，由山东省监狱学会牵头，组织开展“新时代监狱工作现代化理论探索”专题研究，努力为中国监狱工作现代化理论实践提供山东方案、奉献山东智慧、贡献山东力量。按照山东省监狱管理局党委决策部署，2023 年以来，山东省监狱学会秘书处制定了“新时代监狱工作现代化理论探索”专项课题研究实施方案，组织成立了专项课题组，集中力量进行研究攻关。专项课题组于 2023 年 3 月上旬正式启动研究工作，5 月底完成了第一稿，其后于 6 月、7 月、8 月进行了三次统稿，五易其稿，基本形成了全书文稿。在此基础上，山东省监狱学会秘书处对全部文稿进行了统一修改，形成了全书送审稿。

山东省司法厅党委书记、厅长，山东省监狱管理局第一政委杨增胜同志对本书研究创作工作进行了全面指导。山东省司法厅党委委员、副厅长、一级巡视员，山东省监狱管理局党委书记、局长刘淼亲自审定了本书主题，多次对专项课题研究工作作出重要指示、提出指导意见。山东省监狱管理局各位领导多次审阅课题大纲、提出具体指导意见，并对全书文稿做了最后审定。山东省监狱管理局二级巡视员、山东省监狱学会专项课题组组长薛彦强直接组织领导了整个专项课题研究工作，统筹规划和具体指导全书编撰创作，通读了全部文稿，进行了修改和审核。山东省监狱学会秘书处具体组织实施了专项课题研究工作，周景友作了专项课题整体设计，组织拟定了课题大纲，主持了三次统稿工作；慕庆平、吕晓燕全程参加了专项课题策划、课题大纲拟定工作。山东省女子监狱李养科参加了专项课题大纲拟定等工作。

本书撰稿人为：王恭友（第一章、第二章），魏平、彭长修（第三章），刘文臣（第四章、第七章），巩怀国（第五章），贺志强（第六章），郝文体（第八章），朱本瑜（第九章、第十一章），高嗣昌、张涛、许常文、李鹏、杜鹏飞（第十章），李养科（第十二章），贾青（第十三章），巩怀国、任永磊、刘哲铭、吴有朋（附录之山东省潍坊监狱推进现代化实践探索），邵立、夏广雨（附录之山东省泰安监狱推进现代化实践探索），邱家平、赵宗杰、时云肖（附录之山东省临沂监狱推进现代化实践探索），刘晓东、陈宝利、裴俊杰（附录之山东省鲁南监狱推进现代化实践探索），李文竹、刘洪亮、景顺年（附录之山东省女子监狱推进现代化实践探索），杨迎东、李瑞林（附录之山东省济宁监狱推进现代化实践探索）。

在全书编撰过程中，周景友修改了第一章、第二章、第三章、第十三章和前言、后记；慕庆平修改了第八章、第九章、第十章、第十一章、第十二章，撰写了前言；吕晓燕修改了附录部分山东省潍坊监狱、泰安监狱、临沂监狱、鲁南监狱、女子监狱、济宁监狱推进现代化实践探索文稿；李养科修改了第四章、第五章、第六章、第七章，撰写了后记。

中国监狱工作协会、司法部预防犯罪研究所有关领导和专家，山东省社会科学院法学研究所所长谢桂山、山东大学法学院教授柳忠卫、山东政法学院教授张传伟、《中国监狱学刊》主编翟中东等专家学者对本课题研究大纲进行了审阅，提出了重要指导、修改意见，谨致深切谢意！

山东省鲁南监狱、山东省济宁监狱、山东省潍坊监狱对《新时代监狱工作现代化理论探索》一书统稿工作给予了大力支持，在此一并表示感谢！

专项课题组

2023 年 9 月